Ian Kershaw

Der NS-Staat

Geschichtsinterpretationen und
Kontroversen im Überblick

Aus dem Englischen
von Jürgen Peter Krause

Rowohlt

Die Originalausgabe erschien 1985 unter dem Titel
«The Nazi Dictatorship: Problems and Perspektives of Interpretation»
bei Edward Arnold (Publishers) Ltd., London

Umschlaggestaltung: Peter Wippermann
(Foto: Süddeutscher Verlag, Bilderdienst)

Lektorat: Charles Schüddekopf

1.–4. Tausend Oktober 1988
5.–6. Tausend April 1989
Copyright © 1988 by Rowohlt Verlag,
Reinbek bei Hamburg
The Nazi Dictatorship © Ian Kershaw 1985
Alle deutschen Rechte vorbehalten
Gesetzt aus der Baskerville (Linotron 202)
Gesamtherstellung Clausen & Bosse, Leck
Printed in Germany
ISBN 3 498 03462 6

Inhalt

Vorwort

Seit einer Reihe von Jahren halte ich an der Universität von Manchester Oberseminare zum Spezialthema «Nazidiktatur». Aus dieser Tätigkeit heraus ist die Idee zu dem vorliegenden Buch entstanden. Selbst Studentinnen und Studenten, die sich auf deutsche Geschichte spezialisieren, fällt es schwer, sich in dem Berg von Literatur zum Thema zurechtzufinden und manche komplexen theoretischen Interpretationsprobleme in den Griff zu bekommen. Das brachte mich auf den Gedanken, die im Zusammenhang mit der nationalsozialistischen Diktatur bestehenden globalen Interpretationsprobleme aufzuzeigen und wie Historikerinnen und Historiker der verschiedenen Richtungen damit umgehen, um dann schließlich auf der Grundlage jüngster Forschungsergebnisse zu versuchen, eine deutliche Bewertung der einzelnen Positionen vorzunehmen.

Meine Analyse beschränkt sich auf die konzentrierte Behandlung einer Reihe ausgewählter «Problembereiche» aus der Zeit der Diktatur selbst. Strittige und durchaus wichtige Themen, die sich auf die Ursprünge und die Aufbauphase des Nationalsozialismus beziehen – etwa, ob in Deutschland ein entwicklungsmäßiger «Sonderweg» zum Dritten Reich führte, welche Verbindungen zwischen «Großkapital» und Nazis vor 1933 bestanden oder wie sich die Nazibewegung sozial gesehen zusammensetzte –, erfordern eine eigene eingehende Analyse und werden von mir im folgenden nur als Hintergrundproblematik zu den hier betrachteten Problemen angesprochen. Auch in bezug auf das Problem des «Widerstands» gegen den Nationalsozialismus habe ich mich – wenngleich widerstrebend – gegen eine systematische

Erörterung an dieser Stelle entschieden. Zur Zeit befassen sich viele Forschungsvorhaben mit der Frage, welche sozialen Grundlagen zu einer zustimmenden oder oppositionellen Haltung gegenüber dem Naziregime geführt haben, und zu einem gewissen Grade sind die Interpretationen noch im Fluß. Wenn ich mich hier mit diesem Problem hätte befassen wollen, hätte es dazu weit mehr an Platz bedurft, als mir in diesem Buch zur Verfügung stand. Trotz dieser Einschränkungen hoffe ich, daß das vorliegende Buch sowohl Studentinnen und Studenten als auch Wissenschaftlerinnen und Wissenschaftlern etwas zu bieten hat, die sich mit einem so fundamental wichtigen Phänomen des 20. Jahrhunderts wie der Nazidiktatur befassen.

Ich freue mich, an dieser Stelle allen Freunden, Kolleginnen und Kollegen danken zu können, die unmittelbar zur Entstehung dieses Buches beigetragen haben. Dem Prinzip des «Primats der Ökonomie» folgend, gilt mein erster Dank der *Leverhulme Foundation*, deren Forschungsstipendium es mir 1982 ermöglichte, sechs Monate lang in Deutschland an meinem Buch zu arbeiten, und zwar hauptsächlich in der ausgezeichneten Bibliothek des Instituts für Zeitgeschichte in München. Ebenso möchte ich der British Academy und der Akademie der Wissenschaften der DDR danken, die mir im Herbst 1981 gemeinsam einen mehrwöchigen Aufenthalt beim Zentralinstitut für Geschichte in Ostberlin ermöglichten; dort profitierte ich von eingehenden Diskussionen mit einer Reihe führender Historikerinnen und Historiker der Deutschen Demokratischen Republik. Daß ich auch verschiedenen westdeutschen Historikerinnen und Historikern einiges verdanke, wird im folgenden aus dem Text und den Fußnoten deutlich; besonders nennen möchte ich hier nur meine sowohl persönliche als auch intellektuelle Dankesschuld gegenüber Hans Mommsen und Martin Broszat. Außerdem gilt mein besonderer Dank Bernd Weisbrod und Elisabeth Domansky, die mir so manchen Denkanstoß gegeben haben, als ich 1983/84 das Glück hatte, an der Ruhr-Universität in Bochum ein Semester lang eng mit ihnen zusammenzuarbeiten. In England profitierte ich von der Freundschaft und den umfangreichen Fachkenntnissen von John Breuilly, Jeremy Noakes und Bill

Carr, die ich dazu bewegen konnte, das Manuskript zu lesen und mir wertvolle Hinweise und Kritik zu geben. Gleichzeitig habe ich – wie auch früher schon – von Dick Geary (mit freundlicher Genehmigung von Boddington's Ales), Alan Milward und Tim Mason viel Anregung und Ermutigung erfahren – nicht zuletzt auch durch ihre eigene hervorragende Arbeit. Es wird ihnen wohl kaum gelungen sein, mich vor allen Fallstricken zu bewahren, die mit der Behandlung derart heikler Themen unweigerlich verbunden sind, doch diese Fehler will ich gerne auf meine Kappe nehmen. Zum Schluß möchte ich noch ganz herzlich den verschiedenen Studentengenerationen in Manchester und meinen Studentinnen und Studenten vom letzten Wintersemester in Bochum danken, die sich von mir mit meiner Interpretation des Dritten Reichs behelligen ließen und mir durch ihre lebhafte Beteiligung und scharfsinnige Kritik halfen, diese Interpretation zuzuspitzen.

Manchester, im September 1984   Ian Kershaw

Abkürzungen

AfS	Archiv für Sozialgeschichte
AHR	American Historical Review
APZ	Aus Politik und Zeitgeschichte (Beilage zur Wochenzeitung «Das Parlament»)
BAK	Bundesarchiv, Koblenz
CEH	Central European History
GG	Geschichte und Gesellschaft
GWU	Geschichte in Wissenschaft und Unterricht
HWJ	History Workshop Journal
HZ	Historische Zeitschrift
JCH	Journal of Contemporary History
MGM	Militärgeschichtliche Mitteilungen
NPL	Neue Politische Literatur
PVS	Politische Vierteljahresschrift
VfZ	Vierteljahreshefte für Zeitgeschichte

I

Die Historiker und das Problem, den Nationalsozialismus zu erklären

Auch vier Jahrzehnte nach der Zerstörung des Dritten Reiches haben führende Historiker bei einigen der grundlegendsten Erklärungs- und Interpretationsprobleme keinerlei Einigung erzielen können. Natürlich sind in der Geschichtsschreibung seit der unmittelbaren Nachkriegszeit große Fortschritte gemacht worden. Die Historiker versuchten sich damals an einer Aufzeichnung der «Zeitgeschichte», noch bevor sich der Sturm der Entrüstung über die von Hitlers Armeen in Europa angerichtete Zerstörung etwas gelegt hatte; sie schrieben in einem politischen Klima, das von den entsetzlichen Enthüllungen der Nürnberger Prozesse und der Einsicht in das ganze Ausmaß der Grausamkeit des Regimes geprägt war. Insofern kann es kaum überraschen, daß damals bei der Beschreibung der jüngsten Vergangenheit Anschuldigungen von seiten der Alliierten und Rechtfertigungen von seiten der Deutschen eine große Rolle spielten. Mit größerem zeitlichen Abstand haben dann zahlreiche, von einer neuen Historikergeneration veröffentlichte wichtige Forschungsarbeiten dazu beigetragen, unser Wissen über die Herrschaft des Nationalsozialismus wesentlich zu erweitern – vor allem seitdem in den sechziger Jahren die von den Alliierten erbeuteten und inzwischen an die Deutschen zurückgegebenen Dokumente zugänglich gemacht worden waren. Doch sobald man versucht, an die detaillierten wissenschaftlichen Monographien mit übergreifenden Fragestellungen heranzugehen, stößt man, was die Übereinstimmung bei der Interpretation des Nationalsozialismus betrifft, sehr schnell auf Grenzen. Eine Synthese der gegensätzlichen Interpretationen, nach der so oft verlangt wird, ist nirgendwo in Sicht. Die Debatte hält unvermindert an und wird mit großem Nachdruck und häufig sogar mit einer Erbitterung geführt, die über eine herkömmliche Kontroverse zwischen Historikern weit hinausgeht.

Natürlich sind gerade Debatten und Kontroversen ein wesentlicher Bestandteil historischer Arbeit und eine Voraussetzung dafür, daß es bei der Geschichtsforschung überhaupt zu Fortschritten kommt. Der Nationalsozialismus wirft jedoch historische Interpretationsfragen auf, die eine eigene Brisanz haben oder ein bezeichnendes Licht auf weiterreichende historische Erklärungsprobleme werfen. Die besonderen Merkmale der grundlegenden Meinungsverschiedenheit der Historiker bei der Interpretation des Nationalsozialismus lassen sich meines Erachtens durch drei zwangsläufig eng miteinander verflochtene Bereiche umreißen: einen geschichtsphilosophischen, einen politisch-ideologischen und einen moralischen. Diese Bereiche sind untrennbar verbunden mit dem Forschungsgegenstand des Historikers und mit dem Verständnis, das er seiner heutigen Rolle und Aufgabe bei der Erforschung und Beschreibung des Nationalsozialismus entgegenbringt. Diese besonderen Merkmale, so möchte ich weiter behaupten, spiegeln ein zentrales Element im politischen Bewußtsein beider deutscher Nachkriegsstaaten: Die Rede ist von der lernbereiten Auseinandersetzung mit Deutschlands jüngster Vergangenheit.

Da die Historiker in Ost- und Westdeutschland grundverschieden an die Nazivergangenheit herangehen, sind ihre schriftlichen Äußerungen über den Nationalsozialismus in bestimmter Weise gefärbt. In der Bundesrepublik ist man mit dem Problem allerdings auf eine weniger eingleisige Weise umgegangen als in der Deutschen Demokratischen Republik, und so sind die Kontroversen über die Interpretation des Nationalsozialismus vor allem westdeutsche Kontroversen. Damit soll natürlich keineswegs der bedeutende, oftmals wegweisende Beitrag unterschätzt werden, den nichtdeutsche Historiker bei der Erforschung der deutschen Geschichte geleistet haben. Häufig hat gerade der Umstand, daß ausländische Historiker frei von der Last der «Vergangenheitsbewältigung» und unabhängig von den intellektuellen Strömungen der westdeutschen Gesellschaft sind (und dementsprechend eine andere Sichtweise mitbringen), zu frischen Impulsen und neuen Methoden geführt. Aus den folgenden Kapiteln geht deutlich hervor, wie sehr die internationale Wissenschaft diesem Bereich der Forschung ihren Stempel aufgedrückt hat. Dennoch wird im Buch im wesentlichen davon ausgegangen, daß die Konturen der Debatte im allgemeinen von deutschen Historikern, vor allem aus der Bundesrepublik, herausgearbeitet wurden und in großem Maße davon geprägt sind, was westdeutsche Historiker als ihre Aufgabe bei der Bildung des «politischen Bewußtseins» und der Überwindung der Vergangenheit ansahen.

Von der Bundesrepublik heißt es, sie sei es mehr noch als Israel oder Südvietnam «ein Staat der Zeitgeschichte, aus der Katastrophe hervorgegangen und zur Überwindung der Katastrophe errichtet».[1] In einer solchen Gesellschaft kommt dem Historiker, der sich mit der jüngsten Vergangenheit beschäftigt, eine viel offenkundiger *politische* Rolle zu als beispielsweise in Großbritannien. Man kann durchaus sagen, daß der Historiker aufgrund seiner Interpretation der jüngsten Vergangenheit in gewisser Weise als Hüter oder Kritiker der Gegenwart gesehen wird und sich auch selbst so sieht. Dadurch, daß die geschichtliche Erforschung des Nationalsozialismus und die «politische Bildung» untrennbar miteinander verbunden sind, verstärkt sich bei manchen Historikern teilweise das unterschwellige Gefühl, daß vor allem dort, wo es um das Erfassen des Wesens des NS-Systems geht, Klarheit herrschen *sollte*. Dieses Gefühl wurde 1978 vom damaligen Bundeskanzler, Helmut Schmidt, zum Ausdruck gebracht, als er in seiner Rede auf dem deutschen Historikertag beklagte, ein Übermaß an Theorie habe dazu geführt, daß viele heutige Deutsche ein Bild vom Nationalsozialismus hätten, dem es noch immer an einer «klaren Kontur» fehle.[2] Dasselbe Argument ist für die Stimmung – eine Mischung aus Wut und Trauer – mancher Historiker kennzeichnend, deren

1 Ernst Nolte, *Marxismus, Faschismus, Kalter Krieg* (Stuttgart 1977), S. 217.
2 Zitiert in Walther Hofer, «50 Jahre danach. Über den wissenschaftlichen Umgang mit dem Dritten Reich», *GWU* 34 (1983), S. 2.

Interpretationen in den fünfziger und sechziger Jahren tonange-
bend gewesen sind und die sich jetzt einer «revisionistischen»
Herausforderung gegenübersehen, die so weit geht, «grundlegende Erkenntnisse, die man für völlig gesichert, ja unbestritten
gehalten hat, radikal in Frage» zu stellen.[3]
Sowohl «Traditionalisten» als auch «Revisionisten» gehen
ausdrücklich davon aus, daß zwischen dem Perspektivwandel in
der Geschichtsforschung und der aktuellen politischen Bewußt-
seinsbildung ein Zusammenhang besteht. Durch die Flut von
Veröffentlichungen und durch eine (von den Medien stark
beachtete) gigantische internationale Konferenz 1983 in Berlin –
50 Jahre nach Hitlers «Machtergreifung» – wurde wieder einmal
deutlich, daß gegensätzliche Interpretationen des Nationalsozialismus Teil der fortlaufenden Neubewertung der politischen
Identität und politischen Zukunft Westdeutschlands sind.[4]
Heutzutage sind der Historiker und sein Werk öffentliches Eigentum. Damit ist der grundlegende Rahmen abgesteckt und angedeutet, wie sehr die Geschichtskontroverse, die wir im folgenden beurteilen wollen, politisch gefärbt ist.

Zum Nationalsozialismus gibt es eine solche Fülle von Literatur, daß es selbst Fachleuten schwerfällt, den Überblick zu be-
halten. Und es ist nicht zu übersehen, daß Studentinnen und
Studenten, die sich auf die neueste deutsche Geschichte spezialisieren, häufig nicht in der Lage sind, sich die komplexe Literatur
zum Nationalsozialismus anzueignen und Interpretationskon-
troversen zu folgen, die sich zum größten Teil auf den Seiten
deutscher wissenschaftlicher Zeitschriften oder in wissenschaftlichen Monographien abspielen. Darum habe ich dieses Buch
geschrieben. Es enthält keine Beschreibung der Entwicklung der
Geschichtsschreibung – oder, anders ausgedrückt, keine Geschichte der Geschichte des Nationalsozialismus.[5] Es versucht
vielmehr, das Wesen einiger zentraler Interpretationsprobleme

3 Ebenda.
4 Martin Broszat u. a., *Deutschlands Weg in die Diktatur. Internationale Konferenz
zur nationalsozialistischen Machtübernahme* (Berlin 1983), S. 10.
5 Einen guten, wenngleich oftmals recht agnostischen historiographischen
Überblick bietet Pierre Ayçoberry, *The Nazi Question* (London 1981).

zu untersuchen, die sich speziell auf den Zeitraum der Diktatur selbst beziehen und mit denen der heutige Historiker konfrontiert ist, sobald er sich mit ihr befaßt.[6] Die Struktur des Buches ist großteils durch die – ineinandergreifenden und zusammenhängenden – Themen vorgegeben, die den Kontroversen zugrundeliegen. Im nächsten Kapitel sollen die weitreichenden und stark gegensätzlichen Interpretationen des Wesens des Nationalsozialismus analysiert werden: ob er am einleuchtendsten als eine Form des Faschismus, eine Art Totalitarismus oder als ein politisches Phänomen «eigener Art» anzusehen ist. Mit der Faschismusdebatte unmittelbar verbunden ist die hitzige Kontroverse über den Zusammenhang von Nationalsozialismus und Kapitalismus, vor allem über die Rolle der deutschen Industrie; diese Kontroverse bildet das Thema des übernächsten Kapitels. Als Schlüsselthema hat sich in den letzten Jahren die Frage nach der Interpretation der Stellung, Rolle und Bedeutung Hitlers innerhalb des nationalsozialistischen Herrschaftssystems herauskristallisiert – ein komplexes Problem, das im folgenden in drei verschiedenen Kapiteln zur Machtstruktur des Dritten Reiches und zur Entwicklung der antijüdischen Politik und der Außenpolitik untersucht wird. Nachdem wir uns mit der Regierung des Dritten Reiches beschäftigt haben, gilt im letzten Kapitel unser Augenmerk der Gesellschaft unter der Naziherrschaft: Es soll untersucht werden, in welchem Maße der Nationalsozialismus die deutsche Gesellschaft verändert oder sogar revolutioniert hat. Die jüngsten heftigen Auseinandersetzungen – die Kontroverse um die «Historisierung» des Nationalsozialismus und den Historikerstreit selbst – sind Gegenstand der Betrachtung in den letzten beiden Kapiteln.

6 Neuere Besprechungen der Literatur und des Standes der Forschung zum Nationalsozialismus finden sich in Klaus Hildebrand, *Das Dritte Reich* (München/Wien 1979); Andreas Hillgruber, *Endlich genug über den Nationalsozialismus und Zweiten Weltkrieg? Forschungsstand und Literatur* (Düsseldorf 1982); John Hiden und John Farquharson, *Explaining Hitler's Germany. Historians and the Third Reich* (London 1983). Gerhard Schreiber bietet in seinem Buch *Hitler. Interpretationen 1923–1983* (Darmstadt 1984) einen ausführlichen historiographischen Überblick über Arbeiten, die sich mit Hitler befassen.

In jedem der genannten Kapitel versuche ich, die unterschiedlichen Interpretationen und den derzeitigen Forschungsstand angemessen zusammenzufassen und anschließend eine Einschätzung anzubieten. Ich habe es nicht als meine Aufgabe angesehen, mich bei der Betrachtung der Kontroversen um eine neutrale Haltung zu bemühen – das wäre auch gar nicht möglich. Ich hoffe, daß ich die Ansichten, die ich hier zusammenfasse, so fair wie möglich darstelle, aber ich möchte mich auch an der Debatte beteiligen – nicht ihr unparteiischer «Schiedsrichter» sein – und in jedem einzelnen Fall meine eigene Position vortragen.

So verschieden die in diesem Buch referierten Interpretationsansätze die Geschichte des Dritten Reiches auch angehen – ein Ziel ist ihnen gemeinsam: Sie wollen eine angemessene *Erklärung* des Nationalsozialismus bieten. Grundsätzlich stehen alle Historikerinnen und Historiker vor der Aufgabe, die Vergangenheit zu erklären, doch wie beängstigend und komplex diese Aufgabe im Fall des Nationalsozialismus ist, wird auf den folgenden Seiten ersichtlich werden. Eine *angemessene* Erklärung des Nationalsozialismus dürfte in der Tat intellektuell wohl nicht zu leisten sein. Im Nationalsozialismus haben wir ein Phänomen, das sich anscheinend kaum einer rationalen Analyse unterziehen läßt. Unter der Leitung eines Führers, der in apokalyptischen Tönen von Weltmacht oder Zerstörung redete, und eines Regimes, das sich auf eine äußerst widerwärtige Ideologie des Rassenhasses gründete, plante und entfesselte eines der kulturell und wirtschaftlich am weitesten fortgeschrittenen Länder Europas einen Weltkrieg, dem rund 50 Millionen Menschen zum Opfer fielen, und es verübte Greueltaten, die in dem mechanisierten Massenmord an Juden, Zwangsarbeitern, Kriegsgefangenen und anderen gipfelten und von ihrer Art und ihrem Ausmaß her jede Vorstellungskraft übersteigen. Angesichts von Auschwitz erscheint die Erklärungsfähigkeit des Historikers in der Tat kläglich. Wie kann er hoffen, angemessen und «objektiv» über ein Regierungssystem zu schreiben, das in einem solch riesigen Ausmaß Schrecken und Entsetzen verbreitet hat? Wie soll er mit seiner Aufgabe beginnen? Er kann sich kaum – um ein Wort Rankes zu benutzen – darauf beschränken, anhand der Quellen zu zeigen, «wie es eigentlich gewesen». Und kann er hoffen, ein derart kriminelles Regime und dessen unmenschlichen Führer in historischer Tradition zu «verstehen»? Oder besteht seine Aufgabe darin, das Übel des Nationalsozialismus bloßzustellen – der Gegenwart zum Zeugnis und der Zukunft zur Warnung? Wenn ja, wie hat das zu geschehen? Kann oder sollte der Historiker danach trachten, «Abstand» zu seinem Forschungsgegenstand zu wahren? (Eine solche innere Distanz gilt ja allgemein als für eine «objektive» Geschichtsschreibung unabdingbar.) Allein schon diese Fragen deuten einige der Gründe dafür an, warum keine Erklärung des Nationalsozialismus intellektuell ganz zufriedenstellend sein kann. Letztlich muß jedoch das Verdienst jedes Interpretationsansatzes daran gemessen werden, inwieweit er einen *Beitrag* zu einer genaueren Erklärung des Nationalsozialismus leistet. Dieses Buch hat seinen Zweck erfüllt, wenn sich aus der hier gegebenen Einschätzung verschiedener Interpretationen der Nazidiktatur entnehmen läßt, welche Ansätze sich besser dazu eignen (oder, anders ausgedrückt, weniger unzureichend sind als andere), eine Erklärung für den dynamischen Radikalisierungsprozeß im Dritten Reich zu liefern, der zu einem Krieg und Völkermord von beispiellosem Ausmaß geführt hat.

Bevor wir die geschichtsphilosophischen, die politisch-ideologischen und die moralischen Dimensionen betrachten, die den von uns zu untersuchenden Kontroversen zugrundeliegen, muß ein letzter einleitender Punkt klargestellt werden. Gemeint ist die Unzulänglichkeit des Quellenmaterials. Denn trotz der gewaltigen Menge an archivalischen Materialien, die aus der Zeit des Dritten Reiches erhalten geblieben sind, ist die Dokumentation extrem lückenhaft, und ernste Interpretationsprobleme hängen teilweise mit grundlegenden, in der Natur der Quellen begründeten Mängeln zusammen. Viele äußerst wichtige Dokumente sind natürlich von den Nazis gegen Kriegsende vernichtet worden, viele sind auch den Bombenangriffen zum Opfer gefallen. Aber das Problem geht über den rein materiellen Verlust des Aktenmaterials hinaus und umfaßt auch die riesigen Lücken, die sich bei den Dokumentarquellen an äußerst kritischen und sensiblen

Punkten auftun und ein unvermeidliches Produkt der Funktionsweise des nationalsozialistischen Regierungssystems sind. Nirgendwo sind diese Lücken offensichtlicher und frustrierender als
dort, wo es um Hitler selbst und seine Rolle in der Regierung des
Dritten Reiches geht. Wenn wir uns etwa den Bereich der zentralen Entscheidungsfindung ansehen, dann hat das zunehmende
Versagen der formalisierten zentralen Regierungsmaschinerie
im Dritten Reich und Hitlers außerordentlich unbürokratischer
Herrschaftsstil, bei dem Entscheidungen selten formell regi-
striert wurden, zu einer riesigen Dokumentationslücke geführt.
Die immensen bürokratischen Überreste des Dritten Reiches sagen daher kaum etwas über Hitler aus. Es läßt sich schwer sagen,
welche von der Regierung kommenden Akten Hitler überhaupt
zu Gesicht bekam – ganz zu schweigen davon, ob er sie dann
auch las und wie er auf sie reagierte. Als Diktator von Deutschland bleibt Hitler für den Historiker größtenteils in unerreichba-
rer Ferne, da die Quellen schweigen. Und aus ebendiesem
Grund lassen sich zentrale, Hitlers Stellung im nationalsozialistischen Herrschaftssystem betreffende Interpretationskonflikte
weder vermeiden, noch auf der Grundlage des verfügbaren Quellenmaterials überzeugend lösen.

Bei der Interpretation des Nationalsozialismus machen die
Unzulänglichkeiten der Quellen jedoch nur einen relativ unbe-
deutenden Teil des Problems aus. Eine für die Art der Kontroverse über die Nazidiktatur entscheidendere Rolle spielen die divergierenden, miteinander häufig nicht recht zu vereinbarenden
Konzeptionen und Methoden der Historiker, die in diesem Fall
zur Untersuchung des Nationalsozialismus angewandt werden.

Die geschichtsphilosophische Dimension

Zu Beginn sollen zwei Punkte betont werden. Zum einen treten
die Unterschiede in der fachlichen Herangehensweise, Methode
und Philosophie keineswegs nur bei der Untersuchung des Nationalsozialismus auf, wenn auch die mit der Interpretation des

Nationalsozialismus verbundenen Probleme die Fragestellungen der Geschichtsphilosophie auf besonders eindringliche Weise deutlich werden lassen. Zum anderen rührt die Heftigkeit und Rigorosität, mit der die Debatte über die Geschichtsmethoden ausgetragen wird, daher, daß die spezifisch deutsche Tradition der Geschichtsschreibung (hier auf das Dritte Reich angewandt) unter Beschuß geraten ist. Obwohl nichtdeutsche Historiker häufig bedeutende Beiträge geliefert haben, ist die methodologische Auseinandersetzung größtenteils und bezeichnenderweise eine westdeutsche Angelegenheit. Im folgenden müssen wir deshalb unser Augenmerk auf die Vorgehensweise und das Wesen der deutschen Geschichtsschreibung richten und auf die radikal gegensätzlichen Ansichten, die von derzeit führenden westdeutschen Historikern in bezug auf Form und Zweck der Geschichtsschreibung vorgetragen werden.

Die Konturen der deutschen Geschichtsschreibung sind in der Nachkriegszeit durch eine Anzahl spezifischer Faktoren geprägt worden, durch die sich Deutschland von der historiographischen Entwicklung anderer Länder unterscheidet. Dem ganzen Prozeß liegt das Bedürfnis zugrunde, die Nazivergangenheit zu «bewältigen». Dies hat maßgeblich dazu beigetragen, daß in der deutschen Geschichtswissenschaft der Nachkriegszeit Interpretationsprobleme, die sich auf den Verlauf und das Wesen der jüngeren deutschen Geschichte beziehen, besonders eng mit weitreichenden, die Methode und Einstellung des Historikers betreffenden Fragen verknüpft wurden. Ganz allgemein gesprochen läßt sich die Entwicklung, die die Geschichtsforschung in Westdeutschland – die DDR muß hier ausgenommen werden – seit dem Krieg genommen hat, in drei Phasen einteilen: den Zeitraum bis Anfang der sechziger Jahre, in dem der Historismus fortgesetzt und teilweise noch einmal aufpoliert wurde; eine Übergangsphase der Veränderung, die sich bis in die Mitte der siebziger Jahre erstreckte; und eine Phase, die trotz harter Angriffe und gewisser regressiver Tendenzen bis heute andauert und in der sich neue Formen einer strukturell begründeten «Sozialgeschichte» durchgesetzt haben, die sich an den Sozialwissenschaften ausrichten und eng mit parallelen internationalen wissenschaftlichen Entwicklungen verknüpft sind.[7] Die historische Tradition hat in Deutschland seit der Zeit Rankes auf die Geschichtsphilosophie und die Geschichtsschreibung einen maßgeblichen Einfluß ausgeübt, der ungleich größer war als sonst der Einfluß irgendeiner Geschichtsauffassung in irgendeinem anderen Land.[8]

Diese Tradition beruhte auf einer – im philosophischen Sinne – idealistischen Vorstellung von Geschichte als einer kulturellen, von menschlichen «Ideen» geformten Entwicklung. Die Ideen, so die Grundüberlegung, kämen in den Handlungen der Menschen zum Ausdruck, und von diesen lasse sich wiederum auf ihre Absichten, Beweggründe und Überlegungen schließen. Die Geschichtsschreibung sah insofern ihre Aufgabe im wesentlichen darin, Handlungen mit Hilfe eines intuitiven «Verständnisses» der dahinterliegenden Absichten zu erklären zu suchen. In der Praxis führte das dazu, daß die Einzigartigkeit geschichtlicher Ereignisse und Persönlichkeiten herausgestellt und die große Bedeutung unterstrichen wurde, die des Menschen Wille und Absicht für den Lauf der Geschichte hätten. Außerdem wurde die Macht des Staates als Ziel an sich betont (und dementsprechend auch die Erhabenheit des preußisch-deutschen Nationalstaats).

Für eine Historikerschaft, die sich stark auf das Wesen und die Rolle des Staates als «positivem» Faktor in der Geschichte konzentriert hatte, bedeutete es nach 1945 einen starken Schock, nicht nur mit einem «Staats*zerbrechen*» zu tun zu haben, sondern

---

7 Diese Phaseneinteilung findet sich bei Jörn Rüsen, «Theory of History in the Development of West German Historical Studies: A Reconstruction and Outlook», *German Studies Review* 7 (1984), S. 14–18. Ich bin Prof. Rüsen für seine Kommentare und Anregungen zu diesem Buchabschnitt zu Dank verpflichtet. Außerdem habe ich Nutzen aus einem ausgezeichneten Artikel von Bernd Faulenbach gezogen: «Deutsche Geschichtswissenschaft nach 1945», *Tijdschrift voor Geschiednis* 94 (1981), S. 29–57. Siehe auch Georg G. Iggers, *Deutsche Geschichtswissenschaft* (München 1971), Kapitel 8, und Wolfgang J. Mommsen, «Gegenwärtige Tendenzen in der Geschichtsschreibung der Bundesrepublik», *GG* 7 (1981), S. 149–188.

8 Iggers, S. 11.

mit einem «Staatszerbrechen beladen mit Staats*verbrechen* in unvorstellbarem Ausmaße».[9] Dennoch führte der Zusammenbruch des Dritten Reiches nicht zu einem grundlegenden Wandel innerhalb der historischen Tradition und deren Dominanz in der Geschichtsschreibung. Genau wie 1918 und 1933 war die (west-) deutsche Historiographie auch jetzt im wesentlichen durch Kontinuität gekennzeichnet. Die zwei führenden Historiker der Nachkriegszeit, Friedrich Meinecke und Gerhard Ritter, waren beide in der historistischen Tradition aufgewachsen, hatten dieser Tradition entsprechend geschrieben, und ihre Ideen waren tief in der deutschen idealistischen Tradition des geschichtlichen und politischen Denkens verwurzelt. Keiner von beiden war Nazi gewesen. Vielmehr waren beide bei den Nazis angeeckt: Meinecke war 1935 von seinem Posten als Herausgeber der *Historischen Zeitschrift* entfernt worden, und Ritter wurde nach dem Attentat auf Hitler 1944 als «Komplize» Carl Goerdelers ins Gefängnis gesteckt. Meineckes einflußreiches Buch *Die deutsche Katastrophe*, das 1946 erschien, und Ritters stärker apologetisches *Europa und die deutsche Frage*, das 1948 veröffentlicht wurde, stellten im wesentlichen den Versuch dar, den deutschen Idealismus und die nationalpolitische Tradition zu rechtfertigen. Ihrer Ansicht zufolge war der Nationalsozialismus aus einer Art untergründigem parasitärem Wachstum hervorgegangen, das sich bis zu den negativen Kräften zurückverfolgen lasse, die zum erstenmal in der Französischen Revolution ins Blickfeld geraten seien und parallel zu der im allgemeinen gesunden und positiven Entwicklung des deutschen Staats existiert hätten. Obwohl es im ausgehenden neunzehnten Jahrhundert schon bedrohliche Anzeichen gegeben habe, sei es doch vor allem eine durch den Ersten Weltkrieg ausgelöste katastrophale Serie von Ereignissen gewesen, die in ganz Europa und nicht nur in Deutschland zu einem Zusammenbruch moralischer und religiöser Werte, zur Vorherrschaft des Materialismus, zum Anwachsen der Barbarei und zur Korrumpierung der Politik hin zu Machiavellismus und Demagogie geführt haben. Wenn wir einer solchen Interpreta-

9 Manfred Schlenke zitiert in Iggers, S. 356–357.

tion folgen, dann ist der Nationalsozialismus das schreckliche Resultat einer europäischen – und nicht spezifisch deutschen – Entwicklungstendenz; er kennzeichnet dann einen entscheidenden Bruch mit der «gesunden» deutschen Vergangenheit, statt als ihr Produkt angesehen zu werden. Meinecke sprach von der «Geschichte der Entartung deutschen Menschentums».[10] Ritter empfand den Gedanken «fast unerträglich», daß «der Wille eines Einzelnen, eines Wahnwitzigen» Deutschland in den Zweiten Weltkrieg getrieben habe.[11] Der Nationalsozialismus sei insofern mehr oder weniger ein Unfall in einer ansonsten lobenswerten Entwicklung. Und die Katastrophe, die über Deutschland hereingebrochen sei, lasse sich in nicht geringem Maße auf den «Dämon» Hitler zurückführen. (Solche defensiven Versuche, den Nationalsozialismus als Teil einer europäischen Krankheit zu interpretieren, entstanden natürlich als direkte Antwort auf die nach dem Krieg von anglo-amerikanischen Autoren geäußerte grobschlächtige Interpretation, der Nationalsozialismus könne nur als Höhepunkt einer jahrhundertelangen deutschen kulturellen und politischen Fehlentwicklung angesehen werden, die bis Luther und noch weiter zurückreiche.)[12]

Die «Fischerkontroverse» leitete Anfang der sechziger Jahre eine Entwicklung ein, die dazu führte, daß der Historismus rasch an Einfluß verlor und sich das Geschichtsdenken wandelte. Mit Hilfe völlig traditioneller Forschungsmethoden zeigte Fritz Fischer in seinem 1961 veröffentlichten Buch *Griff nach der Weltmacht* die aggressiven, expansionistischen Kriegsziele von Deutschlands Eliten im Ersten Weltkrieg auf und widerlegte dadurch gründlich das Argument, eine bis dahin im Grunde ge-

10 Friedrich Meinecke, *Die deutsche Katastrophe* (Wiesbaden 1946), S. 28.

11 Gerhard Ritter, *Das deutsche Problem. Grundfragen deutschen Staatslebens gestern und heute* (München 1962), S. 198. Dieses Buch ist eine überarbeitete und erweiterte Neuauflage von Ritters *Europa und die deutsche Frage. Betrachtungen über die geschichtliche Eigenart des deutschen Staatsdenkens* (München 1948).

12 Klassiker dieses Genres sind Rohan O'Butler, *The Roots of National Socialism* (London 1941) und William Montgomery McGovern, *From Luther to Hitler. The History of Nazi-Fascist Philosophy* (London 1946). Derartige antideutschen Tatsachenverzerrungen wurden mit William Shirers Bestseller *Aufstieg und Fall des Dritten Reiches* (Köln / Berlin 1961) massiv unters Volk gebracht.

nommen gesunde Entwicklung sei *nach* dem Krieg irgendwie «entgleist». Unbeabsichtigt hatte Fischer damit außerdem der Geschichtsforschung neue Interessengebiete erschlossen – erwähnt sei hier insbesondere die Rolle der «traditionellen» Eliten und die Kontinuität, die die Kaiser- mit der Nazizeit verband und die sich in den Gesellschaftsstrukturen und in der Innenebenso wie in der Außenpolitik feststellen ließ. In dem Aufsehen, das Fischers Arbeit erregte, spiegelte sich deutlich das Ausmaß des Kulturschocks, den die ältere, etablierte Historikergeneration erlebte.[13] Der Wandlungsprozeß, der teilweise durch die «Fischerkontroverse» ausgelöst worden war, wurde stark dadurch gefördert, daß erstens alte, starre Strukturen durch den Ausbau des Universitätssystems aufgeweicht wurden, daß zweitens die Historikerzunft sich durch die von den Sozialwissenschaften erzielten Fortschritte herausgefordert sah und daß sich drittens mit dem Ende einer langen Periode konservativer Herrschaft und dem Einsetzen der «Studentenbewegung» Ende der sechziger Jahre das politische und intellektuelle Klima veränderte.[14]

Nun war die deutsche Geschichtswissenschaft ihrer historischen Isolation ledig und unternahm angesichts eines politischen Umfelds, in dem enge kulturelle Beziehungen mit anderen europäischen Ländern und den USA aktiv und intensiv gefördert wurden, einen Schritt nach außen. Strukturelle Geschichtskonzepte, die vor allem aus der französischen *Annales*-Schule stammten, und der Einfluß der nordamerikanischen Politik- und Sozialwissenschaften begannen in Westdeutschland für eine Veränderung der Geschichtsmethoden zu sorgen.

Neue, in stärkerem Maße theoretische geschichtswissenschaftliche Ansätze, die sich stark an nordamerikanische Entwicklungen in den Sozial- und Politikwissenschaften anlehnten,

---

13 Fritz Fischer, *Griff nach der Weltmacht* (Düsseldorf 1961). Zur «Fischerkontroverse» siehe die Aufsatzsammlung in Hans W. Koch (Hg.), *The Origins of the First World War* (London 1972) sowie, in jüngerer Zeit, vor allem Volker Berghahn, «Die Fischerkontroverse – 15 Jahre danach», *GG* 6 (1980), S. 403–419.

14 Rüsen, «Theory of History», S. 16; siehe auch Hans-Ulrich Wehler, «Geschichtswissenschaft heute», in Jürgen Habermas (Hg.), *Stichworte zur ‹Geistigen Situation der Zeit›* (2 Bände, Frankfurt a. M. 1979), Bd. 2, S. 739–742.

rangen darum, sich zum ersten Mal an deutschen Universitäten zu etablieren. Durch den «neuen sozialgeschichtlichen» oder «geschichtlich-sozialwissenschaftlichen» Ansatz, der sich dafür aussprach, daß eine theoretisch begründete, integrative Disziplin eine strukturelle Analyse der «Gesellschaftsgeschichte» erstellen solle, wurde der traditionelle Schwerpunkt in der deutschen Geschichtswissenschaft umgedreht: Jetzt hieß es, das Konzept der «Politik» müsse dem Konzept der «Gesellschaft» untergeordnet werden, und die «politische Geschichte» – so wichtig sie auch sei – könne für sich allein nicht den Schlüssel zum Geschichtsverständnis liefern, sondern müsse in einen weiteren (und theoretischen) Kontext gestellt werden.[15] In der 1975 und 1976 erfolgten Gründung zweier neuer Zeitschriften – *Geschichte und Gesellschaft* beziehungsweise *Geschichtsdidaktik* –, die die Methodik dieser neuen Ansätze darstellten und ihre Forschungsergebnisse veröffentlichten, spiegelte sich, so könnte man sagen, der Umstand, daß sich die «Geschichte als Gesellschaftswissenschaft», die Mitte der sechziger Jahre noch innovativ gewesen war, ein Jahrzehnt später etabliert und institutionalisiert hatte.

Diese Weiterentwicklung verlief natürlich nicht unangefochten. Führende Historiker, die sich zwar vom klassischen Historismus gelöst hatten, aber noch an konventionellen Geschichtsmethoden und Interessenbereichen festhielten, nahmen die von den Verfechtern des «neuen gesellschaftsgeschichtlichen» Ansatzes an sie ergangene Herausforderung an. Vertreter der beiden – scheinbar unversöhnlichen – Seiten debattierten zuweilen recht hitzig über geschichtsmethodische Fragen. Und diese Debatten sind für die Art und Weise, in der über den Nationalsozialismus gestritten wird und wurde, von unmittelbarer Relevanz.

Der führende Protagonist des «gesellschaftsgeschichtlichen» Ansatzes, Hans-Ulrich Wehler, gilt im allgemeinen nicht als Spe-

---

15 Siehe zum Beispiel Hans-Ulrich Wehler, «Anwendung von Theorien in der Geschichtswissenschaft», in Jürgen Kocka und Thomas Nipperdey (Hg.), *Theorie der Geschichte. Beiträge zur Historik* (München 1979), Bd. 3, S. 17–39; Jürgen Kocka, «Theorien in der Sozial- und Gesellschaftsgeschichte», *GG* 1 (1975), S. 9–42; sowie den (unbetitelten) kritischen Rezensionsartikel von K. G. Faber, in *History and Theory* 16 (1977), S. 51–66.

zialist in Sachen Nationalsozialismus, auch wenn er in seinen Untersuchungen zum Kaiserreich ausdrücklich der Frage nach einer Kontinuität in den Strukturen der deutschen Gesellschaft zwischen 1870 und 1945 nachgeht.[16] Zu den führenden Gegnern der «neuen Gesellschaftsgeschichte» und Verteidigern der Verdienste der herkömmlichen politischen Geschichte gehören Andreas Hillgruber und Klaus Hildebrand, die beide als namhafte Experten der nationalsozialistischen Außenpolitik gelten.[17] Mit Nachdruck betonen sie die Wichtigkeit außenpolitischer und diplomatischer Zusammenhänge, die Bedeutung des einzelnen Menschen, seines Willens und seiner Absichten – im Gegensatz zu strukturellen Determinanten – und den Wert der traditionellen empirischen Methode in der Geschichtsforschung.

In einem programmatischen Artikel sprach Hillgruber sich 1973 dafür aus, daß der modernen politischen Geschichte wieder eine zentralere Bedeutung zukommen müsse.[18] Scharfe Kritik übte er an den in seinen Augen übertriebenen und modischen Ansprüchen der «Sozialgeschichte», in der konkrete Belege durch Modelle ersetzt würden. Er hielt die neuen gesellschaftsgeschichtlichen Ansätze für ungeeignet, Licht auf das internationale System und den für die internationalen Beziehungen immer noch entscheidenden Faktor des «Gleichgewichts der Kräfte» zu werfen. Er lehnte die seines Erachtens übertrieben vereinfachende Darstellungsweise der «Imperialismus»- und «Faschismustheorien» ab, widersprach gegen Ende seines Artikels heftig der Ansicht, daß es eine «wertfreie Wissenschaft» nicht gebe und brachte noch einmal seine Überzeugung zum Ausdruck, daß in der Arbeit

16 Die bekannteste seiner Veröffentlichungen ist: Hans-Ulrich Wehler, *Das Kaiserreich 1871–1918* (Göttingen 1973). Siehe dazu auch die scharfsinnige Kritik von Thomas Nipperdey, «Wehlers Kaiserreich», *GG* 1 (1975).

17 Besonders erwähnenswert sind von ihren zahlreichen Veröffentlichungen: Andreas Hillgruber, *Hitlers Strategie, Politik und Kriegführung 1940–1941* (Frankfurt am Main 1965) sowie derselbe, *Deutsche Großmacht und Weltpolitik im 19. und 20. Jahrhundert* (Düsseldorf 1977); Klaus Hildebrand, *Vom Reich zum Weltreich. Hitler, NSDAP und koloniale Frage 1919–1945* (München 1969); und derselbe, *Deutsche Außenpolitik 1933–1945. Kalkül oder Dogma?* (Stuttgart u. a. ⁴1980).

18 Andreas Hillgruber, «Politische Geschichte in moderner Sicht», *HZ* 216 (1973), S. 529–552.

des Wissenschaftlers nicht sein politisches Engagement zum Ausdruck kommen dürfe. Hildebrand argumentierte ähnlich, drückte sich dabei aber noch unverblümter aus.[19] Er wandte sich gegen die Anwendung von Theorien [«die im Gefolge der ‹wahren Theorie› von Karl Marx allgemeine Gültigkeit beanspruchen möchten» – d. Übers.], da politisches Handeln aus den Quellen und einer Kritik der Quellen, aus der Bewertung der «jeweiligen besonderen Situation, [...] einzelmenschlichen Wunschvorstellungen und Entscheidungen» sowie «überraschenden, ‹zufälligen› Ereignissen» verstanden werden müsse. Er bestritt, daß sich die «Internationalen Beziehungen» aus gesellschaftlichen Entwicklungen ableiten ließen, und argumentierte, daß – verglichen mit dem «Prinzip der Hegemonie» und der «Vorstellung vom Gleichgewicht» der Kräfte – die Konzepte der «neuen Gesellschaftsgeschichte» nur von begrenztem Wert seien. Der Historiker könne bei seiner Arbeit legitimerweise nur vom Besonderen zum Allgemeinen vorgehen, nicht umgekehrt. Die Anwendung von Theorien fand Hildebrand methodisch höchst bedenklich, da dabei unter Umständen ein Großteil der vielfältigen Realität außer acht gelassen werde, und er schloß seinen Artikel mit der Feststellung, die Vergangenheit sei etwas Eigenständiges und nicht dazu da, die Mitwelt zu informieren oder zu belehren.

Wehler erwiderte darauf, auch Hillgrubers Ansatz bedürfe einer theoretischen und begrifflichen Untermauerung. Da Hillgruber sich bei seiner Bewertung auf Zielvorstellungen von Führungsgruppen und auf politische Ideen und Absichten stütze, steuere er fast zwangsläufig auf eine politische Ideengeschichte zu, die keine neuen Perspektiven eröffne. Wehler unterstrich, daß eine ausschließliche Konzentration auf Archivquellen nur beschränkte Möglichkeiten für die Analyse außenpolitischer Entscheidungen biete.[20] Seine Reaktion auf Hildebrand war schrof-

19 Klaus Hildebrand, «Geschichte oder ‹Gesellschaftsgeschichte›? Die Notwendigkeiten einer politischen Geschichtsschreibung von den internationalen Beziehungen», *HZ* 223 (1976), S. 328–357.

20 Hans-Ulrich Wehler, «Moderne Politikgeschichte oder ‹Große Politik der Kabinette›?», *GG* 1 (1975), S. 344–369.

fer formuliert.[21] Ihm warf er rhetorische Übertreibungen und Scheingefechte vor und deutete an einer Stelle sogar an, Hildebrand habe absichtlich falsch zitiert. Daß Hildebrand darauf beharrte, vom Besonderen zum Allgemeinen vorzugehen, hielt Wehler selbst in bezug auf Hildebrands eigene Nationalsozialismusforschung für unzulänglich. In einem späteren Beitrag bezeichnete er die Art, in der Leute wie Hildebrand sich mit der Geschichte des Nationalsozialismus befaßten, als «schmächtigen, ja verstümmelten Historismus».[22] Hildebrand stellte seinerseits die Behauptung auf, Wehlers Kommentare zeigten deutlich, wie die Zusammenhänge zwischen Gesellschaft und Hitler, Struktur und Persönlichkeit im Dritten Reich «aufgrund von Voreingenommenheit und mangelhafter Sachkenntnis verzerrt und simplifiziert beschrieben werden können», und meinte, Wehlers Artikel bewege sich nicht mehr im Argumentationsrahmen seriöser Wissenschaft, reihe nur politische Meinungsäußerungen und persönliche Verunglimpfungen aneinander und sei für den Zusammenhang ernsthafter wissenschaftlicher Diskussion unbrauchbar.[23]

Dieser kompromißlos ausgetragene Disput um theoretische Ansätze und methodische Fragen steht exemplarisch für die Art, in der um einige Schlüsselfragen zum Nationalsozialismus gestritten wird. An diesem Wortwechsel läßt sich ablesen, wie schwierig es vom Theoretischen her ist, bei der Erforschung des

---

21 Hans-Ulrich Wehler, «Kritik und kritische Antikritik», *HZ* 225 (1977), S. 347–384.

22 Wehler, «Geschichtswissenschaft heute», S. 745.

23 Klaus Hildebrand, «Monokratie oder Polykratie? Hitlers Herrschaft und das Dritte Reich», in Gerhard Hirschfeld und Lothar Kettenacker (Hg.), *Der ‹Führerstaat›: Mythos und Realität* (Stuttgart 1981), S. 95 Anmerkung 74. Eine Zusammenfassung dieser polemischen Debatte findet sich in W. J. Mommsen, «Gegenwärtige Tendenzen», S. 165–168. Ein weiterer Angriff auf Wehlers «kritischen geschichtswissenschaftlichen» Ansatz, der mit der Andeutung endet, die «Suche nach der nationalen Identität» könne ein legitimes neues Thema sein, das zu einem «Paradigmawechsel» in der deutschen Geschichtswissenschaft beitragen könnte, erfolgte schon in: Irmeline Veit-Brause, «Zur Kritik an der ‹Kritischen Geschichtswissenschaft›: Tendenzwende oder Paradigmawechsel?», *GWU* 35 (1984), S. 1–24.

Nationalsozialismus einen «strukturellen» Ansatz mit einem personalistischen zu versöhnen – und gerade das ist bei der Interpretation der Rolle und der Stellung Hitlers im NS-Regierungssystem ein Schlüsselproblem. Zweitens weist der Streit auf einige der Schwierigkeiten hin, denen sich der Historiker im Zusammenhang mit seinen Quellen gegenüber sieht: Wie soll er an sie herangehen, wie sie lesen? Drittens wirft der Streit die komplexe Frage nach der politischen Einstellung des Historikers auf: Wie steht er zu den politischen Verhältnissen, in denen er lebt und arbeitet, und welche Beziehung besteht zwischen theoretisch-methodischen und politisch-ideologischen Positionen?

Beim ersten Punkt führt Wehlers theoretischer, konzeptioneller Ansatz zu einer methodischen Vorliebe und Sympathie für die Arbeit von sogenannten «revisionistischen» Historikern des Nationalsozialismus wie zum Beispiel Hans Mommsen, Martin Broszat und Wolfgang Schieder. Diese Historiker sind mit komplexen Problemen – wie etwa der Wechselbeziehung von Innen- und Außenpolitik im NS-Staat, der Struktur der Staatsmaschinerie und des Entscheidungsprozesses und nicht zuletzt der Stellung und Funktion Hitlers im NS-System – auf eine, grob gesagt, «strukturell-funktionalistische» Weise umgegangen. Entsprechend wird mit Nachdruck darauf hingewiesen, wie begrenzt Erklärungsmodelle sind, die sich stark auf Hitlers bewußte Absichten und seine persönliche Rolle bei der Gestaltung der NS-Politik stützen.[24]

In bezug auf den zweiten Punkt, die Quellen, hat der Disput um die geschichtswissenschaftlichen Methoden erhellt, wie der Historiker seine Erklärungen von den Quellen her entwickelt. Ganz abgesehen von den bereits erwähnten Unzulänglichkeiten des Quellenmaterials über den Nationalsozialismus lassen Quellen sich häufig (wie Tim Mason unter ausdrücklicher Bezugnahme auf Hitlers Absichten und Ziele gezeigt hat) «auf sehr verschiedene Art und Weise lesen, und zwar abhängig davon, mit welchen unterschiedlichen sonstigen Geschichtskenntnissen

24 Wehler, «Geschichtswissenschaft heute», S. 731–732.

man an diese Texte herangeht»; und sie sollten nicht unbedingt nur wörtlich und so, wie es vom «gesunden Menschenverstand» her einleuchtend erscheint, verstanden werden.[25] Insofern spielen sich manche der Kontroversen (vor allem solche, bei denen es um Hitler geht) zwischen Historikern ab, die genau dieselben dokumentarischen Quellen benutzen, dabei aber – nicht nur in bezug auf das Dritte Reich, sondern auch in bezug auf die Aufgaben der Geschichtsschreibung an sich – von unterschiedlichen Prämissen und Vorstellungen ausgehen und die Quellen auf völlig unterschiedliche Weise lesen.

Der dritte Punkt – welchen Einfluß politisch-ideologische Überlegungen auf die Geschichtsschreibung zum Nationalsozialismus haben – wirft ein gesondertes, wichtiges Problem auf, dem ich mich im folgenden zuwenden möchte.

Die politisch-ideologische Dimension

Zwei eigenständige Bereiche, die allerdings miteinander zusammenhängen, bedürfen einer näheren Betrachtung: Erstens, wie hat sich die Teilung Deutschlands auf die politisch-ideologischen Prämissen, unter denen man auf beiden Seiten der Mauer den Nationalsozialismus interpretiert, ausgewirkt und zweitens, wie haben politisch-ideologische Differenzen die Geschichtsschreibung zum Nationalsozialismus innerhalb der Bundesrepublik selbst beeinflußt und verändert?

In der Deutschen Demokratischen Republik hat der fest in marxistisch-leninistischen Grundsätzen verankerte Antifaschismus von Anfang an einen unentbehrlichen Eckpfeiler der Ideologie und Existenzberechtigung des Staates gebildet. Geschichtswissenschaftliche Arbeiten über den «Hitler-Faschismus» haben deshalb seit jeher eine direkte politische Relevanz gehabt. Da der

---

25 Tim Mason, «Intention and Explanation: A Current Controversy about the Interpretation of National Socialism», in Hirschfeld und Kettenacker, S. 23–42, hier S. 31.

Faschismus als immanentes Produkt des Kapitalismus begriffen wird und der benachbarte westdeutsche Staat auf der Grundlage der kapitalistischen Grundsätze der westlichen Alliierten gegründet wurde, hat die Faschismusforschung die Aufgabe, die ostdeutsche Bevölkerung nicht nur darüber zu unterrichten, welche entsetzlichen und schlimmen Dinge in der Vergangenheit geschehen sind, sondern ihr auch zu vermitteln, welche drohenden Gefahren in der Gegenwart und Zukunft lauern – Gefahren, die den potentiellen Faschismus betreffen, der dem kapitalistischen Imperialismus der westlichen Länder, vor allem der Bundesrepublik, zu eigen sei.

In der Deutschen Demokratischen Republik beruht die Interpretation des Nationalsozialismus auf der langen Tradition der in der Kommunistischen Internationale in den zwanziger und dreißiger Jahren geführten Auseinandersetzung mit dem Faschismusproblem, die in Georgi Dimitroffs berühmter Formulierung gipfelte, Faschismus sei «die offene terroristische Diktatur der reaktionärsten, am meisten chauvinistischen, am meisten imperialistischen Elemente des Finanzkapitals».[26] Die «unbewältigte Vergangenheit» des westdeutschen Staates – nicht zuletzt der Umstand, daß sich in der Wirtschaft und im politischen Leben Personen an herausragender Stelle halten konnten, die gerade erst eine mehr als zweifelhafte Vergangenheit im Dritten Reich hinter sich hatten – unterstreicht für ostdeutsche Wissenschaftler nur die heutige Relevanz und den politischen Zweck der eigenen Geschichtswissenschaft. In der Einleitung zur jüngsten Aufsatzsammlung, die die Ergebnisse der DDR-Geschichtsforschung zum Nationalsozialismus zusammenfaßt, heißt es kategorisch: «Dem Anspruch und Anliegen des Bandes ist Genüge getan, wenn er als ein erster Schritt auf dem Wege zu einer umfassenden Erforschung der historischen und aktuell-politischen Probleme des Faschismus wissenschaftliches Material liefert für

26 Georgi Dimitroff, *Gegen Faschismus und Krieg. Ausgewählte Reden und Schriften* (Leipzig: Reclam 1982), S. 50. Diese Definition wurde auf dem 13. Plenum des Exekutivkomitees der Komintern im Dezember 1933 formuliert und endgültig auf dem Siebten Kongreß der Komintern 1935 festgelegt.

den heutigen Kampf gegen Faschismus und Imperialismus».[27] Und ein Autor desselben Bandes hebt weiter hervor, der Umstand, daß Kapitalisten versuchten, ihre Macht mit neuen – eben faschistischen – Methoden zu festigen, sei eine Wahrheit, die «die marxistischen Historiker [beherzigen], die mit der Erforschung der Geschichte des Faschismus einen Beitrag zur Niederringung der immer wieder in neuem Gewande auftretenden Reaktion leisten wollen und aufgrund der historischen Erfahrungen davon ausgehen, daß der antifaschistische Kampf nur durch die völlige Entmachtung und Überwindung des Monopolkapitals zum Siege geführt werden kann».[28] Einer der führenden DDR-Historiker bringt das Ganze auf folgenden Nenner: «Für uns [bedeutet] die Faschismusforschung Teilnahme am gegenwärtig geführten Klassenkampf.»[29]

Der ideologische Rahmen, in dem sich die Geschichtsforschung in Westdeutschland abspielte und zum Teil immer noch abspielt, wurde weniger offen benannt, war aber deshalb nicht weniger offensichtlich. Bei der Formulierung der westdeutschen Verfassung (dem «Grundgesetz») war das Hauptziel, die Schaffung eines «totalitären» Systems unmöglich zu machen, und zwar nicht nur eines solchen Systems, wie es im Dritten Reich existiert hatte, sondern auch eines solchen, wie es nach wie vor in der Sowjetunion und nun auch in der damaligen Sowjetzone in Deutschland bestand. Die Verfassung bekam absichtlich eine sowohl antifaschistische als auch antikommunistische Ausrichtung. Und so ist bereits darauf hingewiesen worden, daß «die Totalitarismustheorie, die den Faschismus mit dem Kommunismus vergleicht und beide sogar gleichsetzt, [...] daher als der das Grundgesetz prägende beherrschende Gedanke und sogar gewissermaßen als die offizielle Ideologie der Bundesrepublik angese-

27 Dietrich Eichholtz und Kurt Gossweiler (Hg.), *Faschismusforschung. Positionen, Probleme, Polemik* (Berlin/DDR 1980), S. 18.

28 Wolfgang Ruge, «Monopolbourgeoisie, faschistische Massenbasis und NS-Programmatik», in Eichholtz und Gossweiler, S. 125–155, hier S. 155.

29 Kurt Gossweiler, «Stand und Probleme der Faschismusforschung in der DDR», *Bulletin des Arbeitskreises ‹Zweiter Weltkrieg›* 1 (1976), S. 13.

hen werden [kann]».[30] Die Totalitarismusprämisse war also in Westdeutschland in weiten Kreisen (sogar unter Sozialdemokraten) schon stillschweigend akzeptiert, noch bevor durch wissenschaftliche Veröffentlichungen von deutschen Emigranten in den USA – vor allem von Hannah Arendt und Carl Friedrich – der Totalitarismus als zentrales Konzept bei der Interpretation des Nationalsozialismus eingeführt wurde.[31] Dieser «Totalitarismus»-Ansatz beherrschte in den fünfziger und sechziger Jahren die «Zeitgeschichtsforschung» in der Bundesrepublik. Die ertragreichen Arbeiten von Karl Dietrich Bracher über das Ende der Weimarer Republik und über die «Machtergreifung» der Nazis zählen zu den bekanntesten Beispielen.[32] Auch die zentrale Zeitschrift zur «Zeitgeschichte», die seit 1953 bestehenden *Vierteljahreshefte für Zeitgeschichte*, sah ihre Aufgabe nicht allein in der Erforschung des Nationalsozialismus, sondern auch in der Untersuchung totalitärer Bewegungen im allgemeinen, natürlich einschließlich des Kommunismus.[33]

Auf zwei Ebenen wurden in den sechziger Jahren in Westdeutschland die herrschende Totalitarismustheorie in Frage gestellt und die Faschismustheorien wieder aufgegriffen, nämlich auf der der akademischen Wissenschaft und auf der der ideologisch-politischen Polemik. Wie immer waren die beiden Ebenen jedoch immanent miteinander verbunden und ließen sich nicht völlig voneinander trennen. Die akademische Faschismusdiskussion und die wissenschaftliche Rehabilitierung der in den Jahren zwischen den Kriegen entwickelten Faschismustheorien paßte zu den Zeitumständen Mitte bis Ende der sechziger Jahre, die davon geprägt waren, daß zum erstenmal in größerem Maße die

30 Wolfgang Wippermann, «The Post-War German Left and Fascism», *JCH* 11 (1976), S. 192.

31 Hannah Arendt, *Elemente und Ursprünge totaler Herrschaft* (Frankfurt am Main 1962 u. ö.); Carl Joachim Friedrich unter Mitarbeit von Zbigniew Brzezinski, *Totalitäre Diktatur* (Stuttgart 1957).

32 Karl Dietrich Bracher, *Die Auflösung der Weimarer Republik* (Stuttgart 1955); Karl Dietrich Bracher, Wolfgang Sauer und Gerhard Schulz, *Die nationalsozialistische Machtergreifung. Studien zur Errichtung des totalitären Herrschaftssystems in Deutschland 1933–1934* (Köln / Opladen 1960).

33 Siehe Iggers, S. 357.

herrschenden Werte des christdemokratisch regierten konservativen Staats in Frage gestellt wurden und sich in den westdeutschen Universitäten eine Krise anbahnte, die 1968 offen ausbrach. Im Nu wurde diese akademische Diskussion von Teilen der Linken in politische Slogans umgemünzt, während die schockierte liberale und konservative Rechte durch ihre Überreaktion dafür sorgte, daß die Faschismus/Totalitarismus-Debatte einen festen Platz in der tagespolitischen Auseinandersetzung erhielt. Den Theorien und ihrer Kritik werden wir uns im nächsten Kapitel zuwenden. Hier soll es nur darum gehen, anschaulich darzulegen, welche deutlichen politischen Untertöne in den akademischen Kontroversen mitschwingen. Im übrigen hat sich nicht nur der politische Aufruhr des Jahres 1968, sondern auch die nun viel offenere Politisierung ganzer Fakultäten an westdeutschen Universitäten auf den Debattenverlauf ausgewirkt. Und während in den sechziger und frühen siebziger Jahren der Ausbau der Universitäten im großen und ganzen dafür sorgte, daß orthodoxe und etablierte Positionen in Frage gestellt wurden, trugen die anschließenden Wachstumsbeschränkungen im Bereich der höheren Bildung sowie die Berufsverbote zu einem Klimawechsel bei.[34] Die – durch sehr produktive und äußerst einflußreiche Publikationen gestützte – Vorherrschaft des konservativ-liberalen Establishments innerhalb der Historikerschaft wurde von neuem bekräftigt. Der Ton, in dem der Konflikt ausgetragen wurde, läßt sich gut an den Kommentaren zweier führender «liberal-konservativer» Historiker ablesen: Karl Dietrich Bracher und Andreas Hillgruber.

In einem Mitte der siebziger Jahre erschienenen, knappgefaßten und viel gelesenen Lehrbuch zur deutschen Nachkriegsgeschichte[35] spricht Andreas Hillgruber davon, daß die von den

---

34 Siehe Wehler, «Geschichtswissenschaft heute», S. 745 ff. Veit-Brause (S. 1–3) argumentiert, die politische Klimaveränderung in konservativer Richtung mache nur einen kleinen Teil der Paradigmenrevision in der westdeutschen Geschichtsschreibung aus; diese hänge in weit stärkerem Maße mit neuen intellektuellen Einsichten zusammen, die den Ansatz der «kritischen Geschichtswissenschaft» in Frage stellten.

35 Andreas Hillgruber, *Deutsche Geschichte 1945–1972* (Berlin 1974),

Studenten geäußerte radikale Gesellschaftskritik in zunehmende Abhängigkeit von den «Kräften des doktrinären Marxismus-Leninismus» geraten sei, die sich am Vorbild der Deutschen Demokratischen Republik orientierten. Und er meint, in der «Neuen Linken» breite sich eine Sucht nach Ideologie und Indoktrination aus (die er als «Theoriebedürfnis» etikettiert und dadurch implizit mit der «progressiven» Seite der innerhalb der geschichtswissenschaftlichen Disziplin geführten theoretisch-methodischen Debatten in Zusammenhang bringt). Er war der Ansicht, die Hypothese vom «Primat der Innenpolitik» – die Wehler und andere aus dem Werk von Eckart Kehr abgeleitet und hauptsächlich als heuristisches Instrument eingesetzt hatten – liefere der «Neuen Linken» eine «wissenschaftliche Scheinlegitimation» für ihre (angebliche) Überzeugung, daß ein radikaler sozialer Wandel bis hin zu einer Revolution das einzige Anliegen der Gegenwart sei.

Unter den westdeutschen Historikern, die sich mit dem Dritten Reich befassen, hat Karl Dietrich Bracher als einer ihrer angesehensten ebenfalls unmißverständlich klargestellt, was er über den Wandel in der wissenschaftlichen Behandlung der «Zeitgeschichte» denkt.[36] Die erregten Diskussionen der sechziger Jahre, so schreibt er, seien von der Politisierung und den institutionellen Umwälzungen im deutschen Bildungs- und Hochschulwesen «stimuliert, aber auch überschattet und oft bedenklich verzerrt worden». Dabei hätten Forschungstendenzen mitgewirkt, die auf interdisziplinäre und komparatistische Ansätze abzielten: vor allem die Erweiterung der geschichtswissenschaftlichen Methode und die Forderung nach einer sozialwissenschaftlichen Fundierung der Geschichtsschreibung. Eine «Marxismus-Renaissance» der «Neuen Linken» habe die Komplizierung und Verwirrung der Begriffe noch gesteigert und sich vor allem in «vehement vorgetragenen Theorieforderungen» und

S. 162–164. Siehe Wehlers Kommentar in «Geschichtswissenschaft heute», S. 747–748, und in «Moderne Politikgeschichte», S. 355.

36 Karl Dietrich Bracher, «Zeitgeschichte im Wandel der Interpretationen», *HZ* 225 (1977), S. 635–655, hier besonders S. 635–638, 648–651 und 654–655.

einer «radikalen Anfechtung der bisherigen Interpretationsmuster» niedergeschlagen, die «wesentlich aus dem Bemühen um eine Bewältigung der Vergangenheit nach den Katastrophen von 1933 und 1945 hervorgegangen» seien. In dem Maße, in dem die von der Erfahrung des Dritten Reiches geprägten Ansätze verblaßten, seien sie durch gesellschaftskritische Ansätze und Konzepte ersetzt worden, die die bis dahin vorherrschenden Interpretationen, häufig «mit grobem Geschütz», unter Beschuß genommen hätten. Bis dahin erzielte Forschungsleistungen seien übergangen oder verzerrt worden und man habe sein Heil in politischer Agitation gesucht, wobei «der ideologische Kampf auf dem Rücken und im Namen der Wissenschaft ausgetragen» worden sei. Bei der Forderung nach Theorie und Revision seien bislang gültige wissenschaftliche Maßstäbe ebenfalls verzerrt worden. Am offensichtlichsten habe sich die Kampfansage an liberaldemokratische Wertmaßstäbe in den erbitterten Angriffen auf den Totalitarismusbegriff und in der uferlosen Ausweitung der allgemeinen Faschismustheorie artikuliert, die rasch von neuen wissenschaftlichen Ansätzen (wie denen von Ernst Nolte) zu marxistisch-kommunistischen Agitationsformeln verkommen seien, wie es sie in den zwanziger und dreißiger Jahren schon einmal in ähnlicher Form gegeben habe. Dabei sei der westliche Demokratiebegriff als «spätbürgerlich» und «spätkapitalistisch» und der westdeutsche liberaldemokratisch-parlamentarische Staat als schlicht «restaurativ» attackiert worden. Ideologische monokausale Erklärungen seien an die Stelle der früheren Offenheit der Geschichts- und Politikwissenschaft getreten. Auch nichtmarxistische Autoren hätten unter dem Impetus sozio-ökonomischer Methoden und der «Soziologisierung der Zeitgeschichte» ihren Teil zu einem Wandel der Sprache und des Stils zeitgeschichtlicher Interpretationen beigetragen. Alles in allem sei durch die Erschließung neuer Quellen und die Intensivierung empirischer Untersuchungen allerdings auch eine erweiterte Basis für eine solide Spezialforschung geschaffen worden. Dies stehe jedoch «in bezeichnender Spannung zu der Tendenz, durch theoretisierende und ideologisierende Verfremdung der Personen- und Ereignisgeschichte die Kapitalismus- und Demokratiekritik der Gegenwart als beherrschendes Leitthema für die gesamte Zeitgeschichte zu erweisen und durchzusetzen».

Die Kontroversen, die wir im folgenden untersuchen wollen, sind in diesem Klima entstanden und von politischen und ideologischen Erwägungen geprägt. Da es in der Bundesrepublik keine dominierende marxistische geschichtswissenschaftliche Schule gibt, sind die meisten der Debatten, die wir näher betrachten werden, Auseinandersetzungen zwischen Historikern mit unterschiedlichen liberaldemokratischen Ansichten. Die Politisierung der Debatte ist hier eher latent als offen vorhanden. Soweit sie sich überhaupt direkt zeigt, spiegelt sie sich dunkel in philosophischen Disputen darüber, welche Relevanz heutige soziale und politische Wertmaßstäbe für die Geschichtsschreibung hätten und ob sie im Interesse einer «wertfreien» und «objektiven» Geschichtswissenschaft nicht besser aus der Diskussion zu verbannen seien.[37] Es besteht allgemein Übereinstimmung darüber, daß es die Aufgabe des Historikers sei, über den Wert der Vernunft, der Freiheit und der «Emanzipation» «aufzuklären». Doch diese sehr vage Verpflichtung gegenüber dem Guten läßt natürlich Raum für eine Vielzahl von oft nur halbverdeckten ideologischen Positionen. Und wie die oben wiedergegebenen Kommentare zeigen, ist dadurch nicht verhindert, daß die wissenschaftliche Kontroverse von Beleidigungen und Verunglimpfungen begleitet wird. Erst kürzlich hat sich das wieder an der Behauptung gezeigt, verschiedene Historiker würden bei ihrem Versuch, anerkannte Interpretationen des Nationalsozialismus einer «Revision» zu unterziehen, die bösartige Natur des Naziregimes «verharmlosen». Daran läßt sich eindrucksvoll die auffällige Rolle ablesen, die in diesem Zusammenhang gerade die moralische Dimension spielt. Um sie kommt man, wenn man über den Nationalsozialismus schreibt, nicht herum.

---

37 Siehe beispielsweise Thomas Nipperdey, «Geschichte als Aufklärung», in M. Zöller (Hg.), *Aufklärung heute. Bedingungen unserer Freiheit* (Zürich 1980), S. 50–62; Jürgen Kocka, «Legende, Aufklärung und Objektivität in der Geschichtswissenschaft», *GG* 6 (1980), S. 449–455; Jörn Rüsen, «Geschichte als Aufklärung?», *GG* 7 (1981), S. 189–218.

Die moralische Dimension

In den ersten Nachkriegsjahren wurde in den Publikationen über den Nationalsozialismus deutlich moralisch argumentiert. Historiker der Siegermächte waren eifrig darum bemüht aufzuzeigen, daß der Nationalsozialismus die schlimmsten Charakterzüge bestätige, die bei Deutschen durch die Jahrhunderte hindurch zu finden seien. Von der offensichtlich massenhaften Anhängerschaft Hitlers in den dreißiger Jahren schlossen sie auf eine eigentümlich «deutsche Krankheit», und es fiel ihnen nicht schwer, Deutsche mit Nazis gleichzusetzen. Wir haben schon darauf hingewiesen, daß Meinecke und Ritter sich gegen diese grobschlächtige Behauptung mit moralischem Unterton zur Wehr setzten; in ihren Veröffentlichungen spiegelt sich der verständlicherweise apologetische Charakter der deutschen Geschichtsschreibung der Nachkriegszeit. Auch an der Hervorhebung des «anderen Deutschlands» und des 20. Juni 1944 – etwa in Gerhard Ritters Goerdeler-Biographie – läßt sich ablesen, daß in deutschen Publikationen zum Dritten Reich, die in den ersten Nachkriegsjahren verfaßt wurden, die moralische Dimension dominierte.[38]

Obwohl Historiker in letzter Zeit keineswegs mehr mit der für die Nachkriegszeit charakteristischen Entrüstung, Abneigung, Verurteilung und Rechtfertigung ans Werk gehen, bleibt unter-

---

38 Siehe Gerhard Ritter, *Carl Goerdeler und die deutsche Widerstandsbewegung* (München 1955), und Hans Rothfels, *Die Deutsche Opposition gegen Hitler* (Krefeld 1949, Frankfurt 1958 u. ö.). Siehe auch Iggers, S. 344–347. Einen Überblick über neuere Trends in der Historiographie des «Widerstands» bieten Hildebrand, *Das Dritte Reich*, S. 181–186, und Reinhard Mann, «Widerstand gegen den Nationalsozialismus», *Neue politische Literatur* 22 (1977), S. 425–442. Eine Zusammenfassung des gegenwärtigen Forschungsstandes liegt nun in dem von Jürgen Schmädecke und Peter Steinbach herausgegebenen Band *Der Widerstand gegen den Nationalsozialismus* (München 1986) vor, der die Ergebnisse einer vor kurzem abgehaltenen internationalen Konferenz über «Die deutsche Gesellschaft und der Widerstand gegen Hitler» wiedergibt. Die Interpretation des «Widerstands» gegen Hitler wird immer ein heikles Problem bleiben, und das nicht zuletzt wegen der normativen politischen und moralischen Konnotationen des Widerstandsbegriffs, der zudem noch als wissenschaftlich-analytischer Begriff verwendet wird.

schwellig doch ein starkes moralisches Element vorhanden. Alle
seriösen Wissenschaftler (deutsche ganz besonders) zeigen schon
allein durch ihren Sprachgebrauch – etwa durch die häufige Verwendung von Ausdrücken wie «verbrecherisch» oder «Barbarei»
in Verbindung mit dem Naziregime –, daß sie den Nationalsozialismus moralisch verabscheuen. Das bringt uns auf einen Punkt,
der schon in zahlreichen Kommentaren als Schwierigkeit bei der
Interpretation des Nationalsozialismus vermerkt worden ist.
Während Historiker traditionellerweise – wenn auch mit unterschiedlichem Erfolg – versuchen, ihren Forschungsgegenstand
zwar einfühlsam zu «verstehen», dabei aber kein moralisches
Urteil abzugeben, ist das im Fall des Nationalsozialismus und
Hitlers eindeutig unmöglich. Wolfgang Sauer hat das Dilemma
in die Worte gefaßt: «Beim Nationalsozialismus sieht der Historiker sich einem Phänomen gegenüber, das er nur ablehnen
kann, was immer auch seine individuelle Position sein mag. Es
gibt buchstäblich keine bedenkenswerte Stellungnahme, die in
diesem Punkt eine andere Meinung verträte. [...] Deutet eine so
grundsätzliche Ablehnung nicht auf ein grundlegend mangeln-
des Verstehen hin? Und wenn wir nicht verstehen, wie können
wir dann Geschichtsschreibung betreiben? Der Begriff ‹Verstehen› hat zweifellos eine ambivalente Bedeutung: Wir können
etwas ablehnen und dennoch ‹verstehen›. Und doch stoßen unsere intellektuellen und psychischen Fähigkeiten im Fall des Nationalsozialismus an eine Grenze, die für Wilhelm Dilthey unvor-
stellbar gewesen wäre. Wir können erklärende Theorien erarbei-
ten, doch wenn wir uns direkt den Fakten stellen, erweisen sich
alle Erklärungen als schwach.»[39] Es mag sein, daß das Problem
in der Praxis weniger ernst ist, als es Sauer erscheint. Schließlich
ergibt sich auch für viele Historiker, die sich mit anderen politischen Regimen und ihren Führern befassen, selten genug die
Möglichkeit, ein «einfühlsames Verständnis» für ihren Forschungsgegenstand zu zeigen.

39 Wolfgang Sauer, «National Socialism: Totalitarianism or Fascism?»,
AHR 73 (1967–1968), S. 408. Siehe auch Klaus Hildebrand, «Der ‹Fall› Hitler»,
NLP 14 (1969), S. 379.

Dennoch läßt sich das Problem nirgendwo klarer als am Fall Hitler-Deutschlands aufzeigen, wenn es auch angesichts der allgemeinen moralischen Verurteilung des Nationalsozialismus um so überraschender ist, daß in neueren geschichtswissenschaftlichen Veröffentlichungen die Frage nach einer impliziten moralischen Verharmlosung des Nationalsozialismus überhaupt aufgeworfen wurde. Sie scheint von Karl Dietrich Bracher ausgegangen zu sein, und an seinen Äußerungen zeigt sich, daß dieser Vorwurf durchaus auch mit der Frage nach der geschichtswissenschaftlichen Methode und den politisch-ideologischen Untertönen zusammenhängt, die wir bereits erörtert haben. Bracher behauptete, manche neueren Ansätze der marxistischen und «Neuen Linken» – aber auch die einiger wohletablierter «bürgerlich»-liberaler (oder, wie er sagt, «relativistischer») Historiker – liefen auf eine krasse Unterschätzung der nationalsozialistischen Realität hinaus. Entsprechend schrumpfe «die ideologische und totalitäre Dimension des Nationalsozialismus so zusammen, daß die Barbarei von 1933–45 als moralisches Phänomen verschwindet». «Es könnte [daher] fast scheinen, als bahne sich eine neue Welle der Verharmlosung oder gar Apologetik an.»[40] In ähnlicher Weise kritisiert Klaus Hildebrand diejenigen, die, «theoretisch fixiert, [...] sich vergeblich darum [bemühen], das Eigenmächtige in der Geschichte funktional zu erklären, und [...] dadurch nicht selten dazu bei[tragen], es zu verharmlosen».[41] Im Rahmen der Nationalsozialismusdebatte hat Tim Mason derartige Behauptungen am offensten zurückgewiesen: «Die Debatte wird nun mit einer solchen Heftigkeit geführt, daß manche Historiker inzwischen andere Historiker beschuldigen, sie würden in ihren Publikationen den Nationalsozialismus ‹verharmlosen› und dem Naziregime stillschweigend und unbewußt eine Rechtfertigung liefern.

Dies ist vielleicht die ernsteste Anschuldigung, die gegen seriöse Historiker dieses Fachgebiets erhoben werden kann; sie

---

40 Karl Dietrich Bracher, *Zeitgeschichtliche Kontroversen. Um Faschismus, Totalitarismus, Demokratie* (München 1976), S. 62–63.
41 Hildebrand, «Geschichte oder ‹Gesellschaftsgeschichte›?», S. 355.

werfe «grundlegende Fragen nach der moralischen und politischen Verantwortung des Historikers» auf.[42]

Die Interpretationen, die zum Vorwurf der Verharmlosung geführt haben, werden uns im Buch an späterer Stelle beschäftigen. An dieser Stelle ist diese Anschuldigung zitiert worden, um zu veranschaulichen, mit welchen moralischen Untertönen jede Diskussion – vor allem unter deutschen Historikern – zwangsläufig verbunden ist. Zwar hat Bracher, geht es um die banaleren Produkte der «Neuen Linken», die keinen wesentlichen Unterschied zwischen dem Faschismus und anderen Formen «bürgerlicher Herrschaft» sehen, einigen Grund für seinen Vorwurf, doch wenn er ihn auch auf Historiker bezieht, die sich ernsthaft mit dem Nationalsozialismus auseinandersetzen, erscheint mir diese Anschuldigung als eine völlig unnötige und ungerechtfertigte Verunglimpfung.

Allerdings wirft der Vorwurf der «Verharmlosung» in zugespitzter Form die Frage auf, ob der Historiker einen moralischen Zweck verfolgt, wenn er über den Nationalsozialismus schreibt. Tut er es mit dem Ziel, das Übel des Nationalsozialismus «verstehen» zu lernen? Geht es ihm darum, ein Regime und seine Taten zu verurteilen, das sich aufgrund seiner Einzigartigkeit niemals wiederholen kann und ein für allemal vorbei ist? Soll dabei aus den Schrecken der Vergangenheit die Lehre gezogen werden, daß die heutige Demokratie labil ist und man ständig auf der Hut vor Angriffen auf die liberale Demokratie von links und rechts sein muß? Sollen auf diese Weise Strategien entwickelt werden, um erneut auftretende faschistische Verhältnisse erkennen und verhindern zu können? Geht es darum, durch Haß und Wut hindurch zu erinnern und zu warnen? Letzteres scheint Lucy Dawidowicz' Position zu sein – zumindest in einem ihrer Bücher, das ausschließlich von der moralischen Seite der Geschichtsschreibung über den Holocaust handelt.[43] Sie spricht dort vom Nationalsozialismus als «dem Bösen schlechthin, dem

42 Mason, «Intention and Explanation», S. 23.
43 Lucy Dawidowicz, *The Holocaust and the Historians* (Cambridge, Mass., 1981). Vergleiche die äußerst kritischen Besprechungen von Richard Bessel,

in der Gesellschaft wütenden Dämon, Kain in kollektiver Gestalt». Sie ist der Meinung, daß «nur eine ganz klare Kenntnis der entsetzlichen Dinge, die geschehen sind, helfen kann, derartiges in Zukunft zu vermeiden». Und sie stimmt Karl Jaspers zu, der gesagt hat: «Was geschah, ist eine Warnung. Sie zu vergessen, ist Schuld. Man soll ständig an sie erinnern. Es war möglich, daß dies geschah, und es bleibt jederzeit möglich. Nur im Wissen kann es verhindert werden.»[44] Gleichzeitig wirft jedoch ihr Widerwille gegen die von marxistischen und strukturalistischen Historikern angewandten Methoden (wieder einmal wird ihnen vorgeworfen, sie setzten sich über ihre berufliche Verantwortung hinweg) sowie ihre Vorliebe für Personengeschichte – für die Vorstellung, daß «für das Auftreten historischer Ereignisse» die Menschen verantwortlich seien, «die diese Ereignisse herbeigeführt haben»[45] – erneut in bemerkenswerter Weise das Problem auf, wie die von ihr bevorzugte geschichtswissenschaftliche Methode zu den von ihr gewünschten Resultaten führen soll.

Damit sind wir wieder bei der Wechselbeziehung zwischen der Methode des Historikers, der moralischen Seite seiner beruflichen Pflicht und dem politisch-ideologischen Rahmen, in dem er dieser Pflicht nachkommt.

Times Higher Education Supplement, 19. März 1982, S. 14, und Geoff Eley, «Holocaust History», *London Review of Books*, 3.–17. März 1982, S. 6.
44 Karl Jaspers, *Vom Ursprung und Ziel der Geschichte* (München 1950), S. 190.
45 Dawidowicz, *Holocaust*, S. 146.

2
Das Wesen des Nationalsozialismus: Faschismus, Totalitarismus oder einzigartiges Phänomen?

Über Art und Charakter beziehungsweise über das Wesen des Nationalsozialismus wird seit den zwanziger Jahren debattiert: Wie läßt er sich in den Kontext der auffallend neuen politischen Bewegungen einordnen, die im Anschluß an die russische Revolution von 1917 und an Mussolinis fünf Jahre später erfolgenden «Marsch auf Rom» die Ordnung in Europa veränderten? Während Theoretiker der Kommunistischen Internationale bereits in den zwanziger Jahren den Nationalsozialismus als eine Form des Faschismus betrachteten, die durch den krisengeschüttelten Kapitalismus erzeugt worden sei, begannen bürgerliche Autoren nur wenig später, in der Rechten und der Linken die gemeinsamen totalitären Feinde der Demokratie zu sehen. In den Jahren der Naziherrschaft weiteten sich die Debatten dann natürlich wesentlich aus und stützten sich dabei einerseits auf die 1935 endgültig festgelegte Faschismusdefinition der Komintern sowie die Faschismusanalysen linksgerichteter Theoretiker, die in den Westen emigriert waren, und andererseits auf die in den westlichen Demokratien und den USA verbreitete wachsende Bereitschaft, im Nationalsozialismus und im Sowjetkommunismus zwei Seiten derselben totalitären Medaille zu sehen – eine Sichtweise, die durch den nationalsozialistisch-sowjetischen Nichtangriffspakt von 1939 scheinbar bestätigt wurde. Ab 1941 wurde diese Argumentationslinie zwar verständlicherweise heruntergespielt, um dann aber mit Beginn des Kalten Krieges Ende der vierziger Jahre um so stärker wieder aufzutauchen. In der Zeit des Kalten Krieges verloren linksgerichtete Interpretationen, die im Nationalsozialismus eine Form des Faschismus sahen, an Einfluß. Totalitarismustheorien erlebten damals hingegen eine Blütezeit und gerieten erst Ende der sechziger Jahre unter Beschuß – und unter dem Gewicht der von der Forschung angehäuften detaillierten Fakten dann auch ins Wanken –, als eine neue Phase einsetzte, die von einer stärkeren Entspannung, einer zunehmenden Innenschau und einer wachsenden Kritik an der westlichen Gesellschaft und an westlichen Regierungen, von Unruhen an den Universitäten und von neuen intellektuellen Strömungen geprägt war. Das wiedererwachte Interesse am Faschismus als Gattungsproblem spiegelte sich in einer Fülle von Untersuchungen, die nicht nur von linken, sondern auch von liberalen Autoren veröffentlicht wurden. Die «Totalitarismus»-Theoretiker wurden dadurch in die Defensive gedrängt, auch wenn man dann in den siebziger Jahren einige Einschränkungen machen mußte, als manche Schwächen des vergleichenden Faschismusansatzes zunehmend sichtbar wurden. Noch ist die Debatte darüber, ob der Nationalsozialismus am besten als ein Typ des Faschismus betrachtet werden kann oder ob man in ihm eine auffällige Form totalitärer Herrschaft sehen sollte, nicht abgeflaut – am allerwenigsten in der westdeutschen Geschichtsschreibung.

Die Debatte über das Faschismus / Totalitarismus-Problem wird außerdem auch durch einen dritten Interpretationsstrang in Gang gehalten, der sich in den letzten Jahren als äußerst einflußreich erwiesen hat und besagt, der Nationalsozialismus lasse sich nur als Produkt der besonderen preußisch-deutschen Entwicklung in den vorangegangenen hundert Jahren erklären. Diese Interpretation wird jedoch in zwei recht unterschiedlichen und gegensätzlichen Formen vorgetragen.

Sozialhistoriker, die sich auf die *Ursachen* des Nationalsozialismus konzentrieren, betonen, Deutschland habe einen speziellen Weg der Modernisierung eingeschlagen, bei dem – in weit größerem Maße als in anderen westlichen Gesellschaften – vorindustrielle, vorkapitalistische und vorbürgerliche autoritäre und feudale Traditionen überdauert hätten, und das in einer Gesellschaft, die niemals wirklich bürgerlich gewesen sei. Zwischen diesen Traditionen und der modernen, dynamischen kapitalistischen Wirtschaft habe ein Spannungsverhältnis bestanden, das letztlich zum

Ausbruch gewalttätiger Proteste geführt habe, als diese Wirtschaft in der Krise zusammengebrochen sei. Daß die Nazis 1933 einen Sieg davontragen konnten, habe weniger am Wesen des deutschen Kapitalismus als an der Stärke der prämodernen Kräfte in der deutschen Gesellschaft gelegen. Obgleich die Vertreter dieser Interpretationsrichtung die Besonderheiten der deutschen Entwicklung hervorheben, weisen sie doch auf offensichtliche Parallelen zu anderen Gesellschaften (zum Beispiel Italien) hin und betrachten trotz aller Sondermerkmale den Nationalsozialismus von seinen sozioökonomischen Ursprüngen und seiner Entwicklung her als eine Form des Faschismus. Allerdings können diese Historiker in bezug auf bestimmte Herrschaftselemente auch keine zwingende Unvereinbarkeit ihrer Ansichten mit bestimmten Teilen der Totalitarismustheorie erkennen.[1]

Die Historiker, die von einem deutschen «Sonderweg» ausgehen und bei ihrer Erklärung die Betonung auf die «gescheiterte bürgerliche Revolution» und das Dominieren vorindustrieller, neofeudaler Strukturen legen, sind vor kurzem heftig angegriffen worden.[2] Im Unterschied zu ihnen wird von der Gegenposition der *bürgerliche* Charakter der deutschen Gesellschaft und Politik im ausgehenden 19. Jahrhundert hervorgehoben und – allerdings eher implizit als explizit – gesagt, der Nationalsozialismus dürfe nicht mit «deutschen Besonderheiten», sondern müsse mit der

---

1 Stellvertretend für diese Argumentationslinie sei hier Jürgen Kocka, «Ursachen des Nationalsozialismus», *APZ* (21. Juni 1980), S. 3–15, genannt.
2 Siehe David Blackbourn und Geoff Eley, *Mythen deutscher Geschichtsschreibung* (Frankfurt am Main / Berlin / Wien 1980). Dieses Buch hat eine hitzige und polemische Debatte ausgelöst. Siehe zum Beispiel die Besprechungen von Hans-Ulrich Wehler, ««Deutscher Sonderweg› oder allgemeine Probleme des westlichen Kapitalismus?», *Merkur* 5 (1981), S. 478–487; Hans-Jürgen Puhle, «Deutscher Sonderweg. Kontroverse um eine vermeintliche Legende», *Journal für Geschichte*, Heft 4 (1981), S. 44–45; Wolfgang J. Mommsen, in *Bulletin of the German Historical Institute*, London 4 (1980), S. 19–26, außerdem das Diskussionsforum *Deutscher Sonderweg – Mythos oder Realität* (Kolloquien des Instituts für Zeitgeschichte, München / Wien 1982). Geoff Eley setzt dies direkt zu den Ursachen des Faschismus in Beziehung und geht dabei zum Teil auch auf Kockas Artikel (siehe Anmerkung 1) ein in: «What produces Fascism: Preindustrial Traditions or a Crisis of the Capitalist State?», *Politics and Society* 12 (1983), S. 53–82.

besonderen Instabilität der in Deutschland bestehenden Form des Kapitalismus und kapitalistischen Staates erklärt werden. Diese Argumentationslinie mag zwar ihre Vorzüge haben, aber es drängt sich in diesem Fall doch der Gedanke auf, daß sie einen nicht viel weitergebracht hat. Nach wie vor steht man – wenn auch mit einem leicht veränderten Fragenkomplex – vor dem offensichtlichen Problem, daß von den hochentwickelten kapitalistischen Industriestaaten allein Deutschland eine regelrechte «faschistische» Diktatur hervorgebracht hat. (Italien machte vor dem Krieg bei der Industrialisierung zwar große Fortschritte, kann aber nicht zu den damals bedeutenden Industrieländern gezählt werden.) Bei der jüngsten hitzigen (wenn auch etwas künstlichen) Auseinandersetzung über den «Sonderweg» der deutschen Entwicklung geht es mehr um eine Interpretation der Kaiserzeit als der des Dritten Reiches. Doch obgleich diese Debatte für das Verständnis der Ursprünge des Nationalsozialismus offensichtlich von Bedeutung ist, braucht sie uns hier nicht weiter zu beschäftigen – nicht zuletzt deshalb, weil Historiker beider Seiten voll und ganz akzeptieren, daß der Nationalsozialismus trotz aller Sondermerkmale zu einer größeren Kategorie von politischen Bewegungen gehört, die wir «faschistisch» nennen. Die deutschen «Besonderheiten», um die es bei dieser Kontroverse geht, sind Wesenszüge, durch die sich Deutschland von den westlichen parlamentarischen Demokratien abhebt und nicht von Italien oder anderen Erscheinungsformen des Faschismus.

Bei einigen der führenden westdeutschen Historiker, die den Nationalsozialismus als Produkt der jüngsten preußisch-deutschen Geschichte analysieren, fällt die Betonung der Einzigartigkeit des Nationalsozialismus anders und ausschließlicher aus. Ihrer Interpretation zufolge ist der Nationalsozialismus – *sui generis* – ein ganz und gar einzigartiges Phänomen, das aus dem eigenartigen Erbe des autoritären preußisch-deutschen Staates und der ideologischen Entwicklung in Deutschland hervorging, dabei aber seine Einzigartigkeit vor allem der Person Hitlers verdankte. Und dieser Faktor sei in der Geschichte des Nationalsozialismus von überragender Bedeutung und lasse sich nicht ignorieren, herunterspielen oder austauschen. Hitler habe zur Ausprägung und Richtung der Nazibewegung und des NS-Staates einen derart einzigartigen ideologischen und politischen Beitrag geleistet, daß jeder Versuch, den Nationalsozialismus als «Faschismus» zu klassifizieren und ihn auf diese Weise mit anderen «ähnlichen» Bewegungen vergleichen zu wollen, sinnlos sei und darüber hinaus auf eine «Verharmlosung» Hitlers und des Nationalsozialismus hinauslaufe. Vielmehr sei der Nationalsozialismus so vollständig mit dem Aufstieg und Fall, den politischen Zielen und der zerstörerischen Ideologie dieser einzigartigen Persönlichkeit verknüpft, daß man vom Nationalsozialismus berechtigterweise als «Hitlerismus» sprechen könne. Zwar widersprechen Vertreter dieser Interpretationsrichtung heftig, wenn der «Hitlerismus» als Typ des Faschismus angesprochen wird – eine solche Möglichkeit halten sie für ausgeschlossen; doch *ein* wichtiger Vergleich ist bei ihnen trotzdem damit verknüpft: Sie argumentieren, Form und Wesen der Naziherrschaft machten es erforderlich, den Nationalsozialismus als eine Erscheinungsform des Totalitarismus zu betrachten; eine andere sei der Sowjetkommunismus (insbesondere der Stalinismus).[3]

In diesem Kapitel werde ich zuerst kurz zusammenfassen, wie sich innerhalb des «Totalitarismus»- und des «Faschismus»-Ansatzes die Interpretation entwickelt und welche Hauptvarianten sie ausgebildet hat. Mittlerweile gibt es eine umfangreiche Literatur, die diese Ansätze im einzelnen untersucht und beschreibt, so daß ich hier zu Orientierungszwecken nur einen möglichst kurzen Abriß zu geben brauche. Zweitens werde ich versuchen, die Stärken und Schwächen zu beurteilen, die bei der Anwendung der verschiedenen Konzepte auf den Nationalsozialismus zutage treten. Mit den bei der Diskussion des Totalitarismus und des Faschismus gewonnenen Erkenntnissen werde ich als letztes schließlich zum Argument der Ein-

---

3 Siehe Karl Dietrich Brachers Aufsätze im ersten Teil seines Buches *Zeitgeschichtliche Kontroversen. Um Faschismus, Totalitarismus, Demokratie* (München 1976) und in «The Role of Hitler: Perspectives of Interpretation», in Walter Laqueur (Hg.), *Fascism. A Reader's Guide* (Harmondsworth 1979), S. 193–212; Hildebrand, *Das Dritte Reich*, S. 132 ff, 187 ff; und Hillgruber, *Endlich genug?*, S. 38–42.

zigartigkeit des Nationalsozialismus zurückkehren und es im Kontext der «Besonderheit» der deutschen Entwicklung einer näheren Betrachtung unterziehen.

Totalitarismus

Es ist falsch, im Totalitarismusbegriff einfach ein Produkt des Kalten Krieges zu sehen, auch wenn er in der Tat in dieser Zeit seine Blüte hatte. In Wirklichkeit ist dieser Begriff schon beinah so lang in Gebrauch wie der des Faschismus; er läßt sich bis in die späten zwanziger Jahre zurückverfolgen. Und obwohl der Totalitarismusansatz erst etwas später publik wurde als verschiedene Faschismustheoreme, wurde ihm doch früher eine allgemeine Anerkennung als «etablierte» und «Establishment»-Theorie zuteil, ehe er dann in den sechziger Jahren nachhaltig in Frage gestellt wurde. Ich werde mich hier deshalb zuerst mit dem Totalitarismus befassen.

Der Begriff diente anfänglich den italienischen Faschisten zur positiven Selbstdarstellung und wurde später auch von deutschen Legalisten und den Nazis verwendet. Tatsächlich scheint Mussolini unter den ersten gewesen zu sein, der das Wort in der Öffentlichkeit benutzte, als er 1925 von dem fanatischen «totalitären Willen» seiner Bewegung redete. Auch Gentile, der Chefideologe des italienischen Faschismus, verwendete den Begriff bei zahlreichen Gelegenheiten, allerdings in einem mehr etatistischen Sinne. Bei ihm war damit ein alles umfassender Staat gemeint, der die in schwachen pluralistischen Demokratien vorhandene Kluft zwischen Staat und Gesellschaft überwinden würde. Diese zwei Vorstellungen, die etatistische und Mussolinis Anschauung über den dynamischen revolutionären Willen der Bewegung, bestanden nebeneinander. Die Deutschen gebrauchten den Begriff in einer etwas anderen, aber verwandten Bedeutung und auf ebenso zweigleisige Art. Ernst Jünger war einer von mehreren Schriftstellern, die die Vorstellung vom «totalen Krieg» und von der «totalen Mobilmachung» bereits in den zwanziger Jahren prägten – ein

48

Begriff, bei dem eine dynamische, revolutionäre Bedeutung mitschwingt. Zu etwa der gleichen Zeit entwickelte Carl Schmitt, damals Deutschlands führender Staatsrechtstheoretiker, sein auf einem Freund-Feind-Verhältnis basierendes Konzept der Machtpolitik, in das er als historische Antithese zur liberalen Pluralisierung des Staates den «totalen Staat» einfügte, bei dem eine «Identität von Staat und Gesellschaft» herrsche. Beide Formen, sowohl die «aktionistische» als auch die «etatistische», existierten daher schon, bevor die Nazis an die Macht kamen, und wurden von diesen nur übernommen. (Allerdings wurde das Wort «totalitär» von der Naziführung nur selten benutzt.)[4]

Als Ausdruck, durch den faschistische und kommunistische Staaten miteinander in Verbindung gebracht werden, scheint der Totalitarismusbegriff zum erstenmal 1929 in England benutzt worden zu sein, auch wenn einige Jahre zuvor Nitti, Italiens ehemaliger Ministerpräsident, zu jenen gehörte, die Strukturvergleiche zwischen dem italienischen Faschismus und dem Bolschewismus anstellten. In den dreißiger und vierziger Jahren wurde der Begriff auch von bedeutenden linken Faschismusanalytikern wie Borkenau, Löwenthal, Hilferding und Franz Neumann verwendet, die ihn jedoch nicht vergleichend auf den Sowjetkommunismus ausdehnten, sondern allein dazu benutzten, das zu charakterisieren, was sie als das Neue und Spezifische im Faschismus (oder Nationalsozialismus) erkannten. Franz Neumann zum Beispiel verwendete in seinem meisterhaft verfaßten Buch *Behemoth* den Begriff in Anlehnung an die zeitgenössische Selbststilisierung der Faschisten und ahnte bereits, daß Schmitts «totaler Staat» durch die «totalitäre» Offensive der Nazibewegung ins Chaos gestürzt werden würde.[5] Bedingt durch die Publikationen deutscher Emi-

4 Zur Entwicklung der Verwendung des «Totalitarismus»-Begriffs siehe Walter Schlangen, *Die Totalitarismus-Theorie. Entwicklung und Probleme* (Stuttgart / Berlin / Köln / Mainz 1976), Kapitel 1–3.

5 Franz Neumann, *Behemoth* (Köln / Frankfurt am Main 1977). Diese deutschsprachige Ausgabe basiert auf der erweiterten englischen Ausgabe von 1944 (erste englische Ausgabe: 1942) und enthält zusätzlich ein nützliches Nachwort des Herausgebers Gert Schäfer. Vergleiche auch Richard Saage, «Das sozio-politische Herrschaftssystem des Nationalsozialismus. Reflexionen zu

granten, den stalinistischen Terror und den Hitler-Stalin-Pakt fand gleichzeitig das Adjektiv «totalitarian» (im Sinne eines Vergleichs von Faschismus und Nationalsozialismus mit dem Kommunismus) in angelsächsischen Ländern bereits in den dreißiger Jahren eine immer stärkere Verbreitung. Auf diese Weise wurde dem vollentwickelten Totalitarismusmodell der frühen Nachkriegszeit der Weg bereitet, das vor allem durch Hannah Arendt und Carl Friedrich allgemein bekannt wurde.

Hannah Arendts Buch *Elemente und Ursprünge totaler Herrschaft* ist eine leidenschaftliche und bewegende Anprangerung und Verurteilung von Unmenschlichkeit und Terror – depersonalisiert und rationalisiert als Erfüllung objektiver Gesetze der Geschichte. Die Betonung der radikalisierenden, dynamischen und strukturzerstörenden Eigenschaften, die nach Arendts Ansicht dem Nationalsozialismus immanent sind, ist durch spätere Untersuchungen in starkem Maße bestätigt worden. In bezug auf den Stalinismus ist das Ergebnis des Buches jedoch weniger befriedigend als in bezug auf Nazideutschland. Außerdem bietet das Buch weder eine klare Theorie noch ein befriedigendes Konzept totalitärer Systeme. Und Arendts Hauptargument, mit dem sie das Anwachsen des Totalitarismus erklärt – Klassen würden durch Massen ersetzt und es entstehe eine «Massengesellschaft» –, ist eindeutig fehlerhaft.[6]

Carl Friedrichs Publikationen, die von einem verfassungstheoretischen Standpunkt aus geschrieben sind, waren sogar noch einflußreicher als die von Hannah Arendt. Seither muß sich jeder Autor, der sich mit Totalitarismus befaßt, mit Friedrichs Werk auseinandersetzen – vor allem mit seinem berühmten «Sechs-Punkte-Syndrom», in dem er die seines Erachtens zentralen Wesenszüge totalitärer Systeme zusammenfaßte (eine offizielle Ideologie, eine einzelne Massenpartei, terroristische Polizeimaß-

Franz Neumanns ‹Behemoth›», *Jahrbuch des Instituts für Deutsche Geschichte, Tel Aviv* 10 (1981), S. 342–362.

6 Arendt, *Elemente* (siehe oben Kapitel 1, Anmerkung 31). Vergleiche die Bemerkungen von Klaus Hildebrand, «Stufen der Totalitarismus-Forschung», *PSV* 9 (1968), S. 406–408; Martin Kitchen, *Fascism* (London 1976), S. 30–31; und Ayçoberry, S. 130–133.

nahmen, ein Medien- und ein Waffenmonopol sowie eine zentralgelenkte Wirtschaft). Auf die Hauptschwachstellen in Friedrichs Modell ist wiederholt hingewiesen worden. Es ist vor allem ein statisches Modell, das wenig Raum für eine Veränderung und Entwicklung der inneren Dynamik eines Systems läßt, und es beruht auf der übertriebenen Annahme, «totalitäre Regime» seien von ihrer Art her im wesentlichen monolithisch. Sein Modell wird daher inzwischen selbst von Wissenschaftlern, die nach wie vor mit einem Totalitarismusansatz arbeiten, weitgehend abgelehnt.[7]

Seitdem sich die Verhältnisse in der UdSSR in der nach-Stalinschen Ära stabilisiert haben, konzentrieren Totalitarismustheoretiker ihre Aufmerksamkeit meist weit stärker auf heutige Ostblockregimes als auf das tote NS-System. Dabei haben sie sich in zwei Flügel gespalten: in einen, der den Totalitarismusbegriff so erweitert hat, daß alle Erscheinungsformen kommunistischer Herrschaft darunter fallen, und in einen zweiten, der den Begriff in erster Linie auf den Stalinismus eingrenzt. In beiden Fällen hat man jedoch den Vergleich mit faschistischen Systemen zumindest implizit beibehalten.[8]

Inzwischen war der Totalitarismusbegriff in den fünfziger Jahren zum grundlegenden Bestandteil maßgebender wissenschaftlicher Nationalsozialismusinterpretationen geworden, wie etwa an den klassischen Pionierarbeiten von Karl Dietrich Bracher zu sehen ist. Bracher, der von Hause aus Politikwissenschaftler ist, hat darauf hingewiesen, wie sehr man sich bei der Entwicklung einer allgemeinen Totalitarismustheorie vorsehen muß, vor allem wenn man dazu konstitutionelle und soziologische Kategorien bemüht, die sich auf eine allzu dürftige empirische Grundlage

7 Friedrich stellte sein Modell zum erstenmal 1954 vor, und zwar in seinem Artikel «The Unique Character of Totalitarian Society» in dem von ihm herausgegebenen Band *Totalitarianism* (Cambridge, Mass., 1954) und erweiterte es dann in Friedrich und Brzezinski, *Totalitäre Diktatur* (Stuttgart 1957). Zur Kritik aus der Sicht eines Autors, der gleichfalls einen Totalitarismusansatz vertritt und ein revidiertes Modell vorstellt, siehe Leonard Schapiro, *Totalitarianism* (London 1973).
8 Siehe Schlangen, Kapitel 4.

stützen. Seiner Ansicht nach sei unbedingt empirische Forschung notwendig, um die vielen unterschiedlichen Formen totalitärer Herrschaft aufzudecken; dabei werde sich jedoch bestätigen, daß die Herrschaftsmethoden des bolschewistischen/kommunistischen und des nationalsozialistischen/faschistischen Systems einander im wesentlichen ähnlich seien. Bracher wollte sich nicht an die statischen, konstitutiven und unzureichend differenzierten Wesenszüge des Friedrichschen Modells binden, die kaum der revolutionären Dynamik gerecht werden konnten, in der er ein Kernprinzip sah, durch das sich totalitäre von anderen Formen autoritärer Herrschaft unterscheiden. Der entscheidende Charakter des Totalitarismus beruht für ihn auf dem totalen Herrschaftsanspruch, dem Führerprinzip, der reinen Ideologie und der Fiktion einer Identität von Herrschern und Beherrschten und macht in seinen Augen einen wesentlichen Unterschied zwischen einem «offenen» und einem «geschlossenenen» Politikverständnis aus.[9] Der grundlegende Wert des Totalitarismusbegriffs bestehe folglich darin, daß er den Hauptunterschied zwischen Demokratie und Diktatur erkennbar mache. Obgleich Bracher sieht, daß Totalitarismustheorien – wie alle politischen und gesellschaftlichen Theorien, die über eine bloße Beschreibung hinausgehen – ihre Schwächen haben, behauptet er: «Aber ebenso gewiß gibt es nach wie vor, auch nach Hitler und Stalin, das Phänomen totalitärer Herrschaftsansprüche und die Neigung zum Totalitären, [...] die totalitäre Versuchung» (die Bracher im folgenden mit der «Neuen Linken» unter den deutschen Intellektuellen und auch mit dem in den siebziger Jahren in der Bundesrepublik zu bemerkenden Anwachsen des Terrorismus von links und rechts in Verbindung bringt).[10]

Seiner Ansicht nach kommt man um die Hauptfrage nach dem totalitären Charakter politischer Systeme nicht herum, weder im

9 Bracher, *Zeitgeschichtliche Kontroversen*, Kap. 2. Seine Totalitarismusposition hat er kurz und bündig dargelegt in *Totalitarismus und Faschismus. Eine wissenschaftliche und politische Begriffskontroverse* (München/Wien 1980), S. 10–17, 69–71.

10 Karl Dietrich Bracher, *Schlüsselwörter in der Geschichte* (Düsseldorf 1978), S. 109–110, 121–123.

Interesse wissenschaftlicher Klarheit und Objektivität, noch im Hinblick auf die politischen und menschlichen Folgen solcher Diktaturen und die totalitären Tendenzen in der heutigen Gesellschaft.

Obwohl auch andere angesehene Wissenschaftler den Totalitarismusbegriff benutzt haben und weiterhin benutzen, um zu charakterisieren, was ihnen am NS-System als das Wesentliche erscheint, genügt es hier zusammenzufassen, wie Bracher diesen Begriff verwendet. Bracher ist nicht nur seit 30 Jahren maßgeblich an der wissenschaftlichen Erforschung des Nationalsozialismus beteiligt, sondern hat sich auch konsequent dafür eingesetzt, daß zum besseren Verständnis verschiedener politischer Herrschaftsmodelle das Totalitarismuskonzept herangezogen wird, und er hat mehr als jeder andere Historiker dazu beigetragen, daß der Totalitarismusbegriff weiterhin und in letzter Zeit sogar in verstärktem Maße auf den Nationalsozialismus Anwendung findet. Doch müssen hier Zweifel an dem Konzept angemeldet werden, denn erstens verwendet Bracher als Hauptordnungsprinzip seiner Totalitarismusdefinition eine ziemlich undifferenzierte Einteilung in ein «offenes» und ein «geschlossenes» Politikverständnis, zweitens fehlt bei ihm eine klare Unterscheidung zwischen Totalitarismus als Tendenz und als Herrschaftssystem, drittens ist der Begriff der «revolutionären Dynamik» von bestreitbarem Wert, wenn man ihn auf einzelne Gesellschaften anwendet, die Bracher als «totalitär» ansehen würde, und viertens (und das ist ein ganz grundlegender Einwand) schreibt er unterschiedlichen Regimen relativ oberflächliche gemeinsame Wesenszüge zu, während bei näherem Hinsehen viele bedeutsame Unterschiede in der Organisation und Zielsetzung zu erkennen sind.

Wir wollen uns nun einem kurzen Abriß gegensätzlicher Interpretationen zuwenden, die den Nationalsozialismus zu den zwischen den Kriegen in Europa entstandenen Faschismusformen rechnen und gleichzeitig den im Totalitarismusansatz enthaltenen Vergleich mit dem Sowjetkommunismus zurückweisen.

Faschismus

In den sechziger Jahren ist ein neues Interesse an der Auseinandersetzung mit dem Faschismus entstanden – mit einem Phänomen also, das in der Zeit zwischen den Kriegen in den meisten europäischen Ländern aufgetreten war. Zu diesem neuerwachten Interesse hat in nicht geringem Maße Ernst Noltes höchst einflußreiches, 1963 erschienenes Buch *Der Faschismus in seiner Epoche* beigetragen.[11] Innerhalb der folgenden fünf Jahre fanden mehrere große internationale Konferenzen statt; außerdem erschienen zahlreiche Anthologien, die Untersuchungen über Wesen und Erscheinungsbild faschistischer Bewegungen in ganz Europa enthielten, und es entstand eine beachtliche wissenschaftliche Literatur.[12] Als gegen Ende der sechziger Jahre die «Neue Linke» die Werte der damaligen bürgerlich-liberalen Gesellschaft in Frage stellte, verband sich das wissenschaftliche Interesse an einer vergleichenden Faschismusforschung mit einem politischen Interesse auf seiten der Linken (und wurde teilweise von ihr instrumentalisiert). Die politischen Verhältnisse der sechziger Jahre bewirkten somit ein Wiederaufleben marxistischer Faschismustheorien;

11 Ernst Nolte, *Der Faschismus in seiner Epoche* (München 1963).

12 Beispielsweise Eugene Weber, *Varieties of Fascism* (New York 1964); «International Fascism, 1920–1945», *JCH* 1 (1) (1966); Ernst Nolte, *Die faschistischen Bewegungen* (München 1966); Francis L. Carsten, *The Rise of Fascism* (London 1967); Stuart J. Woolf (Hg.), *European Fascism* (London 1968) sowie *The Nature of Fascism* (London 1968); Wolfgang Schieder, «Faschismus», in C. D. Kernig (Hg.), *Sowjetsystem und demokratische Gesellschaft. Eine vergleichende Enzyklopädie* (7 Bände, Freiburg/Basel/Wien 1966–1972), Bd. 2 (1968), Spalte 438–477; Renzo DeFelice, *Interpretations of Fascism* (Cambridge, Mass., 1977, erste italienische Ausgabe 1969). Einen Literaturüberblick und Hinweise auf nützliche spätere Anthologien finden sich in Wolfgang Wippermann, *Faschismustheorien* (Darmstadt 1972); Wolfgang Schieder (Hg.), *Faschismus als soziale Bewegung* (Hamburg 1976); Hans-Ulrich Thamer und Wolfgang Wippermann, *Faschistische und neofaschistische Bewegungen* (Darmstadt 1977); Walter Laqueur (Hg.), *Fascism. A Reader's Guide* (Harmondsworth 1979); Stanley Payne, *Fascism: Comparison and Definition* (Madison, Wisconsin, 1980); Stein Ugelvik Larsen u. a., *Who were the Fascists? Social Roots of European Fascism* (Bergen 1980); und Wolfgang Wippermann, *Europäischer Faschismus im Vergleich, 1922–1982* (Frankfurt am Main 1983).

daran waren Veröffentlichungen zeitgenössischer marxistischer Analytiker des Faschismusphänomens ebenso beteiligt wie eine wachsende Anzahl nichtmarxistischer Faschismusinterpretationen.[13] Über die marxistischen als auch über die nichtmarxistischen Interpretationen kann man allgemein sagen, daß sich die meisten Stränge der Debatte – genau wie beim Totalitarismusbegriff – praktisch bis zum ersten Auftreten des Faschismusphänomens selbst zurückverfolgen lassen.

Marxistische Theorien

Den ersten ernsthaften Versuch einer theoretischen Erklärung des Faschismus unternahm in den zwanziger Jahren die Komintern. Sie ging dabei anfangs vom italienischen Faschismus aus, und ihre Sichtweise gründete sich auf den Gedanken, daß zwischen Kapitalismus und Faschismus eine enge Wechselbeziehung bestehe. Die von Lenins Imperialismustheorie abgeleitete Theorie besagte, der nahende und nicht mehr aufzuhaltende Zusammenbruch des Kapitalismus lasse es für die reaktionärsten und mächtigsten Gruppen innerhalb des inzwischen hochkonzentrierten Finanzkapitals immer notwendiger erscheinen, ihre imperialistischen Ziele durch die Manipulation einer Massenbewegung zu sichern – einer Massenbewegung, die in der Lage sei, die revolutionäre Arbeiterklasse zu zerstören und insofern kurzzeitig kapitalistische Interessen und Profite zu schützen, die sich durch Ex-

13 Zum Beispiel Ernst Nolte (Hg.), *Theorien über den Faschismus* (Köln 1967); Wolfgang Abendroth (Hg.), *Faschismus und Kapitalismus. Theorien über die sozialen Ursprünge und die Funktion des Faschismus* (Frankfurt am Main/Wien 1967); Reinhard Kühnl (Hg.), *Texte zur Faschismusdiskussion I. Positionen und Kontroversen* (Reinbek 1974); Reinhard Kühnl, *Formen bürgerlicher Herrschaft* (Reinbek 1971); Manfred Clemenz, *Gesellschaftliche Ursprünge des Faschismus* (Frankfurt am Main 1972). Ein Querschnitt der Arbeiten der «Neuen Linken» in den sechziger Jahren findet sich in *Das Argument* 1–6 (1964–1970). Scharfe Kritik übt Heinrich August Winkler, *Revolution, Staat, Faschismus* (Göttingen 1978), Kapitel 3.

pansion und Krieg erzielen ließen. Der Faschismus galt deshalb als notwendige Form und Endstadium der bürgerlich-kapitalistischen Herrschaft. Dieser Interpretation zufolge galt daher, daß die Politik eine direkte Funktion der Ökonomie und ihr ganz und gar untergeordnet sei; daß die faschistischen Massenbewegungen das Produkt einer kapitalistischen Manipulation seien; daß die faschistische Herrschaft dazu diene, den Profit zu vergrößern und die faschistischen Führer daher «Agenten» der kapitalistischen herrschenden Klasse seien. Die Schlüsselfrage, die es zu stellen gelte, sei: Wem nützt das System? Und die Antwort der Komintern ließ keinen Zweifel daran, daß zwischen den faschistischen Lakaien und den kapitalistischen Herrschern eine immanente Verbindung bestünde. Zwar kann hier eine kurze Zusammenfassung den innerhalb der Komintern geführten Debatten und den von verschiedenen Seiten (am weitsichtigsten und nuanciertesten von Clara Zetkin) geäußerten Kommentaren und Interpretationen kaum gerecht werden, aber man kann sagen, daß die gerade beschriebene Sichtweise vom Exekutivkomitee der Kommunistischen Internationale auf seiner dreizehnten Plenarsitzung im Dezember 1933 im wesentlichen so angenommen wurde und in der im ersten Kapitel bereits erwähnten Definition von Dimitroff 1935 ihre endgültige Form fand. Bis heute bildet sie die Grundlage sowjetischer und ostdeutscher Veröffentlichungen zum Nationalsozialismus.[14]

Da damals die «orthodoxe» Meinung der Komintern dominierte, fanden «nonkonformistische» marxistische Interpretationen häufig nicht die Beachtung, die sie zu jener Zeit verdient hätten. Den scharfsinnigen Interpretationen etwa eines August Thalheimer (der 1928 als «Renegat» aus der KPD ausgeschlossen worden war) oder eines Otto Bauer (ein bekannter österreichischer Theoretiker) wurde erst in der Zeit eines wiedererwachten Interesses an der Faschismusforschung in den sechziger und siebziger Jahren die gebührende Anerkennung zuteil; dabei haben sie

14 Ihre neuesten Forschungsergebnisse fassen führende DDR-Historiker in dem von Eichholtz und Gossweiler herausgegebenen Band *Faschismusforschung* (siehe Kapitel 1 Anmerkung 27) zusammen.

auf neuere westliche marxistische Faschismusinterpretationen jedoch allgemein einen stärkeren Einfluß ausgeübt als der Standpunkt der Komintern.

Sowohl Thalheimer (in einer Artikelserie, die 1930 erschien, aber erst Ende der sechziger Jahre volle Anerkennung fand) als auch Bauer (in einem Aufsatz, den er 1924 veröffentlichte und 1936 zu einem Buchkapitel erweiterte) bauten in ihrem Faschismusverständnis auf Marxsche Texte zum Bonapartismus auf, besonders auf seinen *Achtzehnten Brumaire des Louis Bonaparte*, den er unmittelbar nach dem französischen Staatsstreich vom 2. Dezember 1851 verfaßt hatte. Wenngleich keiner der Autoren den Bonapartismus mit dem (zur Zeit der ursprünglichen Veröffentlichung der Texte hauptsächlich italienisch geprägten) Faschismus gleichsetzte, sahen doch beide in der Marxschen Interpretation des französischen Coup d'état einen bedeutenden Fingerzeig, der wesentlich zu einem Verständnis des Verhältnisses von Faschisten und kapitalistischer herrschender Klasse beitragen könne. Marx war in seinem Werk von der Annahme ausgegangen, die sozialen Klassen hätten sich bei ihrem Kampf um die Macht in Frankreich gegenseitig neutralisiert und es dadurch Louis Bonaparte ermöglicht, mit Unterstützung des sogenannten Lumpenproletariats und der Masse der unpolitischen Kleinbauern die staatliche Exekutive zu einer relativ unabhängigen Kraft zu formen. Durch die Anwendung der Marxschen Analyse auf den Faschismus wurde es Thalheimer und Bauer möglich:
– zwischen der gesellschaftlichen und der politischen Dominanz der kapitalistischen herrschenden Klasse zu unterscheiden
– der faschistischen Massenunterstützung eine wichtige eigenständige Bedeutung beizumessen
– im Faschismus nur einen von mehreren möglichen Auswegen aus der Krise des Kapitalismus – und keineswegs das Endstadium des Kapitalismus auf dem Wege zum Sozialismus – zu sehen und schließlich die relative Autonomie einer einmal an die Macht gelangten faschistischen Exekutive hervorzuheben.

Mit dieser Interpretation gerieten die beiden Autoren mit der «orthodoxen» leninistischen Linie in einen direkten Konflikt (auch wenn Bauer dann 1938 in seinen letzten Schriften den Bona-

partismus herunterspielte und einer leninistischen Imperialis-
musanalyse sehr viel näher kam). Der entscheidende Punkt war
hier die dialektische Beziehung zwischen der ökonomischen
Herrschaft des «Großbürgertums» und der politischen Vormachtstellung der faschistischen «Herrschaftskaste», die zwar
von Kapitalisten finanziell unterstützt werde, aber von ihnen
nicht geschaffen worden sei. Obwohl sich die faschistische Partei
aus Kleinbürgern zusammensetzte, müsse sie doch, wenn sie erst
einmal an der Macht sei, zu einem Instrument der wirtschaftlich
herrschenden Klasse und hier vor allem ihrer eher kriegerischen
Elemente werden. Dabei könnten die innerhalb des Systems bestehenden inneren Widersprüche, die bald zu Interessenkonflik-
ten zwischen der faschistischen Kaste und der kapitalistischen
herrschenden Klasse führen würden, nur durch einen Krieg auf-
gelöst werden.[15]

Während in der DDR, wie schon erwähnt, die Kominterntheorie auch weiterhin den Schlüssel zum Verständnis des Faschismus
bildet, sind die theoretischen Abhandlungen westlicher Marxisten seit den sechziger Jahren stark von Varianten des bonapartistischen Ansatzes beeinflußt worden (wie er etwa auch in Trotzkis
scharfsinnigen Schriften über den Faschismus zum Ausdruck
kommt).[16] In den letzten Jahren sind linke Veröffentlichungen
zum Faschismus jedoch in bemerkenswertem Maße durch einen
dritten Hauptstrang marxistischer Faschismusinterpretationen
geprägt worden. Dieser leitet sich aus Gramscis Werk (insbeson-

15 Zu Thalheimer, Bauer und dem «Bonapartismus» siehe vor allem Gerhard Botz, «Austro-Marxist Interpretations of Fascism», in «Theories of Fascism», *JCH* 11 (4) (1976), S. 129–156, besonders S. 131–147; Jost Dülffer, «Bo-
napartism, Fascism, and National Socialism», in *JCH* 11 (1976), S. 109–128;
und – als Untersuchung neueren Datums – Hans-Gerd Jaschke, *Soziale Basis und
soziale Funktion des Nationalsozialismus. Studien zur Bonapartismustheorie* (Opladen
1982). Siehe auch Kitchen, Kapitel 7; Ayçoberry, S. 57–64; und Hildebrand,
Das Dritte Reich, S. 125–126. Eine Kritik findet sich bei Winkler, *Revolution*, Kapitel 2 und S. 83 ff.

16 Leo Trotzki, *The Struggle against Fascism* (New York 1971). Trotzki betrachtete die Präsidialkabinette Brünings, von Papens und Schleichers als «Bonapartismus» und nicht den Faschismus selbst. Siehe Robert S. Wistrich, «Leon
Trotsky's Theory of Fascism», *JCH* 11 (1976), S. 170–171.

dere seiner Vorstellung von der «bürgerlichen Hegemonie») her und ist von Nicos Poulantzas näher dargestellt worden, dessen Interpretation wir uns in Kapitel 3 genauer ansehen werden.[17] Der neogramscistische Ansatz betont in weit stärkerem Maße als andere marxistische Interpretationen die Bedingungen der *politischen* Krise, die entstehen, wenn der Staat nicht länger die politische Einheit der dominierenden Klasse organisieren kann und in den Augen des Volkes seine Berechtigung verloren hat, und die den Faschismus als attraktive, radikale, volksnahe Lösung für das Problem der Wiederherstellung der «Hegemonie» der dominierenden Klasse erscheinen lassen. Mit den hier kurz beschriebenen marxistischen Faschismusinterpretationen werden wir uns im nächsten Kapitel befassen, wenn wir uns dem Verhältnis von Politik und Wirtschaft im NS-Herrschaftssystem zuwenden.

Nichtmarxistische Interpretationen

Während, wie ich gezeigt habe, die meisten der neueren marxistischen Faschismusinterpretationen Theorien aus den zwanziger und dreißiger Jahren übernommen oder als Ausgangspunkt aufgegriffen haben, sind die frühen «bürgerlichen» oder nichtmarxistischen Interpretationen – von denen, wenn überhaupt, nur ganz wenige tatsächlich einer Faschismus*theorie* gleichkommen – von der späteren wissenschaftlichen Forschung allgemein für äußerst unzulänglich befunden worden. So hat zum Beispiel die von Benedetto Croce, Friedrich Meinecke, Gerhard Ritter und später auch von Golo Mann gehegte Ansicht von einer «moralischen Krise der europäischen Gesellschaft» nur eine sehr mittelbare Wirkung auf spätere nichtmarxistische Faschismusinterpretationen gehabt. Auch Wilhelm Reichs Versuch, Marxismus und Freudianismus miteinander zu verbinden und den Faschismus als eine Folge sexueller Unterdrückung zu deuten, sowie Erich Fromms kollek-

17 Nicos Poulantzas, *Faschismus und Diktatur. Die Kommunistische Internationale und der Faschismus* (München 1970).

tivpsychologischer Ansatz einer «Furcht vor der Freiheit», die zu einer Flucht in die Unterwürfigkeit führe, haben der aktuellen Faschismusanalyse kaum methodische Anstöße gegeben. Allein vom Ansatz Talcott Parsons', der von einer «Anomie» moderner Gesellschaftsstrukturen und einer konfliktträchtigen Koexistenz traditioneller, archaischer Wertsysteme und moderner sozialer Prozesse ausgeht, läßt sich sagen, er habe späteren nichtmarxistischen, mit Modernisierungstheorien verbundenen Faschismusanalysen «einen unauslöschlichen Stempel» aufgedrückt.[18] Seit die nichtmarxistische vergleichende Faschismusforschung in den sechziger Jahren zu neuem Leben erwachte, ist sie hauptsächlich von drei verschiedenen Richtungen vorangetrieben worden: von dem «phänomenologischen» ideengeschichtlichen Ansatz im Sinne Ernst Noltes, von verschiedenen, die «strukturelle Modernisierung» berücksichtigenden Ansätzen sowie von «soziologischen» Interpretationen der sozialen Zusammensetzung und Klassenbasis faschistischer Bewegungen und Wähler.

Noltes selbstproklamierte «phänomenologische Methode» scheint in der Praxis auf kaum mehr hinauszulaufen als darauf, daß Phänomene – in diesem Fall die Schriften faschistischer Führer – für das genommen werden, als was sie sich selbst darstellen. In bissigen Kommentaren haben Kritiker die Ansicht vertreten, bei Noltes Konzept handele es sich «im wesentlichen um Diltheys gute alte Methode der Empathie» oder um «kaum mehr als einen verkappten Historismus».[19] Nolte schenkt den sozialen Grundlagen des Faschismus kaum ernsthafte Beachtung, da er sozioökonomische Faschismuserklärungen für unzulänglich hält. Statt dessen führt ihn seine Analyse der Entwicklung faschistischer Ideen zu einem – wie er recht bombastisch sagt – «metapolitischen» Begriff des Faschismus als einer generischen und autonomen Kraft. In einer etwas mystischen und mystifizierenden

18 Siehe Talcott Parsons, «Democracy and Social Structure in Pre-Nazi Germany» und «Some Sociological Aspects of the Fascist Movements», in seinen *Essays in Sociological Theory* (London und Toronto 1949). Das Zitat stammt aus Geoff Eley, «The Wilhelmine Right: How it Changed», in Richard J. Evans (Hg.), *Society and Politics in Wilhelmine Germany* (London 1978), S. 115.

19 Sauer, S. 414 (Kapitel 1 Anmerkung 39); Kitchen, S. 40.

Schlußfolgerung sieht er im Faschismus einen praktischen und gewaltsamen «Widerstand gegen die Transzendenz». Unter «Transzendenz» versteht er einen zweifachen Prozeß: einerseits das Streben der Menschheit nach Emanzipation und Fortschritt (das er «praktische Transzendenz» nennt) und andererseits die über diese Welt hinausreichende Heilssuche des Menschen, sein geistiges Streben hinaus «über alles Gegebene und Gebbare in Richtung eines absoluten Ganzen» – mit anderen Worten den Glauben an Gott und ein Leben nach dem Tode (was Nolte als «theoretische Transzendenz» bezeichnet). Doch indem Nolte den Gedanken des gewaltsamen «Widerstands gegen die Transzendenz» so betont, unterscheidet er den Faschismus von bloßer «Reaktion» und sieht in ihm eine sowohl antitraditional als auch antimodern ausgerichtete europäische Bewegung, die sich an erster Stelle und in erster Linie gegen ihr Spiegelbild, den Kommunismus, wandte, dabei aber gleichzeitig die Existenz der bürgerlichen Gesellschaft bedrohte. Und schließlich behauptet Nolte, indem er den «Faschismus in seiner Epoche» hervorhebt, der Faschismus sei historisch an eine bestimmte Zeit gebunden gewesen und «‹derselben› soziologischen Struktur wäre es in einer anderen Epoche und unter anderen Weltbedingungen unmöglich, ein historisch relevantes Phänomen zu erzeugen, daß als Faschismus gelten kann, zumindest nicht [...] in der Form des europäischen Nationalfaschismus».[20]

Noltes Buch stellte eine wichtige Veröffentlichung dar und weckte, wie bereits erwähnt, stärker als jedes andere einzelne Werk der sechziger Jahre Interesse an dem Problem des generischen Faschismusbegriffs. Es läßt sich jedoch nicht gerade sagen, daß dieses Buch in bezug auf seine Methode oder seine Schlußfolgerungen eine breite Anhängerschaft gewonnen habe. Andere Autoren, die sich mit vergleichender Faschismusforschung befassen und dabei ebenfalls vom Selbstbild der Faschisten ausgehen, vertreten den Standpunkt, der Faschismus sei eher revolutionär

20 Nolte, *Der Faschismus in seiner Epoche*, S. 515–521. Das Zitat stammt aus Ernst Nolte, «The Problem of Fascism in Recent Scholarship», in Henry A. Turner (Hg.), *Reappraisals of Fascism* (New York 1975), S. 30.

als rückwärtsgerichtet und «sehe stark wie der Jakobinismus unserer Zeit aus».[21] Zweitens muß für Noltes Werk eine starke Einschränkung gemacht werden, da er es unterläßt, das Wesen und die Dynamik der sozioökonomischen Grundlagen faschistischer Bewegungen im einzelnen zu analysieren. Und schließlich ist aus einer anderen Sicht die Frage aufgeworfen worden, ob Nolte mehr getan habe, als nur ähnliche Erscheinungsformen eines von ihm als «Faschismus» bezeichneten politischen Systemtyps zu beschreiben, die jedoch in ganz Europa einen äußerst unterschiedlichen Intensitätsgrad gezeigt hätten; ob Nolte also mit anderen Worten nicht in Wirklichkeit übersehen habe, daß nicht die Ähnlichkeiten, sondern die Unterschiede überwogen hätten – ein Argument, das die Existenz des Phänomens als solches in Frage stellt.[22]

Die zweite größere *Gruppe* nichtmarxistischer Ansätze («Gruppe» deshalb, weil diese Ansätze viele verschiedene Nuancen und unterschiedliche Gewichtungen enthalten) hängt mit Modernisierungstheorien zusammen, bei denen der Faschismus als eine von mehreren verschiedenen Möglichkeiten auf dem Weg zur modernen Gesellschaft begriffen wird. Bei einer Variante des Modernisierungsansatzes, die Klaus Hildebrand als «strukturell-funktionale Theorie» bezeichnet, gilt der Faschismus als «eine besondere Form der Herrschaft in Gesellschaften, die sich in einer kritischen Phase des gesellschaftlichen Transformationsprozesses zur Industriegesellschaft befinden und zugleich objektiv oder in den Augen der herrschenden Schichten von der Möglichkeit eines kommunistischen Umsturzes bedroht sind».[23] Dieser Sicht zufolge gewinnt der Faschismus seine Hauptstoßkraft aus dem Widerstand residualer Eliten gegen die egalitären Tendenzen der Industriegesellschaft. Andere Ansätze sehen im Faschismus eine Form einer sich entwickelnden Diktatur (Gregor) oder in erster

21 Weber, *Varieties*, S. 139.
22 Hildebrand, *Das Dritte Reich*, S. 136.
23 Wolfgang Mommsen, «Gesellschaftliche Bedingtheit und gesellschaftliche Relevanz historischer Aussagen», in Eberhard Jäckel und Ernst Weymar (Hg.), *Die Funktion der Geschichte in unserer Zeit* (Stuttgart 1975), S. 219–220; Hildebrand, *Das Dritte Reich*, S. 136.

Linie ein Phänomen, das bei Agrargesellschaften in einer bestimmten Übergangsphase zur Modernisierung anzutreffen sei (Organski), oder auch ein Produkt des Modernisierungsweges einer Agrargesellschaft, die nur eine «Revolution von oben» erfahren habe, was dann zu revolutionären, die Modernisierung vorübergehend vorantreibenden Unruhen einer zutiefst reaktionären und zum Aussterben verurteilten Klasse (der Bauernschaft) geführt habe (Barrington Moore).[24]

Das Hauptproblem des «strukturell-funktionalen» Ansatzes scheint darin zu bestehen, daß er den veränderungsfeindlichen Widerstand der herrschenden Eliten überbetont und dabei die eigenständige Dynamik der faschistischen Massenbewegungen unterbewertet. Hinzu kommt, daß es schwierig ist festzustellen, welche der damals vom Faschismus erfaßten Staaten sich genau in diesem Übergangsprozeß zur pluralistischen Industriegesellschaft befanden. Bestenfalls scheint das auf Italien und Deutschland zuzutreffen, obgleich der Grad des Übergangs bei den zwei Ländern so verschieden war, daß der Wert des «Modells» bezweifelt werden kann.[25]Bei jenen Modernisierungstheorien, die den Faschismus hauptsächlich in einen agrargesellschaftlichen Zusammenhang stellen, besteht die Hauptschwierigkeit darin, daß sie kaum auf den deutschen Fall zuzutreffen scheinen, wo der Nationalsozialismus sich in einer hochindustrialisierten Gesellschaft entwickelte. Bezeichnenderweise geht Organski – einer der bekanntesten Vertreter dieses Ansatzes – bei seinem Modell nicht auf Deutschland ein, während Barrington Moore bei seiner anregenden und weitreichenden Analyse der verschiedenen Modernisierungswege – deren Entwicklung er in der unterschiedlich vorhandenen Machtbasis der großgrundbesitzenden Eliten begründet sieht – die Bedeutung feudaler Traditionen für den Erfolg des Faschismus stark überbetont und dementsprechend den Anteil, den eine vollentwickelte kapitalistische Wirtschaft und die bürgerliche Gesellschaft an der Dynamik haben, deutlich unterbe-

24 A.J. Gregor, *The Ideology of Fascism* (New York 1969); A.F.K. Organski, «Fascism and Modernization», in Woolf (Hg.), *The Nature of Fascism*, S. 19–41; Barrington Moore Jr., *Social Origins of Dictatorship and Democracy* (London 1967).
25 Darauf verweist Hildebrand, *Das Dritte Reich*, S. 137–138.

wertet. Bei jenen Modernisierungstheorien, die sich speziell auf Deutschland konzentrieren (zum Beispiel die Arbeiten von Dahrendorf und Schoenbaum) [26], geht es nicht um eine Faschismustheorie, sondern um die (wenn auch weitgehend unbeabsichtigte) modernisierende Wirkung des Nationalsozialismus selbst. Diese Interpretationen werden im Abschlußkapitel behandelt.

Ein dritter einflußreicher nichtmarxistischer Ansatz ist Seymour Lipsets «soziologische» Interpretation des Faschismus als Radikalismus der unteren Mittelschicht – er spricht auch vom «Extremismus der Mitte». [27] Dieser Sichtweise zufolge entstand der Faschismus, als mittelständische Schichten, die zuvor Parteien der liberalen Mitte unterstützt hatten, durch die wachsende wirtschaftliche Not und eine – in ihren Augen sowohl vom Großkapital als auch von der organisierten Arbeiterschaft ausgehende – Bedrohung dazu veranlaßt wurden, sich der extremen Rechten zuzuwenden. Diese Interpretationssicht ist in den letzten Jahren aus verschiedenen Richtungen unter Beschuß geraten. Erstens ist gezeigt worden, daß in Deutschland – und Lipsets Argumentation stützt sich stark auf den deutschen Fall – die Wahlstimmen der unteren Mittelschicht vor dem Aufstieg des Nationalsozialismus an Parteien gingen, die keineswegs als «liberale» oder gemäßigte Parteien der Mitte gelten konnten, sondern ausgesprochen rechtsgerichtet (autoritär, nationalistisch und häufig rassistisch) waren. Die Wahl einer faschistischen Partei stand in Wirklichkeit am Ende eines langen, schrittweise rechtsgerichteten Veränderungsprozesses im Wählerverhalten. [28] Zweitens erzielte die Nazipartei – wie vor kurzem gezeigt wurde – in den Großstädten einen Hauptteil ihrer Wählerstimmen in wohlhabenden Bezirken, die

26 Ralf Dahrendorf, *Gesellschaft und Demokratie in Deutschland* (München 1965); David Schoenbaum, *Die braune Revolution. Eine Sozialgeschichte des Dritten Reiches* (Köln u. a. 1968).
27 Seymour Martin Lipset, *Soziologie der Demokratie* (Neuwied 1962; übersetzt von Otto Kimminich), Kapitel 5.
28 Siehe Heinrich August Winkler, «Extremismus der Mitte? Sozialgeschichtliche Aspekte der nationalsozialistischen Machtergreifung», *VfZ* 20 (1972), S. 175–191, und jetzt auch Thomas Childers, *The Nazi Voter. The Social Foundations of Fascism in Germany 1919–1933* (Chapel Hill / London 1983).

das etablierte höhere Bürgertum und nicht die verunsicherten oder im Niedergang begriffenen unteren Mittelschichtsgruppen der klassisch Lipsetschen Theorie repräsentierten; und am anderen Ende der sozialen Skala erhielten die Nazis ein größeres Maß an Unterstützung von seiten der Arbeiterklasse (auch wenn es ihnen nicht gelang, ernstliche Einbrüche in die «organisierte» Arbeiterschaft zu erzielen), als man bislang angenommen hatte.[29] Drittens und letztens ist der Einwand gemacht worden, daß bei einer ausschließlichen Konzentration auf das politische Verhalten der unteren Mittelschicht völlig außer acht gelassen werde, inwieweit die Eliten dem Faschismus an die Macht verholfen hätten, und daß während der Regimephase des Faschismus die Interessen der unteren Mittelschicht denen des Großkapitals untergeordnet gewesen seien.[30]

Es lag nicht in meiner Absicht, hier eine vollständige Kritik der äußerst unterschiedlichen Faschismusinterpretationen anzustreben; vielmehr wollte ich veranschaulichen, daß – obwohl beachtliche Fortschritte erzielt und komplexe Typologien faschistischer Bewegungen entwickelt worden sind – keine Aussicht auf irgend-

29 Zum Wahlverhalten in den Großstädten siehe Richard F. Hamilton, *Who voted for Hitler?* (Princeton 1982). Das breite soziale Spektrum der Nazianhängerschaft unterstreichen Childers, Jürgen W. Falter, «Wer verhalf der NSDAP zum Sieg?», *APZ* (14. Juli 1979), S. 3–21, und Heinrich August Winkler, «Mittelstandsbewegung oder Volkspartei? Zur sozialen Basis der NSDAP», in Schieder (Hg.), *Faschismus als soziale Bewegung*, S. 97–118. Zur Sozialstruktur der Parteimitglieder siehe Michael Kater, *The Nazi Party. A Social Profile of Members and Leaders 1919–1945* (Oxford 1983). Eine gute Übersicht über die Literatur zur sozialen Zusammensetzung der Nazianhängerschaft und hier vor allem zu der vieldiskutierten Frage, auf welche Weise und in welchem Maße die Nazis durch die Arbeiterklasse unterstützt worden seien und ob die SA einen eher «mittelständischen» oder eher «proletarischen» Charakter gehabt habe, findet sich jetzt bei Mathilde Jamin, *Zwischen den Klassen. Zur Sozialstruktur der SA-Führerschaft* (Wuppertal 1984), S. 11–45.
30 Bernt Hagtvet und Reinhard Kühnl, «Contemporary Approaches to Fascism: A Survey of Paradigms», in Larsen u. a., S. 26–51, hier S. 31. Dies ist eine aufschlußreiche Analyse der Probleme der vergleichenden Faschismusforschung. Eine andere Sichtweise bietet Juan J. Linz, «Some Notes towards a Comparative Study of Fascism in Sociological Historical Perspective», in Laqueur, S. 13–78.

eine Faschismustheorie besteht, die allgemeine Anerkennung finden könnte. Wie gezeigt worden ist, kann keine einzige marxistische Theorie den Anspruch erheben, auch nur unter marxistischen Wissenschaftlern allgemein akzeptiert zu sein; und auf der anderen Seite sind hier auch die Schwach- und Kritikpunkte «bürgerlicher» Interpretationen teilweise thematisiert worden. Außerdem stellen, wie schon gesagt, einige führende Wissenschaftler – ob mit «Totalitarismus»-Ansatz oder ohne – die gesamte Grundlage der vergleichenden Faschismusforschung in Frage und vertreten den Standpunkt, zwischen den «faschistischen» Bewegungen bestünden derart grundlegende Unterschiede, daß jeder generische Faschismusbegriff sinnlos sei.

Nach dieser kurzen Darstellung der Entwicklungsphasen des Totalitarismus- und Faschismusbegriffs können wir uns nun kritisch der Frage zuwenden, ob von einem der beiden Modelle das Phänomen des Nationalsozialismus zufriedenstellend erfaßt wird.

Allgemeine Überlegungen zum «Totalitarismus»- und zum «Faschismus»-Begriff

«Totalitarismus» und «Faschismus» sind keine «sauberen» wissenschaftlichen Begriffe. Beide haben von Beginn ihres Gebrauchs an eine Doppelfunktion: einerseits als ideologisches Mittel für eine negative politische Kategorisierung, wobei sie im allgemeinen Sprachgebrauch eher pejorativ verwandt werden, und andererseits als heuristisches wissenschaftliches Instrument, das dazu dienen soll, politische Systeme einzuteilen und zu klassifizieren. Diese Begriffe als «neutrale», von politischen Konnotationen losgelöste wissenschaftliche Analysewerkzeuge zu behandeln, ist so gut wie unmöglich. Die wissenschaftliche Debatte über die Verwendung dieser Begriffe zeigt vor allem, wie eng Geschichte,

Politik und Sprache miteinander verflochten sind.[31] Dies spiegelt sich auch in dem Umstand, daß in bezug auf den Gebrauch der Begriffe oder deren genaue Definition keine Übereinstimmung besteht.

Außerdem ist häufig auch die Verbindung von Begriff und Theorie alles andere als klar. Wenn man unter «Theorie» ein System von zusammenhängenden, allgemein erklärenden Aussagen versteht, die voneinander abgeleitet sind und aufeinander beruhen, und unter «Begriff» eine abstrakte sprachliche Abkürzung, die keine Eigenständigkeit besitzt und keine systematische Erklärung bietet, dann könnte man argumentieren, Friedrich habe in bezug auf den Totalitarismus eine begriffliche Definition produziert, die aber keine echte Totalitarismustheorie abgebe. In bezug auf den Faschismus sind die meisten nichtmarxistischen Ansätze, wie bereits gesagt, im wesentlichen deskriptiv und beruhen auf keinen klar definierten theoretischen Prämissen, während marxistische Ansätze aus theoretischen Positionen abgeleitet sind, die angewandte Theorie aber nicht immer auf einer klaren, sondern manchmal sogar auf einer an Tautologie grenzenden Begriffsdefinition basiert.[32]

Obwohl sowohl hinter dem «Faschismus»- als auch hinter dem «Totalitarismus»-Ansatz das Bestreben steckt, eine Typologie politischer Systeme zu liefern, ist diese doch in beiden Fällen von recht unterschiedlicher Art. Bei den Faschismus-«Theorien» liegt die Betonung auf faschistischen *Bewegungen* – auf den Wachstumsbedingungen, den Zielen und der Funktion dieser Bewegungen im Unterschied zu allen anderen Formen politischer Organisation. (Dies trifft zwar auch auf die Kominterntheorie und ihre spätere Anwendung zu, doch liegt hier die Betonung im allgemeinen viel

31 Siehe Karl Dietrich Bracher, «Betrachtung: Terrorismus und Totalitarismus», in ders., *Schlüsselwörter*, S. 103–123 (ein Vortrag, den er 1977 auf einer CDU-Tagung über die Ursachen des Terrorismus hielt), sowie die Kommentare von Bracher und Martin Broszat, in *Totalitarismus und Faschismus*, S. 10–11, 32–33.

32 Uwe Dietrich Adam, «Anmerkungen zu methodischen Fragen in den Sozialwissenschaften: Das Beispiel Faschismus und Totalitarismus», *PVS* 16 (1975), S. 55–88, hier besonders S. 75–76.

stärker auf dem Wesen der faschistischen Diktatur als auf dem
«Bewegungs»-Stadium.) Bei den Totalitarismusmodellen besteht andererseits, praktisch definitionsbedingt, kaum Interesse
an der Phase vor der Machtübernahme oder nur insofern, als
sich in ihr «totalitäre» Ambitionen erkennen lassen. Die Aufmerksamkeit konzentriert sich hier vielmehr auf *Systeme* und
Herrschaftstechniken. Für den Totalitarismustheoretiker haben daher viele Fragen nur eine geringe Bedeutung, die für den Analytiker faschistischer Bewegungen von größter Wichtigkeit sind –
etwa Fragen nach den sozioökonomischen «Ursachen» des Faschismus, der sozialen Zusammensetzung faschistischer Parteien und dem Verhältnis der faschistischen Bewegungen zur jeweiligen «herrschenden Klasse». Auf der anderen Seite werden
Punkte, die beim Totalitarismusansatz von großer Bedeutung
sind – wie etwa das Vorhandensein einer einzigen Partei mit Mo-
nopolstellung, einer plebiszitären Legitimation der Herrschaft
oder einer offiziellen Ideologie –, von Faschismusanalytikern
meist als zweitrangig angesehen; letztere heben statt dessen hervor, daß es zwischen faschistischen und kommunistischen Regimen in bezug auf die Ziele, die soziale Basis und die ökonomischen Strukturen große Unterschiede gebe.

«Faschismus» und «Totalitarismus» sind Begriffe, die als «Gat-
tungstypen» über einzelne Herrschaftssysteme hinausgehen. Als
solche erfordern sie beide eine strenge vergleichende Methode. In
der Praxis mangelt es jedoch – vor allem beim Totalitarismusmodell – häufig an einer gründlichen vergleichenden Analyse, und
beide Ansätze sind von der Art her, in der sie sich auf den Fall
Nazideutschlands stützen, traditionell kopflastig.[33] In den letzten
Jahren sind wertvolle systematische vergleichende Untersuchungen zur Struktur faschistischer Bewegungen erstellt worden,[34]
aber zum Wesen des an der Macht befindlichen Faschismus und

---

33 Zum Faschismus siehe beispielsweise Clemenz (Anmerkung 13), Richard
Saage, *Faschismustheorien* (München 1971), und Niels Kadritzke, *Faschismus und
Krise* (Frankfurt am Main und New York 1976), und zum Totalitarismus Hans
Buchheim, *Totalitäre Herrschaft. Wesen und Merkmale* (München 1962).

34 Eine ausgezeichnete Zusammenfassung neuester Erkenntnisse findet sich
in Larsen u. a. (Anmerkung 12).

seiner Institutionen bleibt noch viel vergleichende Arbeit zu tun. Was die Totalitarismusperspektive betrifft, so ist die Erforschung der stalinistischen Regierungs- und Gesellschaftsform längst nicht so tiefgründig betrieben worden, wie das beim Naziregime der Fall ist, und die dort gezogenen Vergleiche sind in der Praxis oft höchst oberflächlicher Natur.

Trotz der Tatsache, daß sich die Begriffe politisch nicht miteinander versöhnen lassen – Vertreter eines allgemeinen Faschismusbegriffs stehen auf dem Standpunkt, Rechtsdiktaturen *unterschieden sich grundlegend* von Linksdiktaturen, während die Vertreter eines Totalitarismusansatzes von der Prämisse ausgehen, faschistische und kommunistische Diktaturen seien *grundsätzlich ähnlich* –, haben bekannte deutsche Wissenschaftler kürzlich erklärt, beide Begriffe seien bei der Analyse moderner politischer Strukturen unentbehrlich, und es sei durchaus möglich, bei der Erforschung des Nationalsozialismus beide Ansätze auf verschiedene Art und Weise anzuwenden.[35] Wie mir scheint, birgt das jedoch die Schwierigkeit in sich, daß man hier *vergleichende* Begriffe auf ein Einzelphänomen anwendet, während gleichzeitig ungelöst bleibt, ob der jeweilige vergleichende Begriff selbst stichhaltig ist. Dennoch kann man beiden Begriffen allein aufgrund ihrer nicht zu leugnenden politischen Untertöne noch nicht jeglichen wissenschaftlichen Wert und jede intellektuelle Gültigkeit absprechen. Folglich bleibt die Notwendigkeit bestehen, jeden dieser Begriffe daraufhin zu untersuchen, welchen Erklärungswert er in bezug auf das Wesen des Nationalsozialismus und seine Beurteilung besitzt.

Nationalsozialismus als Totalitarismus?

Es gibt zwei Kategorien von Kritikern des Totalitarismusbegriffs: *(a)* diejenigen, die jedwede Anwendung eines Totalitarismusbegriffs oder einer Totalitarismustheorie kategorisch ablehnen, und

---

35 Vergleiche Kocka, «Ursachen», S. 14–15, und die Kommentare von Kocka, Broszat, Schieder und Nolte in *Totalitarismus und Faschismus*, S. 32–53.

(b) diejenigen, die bereit sind, einem solchen Begriff einige theoretische Bedeutung zuzugestehen, ihn dabei aber als Analyseinstrument in der Praxis nur für begrenzt anwendbar halten. Die zugunsten der zweiten Position geäußerten Argumente scheinen mir überzeugender zu sein.

(a) Kategorisch als völlig wertlos abgelehnt wird der Totalitarismusbegriff meist aus folgenden Gründen:[36]

(i) «Totalitarismus», so heißt es, sei nichts weiter als eine Ideologie des Kalten Krieges, die in den vierziger und fünfziger Jahren von westlichen kapitalistischen Staaten aufgebracht und als antikommunistisches politisches Integrationsinstrument eingesetzt worden sei und in diesem Sinne bis auf den heutigen Tag Verwendung finde. Abgesehen von der Tatsache, daß der Begriff, wie wir gesehen haben, bereits lange vor dem Kalten Krieg existierte und benutzt wurde, verliert das Totalitarismuskonzept dadurch, daß es in der Zeit des Kalten Krieges unbestritten auf meist primitive Art politisch verwandt wurde und nun in der Nach-Entspannungsperiode wieder auf eine solche Resonanz stößt, genausowenig seinen potentiellen Wert als wissenschaftliches Analysewerkzeug, wie auf der anderen Seite die Faschismustheorien durch die häufig genauso krude politische Ausbeutung des Begriffs «Faschismus» ihrer Gültigkeit beraubt werden können.

(ii) Beim Totalitarismuskonzept werde die Form – die äußere Gestalt der Herrschaftssysteme – als Inhalt, als ihr Wesen behandelt. Das führe dazu, daß die völlig verschiedenen Ziele und Intentionen des Nationalsozialismus und des Bolschewismus ganz außer acht gelassen würden – Ziele, die im ersten Fall ganz und gar unmenschlich und negativ und im zweiten Fall letzten Endes menschlich und positiv gewesen seien. Dieser Einwand überzeugt nicht ganz. Wie Adam gezeigt hat,[37] basiert dieses Argument darauf, daß von der (weder nachprüfbaren noch widerlegbaren) Zukunft auf die Gegenwart geschlossen wird – ein Verfahren, das streng logisch betrachtet unzulässig ist. Außerdem beruht dieses Argument auf der Annahme, Form und Inhalt könnten so losge-

---

36 Kitchen, Kapitel 2, kommt dieser Position nahe.
37 Adam, «Anmerkungen», S. 64–67.

löst voneinander sein, daß eine Bemerkung über die Form noch nichts über den Inhalt aussagt – ein Punkt, der selbst von materialistischen Dialektikern verworfen wird. Darüber hinaus wird, wenn bei der Gegenüberstellung die vom Bolschewismus letztlich angestrebte Menschlichkeit gegenüber der Unmenschlichkeit des Nationalsozialismus betont wird, die angenommene idealistische Absicht des einen Systems mit der bekannten Realität des anderen verglichen. Dabei weicht man der Frage aus, ob in bezug auf die Herrschaftstechniken nicht möglicherweise tatsächlich Ähnlichkeiten zwischen den Regimen Stalins und Hitlers bestehen. Der rein funktionale Punkt, daß der kommunistische Terror «positiv» sei, weil er auf einen «vollständigen und radikalen Wandel in der Gesellschaft» hinziele, während der faschistische Naziterror «seinen Höhepunkt mit der Vernichtung der Juden erreichte» und «gar nicht versuchte, das menschliche Verhalten zu verändern oder eine wirklich neue Gesellschaft aufzubauen»,[38] ist – ganz abgesehen von der im letzten Satz aufgestellten fraglichen Behauptung – ein zynisches Werturteil über die Schrecken des stalinistischen Terrors.

(b) Von denen, die das Totalitarismusmodell nicht von vornherein ablehnen, sondern seine Anwendungsmöglichkeit als sehr begrenzt ansehen, werden vier wesentliche Kritikpunkte vorgebracht:

(i) Der Totalitarismusbegriff könne – egal, wie er definiert werde – nur unzureichend die Eigenheiten der Systeme erfassen, die er zu klassifizieren suche. In seiner meisterhaften Analyse *Der Staat Hitlers* weist Broszat zum Beispiel einleitend darauf hin, wie schwer es ist, die amorphe Strukturlosigkeit des NS-Systems in eine Typologie der Herrschaft einzuordnen.[39] In der Tat läßt sich mit Hilfe des Totalitarismusbegriffs nur in verallgemeinernder und beschränkter Weise von Ähnlichkeiten der Systeme reden, die doch bei näherer Betrachtung so verschieden strukturiert sind, daß Vergleiche zwangsläufig höchst oberflächlich bleiben müssen. Hans Mommsen hat zum Beispiel aufgezeigt, wie sehr sich die

38 Kitchen, S. 31.
39 Martin Broszat, *Der Staat Hitlers* (München 1969), S. 9.

Nazipartei und die sowjetkommunistische Partei in ihrer Struktur und Funktion unterscheiden und wie wenig es deshalb besagt, wenn man sowohl Nazideutschland als auch Sowjetrußland (selbst bei einer Beschränkung auf die stalinistische Ära) einfach als «Ein-Parteien-Staaten» bezeichnet.[40] Ebenso bedeutsam sind die größeren Unterschiede im Wesen der Führung beider Staaten, und die Rollen, die Hitler und Stalin eingenommen haben, lassen sich deshalb nur schwer als Rollen «totalitärer Diktatoren» bezeichnen. Die Wirtschaftslenkung, die bei den Nazis und den Sowjets grundlegend unterschiedlicher Natur war, ist ein noch bemerkenswerteres Beispiel für die äußerst irreführenden Verallgemeinerungen, die vom Totalitarismusansatz ausgehen – in diesem Fall in bezug auf die zentralisierte «totalitäre» Wirtschaft.

(ii) Das Totalitarismuskonzept sei nicht in der Lage, angemessen auf Veränderungen innerhalb des kommunistischen Systems einzugehen. Wenn der Begriff auf die UdSSR nach Stalin und auf andere Ostblockstaaten ausgedehnt wird, ist man gezwungen, das, was den Totalitarismus ausmacht, anderswo und eben nicht mehr in den speziellen Merkmalen des Stalinismus zu sehen, die gewöhnlich als mit dem Nationalsozialismus vergleichbar gelten (beispielsweise Terror, Führerkult und so weiter). Derartige Versuche, die eine implizite (wenn nicht sogar explizite) Verbindungslinie zum Nationalsozialismus und anderen rechten Diktaturen ziehen, gleiten oft rasch ins völlig Absurde ab.

(iii) Der entscheidende Nachteil des Totalitarismuskonzepts sei, daß es nichts über die sozioökonomischen Bedingungen, Funktionen und politischen Ziele eines Systems sage, sondern sich damit zufriedengebe, nur die Techniken und ins Auge springenden Formen der Herrschaft herauszustellen (Ausschließlichkeit der Ideologie, Tendenz zur umfassenden Mobilisierung und so weiter).[41] Da einer der offensichtlichsten und bemerkenswertesten Unterschiede zwischen dem Nazi- und dem Sowjetsystem im sozioökonomischen Bereich liegt, ist in der Literatur darauf hingewiesen worden, daß «der Wert einer Analyse, die die Pro-

40 Hans Mommsen, in *Totalitarismus und Faschismus*, S. 18–27.
41 Jürgen Kocka, in *Totalitarismus und Faschismus*, S. 39–44.

duktionsverhältnisse und die sich daraus ergebenden Sozialstrukturen der zwei Systeme außer acht läßt, stark begrenzt»
ist.[42]

(iv) Das Totalitarismuskonzept finde seine Berechtigung
darin, die Werte der westlichen «liberalen Demokratien» hoch-
zuhalten und zwischen «offenen» und «geschlossenen» Regie-
rungsformen beziehungsweise zwischen «Gewaltenteilung» und
«Gewaltmonopol» zu unterscheiden. Im Totalitarismuskonzept
sei jedoch eine Ambivalenz angelegt – die Ambivalenz zwischen
der Beschreibung historisch tatsächlich existierender Herrschaftssysteme (Nationalsozialismus, «Stalinismus») und der
Ausdehnung des Begriffs auf eine «Tendenz», die sich auf so viele
moderne Diktaturen und sogar auf Teile der Gesellschaft innerhalb westlicher Demokratien erstrecke, daß der Begriff viel von
seinem analytischen Wert verliere.[43]

Diese Kritikpunkte werden im allgemeinen von Wissenschaftlern vorgebracht, die den Begriff des Totalitarismus dennoch
nicht völlig verwerfen wollen. Sie machen geltend – und ich
stimme darin mit ihnen überein –, daß es ein absolut legitimes
Unterfangen sei, die Herrschaftsformen und -techniken, die in
Deutschland unter Hitler und in der Sowjetunion unter Stalin
existierten, miteinander zu vergleichen, auch wenn wesentliche
Unterschiede in bezug auf die Ideologie und die sozioökonomischen Strukturen bestanden haben; und daß sich ein neuer
Grad und ein neues Konzept der Machtentfaltung in Regie-
rungssystemen zu Recht bei beiden Systemen feststellen lasse.
Bei beiden finde sich das Streben nach umfassender Kontrolle
und Manipulierung, bei beiden gebe es auf moderner Technologie basierende Methoden der dynamischen plebiszitären Mobilisierung, die bewirken sollten, daß die Bevölkerung sich hinter
ihren Herrscher stellte, und außerdem finde sich eine radikale
Unduldsamkeit gegenüber jeglicher Konzentration auf gleichzeitig bestehende andere Loyalitäten beziehungsweise gegenüber jeglicher Form von institutionellem «Lebensraum» außer

42 Kitchen, S. 31.
43 Vergleiche Martin Broszat, in *Totalitarismus und Faschismus*, S. 36–38.

zu den Bedingungen des Regimes, so daß bei beiden Systemen die Entwicklung auf eine *versuchte* Politisierung aller Aspekte des sozialen Erlebens hinauslaufe. Das bis zum «Widerstand» reichende Dissensspektrum in Nazideutschland (und – wenn auch bislang wenig analysiert – parallel dazu in Stalin-Rußland) läßt sich eigentlich nur mit Blick auf die Anforderungen verstehen, die das Regime an seine Untertanen stellte: Es erhob einen «totalen Anspruch» auf konformes Verhalten und rief dadurch ein nonkonformistisches und oppositionelles Verhalten hervor, das selbst in anderen autoritären Systemen nicht politisiert und somit in einen politischen Dissens verwandelt worden wäre.[44] Man kann wohl auch ohne die wortreich wiederholten Theorien von der «atomisierten Massengesellschaft» auskommen, und statt eines voll entwickelten, politisch belasteten Totalitarismuskonzepts könnte sich dann bei einer vergleichenden Analyse von (konformen und oppositionellen) Verhaltensmustern in recht verschieden strukturierten Gesellschaften und politischen Systemen doch immerhin – auf der sozialen eher als auf der institutionellen Ebene – die gemäßigtere Vorstellung vom «totalen Anspruch» eines Regimes an seine Untertanen als heuristisch nützlich erweisen.[45] Selbst das Erheben eines extremen «totalen Anspruchs» ließe sich dann vielleicht als symptomatisch für das von Regimen in unsicheren Übergangsperioden praktizierte «Krisenmanagement» ansehen und weniger als dauerndes Herrschaftsmerkmal.

Im übrigen sollte man es meines Erachtens am besten vermeiden, den Nationalsozialismus als «totalitäres System» zu beschreiben, und zwar nicht nur wegen der unvermeidlichen politischen Färbung, die mit dem Etikett «Totalitarismus» verbunden ist, sondern wegen der oben angeführten schwerwiegenden begrifflichen Probleme, die dieser Terminus aufwirft. Als letztes bleibt die Möglichkeit, den Begriff in einem nichtkomparativen

44 Siehe Ian Kershaw, *Popular Opinion and Political Dissent in the Third Reich. Bavaria 1933–1945* (Oxford 1983), besonders S. 374 ff.
45 Die Auswirkung des Nationalsozialismus auf die deutsche Gesellschaft hat erst kürzlich Detlev Peukert in seinem Buch *Volksgenossen und Gemeinschaftsfremde* (Köln 1982) scharfsinnig beleuchtet.

Sinne zu verwenden, das heißt seinen Gebrauch ausschließlich auf das NS-System beziehungsweise faschistische Systeme zu beschränken und nach verschiedenen Einfluß- und Entwicklungsphasen dynamischer Massenbewegungen mit «totalitären» Ansprüchen an die legislativen und exekutiven Strukturen des Staates zu unterscheiden, wie das bereits früher Franz Neumann und andere in ihren Werken getan haben. Broszat benutzt bei seiner Analyse des NS-Staats zum Beispiel das Adjektiv «totalitär» ohne vergleichende Bezugnahme auf die UdSSR, um die radikalere Phase der Naziherrschaft nach 1937/38 von der davorliegenden, lediglich «autoritären» Phase zu unterscheiden.[46] Ganz abgesehen davon, ob es richtig ist, die Zeit des Dritten Reiches vor und nach 1937/38 mit unterschiedlichen Etiketten zu versehen und den Totalitarismusbegriff seiner üblichen, auf die UdSSR bezogenen Vergleichskomponente zu entledigen, mag ernsthaft bezweifelt werden, ob man, wenn man sich ausschließlich mit dem NS-Staat befaßt, das Adjektiv «totalitär» als bloßes Synonym für eine zunehmend radikaler werdende negative Dynamik überhaupt braucht. Andere Autoren, die derselben Interpretationslinie folgen, halten den Begriff für völlig überflüssig.[47]

Alles in allem scheint der Wert des Totalitarismusbegriffs äußerst begrenzt zu sein, und bei dem Versuch, das Wesen des Nationalsozialismus mit Hilfe dieses Begriffes zu charakterisieren, überwiegen die Nachteile die möglichen Vorteile bei weitem.

---

46 Broszat, *Der Staat Hitlers*, S.423 ff, besonders S.424 und 430–434. In späteren Veröffentlichungen ging Franz Neumann dazu über, den «Totalitarismus»-Begriff in dem vom Kalten Krieg beeinflußten herkömmlichen Sinne zu gebrauchen. Siehe von ihm *Demokratischer und autoritärer Staat* (Frankfurt am Main und Wien 1967).

47 So zum Beispiel Hans Mommsen, in *Totalitarismus und Faschismus*, S.65, wenn er sagt: «Die Totalitarismus-Theorie ist der Mythos, der jeder *wirklichen* sozialgeschichtlichen Erklärung [des Nationalsozialismus] im Wege steht», und zwar vor allem wegen der dabei vorhandenen teleologischen Tendenz, das Endergebnis des in Frage stehenden Komplexes bereits vorauszusetzen, noch bevor die Bedingungen der Herausbildung desselben untersucht worden seien.

Nationalsozialismus als Faschismus oder als einzigartiges Phänomen?

Gegner der Verwendung eines generischen Faschismusbegriffs erheben zwei prinzipielle und ernsthafte Einwände gegen die Kategorisierung des Nationalsozialismus als Faschismus: erstens – und diesen Einwand halte ich für gerechtfertigt – werde der Begriff häufig in inflationärer Weise auf eine große Zahl von Bewegungen und Regimes von völlig unterschiedlicher Art und Bedeutung ausgedehnt, und zweitens – doch dies finde ich weniger überzeugend – sei der Begriff nicht imstande, die einzigartigen Merkmale des Nationalsozialismus befriedigend zu erfassen, und die Unterschiede zwischen dem italienischen Faschismus und dem deutschen Nationalsozialismus wögen bedeutend stärker als irgendwelche oberflächliche Ähnlichkeiten, die die beiden vielleicht zu besitzen scheinen.

(a) Der erste Kritikpunkt bezieht sich vor allem, wenn auch nicht allein, auf marxistische Faschismusinterpretationen. Die marxistisch-leninistische Faschismustheorie geht von einer immanenten Beziehung zwischen Faschismus und Kapitalismus aus und dehnt dadurch zum Beispiel die Vorstellung von einer «faschistischen Diktatur» soweit aus, daß sie sich auf viele Arten von unterdrückerischen Regimen erstreckt und im Hinblick auf das Wesen der Herrschaft keinen grundlegenden Unterschied zwischen Militärdiktaturen und Massenparteidiktaturen macht. Da dieser Sichtweise zufolge die Massenbasis einer faschistischen Partei ohne irgendeine autonome Kraft und nur ein manipuliertes Produkt der herrschenden kapitalistischen Klasse ist, tritt hier die Bedeutung der Massenbewegung (die die meisten nichtmarxistischen Analytiker als einen bedeutenden Unterschied zwischen autoritären Militärregimen und faschistischen Regimen bezeichnen würden) in den Hintergrund. Insofern klassifizieren DDR-Wissenschaftler so unterschiedliche Regime wie die in Polen, Bulgarien und Ungarn in der Zeit zwischen den Kriegen, in Portugal unter Salazar und Caetano, in Spanien unter Franco, in Griechenland unter den

Obristen, in Argentinien unter den Generälen, im heutigen Chile und in anderen diktatorisch regierten südamerikanischen Ländern als «faschistisch» und stellen sie dadurch mit dem «Hitlerfaschismus» auf eine Stufe.[48] Entscheidend ist für DDR-Historiker nicht die äußere Form der Diktatur, sondern ihr Wesen als Waffe der aggressivsten Elemente des Finanzkapitals. Dennoch unterscheiden jüngere DDR-Studien sehr deutlich zwischen zwei Grundtypen der faschistischen Diktatur, nämlich einer «Normalform» – in der Regel eine Militärdiktatur – in Ländern mit einer noch relativ wenig entwickelten kapitalistischen Wirtschaft und einer *Ausnahme*form – dem Massenparteifaschismus –, von der es bislang nur die zwei Fälle in Italien und Deutschland gegeben habe, die beide unter höchst ungewöhnlichen Umständen im Rahmen einer vollständigen nationalen Krise aufgetreten seien.[49] Mit dem Verhältnis von Kapitalismus und Nationalsozialismus, auf dem diese Theorie beruht, werden wir uns im folgenden Kapitel näher beschäftigen. Hier mag es genügen festzustellen, daß – wie wenig überzeugend die zugrundeliegenden Prinzipien auch sein mögen – die DDR-Interpretationen beim Vergleich mit den Veröffentlichungen eines Teils der «Neuen Linken» in der Bundesrepublik sehr gut abschneiden, denn bei letzteren erstreckt sich der Faschismusbegriff auf jede «repressive» Regierungsform, die dazu dient, die Vorherrschaft der wirtschaftlichen Machtgruppen aufrechtzuerhalten, und ermöglicht so, westliche kapitalistische Systeme – und hier speziell die Bundesrepublik – als «faschistisch» oder zumindest «faschistoid» oder als «protofaschistisch» zu bezeichnen.[50] In derartigen Fällen, in denen der Faschismusbegriff in hoffnungslos nebulöser Weise erweitert wird, erscheint es völlig angebracht, von einer

---

48 Zum Beispiel Manfred Weißbecker, «Der Faschismus in der Gegenwart», in Eichholtz und Gossweiler, S. 217 ff; Kurt Gossweiler, *Faschismus und antifaschistischer Kampf* (Antifaschistische Arbeitshefte, Röderberg Verlag, Frankfurt am Main 1978), S. 18–23.

49 Vergleiche dazu die gutdurchdachte Darstellung in Kurt Gossweiler, *Kapital, Reichswehr und NSDAP 1919–1924* (Berlin/DDR 1982), Kapitel 1.

50 Siehe dazu Adams theoretische «Anmerkungen», S. 70–76, und Winklers *Revolution*, S. 108 ff.

Verharmlosung der Schrecken des Nationalsozialismus zu reden.

(b) Der zweite, damit zusammenhängende Kritikpunkt besagt, keine Theorie und kein generischer Faschismusbegriff könne den Besonderheiten und einzigartigen Merkmalen des Nationalsozialismus gerecht werden. Zwar existierten in der Zeit zwischen den Kriegen in den meisten europäischen Ländern außerhalb der Sowjetunion Bewegungen, die sich selbst faschistisch oder nationalsozialistisch nannten, doch ist allgemein anerkannt, daß eine vollentwickelte, selbständige faschistische Diktatur, die ihre Kraft aus einer Massenpartei bezog, nur in Italien und Deutschland ihre Macht festigen konnte (wenn wir einmal von den Marionetten- oder Quislingregierungen der Kriegsjahre absehen). Dementsprechend läßt sich der Faschismus in all seinen Stadien nur in bezug auf die Systeme in diesen zwei Ländern vergleichen.[51] Einige führende Autoritäten auf diesem Gebiet halten die Unterschiede zwischen den beiden Regimes jedoch für so grundlegend, daß sie meinen, das Wort «Faschismus» sollte nur für das italienische System unter Mussolini verwendet werden, während man im Falle Deutschlands von «Nationalsozialismus» sprechen und diesen als Einzelphänomen betrachten soll (das allerdings in bezug auf die Herrschaftstechnik interessanterweise zur Kategorie der «totalitären Systeme» gezählt wird). Da der generische Faschismusbegriff nicht einmal auf die zwei führenden Vertreter der Gattung zutreffe, sollte man ihn dieser Ansicht nach besser ganz beiseitelassen. Bei dieser Argumentation werden folgende Punkte als Hauptunterschiede hervorgehoben: die dynamische Natur der nationalsozialistischen Rassenideologie, zu der es beim italienischen Faschismus keine genaue Parallele gegeben habe; die dem Staat übergeordnete Stellung des Volkes bei den Nazis im Gegensatz zum faschistischen Etatismus der Italiener; die antimodernen, archaischen Ziele

---

51 Vergleiche dazu die Bemerkungen von Schieder in *Totalitarismus und Faschismus*, S. 45–49. Ein interessanter vergleichender Beitrag über das Mussolini- und das Hitlerregime ist der erst vor kurzem von MacGregor Knox veröffentlichte Artikel «Conquest, Foreign and Domestic, in Fascist Italy and Nazi Germany», *JMH* 56 (1984), S. 1–57.

und entsprechende Ideologie des Nationalsozialismus im Vergleich zu den Modernisierungstendenzen des italienischen Faschismus; die völlige Eroberung von Staat und Gesellschaft durch die Nazis im Gegensatz zu der von den italienischen Faschisten nur in weit begrenzterem Maße erreichten Durchdringung der etablierten Ordnung; und nicht zuletzt der Gegensatz zwischen einer relativ «traditionellen» imperialistischen Politik auf seiten Italiens und dem qualitativ anderen Drang des Naziregimes nach rassischer Vorherrschaft und letztlich nach Weltherrschaft. Und da solchen Interpretationen zufolge dieser letzte und entscheidendste Unterschied unmittelbar Hitler selbst zuzuschreiben ist, heißt es, «der Fall Hitler» sei einzigartig und lasse sich nicht mit den Verallgemeinerungen eines vergleichenden Faschismusbegriffs erfassen – nicht einmal dann, wenn der Vergleich auf Italien und Deutschland beschränkt bliebe.[52]

Über diese Kritikpunkte kann man nicht so einfach hinweggehen. Und in der Tat ist die Untersuchung der zwei Hauptpunkte – das Verhältnis von Kapitalismus und Nationalsozialismus und die persönliche Rolle Hitlers im Nazisystem – unmittelbarer Gegenstand späterer Kapitel. An dieser Stelle ist nur Platz für ein paar allgemeine Bemerkungen zur Kritik am generischen Faschismusansatz, die mit der alternativen Möglichkeit einer Betonung der Einzigartigkeit des Nationalsozialismus zusammenhängen.

Über eine Reihe von angeblich bedeutenden Unterschieden, die zwischen dem Nationalsozialismus und dem italienischen Faschismus bestehen sollen, kann man streiten. Dies trifft etwa auf die betonte Unterscheidung zwischen dem «rückwärtsgerichteten» Wesen des Nationalsozialismus und dem «Modernisierungsdruck» des italienischen Faschismus zu. Neuere Untersuchungen stellen eine derartige Unterscheidung zunehmend in

---

52 Hildebrand, *Das Dritte Reich*, S. 139–142; Hillgruber, *Endlich genug?*, S. 17, 38, 42; Bracher, *Zeitgeschichtliche Kontroversen*, Kapitel 1–4, und in *Totalitarismus und Faschismus*, S. 14–17; Henry A. Turner, «Fascism and Modernization», in Turner, *Reappraisals*, S. 132–133; siehe auch De Felice, S. ix (einleitende Bemerkungen von Charles F. Delzell) und S. 10–12, 180.

Frage, wie noch zu zeigen sein wird.[53] Ganz abgesehen von einer solchen Einschränkung würde die Einzigartigkeit der spezifischen Merkmale des Nationalsozialismus selbst noch nicht gegen eine Einordnung des Nationalsozialismus in eine größere Gattung politischer Systeme sprechen. Man kann durchaus behaupten, der Nationalsozialismus und der italienische Faschismus seien verschiedene Arten innerhalb derselben Gattung, ohne damit implizit auszudrücken, daß die beiden Arten dann nahezu identisch sein müßten. Ernst Nolte hat erklärt, seines Erachtens ließen sich die Unterschiede leicht miteinander vereinbaren, wenn man den Nationalsozialismus zum Beispiel als «Radikalfaschismus» bezeichnete.[54] Heinrich August Winkler hat geäußert, für ihn sei der Nationalsozialismus «*auch*, aber *nicht nur* ‹deutscher Faschismus›»,[55] während Ivan Linz im Nationalsozialismus einen «unverwechselbaren, auf den faschistischen Baum aufgepfropften Zweig» sieht.[56] Auch Jürgen Kocka hält es in einem kürzlich erschienenen scharfsinnigen Beitrag über die Ursachen des Nationalsozialismus nicht für einsichtig, daß die einzigartigen Merkmale des Nationalsozialismus in Deutschland mit dessen Einordnung in eine größere Gattung «Faschismus» unvereinbar sein sollten; eine solche Einordnung sei unbedingt erforderlich, um das Phänomen des Nationalsozialismus in einen breiteren Zusammenhang als den rein nationalen stellen und um den sozialen und politischen Kontext verstehen zu können, in

53 Auf moderne Züge im Nationalsozialismus verweisen zum Beispiel Peukert, S. 42–47; Tim W. Mason, «Zur Entstehung des Gesetzes der Ordnung der nationalen Arbeit vom 20. Januar 1934: Ein Versuch über das Verhältnis ‹archaischer› und ‹moderner› Momente in der neuesten deutschen Geschichte», in Hans Mommsen u. a. (Hg.), *Industrielles System und politische Entwicklung in der Weimarer Republik* (Düsseldorf 1974), S. 322–351; Horst Matzerath und Heinrich Volkmann, «Modernisierungstheorie und Nationalsozialismus», in Jürgen Kocka (Hg.), *Theorien in der Praxis des Historikers* (Göttingen 1977), S. 95–97; Hans-Dieter Schäfer, *Das gespaltene Bewußtsein. Deutsche Kultur und Lebenswirklichkeit 1933–1945* (München und Wien 1981), S. 114–162; Martin Broszat, «Zur Struktur der NS-Massenbewegung», *VfZ* 31 (1983), S. 52–76.
54 Nolte, in *Totalitarismus und Faschismus*, S. 77.
55 Winkler, *Revolution*, S. 66.
56 Linz (Anmerkung 30), S. 24.

dem eine solche Bewegung sich entwickeln und an die Macht gelangen konnte.[57] Solche Ansätze stellen zu Recht die bedeutenden Ähnlichkeiten heraus, die der Nationalsozialismus und die vielen Bewegungen (vor allem die italienische) miteinander haben, die sich selbst als faschistisch bezeichnen. Zu diesen Ähnlichkeiten gehören: ein extremer chauvinistischer Nationalsozialismus mit ausgesprochen imperialistischen, expansionistischen Tendenzen; eine antisozialistische, antimarxistische Stoßrichtung, die auf die Zerstörung der Organisationen der Arbeiterklasse und deren marxistische politische Philosophie abzielt; als Basis eine Massenpartei, die Menschen aus allen Teilen der Gesellschaft anzieht, aber besonders deutlich von der Mittelschicht unterstützt wird und sich auch für die Bauernschaft und verschiedene entwurzelte oder äußerst labile Teile der Bevölkerung als attraktiv erweist; die Fixierung auf einen charismatischen, vom Volk legitimierten Führer; eine extreme Intoleranz gegenüber allen oppositionellen und mutmaßlich oppositionellen Gruppen, die sich in brutalem Terror, offener Gewalt und schonungsloser Unterdrückung äußert; die Verherrlichung von Militarismus und Krieg, die durch die Reaktion auf die aus dem Ersten Weltkrieg hervorgegangene, umfassende soziopolitische Krise in Europa noch verstärkt wird; die Abhängigkeit von einem «Bündnis» mit den vorhandenen (industriellen, agrarischen, militärischen und bürokratischen) Eliten, um einen politischen Durchbruch zu erzielen; und – trotz einer populistisch-revolutionären, gegen das Establishment gerichteten Rhetorik – zumindest am Anfang eine stabilisierende oder restaurative Funktion in bezug auf die Gesellschaftsordnung und kapitalistische Strukturen.[58]

Durch eine Festlegung grundlegender Gattungsmerkmale, die den Nationalsozialismus zu Bewegungen in anderen Teilen Europas in Beziehung setzen, wird es möglich, auf einer vergleichenden Basis weitere Überlegungen darüber anzustellen,

---

57 Kocka, «Ursachen», besonders S. 15.
58 Siehe Kocka, «Ursachen», S. 15, und in *Totalitarismus und Faschismus*, S. 39, 44. Siehe auch Winkler, *Revolution*, S. 66.

warum derartige Bewegungen in Italien und Deutschland eine echte politische Gefahr werden und an die Macht kommen konnten, während sie in anderen europäischen Ländern im wesentlichen eine unangenehme, aber vorübergehende Erscheinung blieben. Unter anderem müßte man zweifellos solche Merkmale hervorheben, die – wenn auch unterschiedlich stark – sowohl in Italien als auch in Deutschland schon vor dem Ersten Weltkrieg deutlich sichtbar waren und durch die traumatischen Kriegsfolgen enorm verstärkt wurden. Bei beiden Ländern gab es erstens starke imperialistisch-expansionistische Züge, die bei den herrschenden Eliten deutlich zum Ausdruck kamen und durch den weitverbreiteten extremen Chauvinismus der bürgerlichen Klassen dieser neuen Staaten – die sich selbst als «Habenichtsnationen» empfanden – gefördert wurden; zweitens ein Aufeinanderprallen hochmoderner Entwicklungsstränge und starker Überreste von archaischen Sozialstrukturen und Wertesystemen in einer Gesellschaft, die gleichzeitig einen nationalen Integrationsprozeß, den Übergang zu einem bürgerlichen Verfassungsstaat und einen raschen Industrialisierungsprozeß durchmachte;[59] und schließlich nicht zuletzt ein tief gespaltenes politisches System, dessen parlamentarische Splitterstrukturen tiefe soziale und politische Brüche widerspiegelten, die das Gefühl förderten, es sei eine starke, aber «volksnahe» Führung nötig, um Einheit «von oben» durchzusetzen – zunächst einmal dadurch, daß diejenigen aus dem Weg geräumt würden, die eine Einheit behinderten, also in erster Linie «die marxistische Linke». Das unterschiedliche Ausmaß der sozialen und politischen Konfliktbereiche in Italien und Deutschland kann erklären helfen, warum es in den zwei Ländern zu einem unterschiedlichen Radikalisierungsgrad kam, als sie von einer – in den zwei Fällen zwar unterschiedlichen, aber doch miteinander zusammenhängenden – umfassenden Krise des politischen Systems betroffen wurden – einer Krise, die im Falle Italiens direkt durch den Ersten Weltkrieg ausgelöst wurde und sich im Falle Deutschlands erst

---

59 Die Bedeutung dieses gleichzeitig verlaufenden dreifachen Übergangsprozesses betont Schieder in *Totalitarismus und Faschismus*, S. 45–49.

nach einer langen Phase politischer Instabilität während der Weltwirtschaftskrise entfaltete.

Allein im Rahmen dieser Perspektive – und nicht dadurch von ihr losgelöst, daß der Nationalsozialismus als ein ganz und gar einzigartiges Phänomen dargestellt wird – lassen sich durch eine Analyse der spezifischen Merkmale der deutschen politischen Kultur und ihrer Beziehung zu den sozioökonomischen Strukturen die Besonderheiten der radikalen deutschen Faschismusvariante herausarbeiten. Es muß deshalb kein Widerspruch sein, wenn man den Nationalsozialismus als (extremste Erscheinungsform des) Faschismus akzeptiert und gleichzeitig die ihm eigenen einzigartigen Merkmale innerhalb dieser Kategorie anerkennt, die sich nur im Rahmen der deutschen nationalen Entwicklung richtig verstehen lassen.

Eine solche Argumentation würde allerdings Bracher, Hildebrand, Hillgruber und andere nicht zufriedenstellen, die ihrerseits anführen würden, der Nationalsozialismus sei nicht nur der Form, sondern auch dem Wesen nach ein einzig und allein deutsches Phänomen und dieses Wesen beziehungsweise diese Einzigartigkeit sei in der Person und Ideologie Adolf Hitlers begründet. Diese Personalisierung des Wesens des Nationalsozialismus steht in der Tat im Mittelpunkt der Debatte über den historischen Ort und die Charakterisierung des Nationalsozialismus. Und die Gegensätze, die sie kennzeichnet, werden nicht von der Frage bestimmt, wie sich die Ursprünge des Nationalsozialismus und die Umstände der nationalsozialistischen Machtübernahme erklären lassen. Bracher tendiert dazu, die spezifischen Charakteristika der deutsch-österreichischen ideologischen Entwicklung hervorzuheben, um so die rassisch-völkische Dimension der Naziideologie zu betonen; Hillgruber und Hildebrand unterstreichen die besondere Konstellation der deutschen Machtpolitik und die in vielen Bereichen des preußisch-deutschen Staats überaus stark vorhandene Kontinuität in den Jahren zwischen 1871 und 1933 (die erst anschließend unterbrochen worden sei).[60] Dies sind wichtige Stränge einer allgemeinen Erklärung

60 Siehe Karl Dietrich Bracher, *Zeitgeschichtliche Kontroversen*, Kapitel 4, voll

des Nationalsozialismus, die sich – trotz mancher Unterschiede in der Betonung – im allgemeinen mit jenen Arbeiten (etwa von Wehler, Kocka, Puhle und Winkler)[61] vereinbaren lassen, deren Erklärungen sich eher auf Deutschlands spezifische sozioökonomische Strukturen konzentrieren. Die letztgenannte Gruppe akzeptiert den Nationalsozialismus jedoch trotz seiner Besonderheiten ohne weiteres als eine Form des Faschismus, während die erstgenannte diese Einordnung ablehnt und darauf beharrt, daß er *einzigartig* sei.

Der «Scheidepunkt» ist eindeutig «der Fall Hitler» – also die Frage, ob sich der Nationalsozialismus vom Faschismus in Italien und anderswo trennen läßt, weil er *seinem Wesen nach* ein «Hitlerismus» war. Entscheidend sind letzterem Ansatz zufolge nicht die für den Aufstieg des Nationalsozialismus verantwortlichen Ursachen, sondern die Art der Diktatur selbst. Und hier bestünden grundlegende Unterschiede zwischen dem italienischen Faschismus und dem Nationalsozialismus, dessen Herrschaft auf der Ausführung der Ideen und der Politik des monokratischen Diktators, Hitler, beruht hätten.[62]

Dieser «Hitlerzentrismus» selbst ist eine verständliche Überreaktion auf einige krude linke Interpretationen, die Hitler auf

entwickelt in derselbe, *Die deutsche Diktatur. Entstehung, Struktur, Folgen des Nationalsozialismus* (Köln und Berlin ²1969), besonders Kapitel 1; Andreas Hillgruber, «Kontinuität und Diskontinuität in der deutschen Außenpolitik von Bismarck bis Hitler», in derselbe, *Großmachtpolitik und Militarismus im 20. Jahrhundert* (Düsseldorf 1974), S. 11–36, und *Endlich genug?*, S. 48 ff; Klaus Hildebrand, «Hitlers Ort in der Geschichte des preußisch-deutschen Nationalstaates», *HZ* 217 (1973), S. 584–632, und derselbe, *Foreign Policy* (siehe Kapitel 1 Anmerkung 17), vor allem Einleitung und Schluß.

61 Zum Beispiel Wehler, *Kaiserreich* (siehe Kapitel 1 Anmerkung 16); Jürgen Kocka, *Angestellte zwischen Faschismus und Demokratie* (Göttingen 1977); Hans-Jürgen Puhle, *Von der Agrarkrise zum Präfaschismus* (Wiesbaden 1972); Heinrich August Winkler, *Mittelstand, Demokratie und Nationalsozialismus* (Köln 1972).

62 Siehe Bracher, *Zeitgenössische Kontroversen*, S. 30, 88–89, 99; Hillgruber, *Endlich genug?*, S. 40–42; und Klaus Hildebrand, «Nationalsozialismus oder Hitlerismus?», in Michael Bosch (Hg.), *Persönlichkeit und Struktur in der Geschichte* (Düsseldorf 1977), S. 55–61, hier vor allem S. 56–57.

ein bloßes Rädchen im Getriebe reduzierten. Doch so unersetzbar Hitler in der Nazibewegung zweifellos war, verengt die Gleichsetzung von Nationalsozialismus und Hitlerismus doch unnötigerweise den Blickwinkel. Eine derartige Gleichsetzung führt zu einer unscharfen Erklärung der Ursprünge des Nationalsozialismus, lenkt von einer Berücksichtigung der in anderen europäischen Ländern vorhandenen politischen Erscheinungsformen ab, die in wichtigen Punkten und Merkmalen mit dem Nationalsozialismus verwandt waren (und sind), und bietet letztlich – wie ich in späteren Kapiteln darlegen werde – in sich eine ziemlich unbefriedigende Erklärung für die *dynamische Radikalisierung* der Politik im Dritten Reich selbst.

Unter dem Blickwinkel der angeblichen Einzigartigkeit des Nationalsozialismus legt die vorstehende Betrachtung des Totalitarismus- und des Faschismusbegriffs folgende Schlußfolgerungen nahe:

(1) Mit Hilfe des Faschismusbegriffs lassen sich der Charakter des Nationalsozialismus, die Umstände seines Anwachsens, die Art seiner Herrschaft und seine Einordnung in den europäischen Kontext der Zwischenkriegszeit befriedigender und zutreffender erklären als mit Hilfe des Totalitarismusbegriffs. Es bestehen nicht nur periphere, sondern tiefgehende Ähnlichkeiten mit anderen Arten des Faschismus. Aufgrund seiner Merkmale steht der Nationalsozialismus unmittelbar im europaweiten Kontext radikaler, antisozialistischer, national-integrationistischer Bewegungen, die zudem die Formen – wenn auch nicht den ökonomischen Kern – der bürgerlichen Gesellschaft ablehnen; sie entstanden in der Zeit des offenen imperialistischen Konflikts und wurden in der Öffentlichkeit dann bei den Unruhen bekannt, die auf den Ersten Weltkrieg folgten.

(2) Dies widerspricht keineswegs einer gleichzeitigen Beibehaltung des Totalitarismusbegriffs, auch wenn dieser Begriff weit weniger brauchbar und nur von sehr begrenztem Wert ist. Zweifellos besaß der Nationalsozialismus einen «totalen» (oder «totalitären») Anspruch, der sowohl für seine Herrschaftsmechanismen als auch für das – konforme und oppositionelle – Ver-

halten seiner Bürger Folgen hatte. Die Folgen für die Herrschaftsmechanismen spiegelten sich vor allem in neuen Formen plebiszitärer Massenmobilisierung mittels neuer Herrschaftstechniken in Verbindung mit einer exklusiven dynamischen Ideologie und monopolistischen Forderungen an die Gesellschaft. Auf der Grundlage dieser Charakteristika ist es legitim, die Herrschaftsformen in Deutschland unter Hitler und in der Sowjetunion unter Stalin miteinander zu vergleichen, selbst wenn dieser Vergleich – aus den vorgenannten Gründen – von Anfang an dazu verurteilt ist, oberflächlich und unbefriedigend zu bleiben. Darüber hinaus dürfte der Terminus «Totalitarismus» – wenn er denn überhaupt verwendet werden soll – unserer Analyse zufolge nur auf vorübergehende Phasen extremer Instabilität, die sich in einem paranoiden Unsicherheitsgefühl der Regime spiegeln, Anwendung finden und sollte nicht als Kennzeichen einer dauerhaften Herrschaftsstruktur angesehen werden. Aus einer Langzeitperspektive betrachtet könnte man sagen, daß die gesamte Zeit des Dritten Reiches und der größte Teil der Herrschaft Stalins in eine solche Kategorie fallen. Dies wäre ein zusätzlicher Grund, den vergleichenden Totalitarismusbegriff nicht auf das nach-Stalinsche kommunistische System anzuwenden, denn dort würde er rasch sinnlos, wenn nicht sogar regelrecht absurd wirken.

(3) Die besonderen Merkmale, die den Nationalsozialismus von anderen bedeutenden Erscheinungsformen des Faschismus unterscheiden, lassen sich nur dann ganz verstehen, wenn sie im Rahmen der Strukturen und Bedingungen der deutschen sozioökonomischen und ideologisch-politischen Entwicklung in der bürgerlich-industriellen Epoche gesehen werden. Die Person, die Ideologie und die Funktion Hitlers müssen in diese Strukturen eingeordnet und zu ihnen in Beziehung gesetzt werden. Ohne Frage hat Hitler persönlich einen entscheidenden Anteil sowohl am Aufstieg des Nationalsozialismus als auch am Wesen der Naziherrschaft gehabt. Doch kann die Bedeutung seiner Rolle nur beurteilt werden, wenn man den von ihm geleisteten Beitrag zu den Umständen in Beziehung setzt, die ihn selbst geprägt und gefördert haben und die er nicht einmal auf der Höhe seiner

Macht selbständig kontrollieren konnte. Der Nationalsozialismus war in vielerlei Hinsicht tatsächlich ein einzigartiges Phänomen. Doch läßt sich diese Eigenschaft – außer in einem sehr oberflächlichen Sinne – nicht allein der Einzigartigkeit seines Führers zuschreiben.

3

Politik und Wirtschaft im NS-Staat

Die Frage nach der Beziehung zwischen dem Nationalsozialismus und den in Deutschland dominierenden Wirtschaftskräften ist seit den Theoriediskussionen der Komintern in den zwanziger und dreißiger Jahren eines der am durchgängigsten behandelten Themen der wissenschaftlichen Debatte geblieben. Diese Debatte hat sich bis heute nicht gelegt, und in ihr treten vorgefaßte theoretische (und ideologische) Positionen oft sehr deutlich zutage. Dadurch, daß in den sechziger Jahren wichtiges Archivmaterial zugänglich gemacht wurde und die marxistische Wissenschaft im Westen zu neuem Leben erwachte, begannen erstmals auch nichtmarxistische Historiker, sich ernsthaft mit den Debatten zu befassen. Seitdem ist der empirische Wissensstand über die NS-Wirtschaft enorm verbessert worden, während parallel dazu die Interpretationen immer komplexer geworden sind; doch die Hauptinteressensgebiete und die zentralen interpretativen Konfliktpunkte haben sich unterdessen relativ wenig verändert.

Eines der Hauptprobleme geht um die Frage, inwieweit sich der Machterwerb der Nazis aus dem Charakter des deutschen Kapitalismus und den Machenschaften und politischen Zielen der Führungskräfte der deutschen Industrie herleiten läßt. Da sich diese Frage auf die Zeit vor der Diktatur bezieht, soll sie uns hier nicht weiter beschäftigen. Es mag der Hinweis genügen, daß in letzter Zeit eine wachsende Gruppe von Wissenschaftlern – trotz aller auch weiterhin bestehenden unterschiedlichen Ansichten – sich dagegen verwahrt, in primitivem Instrumentalismus den Nationalsozialismus als eine von Anfang an von Kapitalinteressen geförderte und kontrollierte Bewegung anzusehen; und gleichzeitig tritt sie dem ebenso krassen Gegenargument entgegen, zwischen dem Kapitalismus und dem Aufstieg des Nationalsozialismus hätten keinerlei strukturelle Verbindungen bestanden. Diese Gruppe sowohl marxistischer als auch nichtmarxistischer Wissenschaftler geht im großen und ganzen davon aus, daß es in zweierlei Hinsicht strukturelle Zusammenhänge zwischen dem Kapitalismus und dem Aufstieg des Nationalsozialismus gab. Erstens ist klar, daß bei einflußreichen Teilen der industriellen Elite schon lange vor dem politischen Durchbruch der Nazis eine zunehmende Bereitschaft bestand, die Weimarer Republik zugunsten einer attraktiveren autoritären Lösung fallenzulassen, die dann als erstes durch die Unterdrückung der Arbeiterschaft die Profitabilität wiederherstellen würde. Zweitens nahm im industriellen Sektor, der durch die Wirtschaftskrise der frühen dreißiger Jahre in vielerlei Hinsicht gespalten und orientierungslos war, im Zeichen einer sich verschärfenden Rezession selbst bei den Teilen der Industrie, die den Nazis nicht besonders wohlgesonnen waren, die Bereitschaft zu, zumindest eine Regierungsbeteiligung der Nazis zu akzeptieren, um auf diese Weise einen politischen Rahmen zu erhalten, in dem sich das kapitalistische System wieder erholen könnte.[1] Im Zusammenhang mit dem Thema dieses Kapitels ist für uns gerade der Umstand wichtig, daß auf der Suche nach einer Staatsform, die die Kapitalinteressen wahren würde, für einen Großteil der Industrie die Nazis sozusagen eher die letzte Hoffnung als die Lösung ihrer Wahl darstellten. Dadurch und durch die innerhalb der wirtschaftlichen Eliten fortgesetzt und tiefgreifend bestehenden Meinungsverschiedenheiten über Strategien zur Erholung der kapitalistischen Wirtschaft wurden offensichtliche Alternativen ausgeschlossen. Auf diese Weise band sich die industrielle Führungsschicht – wenn anfangs auch nur auf negative Weise – an den NS-Staat, und die neuen Naziführer erhielten dadurch die Möglichkeit und einen gewissen Spielraum für politische Initiativen.

1 Einen ausgezeichneten kommentierten Überblick über die Literatur zum Verhältnis von Kapitalismus und Nationalsozialismus vor 1933 bietet Dick Geary, «The Industrial Elite and the Nazis in the Weimar Republic», in Peter D. Stachura (Hg.), *The Nazi Machtergreifung* (London 1983), S. 85–100.

Dieses Thema hängt eng mit dem zweiten wichtigen Punkt zusammen, mit dem sich Wissenschaftler, die die Zusammenhänge zwischen Kapitalismus und Nationalsozialismus untersuchen, schon längere Zeit beschäftigen: Inwieweit wurde die Politik des Naziregimes zwischen 1933 und 1945 von wirtschaftlichen Überlegungen – vor allem den Interessen der deutschen Industrie – geprägt und entscheidend beeinflußt? Oder etwas anders und zugespitzter gefragt: Wie weit war das Regime in der Lage, einen Grad an politischer Autonomie zu erlangen, der praktisch auf einen Primat der ideologischen und politischen Ziele über die ökonomischen Planziele und Interessen hinauslief? Diese Frage wird uns im vorliegenden Kapitel beschäftigen.

Interpretationen

Obwohl in der DDR bei der Analyse des «Hitlerfaschismus» ökonomische Zusammenhänge natürlich von Anfang an von zentraler Bedeutung gewesen sind, wurde auch dort erst ab den sechziger Jahren detailliertere Archivforschung betrieben, die dann die Grundlage für tiefschürfendere und differenziertere Veröffentlichungen bildete, darunter als hervorragendes Beispiel die von Dietrich Eichholtz 1969 publizierte Untersuchung über die deutsche Kriegswirtschaft.[2] Diese Studie arbeitete weit stärker, als das bis dahin der Fall gewesen war, die Widersprüche und Konflikte innerhalb der verschiedenen monopolkapitalistischen «Gruppierungen» heraus und deckte sich in manchen Ergebnissen mit neuen westlichen Forschungsarbeiten zur NS-Wirtschaft. Die nach und nach im Westen – hauptsächlich von Nichtmarxisten – veröffentlichten Untersuchungen tendierten allgemein dazu, eine weit engere strukturelle Beziehung zwischen der deutschen Industrie und der Politik der Naziführung zu sehen, als man bislang anerkannt hatte, und gleichzeitig den ziemlich

2 Dietrich Eichholtz, *Geschichte der deutschen Kriegswirtschaft 1933–1945* (Berlin/DDR 1969).

primitiven Vorstellungen von einer hochzentralisierten staatlichen «Kommandowirtschaft» entgegenzutreten, die bis dahin einen festen Bestandteil des Totalitarismusmodells gebildet hatten. Der amerikanische Wissenschaftler Arthur Schweitzer betonte zum Beispiel, bis 1936 habe zwischen der Naziführung und den Wirtschaftseliten in einer Phase des «partiellen Faschismus» eine «Koalition» bestanden; die Phase des «vollen Faschismus» ab 1936 sah er dann jedoch – in einer (allerdings aus einer anderen theoretischen Position heraus erfolgenden) teilweisen Vorwegnahme der bald darauf stattfindenden Debatte über den «Primat der Politik» – als eine Zeit an, in der die Wirtschaft in eine zunehmende Abhängigkeit von den politischen und ideologischen Zielen der Naziführung geraten sei.[3] Dietmar Petzina zeigte mit seiner Analyse des Vierjahresplans auf, wie weit dieser von einer echten «Planwirtschaft» entfernt war und wie eng sich die politisch-ideologischen Interessen der Naziführung mit den ökonomischen Interessen jenes Teils der Wirtschaft deckten, der sich bald zum stärksten Sektor des deutschen Großkapitals entwickeln sollte: des großen Chemiekonzerns der IG Farben.[4] Und Alan Milward deckte die grundlegenden Schwächen einer Kriegswirtschaft auf, die den «Blitzkrieg» zur notgedrungen einzig möglichen Strategie hatte werden lassen und erst ab 1942, unter Speers Kontrolle, zentralisiert und rational geführt worden war.[5]

1966 veröffentlichte der marxistische britische Historiker Tim Mason einen Aufsatz über den «Primat der Politik» im Dritten Reich und gab dadurch der wissenschaftlichen Debatte über den Charakter der NS-Wirtschaft einen starken Impuls.[6] In seinem Artikel kritisierte Mason sowohl den derzeitigen orthodoxen Marxismus-Leninismus als auch die Hauptstoßrichtung «bür-

3 Arthur Schweitzer, *Big Business in the Third Reich* (Bloomington, Indiana, 1964).
4 Dietmar Petzina, *Autarkiepolitik im Dritten Reich. Der nationalsozialistische Vierjahresplan* (Stuttgart 1968).
5 Alan S. Milward, *The German Economy at War* (London 1965).
6 Tim Mason, «Der Primat der Politik – Politik und Wirtschaft im Nationalsozialismus», *Das Argument* 8 (1966), S. 473–494.

gerlich-liberaler» NS-Interpretationen. Während ersterer den politisch-ideologischen Bereich als Teil des Überbaus des sozio-ökonomischen Systems darstelle und somit die Existenz eines autonomen politischen Bereichs verneine, tendierten letztere bislang dazu, die Wirtschaft als einen Bereich unter vielen anderen anzusehen, die alle mehr oder weniger der – nicht weiter in Frage gestellten – politischen Prioritätensetzung und Autonomie einer hemmungslosen, ideologisch motivierten Diktatur unterlegen hätten. Aus einer Analyse der Wirtschaftsverhältnisse im Dritten Reich folgerte Mason, «daß die Innen- und Außenpolitik der nationalsozialistischen Staatsführung ab 1936 in zunehmendem Maße von der Bestimmung durch die ökonomisch herrschenden Klassen unabhängig wurde, ihren Interessen sogar in wesentlichen Punkten zuwiderlief». Er ging sogar soweit anzuerkennen, daß «schwerwiegende Strukturveränderungen in Wirtschaft und Gesellschaft [...] die Verselbständigung des nationalsozialistischen Staatsapparats, den ‹Primat der Politik›», ermöglicht hätten. Diese – von einem marxistischen Standpunkt – erstaunliche Schlußfolgerung schränkte Mason nur insofern ein, als er meinte, dieser im Dritten Reich anzutreffende Tatbestand entspreche nicht der Norm in kapitalistischen Staaten, sondern sei «einmalig in der ganzen Geschichte der bürgerlichen Gesellschaft und ihrer Regierungen seit der industriellen Revolution».[7]

Zur Unterstützung seiner These verwies Mason auf eine Reihe verschiedener Aspekte der wirtschaftlichen Entwicklung in Nazideutschland: die weitgehende Ausschaltung von Vertretern der Industrie aus den direkten Entscheidungsprozessen; das außerordentlich rapide Wachsen der wirtschaftlichen Rolle des Staates als Auftraggeber, Absatzmöglichkeit und damit als bestimmender Faktor für die Produktion; die Verlagerung der kapitalistischen Konkurrenz vom Kampf um Märkte auf den Kampf um Rohstoffe und Arbeitskräfte innerhalb einer von der Rüstung beherrschten Wirtschaft – was dann zur Gefährdung ganzer Industriebereiche und zu umfangreichen staatlichen Eingriffen und Regelungen führte; der schwindende Einfluß von wirtschaft-

7 Mason, «Primat», S. 473–474.

lichen Interessenverbänden auf die staatliche Politik; und das Unvermögen der Wehrwirtschaftsführer, vor 1942 (mit entsprechend negativen Auswirkungen auf den Lebensstandard) die Umverteilung des Sozialprodukts durchzusetzen, die sie seit Anfang des Dritten Reiches gefordert hatten. Masons Ansicht nach traten diese Merkmale der NS-Wirtschaftspolitik 1936–37 entweder erstmalig oder verstärkt auf, so daß man ab dieser Zeit von «schwerwiegenden Strukturveränderungen in Wirtschaft und Gesellschaft» und folglich von einer bedeutenden Zunahme der Selbständigkeit des Staates sprechen könne.[8]

Der klassische marxistisch-leninistische Gegenstoß ließ nicht lange auf sich warten. Er kam von zwei führenden DDR-Wissenschaftlern, Dietrich Eichholtz und Kurt Gossweiler, nachdem Mason ohne allzu große Schwierigkeiten den Angriff eines anderen DDR-Historikers, Eberhard Czichon, pariert hatte, dessen Artikel empirische Schwächen enthielt, theoretisch unbeholfen war und auf einer Reihe von grundlegenden Mißverständnissen der Masonschen Argumentation beruhte.[9] Eichholtz und Gossweiler vertreten in ihrem Aufsatz den Standpunkt, Masons Interpretation entziehe den Faschismus dem Bereich des historisch Erklärbaren und reduziere ihn auf die Ebene eines «Betriebsunfalls» der Geschichte, und sie fügen hinzu, wenn Mason recht hätte, liefe das auf eine «komplette Widerlegung der marxistischen Gesellschaftsanalyse» hinaus – eine übertrieben dramatisierende Behauptung, die auf einer Fehlinterpretation von Marx und Engels zu beruhen scheint. In ihren eigenen Darlegungen suchen die beiden Historiker zu Beginn, die Faschismusdefinition der Komintern zu rechtfertigen

8 Tim Mason, «Primat der Industrie? – Eine Erwiderung», *Das Argument* 10 (1968), S. 199. Trotz ihrer marxistischen Anklänge hat Masons These, wie deutlich zu erkennen ist, viel mit dem Ansatz der «bürgerlich-liberalen» Historiker gemeinsam, die es natürlich begrüßten, daß hier ein marxistischer Autor für den Primat der Politik über die Wirtschaft eintrat.

9 Eberhard Czichon, «Der Primat der Industrie im Kartell der nationalsozialistischen Macht», *Das Argument* 10 (1968), S. 168–192; Dietrich Eichholtz und Kurt Gossweiler, «Noch einmal: Politik und Wissenschaft 1933–1945», *Das Argument* 10 (1968), S. 210–227.

(gestehen dabei allerdings ein, daß eine stärkere Präzisierung und Verfeinerung erforderlich sei). Daran schließen sie eine anerkennende Zusammenfassung der Leninschen Imperialismustheorie und ihres Bezugs zum Faschismus an und umreißen noch einmal die marxistisch-leninistische Theorie des staatsmonopolistischen Kapitalismus. Auf diese lange theoretische Darlegung folgt dann ein relativ kurzer «empirischer» Teil, der sich auf die Veränderungen des Jahres 1936 konzentriert und zeigen möchte, daß Änderungen im politischen Kurs des Dritten Reiches immanent mit Entwicklungen bei den herrschenden Gruppen des staatsmonopolistischen Kapitalismus verbunden waren. Es reiche nicht, so ist ihre Argumentation, im Finanzkapital nur den Nutznießer und nicht auch den «Inspirator und Initiator» faschistischer Politik zu sehen; vielmehr widerlege die Analyse des Strukturwandels des staatsmonopolistischen Kapitalismus Masons These und zeige, daß das Kapital auch nach 1936 weit davon entfernt war, seine Macht an den Staat abzutreten. Statt dessen habe der NS-Staat den Boden für einen intensivierten Kampf innerhalb des Monopolkapitalismus bereitet – einen Kampf, der seinen Höhepunkt im Krieg erreicht habe, welcher seinerseits das unmittelbare Produkt der Ziele und Wünsche der reaktionärsten und am meisten chauvinistischen und imperialistischen Teile des Finanzkapitals gewesen sei.[10]

Ist nun das Naziregime mit seiner Politik, die in Krieg und Völkermord gipfelte, den Interessen des «Großkapitels» gefolgt oder war es «sein eigener Herr»? Die – hier polarisierend an der Debatte zwischen Mason und seinen Gegenspielern aus der DDR dargestellte – Diskussion «Primat der Politik» oder «Primat der Wirtschaft» im Dritten Reich macht bei der Interpretation der Nazidiktatur auch weiterhin einen der zentralen kontroversen Bereiche aus. Die wissenschaftlichen Interpretationen gehen noch immer stark auseinander – aus politisch-ideologischen ebenso wie aus geschichtsphilosophischen Gründen.

10 Eichholtz und Gossweiler, «Noch einmal», S. 211, 220–227.

In der dominierenden «bürgerlich-liberalen» Geschichtsschreibung wird die Art des Verhältnisses von Politik und Wirtschaft kaum hinterfragt. Wirtschaftsthemen nehmen zum Beispiel in Karl Dietrich Brachers *Die deutsche Diktatur* nicht viel Raum ein, und die Frage des «Primats der Politik» wird in einem einzigen Abschnitt abgehandelt: «Gerade die Tatsache, daß eine kapitalistische Wirtschaft auf so antiökonomische Weise in den Krieg hinein dirigiert werden konnte und erst im Krieg selbst (seit 1941/42) voll mobilisiert wurde, beweist den absoluten Primat der politischen Zielsetzungen. Hitler war auch hier alles andere als ein Instrument der Kapitalisten; die Zusammenarbeit folgte derselben Taktik wie in der Staats- und Kulturpolitik, die kooperierenden Fachleute und Wirtschaftler waren Instrumente und Objekte, nicht Subjekte dieser Politik. Ökonomische Effizienz und Primat der Politik, nicht kapitalistische, mittelständische oder sozialistische Doktrinen bestimmten den Kurs.»[11]

In ähnlichem Sinne meint Ernst Nolte, die Industriellen seien «als wichtiger politischer Faktor völlig ausgeschaltet worden»[12], und Klaus Hildebrand schreibt von der «Wirtschaft im Dienst der Politik»[13], während Andreas Hillgruber in einer kurzen Zusammenfassung verschiedener Herangehensweisen an die Geschichte des Nationalsozialismus die Wirtschaft nicht einmal zu den von ihm ausgewählten Diskussionsgebieten zählt.[14] Etwas vorsichtiger äußert sich Karl Dietrich Erdmann in einem vielgelesenen Handbuch: «Die Forschung ist sich – wenn man von der sowjetisch-marxistischen Geschichtsschreibung absieht – darin einig, daß sich ein bestimmender industrieller Einfluß auf die außen- und kriegspolitischen Entscheidungen Hitlers auf-

---

11 Bracher, *Die deutsche Diktatur* (siehe Kapitel 2 Anmerkung 60), S. 364.

12 Ernst Nolte, «Big Business and German Politics: A Comment», *AHR* 75 (1969–70), S. 76.

13 Hildebrand, *Das Dritte Reich*, S. 160–161.

14 Hillgruber, *Endlich genug?*, S. 28–32, liefert nur eine vierseitige ablehnende Zusammenfassung marxistischer/bonapartistischer Interpretationen der «sozialgeschichtlichen und wirtschaftsgeschichtlichen Aspekte des ‹Dritten Reiches›».

grund der Quellen nicht nachweisen läßt.»[15] Eine äußerst kompromißlose Stellungnahme findet sich schließlich noch in einer kürzlich von dem englischen Historiker Richard Overy veröffentlichten Übersicht, die sich mit dem Aufbau der NS-Wirtschaft befaßt. Er schreibt: «Über allen internen Trennungslinien innerhalb der Industrie standen die Autorität und die Interessen der Nazibewegung. Die Industrie war den Bedürfnissen der Partei untergeordnet. Mit der politischen Krise von 1936–37 und der Festlegung des Vierjahresplanes ging die Kontrolle über die gesamte Wirtschaft in die Hände des Staates über.»[16]

Man könnte einwenden, daß Argumentationen, die mit einer solchen Bestimmtheit den «Primat der Politik» vertreten, eine viel deutlichere Trennung zwischen den Bereichen der Politik und der Wirtschaft postulieren, als sie in Wirklichkeit vorhanden ist. Solche Argumentationen gehen des weiteren implizit davon aus, daß Zweck und Absichten eindeutig klargewesen seien und daß Hitler und die Naziführung eine entscheidende Befehlsrolle innegehabt hätten – auch dazu ließe sich wiederum Einschränkendes sagen. Und schließlich greifen sie eine auf den «Primat der Wirtschaft» bezogene instrumentalistische Argumentationsweise an, die heutzutage nur noch ganz wenige marxistische Historiker außerhalb der offiziellen Geschichtsschreibung in Osteuropa verteidigen würden.

Auch wenn sie im einzelnen vielleicht eine unterschiedliche Gewichtung vornehmen, haben sich die meisten westlichen Marxisten bei ihrer Interpretation des Verhältnisses von Wirtschaft und Politik im Dritten Reich in der Regel entweder eine «bonapartistische» Sichtweise zu eigen gemacht, wie sie ursprünglich zum Beispiel von August Thalheimer vertreten wurde, oder sie haben Gramscis Sicht des Staates als einer Form bürgerlicher «Hegemonie» übernommen.

15 Karl Dietrich Erdmann, «Deutschland unter der Herrschaft des Nationalsozialismus 1933–1939», in *Gebhardt Handbuch der Geschichte* Band 4,2 (Stuttgart 1967), S. 409.

16 Richard J. Overy, *The Nazi Economic Recovery 1932–1938* (Studies in Economic and Social History, London 1982), S. 58.

Masons ursprünglicher Artikel vom «Primat der Politik» hängt – wenn auch nicht explizit – selbst eng mit bonapartistischen Vorstellungen von einer wachsenden Eigenständigkeit der Exekutive gegenüber der wirtschaftlich herrschenden Klasse zusammen, und eine Reihe führender marxistischer Faschismusexperten hat Masons Position übernommen oder sich Varianten davon zu eigen gemacht. Reinhard Kühnl gesteht zum Beispiel zu, daß «der faschistische Staat [...] gegenüber den ökonomischen Machtgruppen eine gewisse Selbständigkeit und Entscheidungsfreiheit besitzen [mußte]. Er konnte weder das Vollzugsorgan der herrschenden ökonomischen Machtgruppen im ganzen sein, denn diese hatten keinen gemeinsamen Willen, den der Staat hätte vollziehen können; er durfte aber auch nicht das Instrument einer einzelnen ökonomischen Fraktion sein, weil sonst eine Stabilisierung des Gesamtsystems nicht möglich gewesen wäre.» Insofern existiere eine «partielle Verselbständigung der politischen Macht» gegenüber den herrschenden ökonomischen Interessen. Und er schließt: «Daß die Entscheidungsfreiheit dieser Exekutive durch die Prinzipien der kapitalistischen Gesellschaftsordnung begrenzt ist, bleibt dabei unbestritten. Immerhin erscheint es legitim, mindestens von einer partiellen Verselbständigung der faschistischen Exekutive gegenüber dem Bundesgenossen, d. h. dem sozial herrschenden Großbürgertum zu sprechen.»[17] Ein anderer bekannter westdeutscher marxistischer Historiker, Eike Hennig, nimmt damals einen ähnlichen Standpunkt ein. Er spricht von einer «‹Arbeitsteilung› von politischer Macht und ökonomischer Herrschaft» unter dem Nationalsozialismus und äußert sich positiv über Masons These und über «bonapartistische» Interpretationen.[18] Alfred Sohn-Rethel, der sich in den Anfangsjahren des Dritten Reiches in der einzigartigen Position eines marxistischen «Insiders» im Zentrum deutscher industrieller Interessenvertretung befand [er war «wissenschaftlicher Hilfsarbeiter» im Berliner Büro des «Mitteleuropäischen

17 Kühnl, *Formen* (siehe Kapitel 2 Anmerkung 13), S. 123, 141. Was Kühnl hier feststellt, ließe sich natürlich von jedem kapitalistischen Staat sagen.

18 Eike Hennig, *Thesen zur deutschen Sozial- und Wirtschaftsgeschichte 1933 bis 1938* (Frankfurt am Main 1973), S. 126–128, 248–249.

Wirtschaftstags e. V.» – Anm. d. Übers.], schreibt von der «Subsumtion» industrieller Interessen unter «die faschistische Staatsdiktatur der Partei» und von der «politische[n] Gefangenschaft der Bourgeoisie in ihrer faschistischen Diktatur».[19] In seiner Analyse der NS-Wirtschaft, die erst Jahrzehnte nach ihrer ursprünglich [im Exil verfaßten – Anm. d. Übers.] Formulierung veröffentlicht wurde, stellt er klar, daß damit keine Abhängigkeit der kapitalistischen Klasse oder des «Großkapitals» in dem Sinne gemeint sei, wie es der «Totalitarismus»-Ansatz gerne glauben machen würde. Vielmehr waren die NS-Exekutive und die kapitalistische Klasse durch die Gesetze des Kapitals unerbittlich aneinandergekettet: durch die Notwendigkeit einer außerordentlichen Form der Ausbeutung, um den Kapitalismus von neuem zu beleben und ihn von seiner großen Krise zu befreien. Das Machtmonopol der NS-Exekutive leitete sich von ihrer Fähigkeit her, die objektiven Interessen der Bourgeoisie dadurch zu wahren, daß sie deren Profite unter den Bedingungen einer extremen Kapitalismuskrise maximierte. Man wandte sich damals nämlich von der internationalen Marktwirtschaft ab und einer eher «absoluten» Form kapitalistischer Akkumulation zu, die unmittelbar auf der Macht des Staates basierte: völlige Unterdrückung, «Ausplünderung» und schließlich Krieg. Als man diesen Weg erst einmal eingeschlagen hatte, gab es kein Zurück mehr. Der Prozeß ließ sich nicht mehr rückgängig machen, und die wirtschaftlichen Eliten waren an ihn gebunden: Sie saßen «alle in einem Boot», wie Schacht es formulierte. Die politische Herrschaft der Nazis war daher in der Krisenstellung der kapitalistischen Bourgeoisie verankert. Gleichzeitig blieb diese politische Herrschaft jedoch von der Dynamik der einmal entfesselten «absoluten» Form kapitalistischer Ausbeutung abhängig und damit von der fortgesetzten wirtschaftlichen Dominanz des Großkapitals.[20]
Nicos Poulantzas nähert sich dem Verhältnis von Kapitalis-

19 Alfred Sohn-Rethel, *Ökonomie und Klassenstruktur des deutschen Faschismus* (Frankfurt am Main 1973), S. 110–111.
20 Sohn-Rethel, S. 90 ff, 173 ff. Das Schacht-Zitat steht auf S. 174.

mus und NS-Staat aus einer ganz anderen marxistischen Sicht und verdankt dabei Gramsci mehr als jedem anderen marxistischen Denker.[21] In seiner theoretischen Abhandlung zieht er zur Veranschaulichung Beispiele aus der geschichtlichen Realität des Faschismus in Italien und Deutschland heran. Ein zentraler Punkt der Poulantzasschen Interpretation ist die Sicht des Faschismus als der extremsten Form eines «kapitalistischen Ausnahmestaats» – andere Formen seien die Militärdiktatur und bonapartistische Regime. Daß der Faschismus als Typ des «kapitalistischen Ausnahmestaats» in Erscheinung trete, liege an der spezifischen Art des Klassenkampfes, den Produktionsverhältnissen und der besonderen Form der politischen Krise. Als unbefriedigende Faschismustheorie lehnt Poulantzas nicht nur die Kominternversion ab, die im Faschismus den direkten Agenten des Monopolkapitals sieht, sowie die (in seinen Augen «sozialdemokratischen Kreisen» zuzurechnende) Interpretation des Faschismus als der «politische[n] Diktatur des Kleinbürgertums», sondern er spricht sich auch gegen Bonapartismuskonzeptionen aus, die von einem Gleichgewicht der Klassen ausgehen. Poulantzas zufolge beruhen Ansichten, die vom Schema des Bonapartismus ausgehen, auf einer Fehlinterpretation der Marxschen Formulierung vom «Gegensatz von Staat und Gesellschaft» und von der «Unabhängigkeit» des Staates gegenüber der zivilen Gesellschaft. Solche Ansichten hätten bei marxistischen Theoretikern dazu geführt, «daß man dem faschistischen Staat eine relative Autonomie in einer *Art und Weise* und von solchem *Umfang* zugestand, wie er sie in Wirklichkeit nicht besaß – und letztlich zu einer Unfähigkeit, das Verhältnis zwischen Faschismus und Großkapital korrekt zu bestimmen. [...] Diese relative Autonomie würde letztlich sogar ein Zerbrechen der Verbindungen zwischen Staat und hegemonialer Fraktion bedeuten: Daher rühren die völlig falschen Beschreibungen eines Faschismus, der, explizit und auf lange Sicht, über die Kriegswirtschaft in erklärtem

---

21 Poulantzas (siehe Kapitel 2 Anmerkung 17). Dazu findet sich eine ausgezeichnete und scharfsinnige Kritik bei Jane Caplan, «Theories of Fascism: Nicos Poulantzas as Historian», *HWJ* 3 (1977), S. 83–100.

Gegensatz zum Großkapital gegen dessen Interessen handeln würde» – eine Fehlinterpretation, die er Mason zuschreibt und die er in die Nähe der «elitistischen» Theorien von Schweitzer und Neumann rückt.[22]

Obgleich Poulantzas die Vorstellung von einer «relativen Autonomie» in Zusammenhang mit Bonapartismusansätzen ablehnt, ist sie doch ein zentraler Punkt seiner eigenen Interpretation. Seiner Ansicht nach besitzt der Faschismus – das heißt, die faschistische Partei und der faschistische Staat – eine «relative Autonomie» sowohl gegenüber dem labilen Machtblock der politisch herrschenden Klassen als auch gegenüber der «Fraktion des monopolistischen Großkapitals», deren Dominanz innerhalb des Machtblocks der Faschismus (wieder-)hergestellt habe. Die relative Autonomie des Faschismus leite sich einerseits aus den internen Widersprüchen innerhalb des an der Macht befindlichen Bündnisses her und andererseits aus den Widersprüchen zwischen den herrschenden und den beherrschten Klassen. Das «vielschichtige Verhältnis» des Faschismus zu den «beherrschten Klassen» habe «aus dem Faschismus gerade den notwendigen Vermittler der Restabilisierung der politischen Herrschaft und der Hegemonie» gemacht. Mit anderen Worten: während bei der Bonapartismustheorie der Staat im Rahmen eines Gleichgewichts zwischen den beiden gesellschaftlichen Hauptkräften einen weitgehenden Handlungsspielraum erlangt, besitzt der faschistische Staat laut Poulantzas einen weit geringeren «Manöverspielraum» und dient der objektiven Funktion, die Dominanz der herrschenden Fraktion des Monopolkapitals wiederherzustellen – und nicht, seine Unabhängigkeit gegenüber dem Kapital zu vergrößern und einen Primat der Politik über die Wirtschaft zu schaffen. In Poulantzas' Schriften (und nicht nur in denen zum Faschismus) hat der politische Bereich – die Staatsmacht – immer eine relative Autonomie gegenüber dem ökonomischen Bereich – dem Kapital. Unter dem Faschismus werde diese relative Autonomie in einem außergewöhnlichen Maße erweitert, bestehe in diesem erweiterten Maße aber

22 Poulantzas, S. 84–87 und Anmerkung 17.

nur kurze Zeit, ehe dann die Vorherrschaft des monopolistischen Großkapitals wiederhergestellt werde.[23]

Allen hier zusammengefaßten marxistischen Theorievarianten ist gemeinsam, daß sie von einem gewissen Autonomiegrad des NS-Staates gegenüber der Macht selbst der dominantesten kapitalistischen Kräfte ausgehen. Der postulierte Grad an Autonomie ist bei Masons Ansatz am größten, denn dort läuft er auf einen *Primat* der Politik über die Ökonomie hinaus; am kleinsten ist er in Poulantzas' Interpretation, der zufolge diese Autonomie nur sehr kurze Zeit bestehe, um die Vormachtstellung des Monopolkapitals von neuem geltend zu machen. Diese verschiedenen marxistischen Sichtweisen stimmen deshalb zumindest darin überein, daß es simplistisch und falsch wäre, zwischen Nationalsozialismus und Kapitalismus eine *Identität* anzunehmen, bei der der NS-Staatsapparat als ausführendes Instrument der herrschenden Klasse der extremsten Teile des Monopolkapitals fungierte. In der Tat ist inzwischen selbst in der DDR die vormals strenge instrumentalistische Linie etwas aufgeweicht, auch wenn die dortigen Historiker keineswegs von der Vorstellung Abstand genommen haben, daß «letzten Endes» die ökonomische Basis – die Interessen der Monopolbourgeoisie – den politischen Handlungsverlauf bestimme.

Bei jeder dieser marxistischen Interpretationen stellt sich daher die Frage: Welches Gewicht läßt sich dem Konzept der «relativen Autonomie» als erklärendem Faktor beimessen, wenn es um das Verständnis der Entwicklung der NS-Politik und des Verhältnisses von Nationalsozialismus und Kapitalismus geht? Darin sind eine Reihe weiterer Probleme enthalten, die von marxistischen Analysen aufgeworfen werden und von denen einige mehr empirischer Natur sind. Gestehen marxistische Interpretationen zum Beispiel den ideologischen Zielen der Nazis genügend Bedeutung zu? Laufen sie, selbst wenn sie von einer «relativen Autonomie» des Staates ausgehen, nicht Gefahr, den «Faktor Hitler» stark zu unterschätzen – nicht nur Hitlers (wie auch immer definierte) eigentliche Exekutivrolle, sondern auch

23 Poulantzas, S. 87–88; siehe außerdem Caplan, S. 86–88.

seine funktionale Stellung als integrierendes Element und als charismatischer Brennpunkt der von den Volksmassen ausgehenden Unterstützung? Neigen im letzteren Falle marxistische Analysen nicht dazu, die unbestrittene Bedeutung des großkapitalistischen Blocks übermäßig stark herauszustellen und andere Machtblöcke entsprechend unterzubewerten – insbesondere die Heeresleitung, die Partei mit ihrer Massenbasis und das sich rasch entwickelnde Machtzentrum im SS/Gestapoapparat? Schenken sie den im Laufe der Zeit eintretenden Veränderungen in den Beziehungen zwischen Nationalsozialismus und der industriellen Elite sowie der Vielschichtigkeit des Willensbildungs- und Entscheidungsprozesses im Dritten Reich genügend Aufmerksamkeit? (Poulantzas' geschichtliche Behandlung der Zeit der Diktatur in Deutschland enthält zum Beispiel einige ernste empirische Mängel, die seine Periodisierung entwerten und seine theoretischen Schlußfolgerungen stark gefährden.)[24] Und trennen marxistische Analysen in bezug auf Willensbildungs- und Entscheidungsprozesse deutlich zwischen Richtung, Einfluß und Ausführung – eine wichtige Unterscheidung, nicht zuletzt bei wirtschaftspolitischen Entscheidungen – oder neigen sie dazu, eine teilweise Übereinstimmung der Ziele schon mit Einfluß gleichzusetzen? Und als letzter Punkt: Unterschätzen oder ignorieren marxistische Theorien – selbst wenn sie davon ausgehen, daß außergewöhnliche Formen des Kapitalismus (Sohn-Rethel) unter einer außergewöhnlichen kapitalistischen Staatsform (Poulantzas) bestanden –, in welchem Maße der Nationalsozialismus für eine zunehmende Organisation der Wirtschaft sorgte – ein Umstand, der wenig mit klassischem Kapitalismus zu tun hat und in den Augen mancher Experten[25] in Richtung einer nachkapitalistischen Wirtschaft weist?

24 Siehe Caplan, S. 87 ff.

25 Zum Beispiel Winkler, *Revolution* (siehe Kapitel 2 Anmerkung 13), S. 100, 154 Anmerkung 90; Saage, *Faschismustheorien* (siehe Kapitel 2 Anmerkung 33), S. 72–73; Gert Schäfer, «Ökonomische Bedingungen des Faschismus», *Blätter für deutsche und internationale Politik* 15 (1970), S. 1260 ff; Alan S. Milward, «Fascism and the Economy», in Laqueur (siehe Kapitel 2 Anmerkung 12), S. 435, 443–444.

Die folgende Einschätzung und Interpretation versucht, einige dieser kritischen Fragen zu berücksichtigen und daneben die Probleme in Betracht zu ziehen, die von «liberalen» Theorieansätzen zum «Primat der Politik» aufgeworfen werden.

Auswertung

Ein Ausgangspunkt der Analyse ist die Frage, ob die Polarisierung in «Primat der Politik» auf der einen und «Primat der Wirtschaft» auf der anderen Seite nicht einer stark übertriebenen Vereinfachung einer komplexen strukturellen Wechselbeziehung zwischen der Politik des NS-Staates und den Interessen des deutschen Kapitals gleichkommt. Die Reduzierung der Alternativen auf «Politik» und «Wirtschaft» engt den Begriff der «Politik» in unzulässiger Weise ein und geht von einer kruden und irreführenden Dichotomie zwischen «Staat» und «Gesellschaft» aus. Neuere Forschungsarbeiten zur NS-Wirtschaft lassen hingegen tendenziell darauf schließen, daß die eng miteinander verknüpften Ziele und Interessen der Naziführung und des deutschen Kapitals sich aufeinander auswirkten und gegenseitig beeinflußten, so daß es schwerfällt, einen spezifisch «politischen» und einen spezifisch «ökonomischen» Bereich herauszulösen, und man deshalb auch kaum von einem «Primat» reden kann. Mit William Carrs Worten ausgedrückt, sind «in der Außenpolitik eines Landes ideologische, strategische und ökonomische Faktoren zu eng miteinander verflochten, als daß man sie fein säuberlich voneinander trennen könnte»[26], während Hans-Erich Volkmann die Frage nach dem «Primat» offen als inzwischen überflüssig zurückweist.[27] Volkmann spricht statt dessen lieber von einer «weitgehende[n] Interessenkongruenz» von Staat und Großindustrie, von einer (partiellen) «Interessenidentität von Wirt-

26 William Carr, *Arms, Autarky, and Aggression* (London ²1979), S.65.
27 Hans-Erich Volkmann, «Politik, Wirtschaft und Aufrüstung unter dem Nationalsozialismus», in Manfred Funke (Hg.), *Hitler, Deutschland und die Mächte* (Düsseldorf 1978), S. 279, 289.

schaft und Nationalsozialismus», von einer so engen Aneinanderkettung von Politik und Wirtschaft im NS-Staat, daß sie als «Zwangsidentität» bezeichnet werden könne. Des weiteren redet er von einer «Verflechtung» der politisch-ökonomischen Substruktur und von einer «wechselseitigen Abhängigkeit von politischer Führung und Industrie» auch während des Krieges. Ebensowenig entwickelte sich seiner Ansicht nach aus dem Umstand, daß die deutschen Wirtschaftseliten mit den Nazis seit der Jahreswende 1932/33 «gemeinsame Sache» machten, nach 1936 ein «Primat der Politik».[28] Vielmehr hätten sich der Staat und die führenden Industriesektoren noch enger als vorher zusammengeschlossen, so daß vor dem und besonders im Krieg die Initiative, Verantwortung und Verwaltungsaufsicht über das Funktionieren der Wirtschaft an die Privatindustrie übergegangen sei – und damit auch ein umfangreicher Einfluß auf politische und militärische Entscheidungen, die untrennbar mit der Wirtschaft verbunden waren. Dieser Interpretation zufolge verwischten sich daher in zunehmendem Maße die Grenzen zwischen der staatlichen Wirtschaftsverwaltung und dem Bereich der Privatwirtschaft. Im Unterschied zum Standpunkt der DDR-Historiker ist Volkmann der Auffassung, daß das Naziregime nicht vom deutschen Kapital eingesetzt worden sei, um Deutschlands Wirtschaft durch territoriale Expansion auf Befehl der deutschen Industrie auszuweiten. Dennoch hätten es die Nazis, als sie erst einmal an der Macht waren, nicht nötig gehabt, auch die Wirtschaft ihren politischen Forderungen zu unterwerfen. Vielmehr stellten sich «die führenden deutschen Wirtschaftskreise in den Dienst der machtpolitischen Intentionen der deutschen faschistischen Regierung [...], um dieserart zu einem geschlossenen, von weltwirtschaftlichen Wechselfällen weitgehend unabhängigen Wirtschaftsraum Europa zu gelangen, in dem ein hohes Maß an Autarkie zu realisieren war».[29]

28 Volkmann, «Politik, Wirtschaft und Aufrüstung», S. 273, 279–280, 289.
29 Volkmann, «Politik, Wirtschaft und Aufrüstung», S. 290–291; Hans-Erich Volkmann, «Zum Verhältnis von Großwirtschaft und NS-Regime im Zweiten Weltkrieg», in Karl Dietrich Bracher u. a. (Hg.), *Nationalsozialistische Diktatur 1933–1945. Eine Bilanz* (Bonn 1983), S. 480–508.

Eine solche Argumentation ist einleuchtend und überzeugend. Doch wie Volkmanns Hinweis, die Wirtschaft habe «im Dienst» der politischen Intentionen des Regimes funktioniert, stillschweigend zuzugestehen scheint, hat man, wenn man von einer wechselseitigen Abhängigkeit und Interessenverwandtschaft ausgeht, immer noch keine Erklärung für die eigenartige Stoßkraft, Dynamik und Art der NS-Politik. Zweifellos bestand das durch das Aufrüstungs- und Expansionsprogramm zementierte Bündnis zwischen der Naziführung und dem militärisch-industriellen Komplex bis in die Endphase des Dritten Reiches hinein, und beide Seiten sahen sich dabei immer stärker an die Logik der von ihnen in Gang gesetzten Entwicklung gebunden. Dennoch könnte man sagen, daß sich das Gewicht innerhalb dieses «Bündnisses» langsam, aber unaufhaltsam zugunsten der Naziführung verschob, so daß schließlich an den entscheidenden Schnittpunkten der Entwicklung im Dritten Reich die politischen und ideologischen Forderungen der Naziführer bei politischen Entscheidungen eine zunehmend dominierende Rolle spielten. In der Tat scheint die letzten Endes selbstzerstörerische irrationale Eigendynamik des Naziregimes nur auf der Grundlage folgender Prämisse erklärbar zu sein: Je rascher das Regime außer Kontrolle geriet und dem Abgrund zustrebte, desto mehr wurden politisch-ideologische Initiativen möglich, die mit dem Potential des sozioökonomischen Systems, sich zu reproduzieren, nicht in Einklang standen und es letztlich direkt zerstörten.

Um diesen Prozeß zu verstehen, muß man die Stellung und Rolle der «Großwirtschaft»* im Rahmen der komplexen und sich verändernden multidimensionalen («polykratischen») Machtstrukturen im Dritten Reich bestimmen. Dazu ist es unbedingt erforderlich, sich von zwei Modellvorstellungen zu lösen: vom «Totalitarismus»-Modell, bei dem von einer zentralisierten Kommandowirtschaft und einem monolithischen Staat in den Händen Hitlers und einer Clique von Naziführern ausgegangen

---

* Unter «Großwirtschaft» faßt Volkmann die großen Unternehmen, Interessenverbände und Organisationen der Industrie zusammen, nicht jedoch die Großbanken und Großagrarier. – Anm. d. Übers.

wird, und von jenem anderen, beinah ebenso monolithischen Modell, das den NS-Staat als unmittelbaren Repräsentanten und aggressivste Form der Herrschaft des Finanzkapitals betrachtet. Weit erhellender ist als interpretatives Konzept ein Gedanke, der zuerst von Franz Neumann formuliert und in neuerer Zeit von Peter Hüttenberger erweitert und weiterentwickelt worden ist: Er sieht im Naziregime einen ungeschriebenen «Pakt» (beziehungsweise eine «Allianz») zwischen verschiedenen, aber wechselseitig abhängigen Blöcken in einem «Machtkartell».[30] Dieses Kartell war anfangs ein Dreieck bestehend aus dem Naziblock (der die verschiedenen Teile der Nazibewegung umfaßt), der «Großwirtschaft» (einschließlich der Großgrundbesitzer) und der Reichswehr. Ab etwa 1936 kam, so könnte man sagen, eine vierte Gruppierung hinzu, da der Naziblock selbst in zwei Teile zerfiel: in die eigentliche Parteiorganisation und in den immer mächtiger werdenden SS/SD/Gestapo-Komplex.[31] Wenn die Blöcke innerhalb des «Machtkartells» auch bis zum Ende des Dritten Reiches intakt blieben und ihre wechselseitige Abhängigkeit fortdauerte, so änderte sich doch im Laufe der Diktatur ihr gegenseitiges Verhältnis und ihr Gewicht innerhalb des «Kartells». Grob gesagt ging die Veränderung in Richtung einer Erweiterung der Macht des Naziblocks, insbesondere des SS/SD/Gestapo-Komplexes, und einer entsprechenden – wenn auch niemals auf Bedeutungslosigkeit oder völlige Unterwerfung hinauslaufenden – Schwächung der relativen Position der «Großwirtschaft» und der Wehrmachtsführung innerhalb des «Kartells».

Der «Pakt» von 1933 basierte auf den gemeinsamen Interessen – aber nicht auf völliger Übereinstimmung – von Naziblock, «Großwirtschaft» und Reichswehr [die 1935 in «Wehrmacht» umbenannt wurde – Anm. d. Übers.]. Das Bündnis zwischen Nationalsozialismus und Reichswehr gab den neuen Naziherrschern freie Hand bei der radikalen Umorganisierung der innen-

---

30 Neumann (siehe Kapitel 2 Anmerkung 5); Peter Hüttenberger, «Nationalsozialistische Polykratie», GG 2 (1976), S. 417–442.
31 Hüttenberger, S. 423 ff, 432 ff.

politischen Ordnung in Deutschland, und im Gegenzug wurde die Reichswehr/Wehrmacht als «die wichtigste Institution im Staate» anerkannt und erhielt ein umfassendes Aufrüstungsprogramm zugesichert, das Zielen entsprach, die die Reichswehr schon zu Weimarer Zeiten sehnlichst angestrebt hatte.[32] Die massive Aufrüstung wurde zum Hauptkatalysator, der die dynamische Verschmelzung der Interessen der Wehrmacht, Industrie und Naziführung sicherstellte.[33] Anfangs war das deutsche Großkapital, das in sich gespalten war und zum Teil widersprüchliche wirtschaftliche Zielvorstellungen hatte, alles andere als völlig – oder einstimmig – begeistert darüber, daß der Aufrüstung absolute Priorität gegeben werden sollte.[34] Doch entstand dann dadurch, daß die Linke zerschlagen wurde, die Industrie freie Hand bekam, die industriellen Beziehungen neugeordnet wurden und sich ganz allgemein ein neues politisches Klima entwickelte, die Grundlage für eine positive Beziehung zwischen der Naziregierung und dem «Großkapital» (beziehungsweise der «Großwirtschaft»). Und diese Beziehung festigte sich durch den Auftrieb, den die Wirtschaft durch das Arbeitsbeschaffungsprogramm bekam, und dann in zunehmendem Maße auch durch die enormen Profite, die der Rüstungsboom abwarf.

Obwohl der Naziblock das dynamische Element innerhalb des «Machtkartells» bildete, war er in den Anfangsjahren der Diktatur in einer relativ schwachen Position, da er weder über die wirtschaftliche Produktion, noch über die militärische Macht eine direkte Kontrolle besaß. Die Stärke der «Partner» des Nationalsozialismus spiegelte sich in dem Druck, der im Juni 1934 dazu führte, daß die Bedrohung, die von der SA auf die etablierte Ordnung ausging, beseitigt wurde. Zudem bedeuteten die ernsten

32 Siehe Wilhelm Deist, *The Wehrmacht and German Rearmament* (London 1981), S. 21 ff.

33 Siehe Dieter Petzina, «Hauptprobleme der deutschen Wirtschaftspolitik», *VfZ* 15 (1967), S. 50, und in neuerer Zeit Hans-Erich Volkmanns Beitrag in Wilhelm Deist u. a., *Das Deutsche Reich und der Zweite Weltkrieg*, Band 2 (Stuttgart 1979), S. 208 ff.

34 Siehe Michael Geyer, «Etudes in Political History: Reichswehr, NSDAP, and the Seizure of Power», in Stachura (siehe Anmerkung 1), S. 114.

wirtschaftlichen Schwierigkeiten, denen sich das Regime Mitte 1934 gegenübersah und die durch die wirtschaftlichen Reaktionen des Auslandes auf die antijüdischen Maßnahmen noch verschärft wurden, daß zu dieser Zeit der Spielraum des Regimes sowohl von wirtschaftlichen als auch von streng politischen Faktoren her eng begrenzt war.

Unter diesen Umständen stand fest, daß die «Großwirtschaft» innerhalb des «Machtkartells» eine relativ starke «Verhandlungsposition» besaß. Diese spiegelte sich in der Stellung von Reichsbankpräsident Hjalmar Schacht, der ab 1934 als Wirtschaftsminister einer der mächtigsten Männer im NS-Staat war. Doch die Schlüsselposition, die Schacht mit der Kontrolle des Außen- und Devisenhandels – und damit des für die Rüstungsindustrie so wichtigen Rohstoffimports – innehatte, war eine offensichtliche und potentiell ernste Konfliktquelle, da damit Eingriffe in einen Bereich – Rüstungspolitik – verbunden waren, der nicht nur bei Hitler und der Naziführung im Mittelpunkt des Interesses stand, sondern auch bei der Wehrmacht und bei bedeutenden und einflußreichen Teilen der Industrie (vor allem der elektrochemischen Lobby um die IG Farben).[35] So kam es, daß Schacht nach und nach nur noch einen – und, wie sich herausstellte, nicht den stärksten – Flügel der Industrie repräsentierte, dem es darauf ankam, Deutschlands internationale Handelsposition zu verbessern, während er gleichzeitig die Unterstützung jener immer mächtiger werdenden industriellen Gruppierung verlor, die sich für eine Autarkiepolitik einsetzte und von einer solchen Politik auch den meisten Gewinn zu erwarten hatte. Unmerklich zuerst, aber doch unaufhaltsam, schwand Schachts Macht. Und als dann die in der NS-Wirtschaft immanent vorhandenen Spannungen zwischen den Erfordernissen der Aufrüstung und denen des Konsums im Frühling und Sommer 1936 zu einer vollen Krise aufbrachen, hatten sich daher die Machtbeziehungen innerhalb des ursprünglichen «Kartells» bereits zu verändern begonnen. Der innerhalb der «Großwirtschaft» bestehende Konflikt zwischen denen, die Schachts An-

35 Siehe Hüttenberger, S. 433.

sicht unterstützten, und jenen, die – mit offenkundigen Folgen für die Innen- und vor allem die Außenpolitik – auf eine beschleunigte Autarkiepolitik drängten, hatte, so kann man sagen, die Stellung der Industrie als ganzer (zumindest vorübergehend) geschwächt. Mittlerweile besaß die Naziführung – und besonders Hitler – eine sehr viel stärkere Position als 1933, und durch eine erfolgreiche Meisterung der Krise sollte der Naziblock innerhalb der gesamten Machtkonstellation im Dritten Reich noch weiter gestärkt werden.[36]

Die Lösung der unmittelbaren Krise bestand – auch wenn sich daraus für die Zukunft massive Wirtschaftsprobleme für das Regime ergeben sollten – in der Einführung des Vierjahresplanes, der auf dem Parteitag im September 1936 bekanntgegeben wurde und Deutschland auf eine beschleunigte Aufrüstungs- und Autarkiepolitik festlegte, die zur Vorbereitung des Krieges diente. Es war eine Entscheidung, bei der Politik und Wirtschaft, Ideologie und materielle Interessen untrennbar miteinander verknüpft waren.

Hitlers geheime Denkschrift, die den Vierjahresplan rechtfertigte – und bezeichnenderweise nur Göring, Blomberg und (viel später) Speer, aber nicht Schacht überreicht wurde –, liest sich wie ein klarer Beweis für den «Primat der Politik»: Es wird darin betont, daß «das Volk [...] nicht für die Wirtschaft» lebe, sondern daß «die Wirtschaft, die Wirtschaftsführer und alle Theorien [...] ausschließlich diesem Selbstbehauptungskampf unseres Volkes zu dienen» hätten.[37] Doch ist zu Recht darauf hingewiesen worden, Hitlers Eingreifen sei «nicht in erster Linie als launenhafte Einmischung eines ruhelosen Diktators in wirtschaftliche Angelegenheiten» zu sehen.[38] Vielmehr stand Hitlers Memorandum am Ende eines Prozesses, in dessen Verlauf es dem Chemiegiganten IG Farben, der durch die Schlüsselfigur Göring insbesondere mit dem Luftwaffenministerium und der Partei eine Achse gebildet hatte, gelungen war, in der Wirtschaft

---

36 Hüttenberger, S. 433–435.
37 «Denkschrift Hitlers über die Aufgaben eines Vierjahresplans», *VfZ* 3 (1955), S. 204–210, hier S. 206.
38 Carr, *Arms, Autarky, and Aggression*, S. VI.

die beherrschende Stellung einzunehmen. Die IG Farben hatte die technischen Details für den Vierjahresplan geliefert, und ihre obersten Führungskräfte waren an der Durchführung des Planes genauso eng beteiligt wie Staatsbeamte. Es wäre auch falsch zu glauben, die Industrie sei als Folge der Einführung des Planes unwiderruflich gespalten gewesen. Die Schwerindustrie erlitt nicht eine dauerhafte Niederlage, wie Mason meint,[39] sondern einen vorübergehenden Rückschlag. Der 1937 gegen den erbitterten Widerstand der deutschen Stahlbarone erfolgte Aufbau des staatseigenen Stahlkonzerns «Reichswerke Hermann Göring» wird manchmal zu stark als Bedrohung interpretiert. Die hohen Produktionskosten des Stahlkonzerns hielten aber in Wirklichkeit die Stahlpreise oben. Und der Aufbau des Konzerns läutete keineswegs einen Angriff auf das Privateigentum ein, sondern fiel zeitlich mit einer größeren «Reprivatisierungswelle» zusammen, zu der auch die Rückgabe der riesigen Vereinigten Stahlwerke in private Hände gehörte. Schließlich wurde auch der Engpaß in der Eisenproduktion, der durch den Aufbau der «Reichswerke» umgangen werden sollte, beseitigt, noch ehe diese die Produktion aufgenommen hatten.[40]

Die Forschung hat daher viel zu einer Relativierung der Vorstellung beigetragen, der Vierjahresplan habe hinsichtlich des Einflusses der Industrie einen scharfen Einschnitt und den Durchbruch zu einem entschiedenen «Primat der Politik» dargestellt. Gleichwohl ist auch bemerkenswert, daß die wirtschaftliche Neuorientierung 1936 zuerst gegen den Wunsch von wichtigen Teilen der einst mächtigen Stahlindustrie durchgeführt wurde. Denn als Folge des Vierjahresplanes und der Auswechslung Schachts – an dessen Stelle Hermann Göring als die in der Wirtschaft dominierende Persönlichkeit trat – verringerten sich die Beschränkungen, die der Naziführung vom früheren «wirt-

39 Mason, «Primat», S. 483. Hüttenberger (S. 434) weist zu Recht darauf hin, daß der Autarkiekonflikt nicht zu einer Spaltung der politischen Position der «Großwirtschaft» führte.
40 George W. F. Hallgarten und Joachim Radkau, *Deutsche Industrie und Politik von Bismarck bis in die Gegenwart* (Reinbek 1981), S. 255–258; siehe auch Petzina, *Autarkiepolitik*, S. 104 ff.

schaftlichen Establishment» auferlegt worden waren, stark. Im übrigen brachte 1937 die Gründung der Hermann-Göring-Werke – auch wenn diese, langfristig gesehen, für die Privatindustrie keine Bedrohung darstellten – doch immerhin, wie Petzina aufgezeigt hat, zum Ausdruck, «daß sich privatindustrielle Interessen nicht automatisch mit den Interessen des Regimes deckten und im Konfliktfall das Regime sich nicht scheute, seine Ziele auch gegen den Widerstand von Teilen der Schwerindustrie zu verwirklichen»[41]. Milward meint dazu, «nichts könnte deutlicher zeigen, daß die Naziregierung – so wohlgesonnen sie auch der Geschäftswelt gegenüber war und so abhängig sie auch von ihr war – ihre eigenen Interessen hatte und auch bereit war, ihnen nachzugehen»[42].

Die erfolgreiche Bewältigung der Krise von 1936 verschaffte der Naziführung innerhalb des «Machtkartells» eine stärkere Position, die es ihr bei der Formulierung der Politik ermöglichte, ideologischen Überlegungen einen stärkeren Vorrang und mehr Raum zu geben. Dies war vor allem der Fall im Bereich der Außenpolitik, in dem das Auswärtige Amt einen Teil seiner traditionellen Autorität eingebüßt hatte, und im Bereich der strategisch-militärischen Planung, in dem die Wehrmacht genauso an Einfluß verloren hatte. Anfang 1938 war der Block aus SS, SD und Gestapo dann sogar stark genug, um die Stellung der Wehrmacht noch weiter zu schwächen: Indem er die Blomberg-Fritsch-Affäre anzettelte, die für die Wehrmacht zum symbolischen Wendepunkt wurde auf ihrem Weg von einer politisch-gesellschaftlichen Macht zu einer rein funktionellen Elite.[43] Sicherlich ist der Einfluß, den führende Wirtschaftskreise gegen Ende der dreißiger Jahre und auch schon früher auf die deutsche

41 Petzina, *Autarkiepolitik*, S. 105. Zur wirtschaftlichen Entwicklung der «Reichswerke Hermann Göring» siehe Richard J. Overy, «Göring's ‹Multi-national Empire›», in Alice Teichova und P. L. Cottrell (Hg.), *International Business and Central Europe, 1918–1939* (Leicester 1983), S. 269–298.

42 Milward, «Fascism and the Economy», S. 434.

43 Siehe Hüttenberger, S. 435, sowie Klaus-Jürgen Müller, *Armee, Politik und Gesellschaft in Deutschland 1933–1945* (Paderborn 1970), S. 39–47.

Außenpolitik hatten, häufig unterschätzt worden.[44] Und es ist auch klar, daß die deutsche Expansion nach Österreich und in die Tschechoslowakei hinein sowohl wirtschaftlich als auch strategisch gesehen ein logischer und notwendiger Schritt war. Deutsche Firmen zogen aus dieser Expansion einen enormen Nutzen, genauso wie einige größere Konzerne 1938 sehr stark von der «Arisierung» der Wirtschaft profitierten. Ideologische, strategische und wirtschaftliche Interessen gingen immer noch Hand in Hand. Doch gewann dann eine risikoreiche Politik zunehmend an Auftrieb, bei der die unaufhaltbare Eigendynamik des Rüstungswettlaufs, der an den ideologischen Expansionismus der Naziführung gekoppelt war, den Rahmen prägte, in dem wirtschaftliche Interessen zum Zuge kamen.

Im Gefolge der ab 1936 mit großen Anstrengungen betriebenen Aufrüstungspolitik häuften sich Deutschlands Wirtschaftsprobleme in alarmierender Weise: Es kam zu chronischem Mangel an Devisen, Rohstoffen und Arbeitskräften, zu Überlastungen, Engpässen, Zahlungsbilanzproblemen und inflationären Tendenzen. Expansion als einzige Lösung für Deutschlands sonst düstere wirtschaftliche Aussichten war ein Hauptthema der Rede, die Hitler im November 1937 vor der Wehrmachtsführung hielt.[45] Hitler wiederholte seine Bemerkungen über die bedrohliche wirtschaftliche Lage in einer Ansprache an die Oberbefehlshaber der Wehrmacht im August 1939, als er, wenige Tage vor dem Angriff auf Polen, erklärte: «Wir haben nichts zu verlieren, nur zu gewinnen. Unsere wirtschaftliche Lage ist infolge unserer Einschränkungen so, daß wir nur noch wenige Jahre durchhalten können. [...] Uns bleibt nichts anderes übrig, wir müssen handeln.»[46] Die vernichtenden Prognosen über Deutschlands wirtschaftliche Zukunft ohne Expansion waren Hitler von Göring zugetragen worden. Sie kamen aber von allen Seiten der Industrie, der Agrarwirtschaft und den Wehrwirt-

44 Siehe Hallgarten und Radkau, Teil II, Kapitel 3–4.
45 *Der Prozeß gegen die Hauptkriegsverbrecher vor dem Internationalen Militärgerichtshof [Internationales Militärtribunal (IMT)]* (Nürnberg 1947–1949), Band 25, Dokument 386-PS, S. 402–413.
46 *IMT*, Band 26, Dokument 798-PS, S. 338 ff, hier S. 340.

schaftsinspektionen. Aber wenn sich auch starke Anhaltspunkte für diese wachsende Wirtschaftskrise finden, so lassen sich doch nur schwache Hinweise dafür entdecken, daß wirtschaftliche Zwänge eine für den Zeitpunkt oder die Ursachen des Kriegsausbruches entscheidende Rolle gespielt hätten. Strategische Überlegungen kamen an erster Stelle, während die zunehmend kritischere wirtschaftliche Lage, die selbst in nicht geringem Maße durch die politisch-ideologischen Prämissen des Regimes bedingt war, anscheinend hauptsächlich insofern eine Rolle spielte, als sie Hitler in seiner Ansicht bestärkte, daß seine ursprüngliche Diagnose über die Notlage Deutschlands richtig gewesen sei und man keine Zeit mehr zu verlieren habe.[47] Das aggressivste, auf eine Expansion drängende Geschrei ging zu dieser Zeit zweifellos von Kreisen des «Großkapitals» aus – darunter (und keineswegs als Einzelfall) die imperialistischen Forderungen des IG Farben-Chefs Carl Krauch. Gemessen an Österreich und der Tschechoslowakei hatte der Angriff auf Polen, wie Radkau bemerkt, «mit den Hauptlinien der Konzerninteressen allerdings vergleichsweise wenig zu tun», und allgemein kann man sagen, «daß der Osten für das Kapital weit weniger reizvoll war als etwa der Südosten».[48] Das hinderte deutsche Firmen natürlich nicht im geringsten daran, von der rücksichtslosen Ausbeutung des eroberten Polens enorm zu profitieren.

47 Carr, *Arms, Autarky, and Aggression*, S. 65. Eine Zusammenfassung der Belege für die Wirtschaftskrise liefert Timothy W. Mason, «Innere Krise und Angriffskrieg 1938/1939», in F. Forstmeier und H.-E. Volkmann (Hg.), *Wirtschaft und Rüstung am Vorabend des Zweiten Weltkrieges* (Düsseldorf 1975), S. 158–188. Er betont darin, daß der entscheidende Faktor für den Zeitpunkt des Kriegsausbruches die innere Krise gewesen sei. Zur Kritik dieser Auffassung und modifizierenden Bemerkungen siehe Ludolf Herbst, «Die Krise des nationalsozialistischen Regimes am Vorabend des Zweiten Weltkrieges und die forcierte Aufrüstung. Eine Kritik», *VfZ* 26 (1978), S. 347–392; Heinrich August Winkler, «Vom Mythos der Volksgemeinschaft», *AfS* 17 (1977), S. 488–489; Jost Dülffer, «Der Beginn des Krieges 1939: Hitler, die innere Krise und das Mächtesystem», *GG* 2 (1976), S. 443–470; Milward, «Fascism and the Economy», S. 437; und Richard J. Overy, «Hitler's War and the German Economy: A Reinterpretation», *EcHR* 35 (1982), S. 272–291.
48 Hallgarten und Radkau, S. 302–303, 366–368.

Auch während des Krieges griffen wirtschaftliche, ideologische und militärstrategische Faktoren weiterhin untrennbar ineinander und prägten zusammen die Art und Weise der deutschen Aggression. Da die Verfügbarkeit und Verteilung von Rohstoffen und Arbeitskräften ein ständiges Problem bildeten, ließ sich bei der politischen Willensbildung die Stimme der Führer der wichtigsten Kriegsindustrien nicht ignorieren. Angesichts der speziellen Entwicklung des deutschen Kapitalismus gerade seit 1936, war der imperialistische Ausplünderungskrieg eine logische Notwendigkeit und wurde immer mehr zur einzig verfügbaren Möglichkeit.[49] So war die deutsche Industrie strukturell in jene politischen Entscheidungen verwickelt, die in einer Zerstörung und Unmenschlichkeit gipfelten, die es in diesem Ausmaß in Europa noch nie gegeben hatte.

Man muß allerdings zwischen der Wirtschaft als strukturellem, den Verlauf und Charakter der Aggression entscheidend mitprägenden Faktor einerseits und den speziellen Bedürfnissen und erkannten Interessen bestimmter Gruppen innerhalb der Wirtschaft andererseits unterscheiden. Die Betonung des «Primats der Politik» konzentriert sich, in vielen Fällen ziemlich vereinfachend und irreführend, allein auf die Frage, ob Entscheidungen im Dritten Reich unmittelbar im Interesse deutscher Kapitalisten gefällt worden seien. Diese Argumentationsweise ist im wesentlichen kaum mehr als ein oberflächlicher Angriff auf naive Versionen der instrumentalistischen «Agententheorie», die in den Naziführern Marionetten des «Großkapitals» sieht. Die Wirklichkeit war etwas komplexer, wie etwa der Beschluß, in die Sowjetunion einzumarschieren, veranschaulicht.

Auch bei diesem Beschluß läßt sich die ideologische Motivation kaum als autonomer Faktor von Fragen militärstrategischer und wirtschaftlicher Erfordernisse trennen. Man macht es sich zu einfach, wenn man bei der Erklärung der Gründe für den 1941

49 Daß der Blitzkrieg die einzig mögliche Strategie war, die Deutschland zur Verfügung stand, betont Alan S. Milward, «Der Einfluß ökonomischer und nicht-ökonomischer Faktoren auf die Strategie des Blitzkriegs», in Forstmeier und Volkmann, S. 189–201, hier besonders S. 200–201. Overy («Hitler's War») verwirft Vorstellungen von einer «Blitzkriegwirtschaft» völlig.

erfolgten Einmarsch in die Sowjetunion nicht weiter als bis zu Hitlers ideologischen Zwangsvorstellungen sieht – so wichtig diese auch gewesen sein mögen. Fraglos war die entsetzliche Brutalität des «Vernichtungskrieges» im Osten eine Folge des ideologischen Hasses auf den «jüdischen Bolschewismus», mit dem die Deutschen unter dem Naziregime jahrelang indoktriniert worden waren. Doch – und auf diesen Punkt werden wir in einem späteren Kapitel zurückkommen – strategische Überlegungen, die sich um den noch nicht beendeten Krieg im Westen und dabei vor allem um die Aussichten eines Kampfes gegen die USA drehten, spielten bei dem, was Hitler, die NS- und die militärische Führung 1940–41 über die Sowjetunion dachten, gleichfalls eine entscheidende Rolle. Und nicht zuletzt gab es noch die wirtschaftliche Dimension. Da Deutschland von Rohstoffen aus der Sowjetunion abhängig war, und da die auf den nationalsozialistisch-sowjetischen Pakt von 1939 folgende sowjetische Expansion in Ost- und Südosteuropa die Getreide- und vor allem Öllieferungen ernsthaft bedrohte, waren die gesamten deutschen Kriegsanstrengungen gefährdet, wenn die Sowjetunion unerobert blieb. Der Gedanke, die sowjetische Luftwaffe könne die lebenswichtigen rumänischen Ölfelder, die mehr als die Hälfte des deutschen Nachschubs lieferten, zerstören, gab den Ausschlag. So erklärte Hitler seinen Generälen im Januar 1941: «Im Zeitalter der Luftwaffe aber kann von Rußland [...] aus das rumänische Ölgebiet in ein rauchendes Trümmerfeld verwandelt werden, und dieses Ölgebiet ist für die Achse lebenswichtig.»[50]

Die wirtschaftliche Dimension spielt also bei der Entscheidung über militärstrategische Fragen offensichtlich eine wichtige Rolle, doch stimmt sie deshalb noch nicht unbedingt mit den anerkannten Bedürfnissen der deutschen Industriellen überein. Joachim Radkau, ein linksgerichteter westdeutscher Historiker, erklärt aufgrund einer detaillierten Untersuchung zugänglicher Quellen, daß anders als man es erwarten sollte, es kaum Belege dafür gebe, daß bei der Vorbereitung des Angriffs auf die Sowjetunion die Interessen der Nazis und des «Großkapitals» völlig

50 *IMT*, Band 34, S. 469.

identisch gewesen seien: «Ungeachtet des ideologischen Anti-kommunismus läßt sich in den praktischen Wünschen und Empfehlungen der Wirtschaft im allgemeinen durchaus keine Feindseligkeit gegen Sowjetrußland erkennen, häufig sogar ein Bestreben nach Verbesserung der Beziehungen. Bei der Vorbereitung des Stalin-Hitler-Paktes spielte die Wirtschaft viel deutlicher eine vorwärtstreibende Rolle als bei der Vorbereitung des Angriffes auf die Sowjetunion.» In den zwanziger und frühen dreißiger Jahren war – nicht zuletzt für die Schwerindustrie – der Handel mit Rußland wichtig gewesen, und die von Radkau zusammengetragenen Belege deuten – wenn auch nicht unisono – darauf hin, daß einige herausragende Teile der Industrie eher auf eine Wiederbelebung der wirtschaftlichen Beziehungen als auf die ideologisch motivierte Zerschlagung der Sowjetunion hofften, und daß viele Industrielle von den Investitionsrisiken und den Gewinnen, die voraussichtlich aus dem neueroberten «Lebensraum» zu ziehen sein würden, nicht gerade angetan waren.[51] Doch schränkten derartige Ansichten wiederum in keiner Weise die Bereitschaft der Industrie ein, sowohl die menschlichen als auch die materiellen Ressourcen der besetzten Gebiete auf die barbarischste Weise auszubeuten. Außerdem hinkten solche Ansichten hinter der unaufhaltbaren – wirtschaftlichen wie militärischen – Dynamik des Nazikrieges her. Die in Deutschland dominierenden Wirtschaftskräfte stimmten mit diesen Kriegsanstrengungen vollständig überein. Die Mitarbeit der übrigen war dadurch sichergestellt, daß es aus dem Gang der Ereignisse, den sie selbst initiiert und gefördert hatten, kein Entrinnen gab: Sie waren darauf festgelegt, mit dem Naziregime zusammen zu gedeihen oder unterzugehen.

Als schlagendes Argument haben diejenigen, die einen «Primat der Politik»-Ansatz vertreten, bislang immer die Vernichtung der Juden ins Feld geführt, denn diese spricht auf den ersten Blick ganz offensichtlich gegen die Annahme, daß hinter der Nazipolitik die Interessen des «Großkapitals» steckten. Tatsächlich

---

51 Hallgarten und Radkau, S. 383 ff. Siehe auch Winkler, *Revolution*, S. 99, 153–154, Anmerkung 89.

erklärte das Reichsministerium für die besetzten Ostgebiete schon im Herbst 1941 ausdrücklich: «Wirtschaftliche Belange sollen bei der Regelung des [Juden-]Problems grundsätzlich unberücksichtigt bleiben.»[52] Und Mason weist in seinem Aufsatz über den «Primat der Politik» darauf hin, daß sich «unter den ersten polnischen Juden, die in den Vernichtungslagern vergast wurden, [...] Tausende von gelernten Metallarbeitern aus polnischen Rüstungsbetrieben» befanden.[53]

Es war kaum mit «rationalen» Wirtschaftsinteressen zu vereinbaren, daß knappe Transportmittel dazu eingesetzt wurden, menschliche «Fracht» zur sofortigen Vernichtung quer durch Europa zu transportieren – und das zu einer Zeit, als die deutsche Industrie dringend Arbeitskräfte benötigte. (Einige jüdische Arbeiter fanden allerdings fast bis zum Ende des Krieges Verwendung.) Wie wir in einem späteren Kapitel ausführlicher zeigen werden, würde es jedoch zu einer verzerrten Darstellung führen, wenn man die «Endlösung» aus dem materiellen und ideologischen Zusammenhang der komplexen Entwicklung, die nach Auschwitz führte, herauslösen wollte. Das «Großkapital» stand frühen antijüdischen Maßnahmen im NS-Staat gleichgültig gegenüber – außer in den Fällen, in denen der deutsche Außenhandel negative Reaktionen des Auslandes zu spüren bekam. Aus wirtschaftlichen Gründen kritisierte etwa Reichswirtschaftsminister Schacht 1935 die antijüdische «Boykottbewegung» und die wilden Terroraktionen gegen Juden.[54] Unter dem wachsenden Druck der Rüstungswirtschaft hatte das «Großkapital» dann jedoch ein unmittelbares Interesse an der Aneignung jüdischen Kapitals und setzte sich Ende 1937 und 1938 stark für die «Arisierung» jüdischer Konzerne ein.[55] Darüber hinaus

52 Zitiert nach Helmut Krausnick, «Judenverfolgung», in Hans Buchheim u. a. (Hg.), *Anatomie des SS-Staates*, Band 2 (Olten und Freiburg 1965), S. 377.

53 Mason, «Primat», S. 492.

54 Uwe Dietrich Adam, *Judenpolitik im Dritten Reich* (Düsseldorf 1972), S. 123–124; Karl A. Schleunes, *The Twisted Road to Auschwitz. Nazi Policy toward German Jews, 1933–1939* (Urbana, Chicago und London 1970), S. 153ff.

55 Schleunes, S. 159ff; Helmut Genschel, *Die Verdrängung der Juden aus der Wirtschaft im Dritten Reich* (Göttingen 1966), S. 222ff.

folgte aus der – innerhalb der gesamten Machtstruktur des Regimes – zunehmenden Macht und Autonomie des SS/SD/Gestapo-Komplexes, der spätestens Ende 1938 die Kontrolle über die Durchführung der antijüdischen Politik erlangt hatte, daß antijüdische Maßnahmen nun eine rasch wachsende Eigendynamik bekamen. Angesichts der massiven Ausweitung der «jüdischen Frage» auf die besetzten Gebiete und angesichts der verwaltungsmäßig nicht zu lösenden Art des «Problems» ließ sich die innere Dynamik einer Entwicklung, die inzwischen folgerichtig nur noch mit der physischen Vernichtung enden konnte, nicht mehr kontrollieren. Doch auch noch in dieser Phase bestand jedenfalls kein Widerspruch zwischen der relativen Autonomie des SS-Apparates innerhalb des Regimes und den Interessen des deutschen Kapitals. In Deutschlands größeren Industriekonzernen war man mehr als bereit, aus der Konzentrierung jüdischer Arbeitskräfte in den polnischen Gettos Nutzen zu ziehen, denn hier hatte man freie Hand für eine völlige Ausbeutung bei absolut minimalen Kosten. Ein eventueller «Materialverlust» war leicht zu verschmerzen in dieser Zeit der Expansion, in der eine reichliche Versorgung mit Sklaven zur Deckung des Bedarfs der gesamten deutschen Wirtschaft unmittelbar bevorzustehen schien.[56] Als dann der Kriegsverlauf – und mit ihm die Aussichten und Interessen der deutschen Industrie – eine dramatische Wendung genommen hatte, war die massenhafte physische Vernichtung der Juden bereits in vollem Gange und nicht mehr aufzuhalten – eine Vernichtung, die sich nach und nach als «Lösung» für den administrativen Alptraum herauskristallisiert hatte, zu dem es aufgrund des von den Naziherrschern selbstgeschaffenen «Problems» gekommen war.

Die Vernichtung der Juden war daher *letztlich* eine «Politik», die wirtschaftlicher Vernunft widersprach. Aber sie trat erst als Endphase eines Prozesses auf, der längere Zeit dem deutschen Kapital nicht zuwiderlief, und zwar selbst dort, wo er nicht di-

---

56 Kurt Pätzold, «Von der Vertreibung zum Genozid. Zu den Ursachen, Triebkräften und Bedingungen der antijüdischen Politik des faschistischen deutschen Imperialismus», in Eichholtz und Gossweiler, *Faschismusforschung* (siehe Kapitel 1 Anmerkung 27), S. 181–208, hier S. 206–208.

rekt in dessen Interesse war. Die «Endlösung» wurde erst durch die Umstände des Krieges und brutale Eroberung möglich. Die besessene Beschäftigung mit der «jüdischen Frage» war im wesentlichen eine Angelegenheit des Naziblocks innerhalb des «Machtkartells» des Dritten Reiches. Die anderen Machteliten zeigten allerdings keinerlei Bedenken, antijüdische Maßnahmen mit durchführen zu helfen und aus ideologischen Zwangsvorstellungen politische Entscheidungen werden zu lassen. Schließlich sorgten *alle* Teile des «Machtkartells» dafür, daß es zu dem brutalen Eroberungskrieg kam, der aus dem Genozid statt einer Wahnvorstellung eine erreichbare Realität machte.

Bis zum Schluß war die deutsche Industrie in die Ausplünderung, Ausbeutung und Zerstörung, die von den Nazis in den besetzten Gebieten betrieben wurde, verwickelt und ebenso daran beteiligt wie am dortigen Massenmord. Während bestimmte Gruppen innerhalb der Wehrmacht und der alten Aristokratie eine Entwicklung durchmachten, die von anfänglicher Reserviertheit hin zu offener Antipathie gegenüber dem NS-Regime ging und die schließlich am 20. Juli 1944 im Anschlag auf Hitler gipfelte, waren industrielle Führungskräfte in Widerstandskreisen bezeichnenderweise nicht zu finden. Im letzten Kriegsjahr wurde es dann allerdings auch dem «Großkapital» immer klarer, daß die sich abzeichnende völlige Zerstörung im Widerspruch zu jeglicher «rationaler» Wirtschaftspolitik stand. Dennoch war die Trennung zwischen dem radikalen Nihilismus des Naziblocks und den materiellen Interessen der deutschen Industrie erst in der letzten Phase des Krieges voll vorhanden, als das Regime in seinem Todeskampf wild um sich schlug. Zu einem symbolisch entscheidenden Moment kam es, wie Alan Milward bemerkt, im Januar 1944, «als der Führer Sauckels * unmögliche Pläne unterstützte, in jenem Jahr eine weitere Million Arbeiter aus Frankreich zu deportieren, und sich damit der Meinung Albert Speers

---

* Ab März 1942 war Fritz Sauckel Generalbevollmächtigter für den Arbeitseinsatz und als solcher dafür verantwortlich, daß man Millionen von Menschen in den besetzten osteuropäischen Gebieten aus ihrer Heimat verschleppte und zu Zwangsarbeitern in deutschen Rüstungsbetrieben machte und daß Zehntausende von polnisch-jüdischen Arbeitern ermordet wurden. – Anm. d. Übers.

und des Ministeriums für Rüstungs- und Kriegsproduktion verschloß, die dazu geraten hatten, die Kriegsproduktion verstärkt in den besetzten Gebieten zu organisieren. Von diesem Augenblick an wurde die Position des Ministeriums für Rüstungs- und Kriegsproduktion und der Geschäftsleute, die es führten, zunehmend schwächer als diejenige der stärker radikalfaschistischen Teile der Verwaltung. Die Wirtschaftskreise, die 1933 danach getrachtet hatten, die Bewegung zu kontrollieren, sahen nun ihre schlimmsten Ängste bestätigt: Sie waren selbst zum Spielball einer politischen Revolution geworden.»[57]

Bis in die letzten Phasen des Krieges zogen all jene Teile des Industrie- und Finanzsektors, die mit der Waffenproduktion zu tun hatten, aus dem Dritten Reich einen ungeheuren Nutzen. Die unverteilten Gewinne von Kapitalgesellschaften waren 1939 viermal höher als 1928.[58] Die Monopolkonzerne waren die größten Einzelgewinner – an herausragender Stelle der Chemiegigant IG Farben, dessen jährlicher Reingewinn, der zwischen 1933 und 1935 stagniert hatte, sich 1936 von 70 auf 140 Millionen Reichsmark verdoppelte, dann bis 1940 auf 300 Millionen Reichsmark hochschnellte und anschließend zweifellos weitere gewaltige Höhen erklomm (die allerdings nicht dokumentiert sind).[59] Die Riesengewinne der größeren Konzerne waren kein zufälliges Nebenprodukt des Nationalsozialismus, denn es paßte zu dessen Anschauungen, daß der Privatindustrie freie Hand gewährt und der unternehmerische Geist in den höchsten Tönen gelobt wurde.[60] Die Privatindustrie war bei den Aufrüstungsbemühungen unentbehrlich, und das gab deren Vertretern eine sehr beachtliche Verhandlungsmacht, die sie das ganze Dritte Reich über ohne Zögern zu ihrem Vorteil nutzten. Es ist jedoch wichtig, sich den Unterschied zwischen dem Anstoß für eine bestimmte Politik, deren Ausführung und deren Ausnutzung in Erinnerung zu rufen. Ich habe hier gezeigt, daß die grö-

57 Milward, «Fascism and the Economy», S. 434–435.
58 Dietmar Petzina, *Die deutsche Wirtschaft in der Zwischenkriegszeit* (Wiesbaden 1977), S. 141; Milward, «Fascism and the Economy», S. 435.
59 Hallgarten und Radkau, S. 262.
60 Siehe Hallgarten und Radkau, S. 227 ff, 269 ff.

ßeren kapitalistischen Unternehmen zwar ihre Gewinne durch die Nazipolitik enorm steigern konnten, daß aber gleichzeitig die Kontrolle über die Ausführung der Politik unverkennbar immer mehr auf den spezifisch nationalsozialistischen «Block» innerhalb des «Machtkartells» überging. Und in gleichem Maße, wie die Gruppen des «Naziblocks» bei der Ausführung der Politik die Oberhand gewannen, entglitt in entscheidenden, sich unmittelbar auf die Wirtschaft auswirkenden Bereichen dem «Großkapital» unaufhaltsam die politische Initiative, auch wenn sie erst in einem späten Stadium in einen diametralen Gegensatz zu den auf die eigene Reproduktion bedachten kapitalistischen Hauptinteressen geriet. Die starken staatlichen Eingriffe in den Arbeits- und Kapitalmarkt und der autarkische Ausschluß des neuen deutschen Imperiums von den Weltmärkten begünstigten zu dieser Zeit zweifellos einen Kapitalismus, der ganz anders strukturiert war als der, den Marx analysiert hatte.[61] Spekulationen darüber, welche Rolle der Kapitalismus in einer siegreichen nationalsozialistischen «neuen Ordnung» gespielt haben würde, sagen allerdings nichts aus. Letzten Endes war die immer weiter eskalierende nihilistische Dynamik des Nationalsozialismus unvereinbar mit dem Aufbau und der dauerhaften Reproduktion einer jeglichen wirtschaftlichen Ordnung.

In der vorstehenden Analyse habe ich versucht, mich von zwei alternativen Interpretationen – «Primat der Politik» auf der einen, «Primat der Wirtschaft» auf der anderen Seite – zu lösen, die in meinen Augen das komplexe Verhältnis von Nationalsozialismus und «Großkapital» im Dritten Reich zu vereinfacht sehen. Die Behauptung, «letztlich» seien wirtschaftliche Faktoren bestimmend, scheint – um es milde zu sagen – in der Tat eine recht unzulängliche Erklärung dafür zu liefern, warum der radikale Nihilismus des Nationalsozialismus gegenüber «rationalen» Wirtschaftsinteressen ein immer stärkeres Übergewicht gewinnen konnte. Gleichzeitig kann die klassische «liberale» Interpre-

---

61 Milward geht so weit, zu behaupten, faschistische Regime hätten nicht zur Erhaltung des Kapitalismus beigetragen, sondern «die Spielregeln so verändert, daß ein neues System entstanden» sei («Fascism and the Economy», S. 435).

tation vom «Primat der Politik» kaum mehr überzeugen, denn sie geht implizit oder explizit von der Vorstellung aus, eine «im Dienst» einer zielstrebigen Diktatur stehende Wirtschaft sei «totalitär» kontrolliert worden. Sie vereinfacht also die Machtstruktur des Dritten Reiches und neigt immanent zu einer Überbetonung der Persönlichkeit und Ideologie Hitlers. Diese Sichtweise und die hier dargelegte, dazu im Gegensatz stehende Interpretation, die von einem «polykratischen» Charakter des «Machtkartells» in Nazideutschland ausgeht, werfen allerdings eine Reihe neuer Fragen auf, bei denen es um Hitlers Stellung und Funktion in der nationalsozialistischen deutschen Regierung geht. Die nächsten Kapitel werden sich auf dieses zentrale Interpretationsproblem konzentrieren.

4

Hitler: «Herr und Meister im Dritten Reich» oder «schwacher Diktator»?

Hitlers Rolle und Funktion innerhalb des NS-Herrschaftssystems ist nicht so einfach zu fassen, wie es auf den ersten Blick scheinen mag. Daraus ist ein zentrales, von führenden Historikern heiß debattiertes Interpretationsproblem geworden. Von ihrer Komplexität her ist diese Debatte schon mit den theologischen Auseinandersetzungen des Mittelalters verglichen worden,[1] und sie wird zum Teil mit einer Erbitterung geführt, die den Rahmen einer herkömmlichen Meinungsverschiedenheit zwischen Historikern übersteigt. In dem ungewöhnlich hitzigen und zuweilen verbitterten Ton der Debatte[2] spiegeln sich in

1 John Fox, «Adolf Hitler: The Continuing Debate», *International Affairs* 55 (1979), S. 261.
2 Siehe den heftigen Schlagabtausch in Klaus Hildebrand, «Nationalsozialismus ohne Hitler?», *GWU* 31 (1980), S. 289–305; ‹Externus›, «Hildebrands Lied – oder: Wie die GWU ihre Leser informiert», *Geschichtsdidaktik* 5 (1980), S. 325–327; K. D. Erdmann, «Antwort an einen Dunkelmann: Wie informiert GWU ihre Leser?», *GWU* 32 (1981), S. 197–198; Klaus Hildebrand, «Noch einmal: Zur Interpretation des Nationalsozialismus», *GWU* 32 (1981), S. 199–204; ‹Externus›, «Die GWU und ihr Frontberichterstatter: Fortsetzung eines ‹Gedankenaustausches›», *Geschichtsdidaktik* 6 (1981), S. 233–238; Wolfgang J. Mommsen, «Die ‹reine Wahrheit› über das nationalsozialistische Herrschaftssystem?», *GWU* 32 (1981), S. 738–741; Klaus Hildebrand, «Die verfolgende Unschuld», *GWU* 32 (1981), S. 742. Dieser Ton findet sich auch in Hofers späterem Aufsatz (siehe Kapitel 1 Anmerkung 2). Hildebrands ursprünglicher Beitrag war ein einseitiger Bericht über eine Tagung, die vom Deutschen Historischen Institut London 1979 in Windsor veranstaltet worden war und ein Schlaglicht auf die riesige Kluft geworfen hatte, die es vor allem zwischen westdeutschen Historikern bei der Interpretation des Dritten Reiches gibt. Die in Hirschfeld und Kettenacker (siehe Kapitel 1 Anmerkung 23) in zum Teil stark

mancher Hinsicht die drei Dimensionen der (insbesondere in Westdeutschland) zum Nationalsozialismus veröffentlichten Schriften: die geschichtsphilosophische, die politisch-ideologische und die moralische Dimension, die ich im ersten Kapitel bereits umrissen habe. Dem Konflikt liegt vor allem die moralische Problematik zugrunde, die auch den Charakter der Debatte bestimmt und sich in der Ansicht äußert, manche Historiker bagatellisierten die Bösartigkeit der Hauptfigur des Dritten Reiches; von seinen Zeitgenossen sei Hitler unterschätzt worden, und nun werde er von einigen Historikern verharmlost. Die moralische Problematik ist nicht von Fragen zu trennen, die mit der Geschichtsmethode und -philosophie zu tun haben – wie also die Geschichte des Nationalsozialismus zu schreiben sei – und ihrerseits wieder untrennbar mit politischen und ideologischen Werturteilen zusammenhängen, die auch einen Bezug zur heutigen Gesellschaft haben.

Das Schlüsselproblem besteht in geschichtsphilosophischer Hinsicht in der Frage, inwiefern das Individuum den Gang der historischen Entwicklung prägt und ob nicht doch die Handlungsfreiheit des einzelnen durch unpersönliche «strukturelle Faktoren» begrenzt ist. Im vorliegenden Fall läuft das auf die Frage hinaus, ob die schrecklichen Ereignisse des Dritten Reiches in erster Linie mit Hilfe von Hitlers Persönlichkeit, Ideologie und Willen zu erklären sind oder ob der Diktator selbst nicht zumindest teilweise ein (williger) «Gefangener» von Kräften war, die er nicht geschaffen hatte, sondern deren Instrument er war und deren Eigendynamik ihn mitriß. Die Pole der historiographischen Positionen werden plastisch deutlich in der oft zitierten Bemerkung des amerikanischen Historikers Norman Rich, man könne nicht genug betonen, daß «Hitler [...] der Herr und Meister im Dritten Reich» gewesen sei,[3] und der diametral entgegengesetzten Interpretation Hans Mommsens, der in Hitler einen «entscheidungsunwilligen, häufig unsicheren, aus-

---

überarbeiteter Fassung veröffentlichten Tagungsbeiträge vermitteln kaum, mit welcher Erbitterung einzelne der Referate während der Konferenz diskutiert wurden.

3 Norman Rich, *Hitler's War Aims* (2 Bde, London 1973–4), Band 1, S. 11.

schließlich auf Wahrung seines Prestiges und seiner persönlichen Autorität bedachten, aufs stärkste von der jeweiligen Umgebung beeinflußten, in mancher Hinsicht schwachen Diktator» sieht.[4] Bevor hier versucht werden soll, diese Interpretationen auszuwerten, ist es jedoch erforderlich, die Konturen der Debatte im Lichte der in letzter Zeit über Hitler und die Struktur des Nazistaates veröffentlichten historiographischen Schriften zu umreißen.[5]

Persönlichkeit, Struktur und der «Faktor Hitler»

Untersuchungen, die davon ausgehen, daß Hitlers Persönlichkeit, Ideen und Willensstärke im Mittelpunkt einer jeden Erklärung des Nationalsozialismus zu stehen haben, gründen auf der Prämisse, der Nationalsozialismus könne «tatsächlich [als] Hitlerismus» bezeichnet werden,[6] da das Dritte Reich mit Hitler aufstieg und mit ihm fiel und von ihm die ganze Zeit über dominiert wurde. Hinter einer derartigen Interpretation steckt im allgemeinen eine Sicht, die die «Intentionalität» der Hauptakteure

4 Hans Mommsen, «Nationalsozialismus», in *Sowjetsystem und demokratische Gesellschaft* (Kapitel 2 Anmerkung 12) Band 4 (Freiburg 1971), Spalte 702. Mommsen scheint diese heuristische Feststellung zum erstenmal in seinem Buch *Beamtentum im Dritten Reich* (Stuttgart 1966), S. 98 Anmerkung 26, getroffen zu haben, wo er erklärt, Hitler sei «in allen Fragen, die einer grundsätzlichen und definitiven Stellungnahme bedurften, ein schwacher Diktator» gewesen.

5 Einen historiographischen Überblick bieten Wolf-Rüdiger Hartmann, «Adolf Hitler: Möglichkeiten seiner Deutung», *AfS* 15 (1975), S. 521–535; Andreas Hillgruber, «Tendenzen, Ergebnisse und Perspektiven der gegenwärtigen Hitler-Forschung», *HZ* 226 (1978), S. 600–621; Wolfgang Michalka, «Wege der Hitler-Forschung», *Quaderni di storia* 8 (1978), S. 157–190, und 10 (1979), S. 123–151; William Carr, «Historians and the Hitler Phenomenon», *German Life and Letters* 34 (1981), S. 260–272; und neuerdings, umfassend, Schreiber (siehe Kapitel 1 Anmerkung 6).

6 Bracher, *Zeitgeschichtliche Kontroversen* (siehe Kapitel 2 Anmerkung 3), S. 85.

des historischen Dramas hervorhebt und außerdem der Handlungsfreiheit des Individuums und der Einzigartigkeit seiner jeweiligen Handlung besonderes Gewicht einräumt. Diese Art des Denkens kennzeichnet natürlich Hitlerbiographien ebenso wie die in jüngerer Zeit aufgekommenen «psychohistorischen» Studien.

In den siebziger Jahren erschien eine Reihe von Hitler-Biographien – inmitten einer Flut von im wesentlichen wertlosen Produkten der sogenannten «Hitler-Welle», die darauf hindeutete, daß viele Menschen von der bizarren Persönlichkeit des Naziführers auf makabre Weise fasziniert waren.[7] Manche Ergebnisse der neuen Biographien schienen kaum mehr als antiquarische Detailergänzungen zu dem zu sein, was man über Hitler bereits wußte, wenn auch die hervorragendste dieser Biographien – bezeichnenderweise die erste von einem Deutschen (Joachim Fest) verfaßte umfassende Hitler-Biographie – auf dem besten Wege war, Allan Bullocks in vielem überholten Klassiker aus den fünfziger Jahren zu ersetzen.[8] Dennoch zeigen sich in Fests stilistischer Studie, wie aufmerksame Kritiker neben all den Lobeshymnen hervorgehoben haben, manche der immanenten Schwächen des biographischen Ansatzes – vor allem da der Gegenstand der Untersuchung eine derartige «Unperson» wie Hitler ist.[9] Fest behandelt in seinem Werk verschiedene Themen unausgewogen, widmet zum Beispiel Hitlers jungen Jahren eine übertriebene Aufmerksamkeit; er sieht über sozioökonomische Probleme hinweg oder spielt ihre Bedeutung herunter; er befaßt sich allzuviel mit der historisch nutzlosen Frage, ob man Hitler Eigenschaften einer «negativen Größe» zuschreiben könne; und dort, wo er Hitler zur breiteren Entwicklung der deutschen Gesell-

---

7 Eine vernichtende Kritik dieser «Hitler-Welle»-Publikationen liefert Eberhard Jäckel, «Rückblick auf die sog. Hitler-Welle», *GWU* 28 (1977), S. 695–710.

8 Joachim C. Fest, *Hitler. Eine Biographie* (Berlin 1973).

9 Siehe Hermann Graml, «Probleme einer Hitler-Biographie. Kritische Bemerkungen zu Joachim C. Fest», *VfZ* 22 (1974), S. 76–92. Bracher bringt seine Zweifel am biographischen Ansatz in seinem Artikel «The Role of Hitler», S. 194–197, zum Ausdruck (vergleiche Kapitel 4, in derselbe, *Zeitgeschichtliche Kontroversen*).

schaft und Politik in Bezug setzt, zeigt er allgemein eine weit weniger sichere Hand als dort, wo er sich mit dessen Persönlichkeit befaßt. Der biographische Ansatz kann eine extreme Personalisierung komplexer Probleme nicht vermeiden und reduziert solche Probleme auf Fragen zu Hitlers Persönlichkeit und Ideologie. Dieses Unvermögen kennzeichnet auch die vielgelesene, äußerst einflußreiche und qualitätsvolle journalistische Arbeit von Sebastian Haffner, die den Nationalsozialismus allein im Hinblick auf Hitlers «Leistungen», «Erfolge», «Irrtümer» und so weiter behandelt.[10]

Der Höhepunkt des «Hitler-Zentrismus» wurde mit dem psychohistorischen Ansatz erreicht, der eine Reihe neuer Untersuchungen in den siebziger Jahren kennzeichnete und fast darauf hinauslief, den Krieg und die Vernichtung der Juden mit Hilfe von Hitlers Ödipuskomplex, Monorchismus [Einhodigkeit], neurotischer Psychopathie, gestörter Pubertät und psychischen Traumata zu erklären (die angeblich zur kollektiven Psyche des deutschen Volkes paßten).[11] Selbst wenn die Ergebnisse weniger von Vermutungen und Spekulationen abhängen würden, läßt sich nur schwer ausmachen, wie dieser Ansatz wesentlich helfen könnte zu erklären, wie eine solche Person zum Herrscher über Deutschland werden konnte und wie seine ideologische Paranoia von Menschen, die nicht paranoid und keine Psychopathen waren, in einem hochentwickelten, modernen bürokratischen System als Regierungspolitik umgesetzt werden konnte. Wehler ist einer der wenigen Historiker, die ernsthaft untersucht haben, ob sich die Psychoanalyse im Rahmen einer geschichtswissenschaftlichen Methodik anwenden läßt,* und sein Sarkasmus scheint nicht fehl am Platze zu sein: «Hängt unser Verständnis national-

---

* Siehe zum Beispiel seinen bereits 1971 verfaßten Beitrag «Zum Verhältnis von Geschichtswissenschaft und Psychoanalyse», in Hans-Ulrich Wehler (Hg.), *Geschichte und Psychoanalyse* (Köln 1974), S. 7–26. – Anm. d. Übers.

10 Sebastian Haffner, *Anmerkungen zu Hitler* (München 1978).
11 Zu den führenden Veröffentlichungen zählen Robert Waite, *Adolf Hitler. The Psychopathic God* (New York 1977), und Rudolf Binion, «*… daß ihr mich gefunden habt». Hitler unter den Deutschen: eine Psychohistorie* (Stuttgart 1978).

sozialistischer Politik wirklich davon ab, ob Hitler nur einen Hoden besaß? ... Vielleicht, wer weiß, waren es drei, die dem ‹Führer› zu schaffen machten. Und selbst wenn Hitler unumstößlich als Sadomasochist gelten könnte, welches Erkenntnisinteresse würde dadurch gefördert? ... Wird dadurch die ‹Endlösung der Judenfrage› verständlicher als bisher; der gewundene Weg nach Auschwitz zur Einbahnstraße eines Psychopathen an der Macht?»[12]

Die wichtigsten Studien, die Hitlers Person und Ideologie in den Mittelpunkt ihrer Interpretation stellen, sind qualitativ ungleich höherstehender und keineswegs biographisch orientiert. Anders als die meisten Biographien (Bullock und Fest ausgenommen) hat die breite Palette der Arbeiten von Bracher, Hillgruber, Hildebrand und Jäckel – um nur die führenden zu nennen – Wesentliches zum Verständnis des Nationalsozialismus beigetragen. Was ihre individuell unterschiedlichen Ansätze miteinander verbindet, ist die Ansicht, Hitler habe ein «Programm» (wenn auch keinen kruden handlungsbezogenen Plan) gehabt, an das er sich von Beginn der zwanziger Jahre an bis zu seinem Selbstmord 1945 im Berliner Bunker in allen wesentlichen Punkten konsequent gehalten habe. In seinen Handlungen habe er sich von seinen ideologischen Zwangsvorstellungen leiten lassen und habe seinerseits das Dritte Reich geleitet, deshalb sei die Ideologie des Führers als Regierungspolitik umgesetzt worden. Das ist, grob zusammengefaßt, die Basis des «programmatischen» Interpretationstyps.

Erst in den sechziger Jahren wurde die Ansicht, Hitler sei kaum mehr als ein machtsüchtiger, skrupelloser Opportunist gewesen, durch die Vorstellung ersetzt, er habe festgelegte Ziele fanatisch und erbarmungslos konsequent (wenn auch taktisch flexibel) verfolgt. Dadurch entstand in anspruchsvollen Werken, wie denen von Andreas Hillgruber, das Bild eines «programmatischen» Hitlers, der die deutsche Außenpolitik seinem entschlossenen Willen gemäß zurechtgebogen habe, um langfri-

---

12 Hans-Ulrich Wehler, «Geschichtswissenschaft und Psychohistorie», *Innsbrucker Historische Studien* 1 (1978), S. 201–203, hier S. 209–210.

stige, aber klar definierte ideologische Ziele zu verwirklichen.[13] Dieses Bild hing wiederum von einer entsprechenden Einschätzung der Rolle Hitlers in der Innenpolitik ab: Man sah in ihm den perfekten machiavellistischen Führer, der – mit taktischen Finessen – nach einem vorherbestimmten Konzept vorging und mit einer bösartig logischen und in sich rationalen Reihe von Schritten nach totaler Macht strebte, um seine ideologischen Zielvorstellungen als Regierungspraxis durchzusetzen. Diese Hitler-Interpretation verdankte in ihrer Entwicklung das meiste dem Werk Karl Dietrich Brachers.

Für den Politikwissenschaftler Bracher stellte sich die Schlüsselfrage so: Wie war es dazu gekommen, daß die liberale Demokratie zerfallen und der «totalitären» Diktatur Platz machen konnte?[14] In einer Fülle wichtiger Untersuchungen deckte er von Mitte der fünfziger Jahre an die Funktionsweise der «totalitären» deutschen Diktatur auf. Dabei schrieb er Hitler eine zentrale Rolle zu und hob die motivierende Kraft der Hitlerschen Ideologie hervor.[15] In einem interessanten Brückenschlag zur späteren «strukturalistischen» Betonung der «institutionellen Anarchie» des Dritten Reiches schrieb Bracher bereits 1956: «Der Antagonismus der Machtfunktion ist einzig in der omnipotenten Schlüsselstellung des Führers aufgehoben», die «gerade in dem unübersichtlichen Nebeneinander und Gegeneinander der Machtgruppen und persönlichen Bindungen begründet [ist]».[16] In der Betonung der tatsächlichen Allmacht des Führers unterscheidet sich Brachers Standpunkt jedoch deutlich von dem der späteren «Strukturalisten». Darüber hinaus spiegelt schon der Aufsatztitel «Stufen totalitärer Machtergreifung», daß Bracher

13 Siehe besonders Hillgruber, *Hitlers Strategie* (vergleiche Kapitel 1 Anmerkung 17).

14 Das ist das Hauptproblem, das Bracher in *Auflösung* (siehe oben Kapitel 1 Anmerkung 32) behandelt.

15 Vollständig entwickelt finden sich seine Thesen in den beiden Hauptmonographien *Machtergreifung* (siehe oben Kapitel 1 Anmerkung 32) und *Die deutsche Diktatur* (Kapitel 2 Anmerkung 60).

16 Karl Dietrich Bracher, «Stufen totalitärer Machtergreifung», *VfZ* 4 (1956), S. 30–42, hier S. 42.

von einer im wesentlichen geplanten, geregelten und «rationalen» Entwicklung auf vorgefaßte Ziele hin ausgeht – eine These, die er in seinen Hauptwerken immer wieder formuliert. So gelangt er auf einem anderen Wege zu einer Hitler-Interpretation, die klar zu dem außenpolitikbezogenen «programmatischen» Ansatz und dem Hitler-Zentrismus der besten Biographien paßt.

Mitte der siebziger Jahre bekräftigte Bracher seinen Standpunkt in einem interpretierenden Aufsatz, der sich mit dem «Ort des Individuums im historisch-politischen Prozeß» befaßt.[17] Mit Nachdruck erklärt er dort, Hitler sei zu seiner Zeit fatal unterschätzt worden und neue Forschungsrichtungen, die den «Totalitarismus»-Begriff ablehnten und im Nationalsozialismus statt dessen eine deutsche Faschismusvariante sähen, liefen Gefahr, Hitler von neuem zu unterschätzen. Seines Erachtens sei Hitler ein einzig und allein deutsches Phänomen: Er stellte die radikalste Verkörperung der Ideen eines extremen deutschen Nationalismus dar und sei ein echter Revolutionär, auch wenn die Veränderungen, die er letzten Endes herbeiführte, seine Absichten in ihr Gegenteil verkehrt hätten. Der Nationalsozialismus lasse sich daher nicht von der Person Hitlers trennen, und insofern könne man gerechtfertigterweise von «Hitlerismus» sprechen: «Letztlich gab Hitlers sehr eigene ‹Weltanschauung› und nichts anderes den Ausschlag: das beweisen vor allem die furchtbaren Konsequenzen seines rassistischen Antisemitismus im geplanten und (bezeichnendes Bürokratenwort), ‹durchgeführten› Massenmord.»[18]

Am kompromißlosesten wird diese Interpretationssicht in den Arbeiten von Eberhard Jäckel und Klaus Hildebrand vertreten. Jäckel ist der Meinung, das Naziregime könne als «Alleinherrschaft» bezeichnet werden, da «die wesentlichen politischen Entscheidungen von einem einzelnen, in diesem Falle von Hitler, getroffen wurden».[19] Und implizit steht dahinter die Vorstellung,

17 Bracher, *Zeitgeschichtliche Kontroversen*, Kapitel 4, «Probleme und Perspektiven der Hitler-Interpretation», hier S. 83.

18 Bracher, *Zeitgeschichtliche Kontroversen*, S. 88–89.

19 Eberhard Jäckel, «Wie kam Hitler an die Macht?», in Karl Dietrich Erdmann und Hagen Schulze (Hg.), *Weimar. Selbstpreisgabe oder Demokratie. Eine Bilanz heute* (Düsseldorf 1980), S. 305.

daß sich diese Entscheidungen logisch aus Hitlers Weltanschauung ergeben hätten, die Jäckel in einer detaillierten Studie mit dem Untertitel «Entwurf einer Herrschaft» analysiert hat.[20] Hildebrand akzeptiert zwar, daß sich der Nationalsozialismus nicht allein auf die Persönlichkeit des Führers reduzieren läßt, aber auch er beharrt darauf, der «Faktor Hitler» sei für den Verlauf der Entwicklung des Dritten Reiches – vor allem im Bereich der Außen- und Rassenpolitik – von absolut zentraler Bedeutung gewesen, und er vertritt energisch den Standpunkt, die Naziherrschaft sei nicht polykratischer, sondern *monokratischer* Natur gewesen. Auch für Hildebrand ist der Nationalsozialismus letztlich ein Hitlerismus.[21]

Im Gegensatz dazu bietet der verschiedentlich als «strukturalistisch», «funktionalistisch» oder (abschätziger) als «revisionistisch» bezeichnete Ansatz eine grundlegend andere Deutung des Dritten Reiches. Dieser Ansatz konzentriert sich, wie die attributiven Adjektive andeuten, stärker auf die «Strukturen» der Naziherrschaft und die «funktionale» Natur der politischen Entscheidungen, und er will die – in der «orthodoxen» Geschichtsschreibung zu findende und für ungerechtfertigt erachtete – Überbetonung der persönlichen Rolle Hitlers «revidieren».

Alle «strukturalistischen» Interpretationen gehen im wesentlichen auf die in den vierziger Jahren erschienenen meisterhaften Analysen von Ernst Fraenkel und Franz Neumann zurück.[22] Doch erst im Laufe der sechziger Jahre war den Veröffentlichungen über das Dritte Reich langsam anzumerken, daß Vorstellungen von einem «monolithischen», «totalitären» Staat in Frage gestellt wurden und daß der theoretische Einfluß der

20 Eberhard Jäckel, *Hitlers Weltanschauung. Entwurf einer Herrschaft* (Tübingen 1969).

21 Unter seinen zahlreichen Artikeln siehe vor allem Klaus Hildebrands «Nationalsozialismus oder Hitlerismus?» (siehe Kapitel 2 Anmerkung 62) und «Monokratie oder Polykratie?» (Kapitel 1 Anmerkung 23).

22 Ernst Fraenkel, *The Dual State* (New York 1941), deutsch: *Der Doppelstaat* (Frankfurt 1974); Neumann, *Behemoth* (siehe Kapitel 2 Anmerkung 5). Theoretische Anmerkungen zu «strukturalistischen» Ansätzen bietet Jürgen Kocka, «Struktur und Persönlichkeit als methodologisches Problem der Geschichtswissenschaft», in Bosch (siehe Kapitel 2 Anmerkung 62), S. 152–169.

gerade aufkommenden «Strukturgeschichte» und der aus der Politikwissenschaft abgeleiteten Systemanalyse zur Geltung kam.

Bis Ende der sechziger Jahre hatte dann eine Reihe wichtiger Untersuchungen das nazideutsche «Führungschaos» offengelegt und die Grundlage für die nun aufkommende Vorstellung von einer «polykratischen» Herrschaft geschaffen – einer multidimensionalen Machtstruktur, bei der Hitlers eigene Autorität nur ein Element war (wenn auch ein sehr wichtiges).[23] Wichtige Arbeiten, die sich zum Beispiel mit dem Beamtentum, dem Verhältnis von Partei und Staat, den Gauleitern und ihren Machtenklaven in der Provinz, dem Amt Rosenberg, der Wirtschaft und (in einer Studie mit dem vielsagenden Titel *The Limits of Hitler's Power* [Die Grenzen der Macht Hitlers]) mit der Umsetzung der Politik auf regionaler und lokaler Ebene befaßten, trugen zu einem revidierten Verständnis der Naziherrschaft und ihrer praktischen Funktionsweise bei.[24]

Als damals überragende allgemeine Analyse der inneren Struktur des NS-Regimes muß man ohne Frage Martin Broszats 1969 erschienenes Buch *Der Staat Hitlers* ansprechen.[25] Strenggenommen ist das Buch fehlbetitelt, da Broszat sich darin von einer persönlichkeitsbezogenen, Hitler-zentrierten Behandlung des Nationalsozialismus löst und die kausalen Zusammenhänge zwischen der Entwicklung der inneren Machtstruktur und der zunehmenden Radikalisierung des Naziregimes erforscht – eine

23 Siehe insbesondere Hüttenberger, «Polykratie» (siehe Kapitel 3 Anmerkung 30). Der Begriff scheint von Carl Schmitt, einem der führenden Rechtstheoretiker des Dritten Reiches, aufgebracht worden zu sein und wurde offenbar 1960 zum erstenmal in einer größeren Analyse der NS-Regierungsstruktur verwandt, und zwar von Gerhard Schulz in Bracher u. a., *Machtergreifung* – allerdings im Rahmen einer «Totalitarismus»-Interpretation.

24 Hans Mommsen, *Beamtentum*; Peter Diehl-Thiele, *Partei und Staat im Dritten Reich* (München 1969); Peter Hüttenberger, *Die Gauleiter* (Stuttgart 1969); Reinhard Bollmus, *Das Amt Rosenberg und seine Gegner. Studien zum Machtkampf im nationalsozialistischen Herrschaftssystem* (Stuttgart 1970); Petzina, *Autarkiepolitik* (siehe Kapitel 3 Anmerkung 4); Edward N. Peterson, *The Limits of Hitler's Power* (Princeton 1969).

25 Martin Broszat, *Der Staat Hitlers* (München 1969).

Radikalisierung, die schließlich in einer europaweiten beispiellosen Zerstörung und im Genozid gipfelte. In einem anderen Sinne paßt der Titel allerdings. Er spiegelt die Antagonismen einer Form absoluter Führung, die mit einer normalen Regierungspraxis und -organisation nicht in Einklang zu bringen war. Broszats Ansicht nach – und hier unterscheidet er sich von Bracher und anderen, für die die chaotische Regierungsstruktur des Dritten Reiches eine Folge der von Hitler geschickt angewandten «Teile und herrsche!»-Taktik ist – war das administrative Chaos nicht bewußt geplant, war aber auch nicht rein zufällig zustande gekommen, sondern hatte sich unvermeidlich aus der von Hitler praktizierten Autoritätsform ergeben sowie aus seiner fehlenden Bereitschaft beziehungsweise seinem Unvermögen, das Verhältnis von Partei und Staat systematisch zu regeln und ein geordnetes autoritäres Regierungssystem zu schaffen. In den Anfangsjahren der Diktatur – in denen die nun an der Macht befindlichen Nazis in der Tat danach trachteten, so viele Bereiche wie möglich an sich zu reißen, im übrigen aber keine klare Vorstellung davon hatten, was sie mit ihrer Macht anfangen sollten (außer, Juden, Linke und andere «Staatsfeinde» und Minderheiten zu attackieren, die nicht in die «Volksgemeinschaft» paßten) – teilten sich laut Broszats Analyse die konservativen «autoritären» Kräfte in Staat und Gesellschaft und die dumpfen, größtenteils negativen «totalitären» Kräfte der Massenbewegung der Nazis die Macht, wenn auch mit Unbehagen. Dadurch konnte Hitlers Autorität sich sowohl von der Partei als auch vom Staat lösen und eine breitgefächerte Autonomie entwickeln – die allerdings nur auf eine willkürliche, wenig systematische und widersprüchliche Weise zum Ausdruck kam. Das Ende der kollegialen, zentralisierten Regierungsform (das Kabinett trat nach 1938 nie wieder zusammen) förderte den Zerfall der Regierung in eine wachsende Zahl von Ressorts, wobei die Ministerien größtenteils unabhängig voneinander arbeiteten. Neben den Ministerien und Parteiämtern bestanden an den Schnittstellen von Partei und Staat wichtige Machtbasen, deren Autorität sich allein aus einem Auftrag des Führers herleitete. Zu den wichtigsten zählten die Vierjahresplan-Behörde und vor allem das Reich der SS und

Gestapo. Die gesamte Regierungsstruktur wurde dadurch auf ein heilloses Durcheinander von sich ständig verlagernden Machtbasen und sich bekriegenden Gruppen reduziert – ein Durcheinander allerdings, das enorme Energien entfesselte und eine destruktive Eigendynamik in sich trug. Broszats Interpretation zufolge führten der systemimmanente darwinistische Konkurrenzkampf und die schlecht koordinierten Versuche der aufgesplitterten Regierungsmaschinerie, den Willen des Führers zu «deuten» – also charismatische Autorität zu bürokratisieren und aus unklaren ideologischen Befehlen kodifizierte Gesetze und Verhaltenspraktiken zu machen –, unaufhaltsam zu einem immer schnelleren Niedergang, der in Aggression, Gesetzlosigkeit und kriminelle Brutalität mündete.

Hitlers ideologische Zwangsvorstellungen werden bei dieser Analyse keineswegs ignoriert. Aber die Betonung hat sich auf den funktionalen Druck verlagert, der innerhalb der verschiedenen – und konkurrierenden – Komponenten des Regierungs-«systems» bestand und auf chiliastische, aber im wesentlichen notwendigerweise destruktive Ziele ausgerichtet war, deren Verwirklichung möglich wurde, weil eine zusammenhängende, «rationale» Regierungskontrolle und Politikplanung immer mehr verfiel und schließlich zusammenbrach. Durch diese Analyse werden Vorstellungen hinterfragt, die von einer planmäßigen, einheitlichen und systematischen Verfolgung klar gesteckter Ziele ausgehen – Vorstellungen, wie sie «Totalitarismus»-Theorien und «Hitlerismus»-Ansätzen zugrunde liegen.[26] Broszat sieht in Hitler jemanden, der dazu neigte, Druck, der von verschiedenen Kräften innerhalb des Regimes ausging, eher zu *sanktionieren*, als selbst schöpferisch politisch tätig zu sein: Die symbolische Führerautorität sei wichtiger gewesen als der direkte Regierungswille der Person Hitler, und die Fixpunkte seiner persönlichen Weltanschauung hätten daher größtenteils eine funktionale Rolle erfüllt.[27] Sie hätten so wenig mit irgend-

26 Siehe Broszat, *Der Staat Hitlers*, S. 9.
27 Die These findet sich, ausführlich dargelegt, in Martin Broszat, «Soziale Motivation und Führer-Bindung des Nationalsozialismus», *VfZ* 18 (1970), S. 392–409, hier besonders S. 403–408.

welchen Uneinigkeiten stiftenden, alltäglichen sozialen und politischen Problemen zu tun gehabt, daß man sich ihrer als «Aktionsrichtungen» bedienen und sie als langfristige Endziele anstreben konnte. Außerdem «war Hitler um so mehr gezwungen, auf sie immer wieder zurückzukommen und die Bewegung in Gang zu halten, je mehr sich andere Neuordnungsvorstellungen der Partei als illusorisch erwiesen». In diesem Sinne ließe sich von Hitlers Fixierung auf Antisemitismus, Antibolschewismus und Lebensraum sagen, sie habe zumindest in den Anfangsjahren des Dritten Reiches eine größtenteils symbolische Funktion gehabt und, mit Broszats Worten, hauptsächlich als «ideologische Metapher» gedient. Bei dieser recht komplexen Argumentation wird Hitler zweifellos eine maßgebliche Rolle bei der Gestaltung des Dritten Reiches zugesprochen, aber nicht auf eine so einfache und direkte Weise, wie es die ideologischen «Intentionalisten» gerne hätten.

Am kompromißlosesten hat Hans Mommsen in einer ganzen Reihe von wichtigen Aufsätzen von Mitte der sechziger Jahre bis heute beständig dargelegt, welche Implikationen der «strukturalistische» Ansatz für eine Neueinschätzung der Stellung Hitlers innerhalb der Machtkonstellation des Dritten Reiches besitzt.[28] Mommsens Interpretation, die der Broszatschen in vielem ähnelt, dabei aber im allgemeinen kräftigere und kämpferischere Worte gebraucht, hat sich zum dialektischen Kontrapunkt der «monokratischen», Hitler-bezogenen Argumentationslinie Hildebrands entwickelt.[29] In einer direkten Konfrontation mit Hildebrand sprach sich Mommsen 1976 gegen «personalistische»

28 Siehe zum Beispiel Hans Mommsen, *Beamtentum*, besonders S. 13–19; «Nationalsozialismus» (siehe oben Anmerkung 4), Spalte 695–702; «Ausnahmezustand als Herrschaftstechnik des NS-Regimes», in Funke (siehe Kapitel 3 Anmerkung 27), S. 30–45; «Nationalsozialismus oder Hitlerismus?», in Bosch (siehe Kapitel 2 Anmerkung 62), S. 62–67; «National Socialism: Continuity and Change», in Laqueur (siehe Kapitel 2 Anmerkung 12), S. 151–192; «Hitlers Stellung im nationalsozialistischen Herrschaftssystem», in Hirschfeld und Kettenacker (siehe Kapitel 1 Anmerkung 23), S. 43–72; und, in neuerer Zeit, den kurzen, von ihm für das Deutsche Institut für Fernstudien an der Universität Tübingen verfaßten Text *Adolf Hitler als ‹Führer› der Nation* (Tübingen 1984).
29 Vergleiche ihre Beiträge in Hirschfeld und Kettenacker.

Interpretationen des Nationalsozialismus aus, da sie mehr Fragen aufwürfen, als sie beantworteten, und Hitlers «Politik» im nachhinein überrationalisierten.[30] Statt auf der Basis konkreter politischer Berechnungen und Kompromisse zu handeln – die das Wesen «normaler» Politik ausmachen –, hatte Hitler Mommsens Ansicht nach eine begrenzte Zahl von zwar fanatisch vertretenen, aber unklaren ideologischen Fixierungen, die keine Plattform für eine rationale Entscheidungsfindung bieten konnten. Hitler sei in erster Linie ein Propagandist geblieben mit einem Blick für die *Präsentation* eines bestimmten öffentlichkeitswirksamen Bildes («Image») und für die Ausnützung des geeigneten Augenblicks. Seine ideologischen Äußerungen solle man daher eher als Propaganda denn als «feste Absichtserklärungen» ansehen. Die Innenpolitik lasse sich unmöglich von Hitlers ideologischen Prämissen herleiten. Eine solche Herleitung wäre auch im Bereich der Rassenpolitik gewagt, da sich die «Endlösung» nicht einfach auf eine Ausführung der Absichten Hitlers reduzieren lasse und als Produkt der komplexen Struktur des Entscheidungsprozesses und der wachsenden Radikalisierung des Dritten Reiches angesehen werden müsse. Selbst in der Außenpolitik (die Mommsen an anderer Stelle in seinem Modell berücksichtigt hat)[31] lasse sich nur wenig oder gar keine einheitliche Planung erkennen. Statt auf einer rationalen Berechnung zu beruhen, sei die Außenpolitik größtenteils eine nach außen gerichtete Projektion der Innenpolitik gewesen – eine spiralartige Radikalisierung, bei der das Regime von einer Krise zur anderen schlitterte, auf wiederkehrende Notlagen immer wieder nur ad hoc reagierte und dabei die Brücken hinter sich verbrannte und schließlich bei der Verfolgung übertriebener Ziele immer weniger Sinn für die Realität an den Tag legte.

30 In Bosch, S. 62–71, im Anschluß an Hildebrands Beitrag auf den Seiten 55–61.

31 Siehe Hans Mommsen, «Hitlers Stellung», S. 57–61, 69–70; «Ausnahmezustand», S. 45; «National Socialism: Continuity and Change», S. 177–179; seine Besprechung von Hans-Adolf Jacobsens *Nationalsozialistische Außenpolitik* (Frankfurt am Main und Berlin 1968), in *MGM* (1970), Heft 1, S. 180–185; und jetzt sein Werk *Adolf Hitler*, S. 91–109.

Zwei Probleme beschäftigten Mommsen ganz besonders: das Fehlen einer von Hitler kommenden klaren Planung und einheitlichen Leitung sowie die mit der Nazipolitik einhergehende Komplizenschaft der deutschen Eliten. Beide Probleme hängen direkt damit zusammen, daß an die Stelle einer geordneten Regierung selbstzerstörerische, sich fortpflanzende, zerfallbringende Impulse getreten waren. In einer kürzlich erschienenen, besonders klaren Darlegung seiner Sichtweise erklärt Mommsen zusammenfassend: «Man wird Hitlers antreibende Rolle nicht unterschätzen, die mit gleichsam innerer Notwendigkeit zur Selbstvernichtung hintrieb, wird aber andererseits erkennen müssen, daß der Diktator nur extremer Exponent einer durch den Wegfall aller institutionellen, rechtlichen und moralischen Barrieren freigesetzten antihumanitären Impulskette war, die, einmal in Gang gebracht, sich potenzierend fortzeugte.» Da Hitler außerdem keineswegs immer die jeweils radikalste Lösung vertreten habe – etwa in der Kirchen- oder Wirtschaftspolitik, wo Unruhen drohten – mache man es sich viel zu einfach, «wenn als Endursache für die verbrecherischen Zuspitzungen und terroristische Hybris der nationalsozialistischen Politik der bestimmende Einfluß Hitlers herausgestellt wird». Und wenn sich die entsetzlichen Verbrechen nicht allein oder auch nur großteils mit Hinweis auf Hitlers Persönlichkeit, Ideologie und Willen erklären ließen, dann müsse man der Rolle und Komplizenschaft der herrschenden Eliten besondere Aufmerksamkeit schenken, die Hitler an die Macht halfen und ihn, als er dieses Ziel erreicht hatte, unterstützten – und die sich darüber hinaus an der von den Nazis betriebenen «Wiederherstellung der sozialen Ordnung» beteiligten und daraus reichlich Nutzen zogen. Die historische Beurteilung lasse sich deshalb nicht auf die Einzigartigkeit des «Hitler-Phänomens» reduzieren, vielmehr müsse man dabei das schwierigere, aber noch immer relevante Problem der Bedingungen und Strukturen angehen, durch die eine solche Barbarei in einer zivilisierten und hochentwickelten Industriegesellschaft aufkommen und sich ausbreiten konnte.[32] Was das für weiterge-

32 Hans Mommsen, «Hitlers Stellung», S. 66–67, 71.

hende Interpretationen, die mit ihnen zusammenhängenden Geschichtsphilosophien und die diesen zugrundeliegenden politischen Standpunkte bedeutet, ist klar.

Das, was heutzutage als «intentionalistischer» Ansatz bezeichnet wird – also die Herleitung der Entwicklung des Dritten Reiches aus Hitlers ideologischen Intentionen oder Absichten – hat etwas unmittelbar und offensichtlich Reizvolles an sich. Selten hat ein Politiker mit einer derart fanatischen Konsequenz an einer ideologischen Fixierung festgehalten, wie es Hitler anscheinend von seinem Eintritt in die Politik bis zu seinem Selbstmord im Bunker getan hat. Daß das Streben nach «Lebensraum» und die Vernichtung der Juden nicht einfach nur wilde Phantasien eines im Bierzelt tobenden extremistischen Volksverhetzers blieben, sondern durch ein von Hitler geführtes Regime als Regierungspolitik zu schrecklicher Realität wurden, scheint eindeutig für die Gültigkeit der «intentionalistischen» Argumentation zu sprechen. Doch bei aller oberflächlichen Attraktivität finden sich bei dieser Argumentationsrichtung eine Reihe potentiell ernsthafter Schwachpunkte, wie Tim Mason aufgezeigt hat. Methodisch gesehen, meint Mason, weiche man bei der Konzentrierung auf die Person allen grundlegenden Fragen nach dem Charakter der sozialen, wirtschaftlichen und politischen Einflüsse auf den historischen Prozeß aus. Diesem Ansatz liege die zweifelhafte Annahme zugrunde, daß sich die historische Entwicklung mit Hilfe eines intuitiven Verständnisses der Motive und Absichten der führenden Akteure des Dramas erklären lasse. Nachfolgende Ereignisse würden dann auf notwendig teleologische Weise rationalisiert, indem man sie zu diesen Absichten in Beziehung setze, die folglich sowohl als Ursache als auch als ausreichende Erklärung herhalten müßten. Außerdem stoße man bei dem Versuch, die Gründe, die Hitler zu bestimmten Entscheidungen bewogen, und die Vorgänge, die zu den einzelnen Entscheidungen führten, zu rekonstruieren, hinsichtlich der Qualität der Quellen auf größere Probleme – soweit Quellen überhaupt vorhanden seien. Das Material sei nicht immer klar und eindeutig und lasse sich verschieden deuten. Wenn man vom «Fall Hitler» ausgehe, dürfe man nicht nur Behauptungen aufstellen, sondern müsse Beweise erbringen. Selbst die moralischen Implikationen seien in diesem Fall nicht ganz eindeutig. Da Hitler als einzigartig und einmalig definiert werde und seine Handlungen und Absichten sowohl Voraussetzung als auch Folgerung seien, lasse sich hier aus der Untersuchung des Nationalsozialismus, wenn überhaupt, nur eine begrenzt anwendbare moralische Warnung ziehen.[33]

Die «strukturalistische» These läßt sich anscheinend naturgemäß viel schwieriger in Worte fassen – so könnte man zumindest aus der gewundenen Sprache schließen, die bisweilen von Vertretern dieser Argumentationslinie verwandt wird. Ansichten – wie: Hitler sei schwach und unentschlossen gewesen, Antisemitismus und «Lebensraum» seien als «ideologische Metapher» zu begreifen, der Nationalsozialismus habe die Sozialordnung eher aufrechterhalten als revolutionieren wollen, und die Außenpolitik sei ein Instrument der Innenpolitik gewesen – überzeugen nicht auf Anhieb. Es scheint einiges für die These zu sprechen, daß die «Strukturalisten» zwar vielleicht für den innenpolitischen Bereich, in dem Hitler wenig aktives Interesse zeigte, recht haben könnten, daß aber bei der antijüdischen und Außenpolitik die Dinge ganz anders lagen. Auch der Umstand, daß Nazideutschland nicht unter dem Gewicht seiner eigenen inneren Widersprüche, seines Verwaltungschaos und seiner selbstzerstörerischen Dynamik zusammenbrach, sondern erst von der vereinten Macht der Alliierten geschlagen wurde, scheint gegen die «strukturalistische» These zu sprechen. Und schließlich scheint die (über die Tatsachen sich hinwegsetzende) rhetorische Frage, welchen Kurs die deutsche Regierung wohl ohne Hitler an ihrer Spitze eingeschlagen hätte, eher geeignet, Hitlers Bedeutung erst recht hervorzuheben und sie gerade nicht weniger wichtig zu nehmen.

Die Bedeutung Hitlers wird von den «Strukturalisten» jedoch keineswegs ignoriert oder heruntergespielt. Sie versuchen vielmehr nur, diese Bedeutung im Rahmen des von zahlreichen

33 Mason, «Intention and Explanation» (siehe Kapitel I Anmerkung 25), S. 29–35.

anderen Stellen zusätzlich ausgehenden systemimmanenten Drucks zu sehen. Die «Strukturalisten» gehen von der Prämisse aus, die verschiedenen Prozesse, die im Dritten Reich zu einer zunehmenden und fortschreitenden Radikalisierung führten, seien in sich so komplex gewesen, daß man sie nicht erklären könne, ohne dabei Betrachtungen anzustellen, die über Hitlers Persönlichkeit und Ideologie hinausgehen, und ohne dabei weniger die Persönlichkeit des Führers als vielmehr dessen funktionale Rolle innerhalb eines multidimensionalen (polykratischen) Herrschaftssystems zu berücksichtigen. Die strukturalistische These läßt sich nicht so leicht verwerfen, wie die «Intentionalisten» häufig behaupten. Eine vollständige Beurteilung dieser gegensätzlichen Interpretationen muß sich allerdings über drei – miteinander zusammenhängende, aber eigene – Bereiche erstrecken: den Charakter der Hitlerschen Herrschaft und der inneren Machtstruktur des NS-Staates; die Durchführung der antijüdischen Politik, insbesondere den Entscheidungsprozeß, der den Anstoß zur «Endlösung» gab; und schließlich die Außenpolitik und die expansionistischen Ambitionen des Regimes. Von zentraler Bedeutung ist bei allen drei Bereichen die Frage, wie man im Dritten Reich zu Entscheidungen gelangte. Die beiden letzten Bereiche, die zum Kern der Hitlerschen Weltanschauung gehören, werden in nachfolgenden Kapiteln behandelt. Der erste Bereich ist Gegenstand der folgenden Auswertung.

Hitlers Macht: eine Auswertung

Wenn wir Hitlers Macht daraufhin untersuchen wollen, ob er als «Herr und Meister im Dritten Reich» oder als «schwacher Diktator» anzusehen ist, müssen wir zuerst eine Vorstellung davon haben, worin potentiell seine «Stärke» und seine «Schwäche» innerhalb der gesamten Machtkonstellation im Dritten Reich bestanden haben könnte. Wie es scheint, lassen sich mindestens drei Kategorien einer möglichen Schwäche unterscheiden:

(i) Man könnte den Standpunkt vertreten, Hitler sei insofern

«schwach» gewesen, als er sich regelmäßig davor drückte, Entscheidungen zu treffen, und zu einem solchen Verhalten auch gezwungen war, um sein «Image» und Prestige zu schützen, die davon abhingen, daß der «Führer» sich aus jeglichem Parteihader heraushielt und nicht mit fehlerhaften oder unpopulären Entscheidungen in Verbindung gebracht wurde. Das würde bedeuten, daß die chaotischen zentrifugalen Tendenzen im Dritten Reich «strukturell» bedingt waren und nicht einfach oder in erster Linie eine Folge ideologischer oder persönlicher Vorlieben Hitlers beziehungsweise einer machiavellistischen «Teile und herrsche!»-Taktik.

(ii) Hitler könnte als «schwach» gelten, wenn sich zeigen ließe, daß seine Entscheidungen von seinen Untergebenen mißachtet, verwässert oder sonstwie unkorrekt ausgeführt wurden.

(iii) Man könnte behaupten, Hitler sei insofern «schwach» gewesen, als sein Handlungsspielraum und seine Manövrierfähigkeit durch Faktoren vorherbestimmt und begrenzt waren, die außerhalb seiner Kontrolle lagen, aber «systemimmanent» waren – wie zum Beispiel wirtschaftliche Erfordernisse oder Angst vor sozialen Unruhen.

Die folgende Analyse ist ein Versuch, Hitlers Herrschaft und die innere Machtstruktur des Dritten Reiches zu beurteilen und die genannten drei Kategorien dazu in Beziehung zu setzen.

Unter Historikern herrscht im wesentlichen Übereinstimmung darüber, daß die nationalsozialistische Regierung chaotisch strukturiert war. Es fällt natürlich nicht schwer, die «Rationalität» und «Ordnung» irgendeines modernen Regierungssystems zu übertreiben. Doch scheint festzustehen, daß die innere Verwaltung des Dritten Reiches in einem solchen Maße aufgesplittert war und derart mangelhaft koordiniert wurde, daß man die einander überschneidenden, gegenseitig konfliktträchtigen und manchmal zueinander regelrecht im Widerspruch stehenden Autoritäts- oder Zuständigkeitsbereiche zutreffend als «chaotisch» bezeichnen kann. Die Frage ist, welche Bedeutung man diesem «Chaos» beimessen sollte.

Beim «intentionalistischen» Ansatz geht man davon aus, daß sich in den verworrenen Zuständigkeitsbereichen im Dritten

Reich eine kalkulierte Politik nach dem Motto «Teile und herrsche!» spiegelt, und es heißt, das zeuge dafür, daß Hitler eine zentrale Rolle gespielt, wahre Macht besessen und die Übernahme, Festigung und Ausübung totaler Macht schon vorher geplant habe, um seine langfristigen Ziele zu verwirklichen.[34] Im Gegensatz dazu wird bei der «strukturalistischen» Interpretation die aufgesplitterte Regierungsmaschinerie eher als zwangsläufiges Produkt von Hitlers «charismatischer» Form der Führung gesehen. Dieser Führungsstil bedingte demnach von vornherein eine Ablehnung der institutionellen und bürokratischen Normen, die für die «rationale» Regierungsform eines modernen Staates erforderlich sind, und machte statt dessen persönliche Loyalität zur Grundlage der Autorität. Auf diese Weise wurde also das Ethos aus der Frühzeit der Nazipartei auf die Aufgabe, eine hochentwickelte moderne Regierungsmaschinerie zu leiten, übertragen.[35] Durch die «charismatische» Führung bedingt, stand dann auch von vornherein fest, daß man sich mit im wesentlichen propagandistischen Mitteln darum bemühen mußte, das Prestige und öffentlichkeitswirksame Bild des Führers vor Schaden zu bewahren, und deshalb durfte der Führer nicht in interne Konflikte eingreifen und mußte sich aus den alltäglichen Entscheidungsprozessen heraushalten und darauf achten, nicht mit möglicherweise unpopulären politischen Beschlüssen in Verbindung gebracht zu werden.[36]

Im Gegensatz zu Vorstellungen von einer «monokratischen» Diktatur, die unerbittlich, mit erbarmungslosem Eifer und voller

34 Siehe zum Beispiel Bracher, «Stufen», und Diehl-Thiele, S. ix (wo er von einer «permanente[n] Improvisation im Rahmen einer prinzipiellen divide-et-impera-Taktik» spricht).

35 Wie sich Hitlers «charismatischer» Führungsstil auf die NSDAP auswirkte, verdeutlichen Joseph Nyomarkay, *Charisma and Factionalism within the Nazi Party* (Minneapolis 1967), und Wolfgang Horn, *Führerideologie und Parteiorganisation in der NSDAP (1919–1933)* (Düsseldorf 1972).

36 Die Entstehung und Wirkung von Hitlers populärem «Image» versuche ich in zwei Veröffentlichungen anzugehen: *Der Hitler-Mythos. Volksmeinung und Propaganda im Dritten Reich* (Stuttgart 1980) und «The Führer Image and Political Integration: The Popular Conception of Hitler in Bavaria during the Third Reich», in Hirschfeld und Kettenacker, S. 133–163.

Energie ihre gesteckten Ziele verfolgte, werden bei dieser Interpretation der Mangel an Effizienz, die Aufsplitterung des Entscheidungsprozesses, das Fehlen einer klaren, rationalen «mittelfristigen» Politik und der schwindende Sinn für die Realität hervorgehoben, die alle die immanente Labilität des politischen Systems, die zwangsläufige Auswahl negativer Ziele und eine zunehmende Radikalisierung förderten.[37] Hitlers persönlicher Handlungsspielraum war darüber hinaus durch das weitere Bestehen anderer, realer – wenn auch fluktuierender – Machtzentren eingeschränkt.[38]

Als Beleg für eine machiavellistische «Teile und herrsche!»-Taktik – deren Existenz Hitlers ehemaliger Pressechef Otto Dietrich in seinen nach dem Krieg verfaßten Memoiren behauptete[39] – gelten normalerweise die bewußt verschwommen gehaltene Befehlshierarchie und die Verdoppelung oder Verdreifachung einzelner Ämter. Ein Beispiel dafür ist die Art und Weise, in der Hitler die von Gregor Strasser geschaffene einheitliche Kontrolle über die Parteiorganisation aufsplitterte. Nach Strassers Rücktritt im Dezember 1932 übernahm Hitler selbst die formale Leitung der «Politischen Organisation» der Partei, stärkte die Stellung der Gauleiter auf Kosten der Reichsleitung und teilte im Zentrum die Macht zwischen Robert Ley (der schließlich Strassers alten Titel «Reichsorganisationsleiter» übernahm, dabei aber weniger Macht besaß) und Rudolf Heß auf (der im April 1933 den Titel «Stellvertreter des Führers» erhielt und das Recht bekam, in Hitlers Namen alle Fragen zu entscheiden, die die Parteiführung betrafen).[40]

Ein anderes Beispiel ist Hitlers Weigerung, Reichsinnenminister Wilhelm Frick bei seinen Versuchen zu unterstützen, mit

37 Siehe Hans Mommsen, «National Socialism: Continuity and Change», S. 176–178; Broszat, «Soziale Motivation»; und den nützlichen Aufsatz von Jane Caplan, «Bureaucracy, Politics, and the National Socialist State», in Peter D. Stachura (Hg.), *The Shaping of the Nazi State* (London 1978), S. 234–256.

38 Zu Verschiebungen innerhalb der «Machtkonstellation» des Dritten Reiches siehe Hüttenberger, «Polykratie», und oben Kapitel 3.

39 Otto Dietrich, *Zwölf Jahre mit Hitler* (Köln und München 1955), S. 129 ff.

40 Diehl-Thiele, S. 204–206.

Hilfe weitreichender Pläne für eine «Reichsreform» ein rationales zentralisiertes staatliches Kontrollsystem einzuführen. In den Anfangsjahren des Dritten Reiches war Frick eifrig bemüht, Weisungsbefugnis gegenüber den Reichsstatthaltern zu erlangen, von denen die meisten gleichzeitig Gauleiter der Partei waren. Die Reichsstatthalter waren im April 1933 in den Ländern als Beauftragte des Reichs eingesetzt worden und hatten den weitgefaßten Auftrag sicherzustellen, daß die Länderregierungen die Politik des Reichskanzlers ausführten.[41] Im Januar 1934 sah es dann so aus, als wäre Frick mit seinen Bemühungen Erfolg beschieden. Das von Hitler unterzeichnete «Gesetz über den Neuaufbau des Reiches» unterstellte die Reichsstatthalter der Dienstaufsicht des Reichsinnenministers. (Da durch dieses Gesetz die Souveränität der Länder beseitigt wurde, bestand technisch gesehen eigentlich kein Grund für die Beibehaltung der Institution des Reichsstatthalters, doch typischerweise existierte sie weiter.) Nachdem die Reichsstatthalter massiv protestiert und das Recht eingefordert hatten, sich mit Einsprüchen direkt an Hitler wenden zu dürfen, mußte Frick sich mit einer Erläuterung Hitlers zufriedengeben, die Fricks Autorität praktisch vollständig untergrub. Nun hieß es, zwar seien die Reichsstatthalter Frick im allgemeinen untergeordnet, doch müsse «eine Ausnahme […] nach Auffassung des Herrn Reichskanzler für die Fälle gelten, in denen es sich um Fragen von besonderer politischer Bedeutung handelt. Eine derartige Regelung entspricht nach der Auffassung des Reichskanzlers seiner Führerstellung».[42] Fricks mit viel Geduld entworfenen Reichsreformplänen – die darauf abzielten, ein zentralisiertes und rationales Autoritätssystem einzuführen, das nicht mehr auf dem Ermächtigungsgesetz, sondern auf einer Reichsverfassung basieren sollte – erging es ähnlich. Sie wurden im Krieg schließlich ganz aufgegeben – genauso wie die geplante Errichtung eines Senats,

---

41 «Zweites Gesetz zur Gleichschaltung der Länder mit dem Reich» vom 7. April 1933, *Reichsgesetzblatt* 1933 / I, S. 173. Siehe auch Diehl-Thiele, S. 37–60.
42 Martin Broszat, *Der Staat Hitlers* (München 1969), S. 153. Siehe Diehl-Thiele, S. 61–73.

der dem Führer zur Seite stehen und seinen Nachfolger bestimmen sollte.[43]

Man kann darüber streiten, ob sich aus diesen und anderen Beispielen eine systematische Taktik nach dem Motto «Teile und herrsche!» herauslesen läßt. Hitler förderte durchaus den Aufbau einiger großer Machtbasen. In dem obenerwähnten Beispiel erhielt Robert Ley zusätzlich zu seiner Entscheidungsbefugnis in Fragen der Parteiorganisation die Kontrolle über die riesige «Arbeitsfront». Doch selbst dieses kleine Imperium war recht unbedeutend im Vergleich zu dem massiven Machtzuwachs, den Göring und Himmler mit Hitlers aktiver Unterstützung erfuhren. Genausowenig zeigte Hitler sich besonders beunruhigt über Martin Bormanns Machtakkumulation in den Kriegsjahren. Und die für Hitler größte Bedrohung in der Frühphase der Diktatur – Ernst Röhm und die SA-Führung – wurde erst beseitigt, als Hitler dem starken Druck des Heeres nachgab und nachdem er auch von Göring und Himmler massiv dazu gedrängt worden war.

Festzustehen scheint immerhin, daß Hitler äußerst empfindlich auf jeden Versuch reagierte, seine Autorität institutionell oder rechtlich auch nur im geringsten zu beschränken; sie hatte völlig ungehindert und theoretisch absolut zu sein und ganz in seiner Person zu liegen. «Das Staatsrecht des Dritten Reiches», erklärte Hans Frank, der Reichsführer des NS-Juristenbundes, 1938, «ist die rechtliche Formulierung des geschichtlichen Wollens des Führers, nicht aber ist das geschichtliche Wollen des Führers die Erfüllung einer staatsrechtlichen Vorbedingtheit seines Wirkens.»[44]

Die logische Folge aus Hitlers extremem Mißtrauen gegenüber institutionellen Bindungen war, daß er sich als Regierungs- und Verwaltungsprinzip auf persönliche Loyalität verließ. Er scheint kein besonderes Mißtrauen gegenüber Machtbasen ge-

43 Siehe Peterson, S. 102–125; Broszat, *Der Staat Hitlers*, S. 360–362; und Hans Mommsen, «National Socialism: Continuity and Change», S. 169.
44 Hans Frank, *Im Angesichts des Galgens* (München 1953), S. 466–467. («Die geistesgeschichtliche Lage der deutschen Rechtswissenschaft», Rede gehalten vor der Akademie für deutsches Recht am 18. Juni 1938.)

habt zu haben, die sich aus seiner eigenen Führerautorität herleiteten und mit seinen eigenen ausgesuchten Paladinen besetzt waren – daher war er am Ende im Bunker auch so verzweifelt, als Himmler, sein «treuer Heinrich», ihm in den Rücken fiel.[45] Der Appell an die persönliche Treue war für Hitler – vor allem in Krisenmomenten – seit den Anfangsjahren der Partei kennzeichnend gewesen.[46] Das Loyalitätsprinzip, das bereits vor 1933 ein Merkmal der Parteiführung gewesen war und dazu diente, sowohl die Führungskräfte als auch die einfachen Parteimitglieder an die Person des Führers zu binden, wurde ab 1933 auch in die Regierungspraxis des Reiches übernommen. Insofern hat es, als Analogie betrachtet, etwas für sich, wenn Robert Koehl im Dritten Reich weniger einen totalitären Staat als ein neofeudales Imperium sieht.[47] In Wirklichkeit ersetzten die auf persönlicher Treue beruhenden Bindungen – die ein reines Element «charismatischer» Herrschaft sind – jedoch die komplexen bürokratischen Strukturen nicht, sondern überlagerten sie. Das führte weniger zu ihrer völligen Zerstörung als zu einer parasitären Zersetzung. Da institutionelle Beschränkungen verpönt waren und den Machtambitionen treuer Paladine freie Hand gelassen wurde, war es eindeutig möglich, daß sich dynamische, aber unkanalisierte Energien entfalten konnten – Energien, die sich darüber hinaus zwangsläufig destruktiv auf jede rationale Regierungsordnung auswirken mußten.

Wie zahlreiche Untersuchungen zeigen, wurde durch die auf Gefolgschaftstreue beruhende Bindung der Gauleiter an Hitler jeder Anschein einer geordneten Regierung in den Provinzen zunichte gemacht.[48] Bei allen Auseinandersetzungen mit zentralen

45 H. R. Trevor-Roper, *The Last Days of Hitler* (London 1972, «Pan Books»-Ausgabe), S. 202.

46 Siehe Nyomarkay, Horn (siehe oben Anmerkung 35) und Dietrich Orlow, *The History of the Nazi Party. Vol 1: 1919–1933* (Newton Abbot 1971).

47 Robert Koehl, «Feudal Aspects of National Socialism», in Turner, *Nazism and the Third Reich* (siehe Kapitel 3 Anmerkung 6), S. 151–174.

48 Zum Beispiel Diehl-Thiele; Hüttenberger, *Gauleiter*; Peterson; Jochen Klenner, *Verhältnis von Partei und Staat 1933–1945. Dargestellt am Beispiel Bayerns* (München 1974); und Jeremy Noakes, «Oberbürgermeister and Gauleiter. City

Behörden oder Ministerien stellte sich Hitler ausnahmslos auf die Seite seiner Gauleiter (oder, besser, des stärksten Gauleiters) und schützte ihre Interessen und sicherte sich damit gleichzeitig die Unterstützung einer mächtigen Gruppe, die nur ihm und niemand sonst treu ergeben war. Rauschning zufolge hat Hitler «sich nie in einen Gegensatz zu seinen Gauleitern gebracht». Jeder einzelne dieser Männer sei «in seiner Hand» gewesen. «Alle zusammen aber [hatten] ihn in der Hand. [...] Sie wehrten mit einer robusten Einmütigkeit alle Versuche ab, die Rechte ihrer Souveränität einschränken zu lassen. Hitler blieb von ihnen abhängig. Und er war nicht bloß von ihnen abhängig.»[49] Wie wir gesehen haben, scheiterte Fricks Versuch, Macht über die Reichsstatthalter zu erlangen, daran, daß Hitler die Einwände der Gauleiter akzeptierte. Der mächtige Himmler sah sich in bezug auf die Gauleiter mit demselben Problem konfrontiert, als er 1943 Reichsinnenminister geworden war.[50]

Gegen eine Festlegung rationaler politischer Prioritäten sprach auch auf zentraler Regierungsebene deutlich der Umstand, daß Hitler ideologisch bedingt dazu neigte, Rivalen ihre Meinungsverschiedenheiten ausfechten zu lassen, um sich dann – in einer instinktiven Anwendung sozialdarwinistischer Prinzipien – auf die Seite des Gewinners zu stellen, und daß er im Falle einer Krise rasch seine Zuflucht dazu nahm, bestehende Institutionen zu umgehen oder zu zerschneiden und neue Einrichtungen zu schaffen, die ihre Vollmachten direkt von ihm als Führer erhielten und allein von seiner Autorität abhängig waren. Das führte zwangsläufig dazu, daß sich die Zentralregierung langsam auflöste – was sich in immer seltener stattfindenden Kabinetts-

Government between Party and State», in Hirschfeld und Kettenacker, S. 194–227, besonders S. 207 ff.

49 Hermann Rauschning, *Gespräche mit Hitler* (Wien 1973 [zuerst 1940 in Zürich erschienen]), S. 203–204. Siehe auch Peterson, S. 7, 14–15, 18–19. Rauschning übertreibt allerdings, wenn er gleichzeitig behauptet (S. 204), das Geheimnis der Hitlerschen Führung «war, vorher zu wissen, wie sich die Mehrheit seiner Gauleiter entscheiden würde, und sich für diese Entscheidung schon vorher festzulegen, bevor die Gauleiter zur Sprache kamen».

50 Diehl-Thiele, S. 197–200 (und Anmerkung 70).

sitzungen und deren völliger Einstellung Anfang 1938 spiegelte –
und schließlich in eine Vielzahl konkurrierender und nicht koor-
dinierter Ministerien, Parteistellen und halbstaatlicher Stellen
zerfiel, die alle für sich beanspruchten, den Willen des Führers
richtig zu deuten. Hand in Hand mit dieser Entwicklung er-
langte die Führerautorität selbst eine immer größere Autonomie;
sie löste und isolierte sich immer stärker von jeglichem kollegialen Regierungsrahmen und war dementsprechend einem zunehmenden Größenwahn und einem schwindenden Realitätssinn
ausgesetzt.[51]

Durch seinen unbürokratischen und eigentümlichen Herrschaftsstil verstärkte Hitler merklich die chaotische Art der Regierung im Dritten Reich. Er hatte exzentrische «Arbeits»zeiten,
eine Abneigung dagegen, irgend etwas schriftlich festzuhalten,
war immer wieder längere Zeit nicht in Berlin und selbst für
wichtige Minister unerreichbar, hatte für kompliziertere Probleme keine Geduld und neigte dazu, impulsiv und wahllos einzelne Informationen oder unausgegorene Einschätzungen von
alten Freunden und Günstlingen aufzugreifen – und all das bedeutete, daß eine im herkömmlichen Sinne geordnete Regierung
ganz und gar unmöglich war. «Die Kunst der Ministerien», so
wurde nach dem Krieg erklärt, «bestand nun darin, die gute
Stunde oder Minute zu benutzen, wo Hitler, manchmal durch
ein hingeworfenes Wort, eine Entscheidung traf, die dann als
‹Führerbefehl› ihren Weg nahm.»[52]

Doch wäre es irreführend, aus dieser Bemerkung zu schließen,
daß sich beständig eine Flut von – auf welche ausgefallene Weise
auch immer erzielten – Entscheidungen aus Hitlers erhabener
Höhe nach unten ergossen hätte. Vielmehr war der Führer häufig nicht willens, innenpolitische Angelegenheiten zu entscheiden, und im allgemeinen nicht bereit, Streitigkeiten dadurch zu
schlichten, daß er sich auf die eine oder andere Seite stellte, sondern zog es eindeutig vor, daß die streitenden Parteien das jewei-

51 Siehe Broszat, *Der Staat Hitlers*, Kapitel 8–9.
52 Ernst v. Weizsäcker, *Erinnerungen* (München, Leipzig und Freiburg 1950),
S. 201–202.

lige Problem unter sich lösten.[53] Es wäre zu einfach, wollte man dies – und die Unordnung auf seiten der Regierung im Dritten Reich im allgemeinen – allein Hitlers persönlichen Marotten und seinem exzentrischen Stil zuschreiben. Gewiß, er reagierte gelangweilt, lethargisch und uninteressiert auf Angelegenheiten, die er für unter seinem Niveau liegende, triviale administrative Einzelheiten hielt. Aber es scheint doch festzustehen, daß die Wahrung der eigenen Stellung und des eigenen Prestiges ein wichtiger Faktor war, der Hitler von vornherein unwillens sein ließ, in Problembereiche einzugreifen, und ihn veranlaßte, den Dingen lieber so lange wie möglich ihren Lauf zu lassen – so daß sich schließlich fast ausnahmslos eine Lösung anbot und bis dahin zum einen geklärt war, mit wieviel Unterstützung gerechnet werden konnte, und zum anderen die Opposition (falls vorhanden) isoliert war. Insofern stellten die Kabinettssitzungen in den Anfangsjahren der Diktatur keineswegs ein Forum dar, in dem vor politischen Beschlüssen ernsthaft debattiert worden wäre. Hitler haßte es, diese Sitzungen zu leiten, in deren Verlauf er sich bei bestimmten Problemen unter Umständen zum Rückzug gezwungen sehen könnte. Folglich behielt er sich «die Entscheidung vor, in welchen Fällen Meinungsverschiedenheiten vor das Kabinett zu bringen seien. Auf diese Weise kam es immer seltener zu Aussprachen. Jeder Minister trug seinen Entwurf vor, über den bereits Einigung erzielt war, und Lammers [der Chef der Reichskanzlei] stellte das Einverständnis fest».[54] Trotzdem wurden die Kabinettssitzungen immer seltener, bis sie überhaupt nicht mehr stattfanden. Was die Gesetzgebung betrifft, wurde ein «Umlaufverfahren» eingeführt: Gesetzentwürfe gingen reihum an alle zuständigen Minister, problematische und strittige Punkte wurden aus dem Weg geräumt, und Hitlers Zustimmung erfolgte erst, nachdem alle betroffenen Parteien ihre Differenzen bereits bereinigt hatten. 1943 wies Bormann erneut darauf hin, daß alle Befehle und Verordnungen sämtlichen Be-

53 Siehe Peterson, S. 4ff.
54 Lutz Graf Schwerin von Krosigk, *Es geschah in Deutschland* (Tübingen und Stuttgart 1951), S. 203. Siehe auch Peterson, S. 31.

teiligten vor ihrer Verkündung vorgelegt werden müßten; an den Führer dürfe man sich erst wenden, nachdem alle Beteiligten eine klare Position bezogen hätten.[55] Hier wurde auf das komplexe Geschäft staatlicher Verwaltung quasi das Grundprinzip der Partei übertragen, die Dinge sich entwickeln zu lassen, «bis der Stärkste sich durchgesetzt hat» – ein Prinzip, das wohl kaum eine Grundlage für eine «rationale» Entscheidungsfindung bilden kann. Jedenfalls hatte sich bereits Mitte der dreißiger Jahre der Einfluß verlagert und war bei wichtigen Staatsangelegenheiten auf die wechselnde Mannschaft der Hitler am treuesten ergebenen Kumpane übergegangen, und Regierungsminister erfuhren manchmal erst aus der Zeitung, was sich jeweils ereignet hatte.[56]

Die nicht etwa unmittelbare, sondern distanzierte Führung in Alltagsangelegenheiten und das Hinauszögern von Entscheidungen, solange sich die Situation nicht größtenteils von selbst geklärt hatte, spiegelten nicht nur den Hitlerschen Herrschaftsstil, sondern waren notwendige Bestandteile seiner «charismatischen» Führerautorität und halfen, in Regierungskreisen und im Volk den Mythos aufrechtzuerhalten, Hitler besitze ein unfehlbares Urteilsvermögen und stünde über allem Parteienhader – über der «normalen Politik». Verglichen mit der enormen Unpopularität der Partei und vieler Aspekte der mit dem Nationalsozialismus verknüpften täglichen Erfahrung, läßt sich Hitlers rasch wachsende Popularität nur darauf zurückführen, das die Öffentlichkeit das Bild eines Führers vor Augen hatte, der mit internen politischen Machtkämpfen und der grauen Alltagsrealität des Dritten Reiches nichts zu tun zu haben schien.[57] Bis zu

55 BAK R43 II/695 a (zit. bei Petersen, S. 39).
56 Krosigk, S. 203; Gruchmann, S. 193–194. Das Zitat ist einer aus dem Büro des Gauleiters von Weser-Ems stammenden Denkschrift aus dem Jahre 1942 entnommen (BAK, NS 20/109, S. 14513). Zum vermutlichen Verfasser, Datum und Inhalt dieses interessanten Dokuments siehe Dietrich Orlow, *History of the Nazi Party. Vol. 2: 1933–1945* (Newton Abbot 1973), S. 352 ff.
57 Näher darzulegen versuche ich dies in meinem Aufsatz «Alltägliches und Außeralltägliches: ihre Bedeutung für die Volksmeinung 1933–1939», in Detlev Peukert und Jürgen Reulecke (Hg.), *Die Reihen fast geschlossen. Beiträge zur Geschichte des Alltags unterm Nationalsozialismus* (Wuppertal 1981), S. 273–292, besonders S. 285 ff.

einem gewissen Grade mußte Hitler diesem Bild gerecht werden. Auch dadurch war ein Führungsstil bedingt, der sich durch Zurückhaltung, Nichteinmischung, «Mäßigung» in sensiblen Bereichen (wie etwa beim «Kirchenkampf») und die Tendenz auszeichnete, sich immer auf die Seite der «stärkeren Bataillone» zu schlagen.[58] Die Notwendigkeit, immer größere Meisterleistungen zu vollbringen, um die Massen enger an sich zu binden und ein Abflauen der «Vitalität» des Regimes hin zu Stagnation, Ernüchterung und möglichem Zusammenbruch zu verhindern, war ein weiterer gewichtiger Faktor, der gegen die Einführung eines «Zustands der Normalität» im Dritten Reich sprach und statt dessen die radikale, aber im wesentlichen negative Dynamik förderte, die die Grundlage der sozialen Integration der Nazibewegung gebildet hatte, letztlich jedoch in kaum etwas anderem als in Zerstörung enden konnte.

Das Regierungschaos des Dritten Reiches läßt sich anscheinend besser erklären, wenn man die Vorstellung von einer systematischen «Teile und herrsche!»-Taktik beiseite läßt – auch wenn offensichtlich ist, daß Hitler seine Autorität bewußt gegenüber jedem eventuellen Versuch, sie institutionell zu begrenzen, zu wahren suchte. Obwohl die chaotische Regierungsstruktur größtenteils nicht absichtlich herbeigeführt wurde, bildet sich doch noch kein zufriedenstellender Beleg für die Ansicht, Hitler sei ein «in mancher Hinsicht schwacher Diktator» gewesen.[59] In der Tat scheint hier der Gedanke an «Schwäche» fehl am Platze. Wenn Hitler eine andere Regierungsstruktur *gewollt* hätte, aber in ihrer Verwirklichung gehindert worden wäre, oder wenn er *beabsichtigt* hätte, bestimmte Entscheidungen zu treffen, sich aber dazu nicht in der Lage gesehen hätte, dann hätte ein Widerspruch zwischen «Intention» und «Struktur» bestanden und dann hätte man vielleicht daraus den Schluß ziehen können, Hitler sei «schwach» gewesen. Da sich jedoch für keinen der beiden Punkte Belege finden und vielmehr alles darauf hindeutet, daß Hitler sich ganz gern, ja sogar bewußt, aus den Streitereien sei-

58 Rauschning, S. 203.
59 Siehe oben Anmerkung 4.

ner Untergebenen heraushielt, kaum daran interessiert war, sich am Gesetzgebungsprozeß zu beteiligen – vor allem in Bereichen, die ihn nur am Rande beschäftigten –, und daß er das Regierungschaos eigentlich aktiv förderte, statt sich um Gegenmaßnahmen zu bemühen, kommt man wohl nicht umhin zu akzeptieren, daß in diesem Bereich keine Unvereinbarkeit von «Intention» und «Struktur» vorgelegen hat, und wird sich wohl gegen die Schlußfolgerung entscheiden müssen, Hitler sei aufgrund der «strukturellen» Beschränkungen, denen seine Diktatur unterlag, «schwach» gewesen.

Unser zweites Kriterium für eine mögliche Schwäche war, ob Hitler Entscheidungen fällte, die anschließend von Untergebenen mißachtet, umgangen oder unzulänglich ausgeführt wurden.

Hitler neigte dazu, Vorschläge, die ihm von seinen Befehlsempfängern in günstigen Momenten beiläufig unterbreitet wurden, oft impulsiv mündlich zuzustimmen, und das führte gelegentlich natürlich schon zu peinlichen Situationen, wenn seine Untergebenen eine solche spontane Bemerkung dann als hinreichende Zustimmung und «unabänderliche Entscheidung» interpretierten. Ein derartiger Fall ereignete sich im Oktober 1934, als der Chef der Arbeitsfront, Robert Ley, Hitler dazu überredete, eine Verordnung zu unterzeichnen, die die Befugnisse der Arbeitsfront auf Kosten der Unternehmer und der Treuhänder der Arbeit erweiterte. Ley hatte seinen Vorschlag zuvor weder dem Arbeits- noch dem Wirtschaftsministerium vorgelegt, und beide protestierten – zusammen mit dem im Namen der Partei sprechenden Heß – so vehement dagegen, daß Hitler, der Schacht und die Industriebosse nicht gegen sich aufbringen wollte, sich gezwungen sah, dem Druck nachzugeben. Charakteristischerweise wurde die Verordnung nicht aufgehoben – denn das hätte dem Prestige des Führers Abbruch getan –, sondern wurde von allen mit Hitlers stillschweigender Zustimmung ignoriert, obwohl Ley, der seine eigene Macht auszudehnen suchte, sich weiterhin auf diese Verordnung berief.[60] Schwierigkeiten

60 In unterschiedlich gekürzten Fassungen ist die Verordnung abgedruckt in

gab es auch, als Hitler sich Anfang 1935 mit einem Vorschlag von Arbeitsminister Seldte einverstanden erklärte, der eine einheitliche Lohnstruktur für Bauarbeiter (anstelle des bestehenden, regional unterschiedlichen Systems) vorsah. Dem von den Gauleitern – darunter besonders auch vom Hamburger Gauleiter Kaufmann – vorgebrachten Einwand, die anschließend in einigen Gebieten erforderlichen Lohnkürzungen würden sich negativ auf die Arbeitsmoral auswirken, maß Hitler jedoch großes Gewicht bei, und er ordnete typischerweise eine weitere, zeitlich unbefristete Beratungsphase an, bevor die vorgeschlagene Revidierung der Löhne in Kraft treten sollte – was bedeutete, daß die Angelegenheit ad acta gelegt und vergessen wurde.[61] Vor allem in den Anfangsjahren der Naziherrschaft lassen sich auch Beispiele dafür finden, daß Hitler sich wirtschaftlichem Druck beugen mußte und ihm Entscheidungen aufgezwungen wurden, die ihm nicht gefielen – wie etwa 1933, als er akzeptieren mußte, daß schlecht florierende jüdische Kaufhäuser finanziell unterstützt werden sollten, um zu verhindern, daß es zu Personalentlassungen käme und dadurch die Zahl der Arbeitslosen noch weiter anstiege.[62] Andererseits setzte Hitler bei einem der wenigen vom Reichskabinett verhandelten strittigen Themen (an dem ihm zudem sehr viel lag) mit dem Sterilisationsgesetz vom Juli 1933 [«zur Verhütung erbkranken Nachwuchses»] seine Meinung durch, obwohl Vizekanzler von Papen (der in diesem Fall die Ansichten der katholischen Lobby vortrug) Einwände gegen dieses Gesetz geltend machte.[63]

Es wäre voreilig, wenn man auf Grund der quellenmäßig erfaßten Ausführung von Führerbefehlen behaupten wollte, Hitler sei ein «schwacher Diktator» gewesen. Die «Grenzen der Macht

Walther Hofer (Hg.), *Der Nationalsozialismus. Dokumente 1933–1945* (Frankfurt am Main 1982), S. 87, und Wolfgang Michalka (Hg.), *Das Dritte Reich* (München 1985), Band 1, S. 85–86. Vergleiche Timothy W. Mason, *Sozialpolitik im Dritten Reich* (Opladen 1977), S. 193–194.

61 BAK, R 43 II/541, fol. 36–95, und R 43 II/552, fol. 25–50. Siehe auch Mason, *Sozialpolitik*, S. 158–159.

62 Peterson, S. 48.

63 Gruchmann, S. 191.

Hitlers», von denen bei Peterson die Rede ist, lassen sich wohl nur dann als «Grenzen» verstehen, wenn man von einer völlig idealistischen Vorstellung von «totaler Macht» ausgeht. Außerdem führt Peterson keinerlei überzeugende Beispiele von Fällen an, in denen eine von Hitler als unbedingt wichtig erachtete Weisung von Untergebenen oder anderen mißachtet oder blockiert worden wäre. Viel wichtiger als die Frage, ob Hitler als «starker» oder als «schwacher» Diktator angesehen werden kann, ist in bezug auf die Arbeitsweise der Naziregierung die Tatsache, daß der Führer im Bereich der Innenpolitik so *wenige* Weisungen erteilte. Dadurch wird es schwer, genau festzustellen, welche Ziele er im innenpolitischen Bereich hatte – außer daß er «Staatsfeinde» vernichten und eine sowohl psychische als auch materielle Mobilisierung für den Krieg erreichen wollte, von dem er meinte, er werde sich schon sehr bald nicht mehr vermeiden lassen.[64] Dieses Ziel war mit sozialen Entwicklungen vereinbar, die jenen, die von den Naziideologen gepredigt worden waren, diametral entgegenstanden.[65] Dennoch ist gerade in bezug auf den Bereich der kriegsvorbereitenden Mobilisierung des deutschen Volkes – dieser zentralen Aufgabe der Innenpolitik – behauptet worden, dort sei Hitlers wahre «Schwäche» zu finden.

Besonders Tim Mason hat den Standpunkt vertreten, Hitlers Handlungsspielraum sei – vor allem in der Hauptphase des Dritten Reiches zwischen 1936 und 1941 – durch Spannungen, die der NS-Wirtschaft immanent waren und nicht der Kontrolle durch den «Willen» oder die «Intention» des Führers unterlagen, ernstlich eingeschränkt gewesen.[66] Der Schlüsselfaktor, der seines Erachtens die Gedanken und Handlungen der NS-Führung im Bereich der Innenpolitik bestimmte, war die aus der

64 Siehe Peterson, S. 432.
65 Siehe Schoenbaum (siehe Hinweis Kapitel 2 Anmerkung 26), S. 285.
66 Timothy W. Mason, «The Legacy of 1918 for National Socialism», in Anthony Nicholls und Erich Matthias (Hg.), *German Democracy and the Triumph of Hitler* (London 1971), S. 215–239; *Sozialpolitik*, besonders Kapitel 1 und 6; «Innere Krise und Angriffskrieg» (siehe Kapitel 3 Anmerkung 47); und «Labour in the Third Reich», *Past and Present* 33 (1966), S. 112–141.

Revolution von 1918 gezogene Lehre, daß Unruhen der Arbeiterklasse eine Gefahr darstellten. Gerade Hitler reagierte außerordentlich empfindlich auf Unzufriedenheit unter den Arbeitern, da er sich darüber im klaren war, daß eine psychologische Motivation nur sehr kurz vorhalten konnte und materielle Opfer dementsprechend gering gehalten werden mußten. Folglich kam das Dritte Reich laut Mason einem riesigen sozialimperialistischen Hasardspiel gleich, bei dem die materielle Zufriedenheit der Massen nur durch eine erfolgreiche Expansion des Landes gewährleistet werden konnte. Allerdings sei die volle Durchführung dieser Expansionspolitik dadurch merklich beeinträchtigt gewesen, daß das Regime nicht gewillt gewesen sei, zugunsten eines effektiven Funktionierens der rüstungsbestimmten Wirtschaft eine auch nur kurzzeitige Senkung des Lebensstandards durchzusetzen. Das habe dazu geführt, daß das Regime keine konsequente Sozialpolitik entwickelte und sich in einer im wesentlichen schwachen Position befand, als es mit der Logik des ökonomischen Klassenkampfes konfrontiert gewesen sei und vor der «Quadratur des Kreises» gestanden habe, die Aufrüstung zu finanzieren und dabei ohne drastische Kürzungen im Konsumbereich auszukommen. Bedingt durch eine «ängstliche Unsicherheit» und wachsenden Pessimismus, sei Hitlers eigene Rolle immer stärker von einer hilflosen Apathie und Tatenlosigkeit gekennzeichnet gewesen. Um gegen den Klassenantagonismus anzukommen, meint Mason, habe Willensstärke allein nicht ausgereicht. In einer Zeit akuten Arbeitskräftemangels hätten es die deutschen Arbeiter verstanden, ihre Verhandlungsposition auch ohne gewerkschaftliche Hilfe auszunutzen, und ihre industrielle Opposition habe zur Entstehung einer größeren Wirtschaftskrise beigetragen, die sich zu einer allgemeinen Krise für das Regime entwickelt und sich notwendigerweise auf den Zeitpunkt des Kriegsbeginns ausgewirkt habe, denn somit habe festgestanden, daß es aus wirtschaftlichen Gründen – und um den sozialen Frieden zu wahren und die bedrohte Stellung des Regimes zu schützen – eher früher als später zum Krieg kommen mußte. Außerdem habe der Krieg selbst ohne größere materielle Opfer für das deutsche Volk geführt werden müssen. Daher sei die

Bevölkerung (etwa im Vergleich zu Großbritannien) nur halbherzig und unvollständig mobilisiert worden, und die für die Kriegswirtschaft erforderliche Produktion sei erschwert gewesen.[67] Die Schwäche des Regimes habe deshalb bis in den Kern des eigenen Ethos – Krieg – gereicht, und dadurch seien die Möglichkeiten des NS-Regimes derart begrenzt gewesen, daß man den Standpunkt vertreten könne, das Regime sei nicht einfach durch eine äußere Niederlage zerstört worden, sondern diese Zerstörung sei bereits in seinem Wesen angelegt gewesen – sei durch seine inneren Widersprüche «strukturell determiniert».

Es mangelt nicht an Belegen dafür, daß Hitler auf jedes Anzeichen einer Bedrohung des «sozialen Friedens» sehr empfindlich reagierte. Speer hat in seinen Memoiren festgehalten, daß Hitler ihm gegenüber in privaten Gesprächen durchblicken ließ, er habe Angst vor einem Popularitätsverlust, aus dem sich innenpolitische Krisen entwickeln könnten.[68] Aus Furcht vor sozialen Unruhen, die auf Grund der im Jahre 1934 rapide ansteigenden Preise zu befürchten waren, führte Hitler das Amt des Reichskommissars für Preisüberwachung wieder ein und hielt es aus reinen Propagandazwecken weiterhin aufrecht, nachdem Reichskommissar Carl Goerdeler längst um die Auflösung der Stelle gebeten hatte, weil es für das Amt nichts Effektives zu tun gebe.[69] Angesichts wachsender Versorgungsprobleme und beunruhigender Berichte über zunehmende Spannungen in den Industriegebieten war Hitler 1935/36 sogar bereit, vorübergehend auf die Einfuhr von rüstungswichtigen Gütern zu verzichten, um

---

67 Siehe Timothy W. Mason, *Arbeiterklasse und Volksgemeinschaft* (Opladen 1975), besonders Kapitel 21, und auch Milward, *German Economy at War* (oben Kapitel 3 Anmerkung 5). Die Gegenposition wird von Overy vertreten (Kapitel 3 Anmerkung 47). Mit Arbeitskräften und Kriegswirtschaft befassen sich auf recht unterschiedliche Weise Wolfgang Werner, *«Bleib übrig!» Deutsche Arbeiter in der nationalsozialistischen Kriegswirtschaft* (Düsseldorf 1983), und Stephen Salter, *The Mobilization of German Labour* (unveröffentlichte Dissertation, Oxford 1983).

68 Albert Speer, *Erinnerungen* (Frankfurt am Main 1969), S. 229.

69 Siehe BAK, R 43 II/315a, besonders fol. 188–240.

die Lebensmittel nicht rationieren zu müssen.[70] 1938 lehnte Hitler trotz der verzweifelten Bitten von seiten des Ministeriums für Ernährung und Landwirtschaft eine Erhöhung der Lebensmittelpreise kategorisch ab, weil sich das schädlich auf den Lebensstandard und die Arbeitsmoral ausgewirkt hätte.[71] In den ersten Kriegsmonaten nahm das Regime von seinen Plänen, die Arbeiter zu mobilisieren, Abstand, nachdem es von seiten der Arbeiter Proteste wegen der Auswirkungen auf die Löhne, die Arbeitsbedingungen und den Lebensstandard gegeben hatte.[72] Und es lag nicht einfach an Hitlers Ansichten über die Rolle der Frau, sondern eher an der Angst der Nazis vor möglichen Auswirkungen auf die Moral und Arbeitsdisziplin, wenn das Regime vor einer umfassenden Mobilisierung der Frauen zu Kriegszwecken zurückscheute.[73]

Die weitreichenden Schlüsse, die Mason aus diesen Anhaltspunkten für die «Schwäche» Hitlers und des Regimes zieht, sind jedoch von ganz verschiedenen Forschungsrichtungen kritisiert worden, und Masons These hat insgesamt kaum allgemeine Zustimmung gefunden. Zum Beispiel ist argumentiert worden, trotz aller in den Jahren 1938–39 vielleicht objektiv existierenden Wirtschaftsprobleme gebe es keine Anzeichen dafür, daß die Naziführung – und vor allem Hitler – sich einer allgemeinen politischen Systemkrise *bewußt* gewesen wäre und sich ihr deshalb ein unmittelbar bevorstehender Krieg als einziger Ausweg aufgedrängt hätte.[74] Darüber hinaus könnte man den Standpunkt vertreten, Mason habe die politische Bedeutung und sogar das Ausmaß der industriellen Unruhen übertrieben dargestellt und von einer gegen das System gerichteten Arbeiteropposition gesprochen, obwohl es hier gar nicht um ein speziel-

70 BAK, Zsg 101/28, fol. 331 («Vertrauliche Informationen» für die Presse, 7. November 1935).
71 BAK, R 43 II/194, fol. 103.
72 Mason, *Arbeiterklasse*, Kapitel 21; *Sozialpolitik*, S. 295 ff.
73 Siehe Dörte Winkler, *Frauenarbeit im Dritten Reich* (Hamburg 1977); Tim Mason, «Women in Nazi Germany», *HWJ* 1 (Frühjahr 1976), S. 74–113, und besonders *HWJ* 2 (Herbst 1976), S. 5–32; und Salter, *Mobilization*.
74 Siehe Herbst (siehe Kapitel 3 Anmerkung 47).

les Phänomen des Nationalsozialismus ging, sondern (wie in England während des Krieges) um ein Kennzeichen der kapitalistischen Wirtschaft in Zeiten der Vollbeschäftigung.[75] Aus diesen Gründen sind bei einer Interpretation, die davon ausgeht, 1938–39 habe eine industrielle Opposition eine politische Krise des NS-Systems ausgelöst, größte Zweifel angebracht. Und in bezug auf den Zeitpunkt des Kriegsbeginns ist überzeugend angeführt worden, so wichtig die innenpolitische Lage auch gewesen sei, sei der entscheidende Faktor doch das internationale Gleichgewicht der Kräfte und insbesondere die relative Rüstungsposition der mit Deutschland konkurrierenden Mächte gewesen. Das Gefühl, handeln zu müssen, sei daher nicht von der Angst vor inneren Unruhen, sondern vom Stand des von Deutschland entfesselten Rüstungswettlaufs bestimmt gewesen.[76] Während westdeutsche Kritiker die Ansicht vertreten, Mason unterschätze Hitlers «politisch autonomen Ziele» und Hitlers Kriegsentschluß sei «allein politischen Motiven» entsprungen,[77] behaupten DDR-Historiker, Mason unterschätze die aggressiven imperialistischen Ziele, Absichten und politischen Strategien des Monopolkapitals und erhöhe Hitler «zur einzigen ausschlaggebenden agierenden Kraft».[78] Beiden Kritikergruppen ist – aus völlig entgegengesetzten Gesichtspunkten – bei dem Gedanken unwohl, daß Mason Hitler und dem NS-Regime eine Schwäche zuschreibt, denn das führt zu einer Interpretation, die die *Absichten* des Regimes nicht genug berücksichtigt und fälschlich davon ausgeht, daß dieses Regime aus einer Position der Schwäche heraus und ohne klare Richtung in den Krieg gestolpert sei.[79]

75 Siehe Winkler, «Vom Mythos der Volksgemeinschaft» (siehe Kapitel 3 Anmerkung 47).

76 Siehe Dülffer, «Der Beginn des Krieges» (siehe Kapitel 3 Anmerkung 47).

77 Hildebrand, *Das Dritte Reich*, S. 159.

78 Lotte Zumpe, Besprechung von Masons *Arbeiterklasse* in *Jahrbuch für Wirtschaftsgeschichte* (1979), Heft 4, S. 175.

79 Auf DDR-Seite wird dieser Standpunkt überzeugend von Kurt Gossweiler in einer Besprechung von Masons *Arbeiterklasse* in *Deutsche Literaturzeitung* 99 (1978), Heft 7/8, S. 538, vertreten.

Dies sind gewichtige Kritikpunkte, auch wenn sie Masons Thesen manchmal etwas verzerrt wiederzugeben scheinen, der zum Beispiel betont, die Hauptursache des Krieges müsse man in den rassenbezogenen und antikommunistischen Zielen der Naziführung und im Wirtschaftsimperialismus der deutschen Industrie suchen und nicht in der Krise des NS-Systems.[80] Doch wird durch diese Kritik deutlich, daß nach einer Synthese von «Intention» und «Struktur» gesucht werden muß und in ihnen keine polaren Gegensätze gesehen werden sollten. Es scheint in der Tat festzustehen, daß Hitlers Absichten und die sozioökonomischen «strukturellen Faktoren» der Naziherrschaft keine antagonistischen Pole waren, die in entgegengesetzte Richtungen drängten, sondern daß sie in einer dialektischen Wechselbeziehung in dieselbe Richtung strebten. Folglich ist es so gut wie unmöglich, die «Intention» als kausalen Faktor von den unpersönlichen Bedingungen zu trennen, die den Rahmen prägen, in dem Absichten erst zum Tragen kommen können. Gleichzeitig scheint die Erkenntnis wichtig, daß eine «Intention» keine eigenständige Kraft ist, sondern daß die Ausführung des Beabsichtigten von Umständen beeinflußt wird, die ursprünglich vielleicht durch die Intention herbeigeführt worden sind, dann aber eine Eigendynamik entwickelt haben. Im vorliegenden Fall hatten Hitler und die NS-Führung zweifellos die Absicht, den Krieg zu führen, der in ihren Augen Deutschlands Probleme lösen würde (und sie wurden dabei von führenden Teilen der wirtschaftlichen und militärischen Elite aktiv unterstützt). Doch nahm der Krieg nur langsam konkrete Formen an und dann keineswegs ganz in der Weise, wie Hitler es sich vorgestellt hatte. Goebbels' Tagebuchnotizen zufolge erging noch im Herbst 1935 von Hitler an die Minister und Militärs nur die vage Anweisung: «Im übrigen rüsten und bereit machen. Europa ist wieder in Bewegung. Wenn wir klug sind, werden wir die Gewinner sein.»[81] Daß der Aufrüstung absolute Priorität gegeben wurde, war eine *politische* Ent-

---

80 Mason, «Innere Krise», S. 186. Seiner Ansicht nach bestimmte (und erklärt) die Krise, welche Art von Krieg Deutschland führen konnte.

81 Eintrag vom 19. Oktober 1935, in *Die Tagebücher von Joseph Goebbels. Sämtliche Fragmente* (hg. v. Elke Fröhlich), Teil 1, Band 2 (München u. a. 1987). S. 529.

scheidung, die gleich zu Beginn des Dritten Reiches fiel; und dieser Entschluß war eine der Wurzeln für die unauflöslichen Spannungen, die in der Wirtschaft zwischen der Versorgung mit Rüstungs- und mit Konsumgütern bestanden. Ab 1936 waren die Würfel gefallen, und es gab kein Zurück mehr, wenn das Regime weiterbestehen wollte. Man hatte sich auf einen Kurs festgelegt: auf die einzig mögliche Art von Krieg, die Deutschland führen konnte – einen Blitzkrieg – und das eher in näherer als in fernerer Zukunft. Die Wirtschaftsprobleme nahmen 1937–39 enorm und rasch zu. Hitler konnte wenig daran ändern, auch wenn man von den Quellen her den Eindruck gewinnt, daß er kaum daran interessiert war, irgend etwas zu tun, und dabei der fatalistischen Ansicht war, die Situation werde sich erst nach dem Endsieg bereinigen lassen – nach dem Krieg, den er ständig als unvermeidlich vorhergesagt hatte. Auf jeden Fall war Hitler zu diesem Zeitpunkt mehr mit strategischen Fragen und außenpolitischen Angelegenheiten beschäftigt. Die Dynamik, die von der sich rasch weiter verschlechternden internationalen Lage ausging, bestärkte Hitler in seiner Angst, daß Deutschland keine Zeit zu verlieren habe und man nur dann auf Erfolg hoffen könne, wenn man sich durch ein frühes Losschlagen einen Vorteil verschaffe. Diplomatische, taktische und wirtschaftliche Faktoren waren mittlerweile so eng miteinander verwoben, daß es nicht möglich ist, den einen oder anderen als einzig entscheidenden Faktor herauszugreifen.[82] Zusammen führten sie dazu, daß Hitler 1939 dann den Krieg bekam, den er gewollt hatte – von seinem «programmatischen» Standpunkt aus jedoch gegen den «falschen» Gegner (Großbritannien) und zum relativ bestmöglichen, aber für Deutschland keineswegs idealen Zeitpunkt. Als der Krieg erst einmal begonnen hatte, verdeckte eine Reihe von Blitzkriegerfolgen für eine Weile die grundlegenden Schwächen der deutschen Kriegswirtschaft, deren volle Mobilisierung den Nazis nicht gelang und die erst dann einigerma-

82 Siehe Carr, *Arms, Autarky, and Aggression* (siehe Kapitel 3 Anmerkung 26), S. 65.

ßen effizient zu funktionieren begann, als die Nation mit dem Rücken an der Wand stand. Wenn man den Verlauf der Entwicklung im Dritten Reich erklären möchte, kommt man um Hitlers «Intentionen» nicht herum. Für sich genommen bieten sie jedoch keineswegs eine ausreichende Erklärung. Der Bedingungsrahmen, in dem sich Hitlers «Wille» als Regierungs«politik» ausführen ließ, war nur in geringem Maße von Hitler selbst geprägt und machte darüber hinaus das schließliche Scheitern seiner Ziele und die Zerstörung des Dritten Reiches fast unvermeidlich. Von dem, was sich in der Innenpolitik bis mindestens zur Mitte des Krieges abspielte, kann man in den meisten Fällen kaum behaupten, es sei Hitlers «Wille» und «Intention» zuwidergelaufen oder habe ihnen widersprochen, und so fällt es schwer, sich Hitler als einen «schwachen Diktator» vorzustellen – auch wenn sich diese Vorstellung heuristisch gesehen vielleicht als nützlich erwiesen haben mag. Auf der anderen Seite war der Vollzug seines «Willens» keine so geradlinige und von vornherein klare Angelegenheit, wie es die «Intentionalisten» gerne hätten. Wenn Hitler einerseits kein «schwacher Diktator» war, so war er andererseits doch auch kein allmächtiger «Herr und Meister im Dritten Reich».

Zu einer Erklärung des Dritten Reiches gehören sowohl die «Intention» als auch die «Struktur» als wesentliche Elemente dazu und bedürfen einer Synthese, statt einer Spaltung in ein Gegensatzpaar. Hitlers «Intentionen» scheinen vor allen Dingen für die Schaffung eines Klimas wichtig gewesen zu sein, in dem die entfesselte Dynamik diese Absichten dann zu einer sich selbst bewahrheitenden Prophezeiung werden ließ. Das Dritte Reich liefert einen klassischen Beweis für den von Mason zitierten Marxschen Satz: «Die Menschen machen ihre eigene Geschichte, aber sie machen sie nicht aus freien Stücken, nicht unter selbstgewählten, sondern unter unmittelbar vorgefundenen, gegebenen und überlieferten Umständen.»[83]

83 Karl Marx, *Der Achtzehnte Brumaire des Louis Bonaparte* (Frankfurt am Main 1971), S. 9. Zitiert in Mason, «Intention and Explanation», S. 37.

In den zwei folgenden Kapiteln werden wir die Frage stellen müssen, welche Relevanz solche Schlußfolgerungen für die antijüdische und die Außenpolitik haben – Bereiche, in denen Hitlers eigene ideologische Zwangsvorstellungen offensichtlicher zum Ausdruck kamen als auf dem Gebiet der Innenpolitik.

5

Hitler und der Holocaust

Die Hauptaufgabe des Historikers besteht darin, für komplexe geschichtliche Entwicklungen eine rationale Erklärung zu liefern. Doch wenn es darum geht, den Holocaust zu erklären, stößt der Historiker bald an die Grenzen seines Vermögens. Allein schon die Frage, wie es möglich war, daß ein kulturell und wirtschaftlich hochentwickelter moderner Staat «die systematische Ermordung eines ganzen Volkes durchführen konnte, und zwar aus dem einzigen Grund, weil es sich um Juden handelte», läßt einen Grad von Irrationalität erahnen, der einem historischen Verständnis kaum zugänglich ist.[1] Und der Begriff «Holocaust» impliziert eine beinah sakrale Einzigartigkeit der schrecklichen Ereignisse: Er steht für das absolut Böse, für ein in Wirklichkeit außerhalb des normalen Geschichtsprozesses stehendes, spezifisch jüdisches Schicksal – für «ein mysteriöses Ereignis, sozusagen ein verkehrtes Wunder, ein Ereignis von religiöser Bedeutung in dem Sinne, daß es kein Menschenwerk ist – jedenfalls nicht das, was man normalerweise unter diesem Begriff versteht.»[2] Dabei hat sich der Terminus in dieser speziellen Bedeutung relativ spät eingebürgert. Erst Ende der fünfziger, Anfang

---

1 Lucy Dawidowicz, *Der Krieg gegen die Juden 1933–1945* (München 1979), S. 7.
2 Yehuda Bauer, *The Holocaust in Historical Perspective* (London 1978), S. 31. In dem Kapitel, dem dieses Zitat entnommen ist, greift Bauer die «Mystifizierung» des Holocaust an. Er selbst unterscheidet (S. 31–35) zwischen Genozid – «gewaltsamer, ja mörderischer Entnationalisierung» – und dem «einmalig einzigartigen» Holocaust – «völliger Ermordung jedes einzelnen Gemeindemitglieds». Ich muß gestehen, daß ich die Definition oder Unterscheidung nicht sehr überzeugend oder analytisch hilfreich finde.

der sechziger Jahre gingen jüdische und dann auch andere Autorinnen und Autoren dazu über, statt des genau beschreibenden
Begriffs «Genozid» (beziehungsweise «Völkermord») für die
Vernichtung der Juden die Bezeichnung «Holocaust» zu verwenden.*

Angesichts der «Mystifizierung» und religiös-kulturellen
Eschatologie, die manche Autorinnen und Autoren mit der Bezeichnung «Holocaust» verbinden, stehen jüdische Historikerinnen und Historiker vor keiner leichten Aufgabe – und das bei
einem Thema, das verständlicherweise und gerechtfertigterweise «mit Emotionen und moralischer Wertung belastet ist».[3]
Doch gerade weil das Problem so emotional gefärbt ist, dürfte es
nichtjüdischen Historikerinnen und Historikern noch größere
Schwierigkeiten bereiten, im Hinblick auf die Greuel, nicht allein
von Auschwitz, eine sensible und angemessene Sprache zu finden. Das Problem ist so heikel, daß ein Wort an der falschen
Stelle oder ein falsch verstandener Satz leicht zu sehr hitzigen
Reaktionen und Gegenreaktionen führt.

Nichtjüdische Historikerinnen und Historiker haben jedoch
zwangsläufig einen anderen Blickwinkel als jüdische. Und wenn
wir aus dem Holocaust «lernen» sollen, dann müssen wir wohl –
bei aller Anerkennung der «historischen» Einzigartigkeit in dem
Sinne, daß *bisher* nichts direkt Paralleles geschehen ist – akzeptieren, daß sich in Zukunft und bei anderen Völkern als dem deutschen und dem jüdischen möglicherweise etwas Ähnliches ereig-
nen *könnte*. Bei einer weitergefaßten Sicht des Problems wird so
aus dem Versuch, den Holocaust mit Hilfe der jüdischen Geschichte oder auch der deutsch-jüdischen Beziehungen zu «erklären», eine Pathologie des modernen Staates und ein Versuch,
die dünne Tünche der «Zivilisation» in hochentwickelten Industriegesellschaften zu verstehen. Speziell auf die NS-Diktatur
angewandt, erfordert das eine Untersuchung komplexer Herr-

---

* Anders als im angelsächsischen Raum hat sich dieser Begriff im deutsch-
sprachigen Raum längst nicht durchgesetzt; jedenfalls sucht man ihn in den
meisten Konversationslexika vergebens. – Anm. d. Übers.

3 Dawidowicz, *Krieg*, S. 7.

schaftsprozesse und eine Bereitschaft, die Verfolgung der Juden in einen breiteren Kontext eskalierender Rassendiskriminierung und genozidaler Tendenzen zu stellen, die sich gegen verschiedene Minderheitsgruppen richten. Das soll nicht heißen, daß man nun vergessen soll, welchen besonderen Stellenwert die Juden in der Nazidoktrin einnahmen; vielmehr soll damit gesagt werden, daß das Problem einer Erklärung des Holocaust Teil der größeren Fragestellung ist, wie das Naziregime funktionierte – vor allem, wie im NS-Staat Beschlüsse zustande kamen und ausgeführt wurden.

Das Hauptproblem bleibt deshalb, wie es dazu kam, daß der Judenhaß der Nazis in Regierungspraxis umgesetzt wurde, und welche Rolle genau Hitler bei diesem Prozeß spielte. So täuschend einfach diese Frage auch klingt, steht sie doch im Mittelpunkt der gegenwärtigen Auseinandersetzungen über den Holocaust und bildet die Grundlage der folgenden Untersuchung, die einen Überblick über die neuere Forschung und Interpretation geben möchte und anschließend eine Auswertung versucht.

Interpretationen

In beiden Teilen Deutschlands haben sich die Historikerinnen und Historiker erst nach und nach mit dem Antisemitismus und der Judenverfolgung befaßt. Erst im Gefolge des Eichmann-Prozesses in Israel und der Enthüllungen bei den KZ-Prozessen in der Bundesrepublik kam in Westdeutschland eine ernsthafte historische Auseinandersetzung mit dem Holocaust in Gang. Doch auch dann stießen die geschichtswissenschaftlichen Ergebnisse und die öffentliche «Aufklärung» über das Schicksal der Juden bei der deutschen Bevölkerung nur auf ein geringes Echo. Das öffentliche Bewußtsein wurde erst angesprochen, als 1979 im westdeutschen Fernsehen die hollywoodmäßige amerikanische Verfilmung des Holocaustdramas gezeigt wurde.[4] Auch in der

4 Siehe die ausgezeichnete historiographische Übersicht von Konrad Kwiet,

DDR geht die wissenschaftliche Beschäftigung mit der Judenverfolgung praktisch auf die sechziger Jahre zurück, wenn auch der Umstand, daß in der marxistisch-leninistischen Geschichtskonzeption der Rassenhaß unter Klassenkampf und Imperialismus subsumiert wird, dazu geführt hat, daß speziell zum Holocaust bis heute nur wenige bedeutende Werke erschienen sind.[5] Kurt Pätzolds neuere Veröffentlichungen bedeuten auf diesem Gebiet einen wichtigen Fortschritt innerhalb der DDR-Wissenschaft, während sie gleichzeitig fest im marxistisch-leninistischen Rahmen verankert bleiben.[6]

Die Forschung und die wissenschaftliche Debatte haben ihre Hauptimpulse daher hauptsächlich von außerhalb Deutschlands empfangen – in erster Linie von jüdischen Wissenschaftlerinnen und Wissenschaftlern aus Israel und anderen Ländern und in zweiter Linie von nichtjüdischen Historikerinnen und Historikern außerhalb Deutschlands. Doch selbst wo der ursprüngliche Anstoß zur Debatte von nichtdeutschen Autorinnen und Autoren ausging – und die Kontroversen, die durch Hannah Arendts Veröffentlichungen zum Eichmann-Prozeß[7] und in neuerer Zeit durch David Irvings Versuch, Hitler vom Wissen um die «Endlösung» reinzuwaschen,[8] ausgelöst wur-

«Zur historiographischen Behandlung der Judenverfolgung im Dritten Reich», *MGM* (1980), Heft 1, S. 149–192, hier besonders S. 149–153; sowie Otto Dov Kulkas nützliche Untersuchung «Major Trends and Tendencies of German Historiography on National Socialism and the ‹Jewish Question› (1924–1984)», *Yearbook of the Leo Baeck Institute* 30 (1985), S. 215–242.

5 Siehe Konrad Kwiet, «Historians of the German Democratic Republic on Antisemitism and Persecution», *Yearbook of the Leo Baeck Institute* 21 (1976), S. 173–198.

6 Siehe Kurt Pätzold, *Faschismus, Rassenwahn, Judenverfolgung* (Berlin/DDR 1975), und «Vertreibung» (siehe Kapitel 3 Anmerkung 56).

7 Siehe Hannah Arendt, *Eichmann in Jerusalem. Ein Bericht von der Banalität des Bösen* (Reinbek 1983, übers. v. Brigitte Granzow; zuerst Anfang der sechziger Jahre veröffentlicht).

8 David Irving, *Hitler's War* (London 1977). [In der 1975 in Frankfurt am Main erschienenen deutschen Ausgabe, *Hitler und seine Feldherren*, waren allerdings auf Veranlassung des Verlages die Irvingschen Thesen zur Entlastung Hitlers von der Judenvernichtung ausgelassen worden (Anm. d. Übers.).] Siehe

den, sind hier nur die spektakulärsten Beispiele –, ist die anschließende Diskussion in der Bundesrepublik stark vom weiter oben bereits angesprochenen intellektuellen Klima der deutschen Geschichtsschreibung zum Nationalsozialismus beeinflußt worden. Insofern sind die Konturen der Debatte über Hitler und die Durchführung der «Endlösung» – dem Thema dieses Kapitels – wiederum eigentümlich westdeutsch geprägt, und das selbst dort, wo wertvolle Beiträge von ausländischen Wissenschaftlerinnen und Wissenschaftlern eingebracht worden sind.

Das Auseinanderklaffen der Interpretationsmeinungen zu diesem Thema bringt uns wieder zur Dichotomie von «Intention» und «Struktur» zurück, mit der wir schon zu tun hatten. Der konventionelle und dominierende «hitleristische» Ansatz geht von der Annahme aus, daß Hitler selbst von einem sehr frühen Zeitpunkt an ernstlich daran dachte, die Juden physisch zu vernichten, und daß dies für ihn ein Hauptziel war, das er unbeirrbar verfolgte. Dieser Interpretationssicht zufolge lassen sich die verschiedenen Phasen der Judenverfolgung direkt aus der unabweichlichen Kontinuität der Ziele und Absichten Hitlers herleiten; und die «Endlösung» muß demnach als zentrales Ziel gesehen werden, dessen Verwirklichung der Diktator von Beginn seiner politischen Karriere an erstrebte, sowie als Ergebnis einer mehr oder weniger konsequenten (allein «taktischen» Abweichungen unterliegenden) Politik, die von Hitler «vorprogrammiert» war und letztlich den Befehlen des Führers entsprechend durchgeführt wurde. Im Gegensatz dazu stellt der «strukturalistische» Ansatz die unsystematische und improvisierte Entwicklung der NS-Judenpolitik heraus, die hier als eine Serie von Ad-hoc-Reaktionen eines aufgesplitterten und chaotischen Regierungsapparats gesehen wird. Obwohl dadurch, so wird argumentiert, eine unvermeidliche Radikalisierungsspirale erzeugt worden sei, sei die tatsächliche physische Vernichtung der Juden

die vernichtende Kritik von Martin Broszat, «Hitler und die Genesis der ‹Endlösung›. Aus Anlaß der Thesen von David Irving», *VfZ* 25 (1977), S. 737–775, besonders S. 759 ff.

nicht von vornherein geplant worden, sei vor 1941 auch zu keiner Zeit in irgendeinem realistischen Sinne vorstellbar oder vorhersagbar gewesen und habe sich ad hoc als «Lösung» für die massiven, selbstverursachten Verwaltungsprobleme des Regimes ergeben.

Eine Interpretation, die in der Vernichtung des europäischen Judentums die «programmgemäße» Vollstreckung von Hitlers unveränderbarem Willen sieht, hat (wenn in Wirklichkeit auch nur oberflächlich) etwas unmittelbar Verlockendes und Plausibles an sich. Sie paßt gut zu den Ansichten jener Historikerinnen und Historiker, die das Dritte Reich mit Hilfe der Entwicklung einer spezifisch deutschen Ideologie zu erklären suchen und dabei als ursächlichem Faktor für den Erfolg des Nationalsozialismus der Verbreitung antisemitischer Gedanken und der Schaffung eines ideologischen Klimas, in dem Hitlers radikaler Antisemitismus Anklang finden konnte, großes Gewicht beimessen.[9] Es fällt natürlich nicht schwer, die grundlegende Kontinuität und innere Logik von Hitlers leidenschaftlichem Judenhaß aufzuzeigen, den er von seinem 1919 erfolgten Eintritt in die Politik bis zur Abfassung seines Politischen Testaments Ende April 1945 durchgängig in denkbar extremster Weise zum Ausdruck brachte. Diese Interpretation deckt sich auch mit dem «Totalitarismus»-Modell, demzufolge Staat und Gesellschaft dermaßen «koordiniert» waren, daß sie zu Ausführungsorganen der Wünsche Hitlers wurden, und Hitler als unangefochtener «Herr und Meister im Dritten Reich» die Politik von oben herab bestimmte – zumindest in den Bereichen, die ihn wie die «Judenfrage» sehr stark interessierten. In diesem Lichte gesehen scheint die Logik des Gangs der antijüdischen Politik angefangen vom Boykott und den Gesetzen im Frühjahr 1933 bis hin zu den Gaskammern von Treblinka und Auschwitz klar zu sein. Grob gesagt wurden Millionen von europäischen Juden ermordet, weil Hitler, der deutsche Diktator, es wollte – und schon immer gewollt hatte, seit er mehr als zwei Jahrzehnte zuvor die politische Bühne betre-

9 Zum Beispiel George L. Mosse, *The Crisis of German Ideology* (London 1964).

ten hatte.[10] Diese Erklärung des Holocaust beruht, kurz gesagt, in starkem Maße auf der Annahme, die Antriebskraft und Autonomie des einzelnen menschlichen Willens sei der für den Lauf der Geschichte entscheidende Faktor.

Zahlreiche einflußreiche Arbeiten zur Vernichtung der Juden vertreten diese oder eine ähnliche Art von «hitleristischem» Ansatz. Lucy Dawidowicz erklärt zum Beispiel in ihrem mit viel Beifall bedachten Buch *Der Krieg gegen die Juden,* Hitlers Idee für die «Endlösung» gehe auf ein Erlebnis zurück, das er 1918 im Pasewalker Hospital gehabt habe; und bei der Abfassung des zweiten Bandes von *Mein Kampf* sei er 1925 «nun offen für sein Vernichtungsprogramm ein[getreten]», und zwar mit Worten, die «die Pläne für seine Politik bestimmen [sollten], als er an die Macht gelangte». Dawidowicz schreibt von dem «großen Plan» in Hitlers Kopf, von langfristigen Plänen zur Verwirklichung seiner ideologischen Ziele, in deren Mittelpunkt die Vernichtung der Juden gestanden habe, und meint, die Durchführung seines Plans sei nur davon abhängig gewesen, einen günstigen und zweckmäßigen Moment zu finden. Sie kommt zu dem Schluß: «Hitlers Entschluß vom November 1918 führte durch einen zeitlichen Irrgarten zu Operation Barbarossa. Es hatte niemals eine ideologische Abweichung oder eine Unentschlossenheit gegeben. Am Ende kam es nur auf die Gelegenheit an.»[11]

Eine ähnliche Neigung zu einer personalisierten Erklärung des «Holocaust» ist, wie kaum überraschen dürfte, in führenden Hitler-Biographien zu finden. Bei Toland heißt es, Hitler sei bereits 1919 für die physische Vernichtung der Juden eingetreten und habe seinen Judenhaß in ein definitives «politisches Programm» umgesetzt.[12] Auch Haffner spricht von einem «lange gehegten Wunsch, die Juden ganz Europas auszurotten», und davon, daß Hitler dieses Ziel «von Anfang an» verfolgt habe.[13] Fest stellt eine Verbindung zwischen der ersten Vergasung von Juden 1941 in

10 Mason, «Intention and Explanation» (siehe Kapitel 1 Anmerkung 25), S. 32.
11 Dawidowicz, *Krieg,* S. 139–152.
12 John Toland, *Adolf Hitler* (Bergisch-Gladbach 1977), S. 121.
13 Haffner (siehe Kapitel 4 Anmerkung 10), S. 178–179.

der Nähe von Chelmno in Polen und Hitlers eigenen, im Ersten Weltkrieg gemachten Erfahrungen her, aus denen dieser die in *Mein Kampf* dokumentierte berüchtigte «Lehre» gezogen hatte, daß es vielleicht einer Million Deutscher «das Leben gerettet» hätte, wenn man zwölf- bis fünfzehntausend Juden zu Beginn oder während des Krieges «unter Giftgas gehalten» hätte.[14] Und Binion vertritt in seiner «psychohistorischen» Studie die Ansicht, Hitlers Mission, «Deutschlands jüdischen Krebs» zu entfernen und das «jüdische Gift» auszumerzen, sei aus Halluzinationen hervorgegangen, die er gehabt habe, als er sich in Pasewalk von einer Senfgasvergiftung erholte. Dort habe Hitler angeblich das Trauma vom Tod seiner Mutter (die bei einem jüdischen Arzt in Behandlung gewesen war) in eine hysterische Verbindung zu seinem mit der deutschen Niederlage von 1918 verknüpften Trauma gebracht. Hitler sei aus seinem tranceartigen Zustand mit dem Entschluß erwacht, in die Politik zu gehen, um in Erfüllung seiner Mission «Deutschlands Niederlage ungeschehen zu machen und umzukehren» und die Juden umzubringen. Dies sei seine politische «Hauptbahn» gewesen, die von Pasewalk nach Auschwitz geführt habe.[15]

Auch Gerald Flemings vor kurzem erschienener Untersuchung, in der er so umfassend wie möglich Hitlers persönliche Verantwortung für die «Endlösung» zu dokumentieren sucht, liegt dieselbe Hauptprämisse zugrunde, der Holocaust sei dadurch ausreichend erklärt, daß Hitler schon früh geäußert habe, er wolle die Juden ausrotten, und dann unerschütterlich an dieser Absicht festgehalten habe. Zwar konzentriert sich das Buch fast ausschließlich auf die eigentliche Phase der Ausrottung, aber die Eingangskapitel befassen sich mit Hitlers wachsendem Antisemitismus. Dort wird wiederholt die Behauptung aufgestellt,

14 Fest (siehe Kapitel 4 Anmerkung 8), Band 2, S. 930 (Ullstein-Ausgabe Frankfurt am Main, Berlin und Wien 1976); Adolf Hitler, *Mein Kampf* (München 1933), S. 772.
15 Binion (siehe Kapitel 4 Anmerkung 11), S. 117–119 und Kapitel 1 und 4; Toland, S. 1142 Anmerkung 55 [dort allerdings nur verkürzte Wiedergabe des amerikanischen Textes (New York 1976), S. 934, auf das sich obige Stelle bezieht – Anm. d. Übers.]

«ein gerader Weg» habe von Hitlers persönlichem Antisemitismus und der Entwicklung seines ursprünglichen Judenhasses zu den von ihm im Krieg erteilten Vernichtungsbefehlen geführt – «ein gerader Weg von Hitlers Antisemitismus Linzer Prägung aus der Zeit 1904–1907 bis zu den ersten Massenerschießungen reichsdeutscher Juden im Fort IX in Kowno am 25. und 29. November 1941». Die physische Vernichtung war nach Flemings Ansicht das Ziel, an dem Hitler vom Erlebnis der Novemberrevolution 1918 an bis zu seinem Ende im Bunker beständig festhielt, und Anfang der zwanziger Jahre habe Hitler dann «einen strategischen Plan zur Verwirklichung seines politischen Ziels» entwickelt.[16]

In den einflußreichsten Arbeiten führender westdeutscher Experten zum Dritten Reich wird Hitler außerdem zugeschrieben, er habe unerschütterlich an seinem Ziel festgehalten, die antijüdische Politik von Anfang bis Ende maßgeblich bestimmt und eine entscheidende Rolle bei der Initiierung und Vollstreckung der «Endlösung» gespielt. Auch wenn die sogenannten «Programmologen» bereit sind, «der historischen Situation einen vergleichsweise hohen ‹Stellenwert› für die Verwirklichung der nationalsozialistischen ‹Judenpolitik› einzuräumen»,[17] sind in ihren Augen die antijüdischen Ziele und Maßnahmen der Nazis doch aufs engste mit der Außenpolitik verknüpft und genau wie diese auf langfristige «Endziele» hin angelegt gewesen und wurden «in sich sachlogisch konsequent und [...] stufenweise vorangetrieben».[18] Klaus Hildebrand faßt die Position klar und prägnant zusammen: «Grundlegend für das nationalsozialistische Genocid war Hitlers Rassendogma. [...] Als primär und verursachend, als Motiv und Ziel, als Vorsatz und Fluchtpunkt der ‹Judenpolitik› des Dritten Reiches aber sind nach wie vor Hitlers programmatische Ideen über Judenvernichtung und Rassen-

---

16 Gerald Fleming, *Hitler und die Endlösung. «Es ist des Führers Wunsch»* (Wiesbaden und München 1982), S. 13–27 (wo mindestens viermal von Hitlers «geradem Weg» die Rede ist).
17 Hildebrand, *Das Dritte Reich*, S. 178.
18 Hillgruber, *Endlich genug?*, S. 64–66 und S. 52 Anmerkung 88.

herrschaft einzuschätzen.»[19] Für den Schweizer Historiker Walther Hofer «ist es schlechterdings unerfindlich, wie die Behauptung aufgestellt werden kann, die Rassenpolitik des Nationalsozialismus sei nicht die Verwirklichung der Weltanschauung Hitlers gewesen».[20]

Hofers Bemerkungen sind Teil einer besonders aggressiven Kritik am «strukturalistischen» Ansatz der «revisionistischen» Historiker. Das spezielle Angriffsziel war in diesem Falle Hans Mommsen, dem vorgeworfen wird, er sehe den offensichtlichen Zusammenhang zwischen der Verkündung des Hitlerschen Programms (in *Mein Kampf* und an anderer Stelle) und dessen späterer Verwirklichung nicht, weil er ihn nicht sehen wolle.[21] Mommsen selbst hat in einer Reihe von Artikeln überzeugend dargelegt, daß die Vollstreckung der «Endlösung» keineswegs Hitler allein zugeschrieben werden könne und ebensowenig rein ideologischen Faktoren in der deutschen politischen Kultur.[22] Vielmehr müsse im Dritten Reich die Erklärung im eigentümlich aufgesplitterten Entscheidungsprozeß gesucht werden, der zu improvisierten bürokratischen Initiativen mit ihrer immanenten Eigendynamik geführt und einen dynamischen kumulativen Radikalisierungsprozeß gefördert habe. Mommsen hält die Annahme, daß die «Endlösung» auf einen «Führerbefehl» zurückgehen müsse, für falsch. Zwar habe Hitler zweifellos gewußt und gebilligt, was vor sich ging, doch dürfe man nicht einfach die Tatsache übergehen, daß Hitler bekanntermaßen dazu geneigt habe, den Dingen ihren Lauf zu lassen und Entscheidungen wo immer möglich aufzuschieben. Außerdem sei die genannte Annahme weder mit dem Umstand zu vereinbaren, daß

19 Hildebrand, *Das Dritte Reich*, S. 178.
20 Hofer (siehe Kapitel 1 Anmerkung 2), S. 14.
21 Hofer, S. 14.
22 Siehe Hans Mommsen, «Nationalsozialismus oder Hitlerismus?», S. 66–70; «National Socialism: Continuity and Change», S. 179; «Hitlers Stellung», S. 61 ff (genaue Angaben siehe Kapitel 4 Anmerkung 28), und vor allem seinen hervorragenden Artikel «Die Realisierung des Utopischen: Die ‹Endlösung der Judenfrage› im ‹Dritten Reich›». GG 9 (1983), S. 381–420, hier besonders S. 394–395 und Anmerkung 48–49, 399, 416–418.

Hitler seine persönliche Verantwortung bewußt zu verschleiern suchte, noch damit, daß er eher unterbewußt die eigentliche Realität verdrängte – bei aller Schärfe seiner propagandistischen Äußerungen habe er sich niemals, auch im engsten Vertrautenkreise nicht, wirklich konkret zur «Endlösung» geäußert –, und schließlich widerspreche diese Annahme auch der im Dritten Reich aufrechterhaltenen Fiktion vom «Arbeitseinsatz» und der bei der Arbeit ablaufenden «natürlichen Auslese». Dementsprechend könne es, so folgert Mommsen, keinen – schriftlichen oder mündlichen – förmlichen «Führerbefehl» für die «Endlösung» der «europäischen Judenfrage» gegeben haben. Wenn in den Quellen statt von einem vagen «Wunsch des Führers» von einem «Befehl» oder einem «Auftrag» die Rede sei, dann beziehe sich das ausnahmslos auf den «Kommissarbefehl»-Komplex vom Frühjahr 1941. Obgleich die Massenerschießungen von russischen Juden auf dieses als «Kommissarbefehl» bezeichnete Bündel von Anweisungen zurückgingen, müsse man diese von der eigentlichen «Endlösung» unterscheiden – der systematischen Ausrottung des europäischen Judentums. Und daß letzteres auf einem Hitlerbefehl basierte, hält Mommsen weder für aus den Quellen belegbar, noch für in sich wahrscheinlich. Vielmehr müsse man folgern, daß Hitler zwar der «ideologische und politische Urheber» der «Endlösung» gewesen sei, dabei aber eine «utopische Zielsetzung» nur «in dem Zwielicht unklarer Befehlsgebung und ideologischer Fanatisierung» harte Realität werden konnte und daß die fanatischen Propagandaäußerungen des Diktators in diesem Klima nur zu bereitwillig als Handlungsanweisungen aufgegriffen wurden – von Männern, die dadurch ihren Eifer, die Effizienz ihres Apparates und ihre politische Unentbehrlichkeit beweisen wollten.

Eine im wesentlichen ähnliche Interpretation vertritt Martin Broszat in seiner tiefgründigen Analyse der Genese der «Endlösung».[23] Broszat ist der Auffassung, es habe «überhaupt keinen umfassenden allgemeinen Vernichtungsbefehl gegeben», vielmehr habe sich «das ‹Programm› der Judenvernichtung [...] aus

23 Broszat, «Genesis» (siehe oben Anmerkung 8), S. 753–757.

Einzelaktionen heraus bis zum Frühjahr 1942 allmählich institutionell und faktisch» entwickelt und «nach der Errichtung der Vernichtungslager in Polen (zwischen Dezember 1941 und Juli 1942) bestimmenden Charakter» erhalten. Nach Broszats Ansicht wurde noch bis zum Herbst 1941 eine Deportation der Juden angestrebt, und erst als die Blitzinvasion in die Sowjetunion unerwartet fehlschlug, sich dadurch bedingt die Deportationspläne als problematisch erwiesen und sich die Gauleiter, Polizeichefs, die SS-Spitze und andere Naziführer in den besetzten Gebieten nicht mehr in der Lage sahen, mit den Massen von Juden fertigzuwerden, die in ihren Herrschaftsbereich transportiert und dort konzentriert wurden, seien in wachsendem Maße örtliche «Initiativen» ergriffen worden, um die Juden zu «liquidieren». Diese Maßnahmen seien dann nachträglich von oben «abgesegnet» worden. Dieser Interpretation zufolge entstand daher «die Judenvernichtung [...], so scheint es, nicht nur aus vorgegebenem Vernichtungswillen, sondern auch als ‹Ausweg› aus einer Sackgasse, in die [das Regime] sich selbst manövriert hatte. Einmal begonnen und institutionalisiert, erhielt die Liquidierungspraxis jedoch dominierendes Gewicht und führte schließlich faktisch zu einem umfassenden ‹Programm›».

Broszat betont in diesem Artikel (genau wie Mommsen in seinen Veröffentlichungen) ausdrücklich, man dürfe seine Interpretation keineswegs so verstehen, daß hier moralisch gesehen die Verantwortung und Schuld für die «Endlösung» von Hitler genommen würde, der die «Liquidierungsaktionen» – «wer immer sie im einzelnen vorgeschlagen haben mag» – gebilligt, ihnen zugestimmt und Untergebene zu ihrer Durchführung ermächtigt hatte. Was er damit sagen wolle, sei allerdings, daß im Hinblick auf die tatsächliche Durchführungspraxis der «Endlösung» Hitlers persönliche Rolle nur mittelbar erschlossen werden könne.[24] Und moralisch gesehen liege hier die Verantwortung und Schuld nicht allein beim Führer, sondern erstrecke sich ganz klar auf ganze Gruppen und Ämter im NS-Staat.

Noch weiter reduziert sich Hitlers Rolle in der Analyse des

24 Broszat, «Genesis», S. 756–757.

DDR-Historikers Kurt Pätzold, der gleichfalls deutlich aufzeigt, daß die «Ausrottungspolitik» erst langsam und spät Gestalt annahm und aus unkoordinierten, aber zunehmend brutaleren Versuchen hervorging, die Juden aus Deutschland und aus von Deutschland beherrschten Gebieten zu vertreiben.[25] Diese Beschreibung des Prozesses, der vom ursprünglichen Ziel der Vertreibung zum Völkermord führte, deckt sich mit «strukturalistischen» Erklärungen westlicher Historiker, während Pätzold diesen Prozeß gleichzeitig mit einer dynamischen «Zielstrebigkeit» des Naziregimes in Verbindung bringt, die in «strukturalistischen» Darstellungen manchmal übergangen zu werden scheint. Trotz einer rituellen Überbetonung des funktionellen, den Interessen des Monopolkapitals dienenden Zwecks der antijüdischen Maßnahmen kommt Pätzolds Behandlung des Themas, wie mir scheint, das Verdienst zu, die Vernichtung der Juden als ein Element im Gesamtkontext des rücksichtslosen und entmenschlichenden Expansionsdrangs des NS-Staats festzumachen. Dies ist eine Umkehrung der «hitleristischen» Interpretation, bei der die Zielstrebigkeit des Nationalsozialismus so gut wie ausschließlich von der Ideologie des Führers hergeleitet und das Streben der Nazis nach mehr «Lebensraum» im Hinblick auf Hitlers manische Entschlossenheit, die Juden zu vernichten, als untergeordnet betrachtet wird.

Auch führende israelische Holocaustexperten gehen inzwischen davon aus, daß ein langfristiges Ausrottungsprogramm nicht existiert hat. Yehuda Bauer schreibt zum Beispiel: «Die Politik der Nazis gegenüber den Juden nahm eine stufenweise Entwicklung, doch das heißt nicht, daß den Nazis an jedem beliebigen Wendepunkt nicht auch andere Wahlmöglichkeiten offenstanden, die ernsthaft in Erwägung gezogen wurden. In bezug auf die Juden entwickelte sich in Nazideutschland nur ein klarer Gedanke, der von allen politischen Entscheidungsträgern akzeptiert wurde, nämlich der Gedanke, daß für die Juden in Deutschland letztlich kein Platz war.»[26] In einem solchen Standpunkt

25 Pätzold, «Vertreibung» (siehe oben Kapitel 3 Anmerkung 56).
26 Bauer, S. 11.

kommt die Anerkennung von Ergebnissen zum Ausdruck, die eine detaillierte geschichtswissenschaftliche Erforschung der Entwicklung der antijüdischen Politik der dreißiger Jahre erbracht hat und aus deren gründlicher Analyse hervorgeht, daß die «Straße nach Auschwitz» eine «verschlungene Straße» war und keineswegs der «gerade Weg», den Fleming und andere gesehen haben.[27] Karl Schleunes gelangt in der Tat zu der Ansicht, daß «die Gestalt Adolf Hitlers [...] in diesen Jahren der Suche eine schattenhafte [ist]. Die eigentliche Entscheidung der Judenpolitik trägt zwischen 1933 und 1938 nur selten sichtbar seine Handschrift. Man kann daraus nur schließen, daß er seine Zeit mit wichtigeren Dingen verbrachte. Die launenhaften Sprünge und Ungereimtheiten, die in den ersten fünf Jahren der Naziherrschaft in der Judenpolitik zu beobachten sind, rühren zum Teil davon, daß er es versäumte, Richtlinien auszugeben.»[28] Das Fehlen klarer Ziele führte zu unterschiedlichen und konkurrierenden politischen Entscheidungen, die alle auf Schwierigkeiten stießen. In bezug auf die «Judenfrage» gab es aber kein Zurück mehr, und hier hatte Hitlers bekannte ideologische Judenbesessenheit – ohne daß der Führer einen Finger zu rühren brauchte – die objektive Funktion, aus einem etwaigen Fehlschlag in einer Richtung (Boykott, Gesetzgebung, «Arisierung» oder Emigration) eine erneute Anstrengung zur «Lösung des Problems» erwachsen zu lassen.[29] Wiederum kommt kein Zweifel an Hitlers moralischer Verantwortlichkeit auf und ebensowenig an der Rolle, die seine – wirklichen oder *vermuteten* – Absichten spielten. Doch von einer konsequenten Durchführung ideologischer Prärogative ist wenig oder gar nichts zu sehen: «Die Endlösung war so, wie sie 1941 und 1942 Gestalt annahm, nicht das Produkt eines großen Plans.»[30]

Uwe Dietrich Adam gelangt bei seiner Arbeit (die den zusätzlichen Vorteil besitzt, die Untersuchung in die Kriegszeit hinein

27 Siehe vor allem die Arbeiten von Schleunes und Adam (siehe oben Kapitel 3 Anmerkung 54).
28 Schleunes, S. 258.
29 Siehe Schleunes, S. 259.
30 Schleunes, Einleitung, S. 2.

bis zur Durchführung der «Endlösung» selbst fortzusetzen) zu einer ähnlichen Schlußfolgerung: «Die empirischen Tatsachen bestätigen vorerst nur einmal, daß von einer geplanten und gelenkten Politik auf diesem Gebiet nicht die Rede sein kann, daß ein Gesamtplan über Art, Inhalt und Umfang der Judenverfolgung niemals bestand und daß auch die Massentötung und Vernichtung mit größter Wahrscheinlichkeit von Hitler nicht a priori als politisches Ziel angestrebt wurde.» Anders als Broszat führt Adam den Beginn der «Endlösung» auf einen persönlichen Befehl Hitlers im Herbst 1941 zurück. Doch müsse man dies seiner Meinung nach in den Kontext «einer inneren Entwicklung» stellen, «die auch Hitler zu einem nicht geringen Teil band».[31]

Die hier zusammengefaßten divergierenden geschichtlichen Erklärungen des Holocaust sind durch die grundlegende Dichotomie von «Intention» und «Struktur» bedingt. War die systematische Ausrottung der europäischen Juden die unmittelbare Verwirklichung eines ideologisch motivierten Hitlerschen «Vernichtungsplans», den der Führer nach verschiedenen Stufen eines unerbittlichen Entwicklungsprozesses durch einen schriftlichen oder – wahrscheinlicher – mündlichen «Führerbefehl» irgendwann im Laufe des Jahres 1941 in Kraft setzte? Oder kam die «Endlösung» stückweise und ohne irgendeinen Befehl von seiten Hitlers zustande – als «ein zwingendes Resultat des Systems kumulativer Radikalisierung»[32] im Dritten Reich? Wir gehen jetzt zu einer kurzen Auswertung dieser Positionen über und wollen dabei auch einige der verfügbaren Quellenbelege bewerten, auf denen eine Interpretation aufbauen muß.

31 Adam, *Judenpolitik*, S. 313, 357–360. Siehe auch Uwe Dietrich Adam, «An Overall Plan for Anti-Jewish Legislation in the Third Reich?», *Yad Vashem Studies* 11 (1976), S. 33–55, hier S. 34–35.
32 Mommsen, «Realisierung», S. 399, Anmerkung 65.

Auswertung

Es erscheint wichtig, am Anfang noch einmal zu betonen, daß trotz mancher Behauptungen, die bisweilen von Vertretern eines «hitleristischen» Interpretationsansatzes aufgestellt werden, Hitlers persönlicher Judenhaß, seine einzigartige und zentrale Bedeutung für das NS-System im allgemeinen und dessen antijüdische Politikentwicklung im besonderen sowie Hitlers moralische Verantwortung für das, was geschah, innerhalb der Debatte außer Frage stehen.

Historikerinnen und Historiker, die einen «strukturalistischen» Ansatz verfolgen, akzeptieren durchaus die nicht zu übersehenden Belege dafür, daß Hitler seine gesamte politische «Karriere» hindurch einen persönlichen, ins Pathologische gesteigerten Haß auf Juden hatte (was auch immer dessen Ursprung gewesen sein mag), und erkennen auch, wie wichtig diese paranoide Besessenheit *für die Schaffung des Klimas* ist, in dem die Radikalisierung der antijüdischen Politik stattfand. Um die Hypothese aufs gröbste zuzuspitzen: Wenn Hitler zwischen 1933 und 1945 nicht an der Spitze des deutschen Staates gestanden hätte und sein Fanatismus in der «Judenfrage» nicht Anstoß und Sanktionierung, Prüfstein und Legitimierung für die eskalierende Diskriminierung und Verfolgung gewesen wäre, könnte man sich kaum vorstellen, daß es zur «Endlösung» gekommen wäre. Schon allein dieser Gedanke reicht, um eine grundlegende Verbindung zwischen Hitler und dem Genozid zu schaffen. Darüber hinaus ist der an die Adresse der «Strukturalisten» gerichtete moralische Vorwurf, sie würden die Bösartigkeit Hitlers «bagatellisieren», ebenfalls fehl am Platze. Der «strukturalistische» Geschichtsansatz leugnet keineswegs Hitlers persönliche, politische und moralische Verantwortung für «den Holocaust». Er geht jedoch davon aus, daß große Teile der nicht den Nazis angehörenden deutschen Eliten in der Wehrmacht, der Industrie und der Bürokratie als aktive und willige Handlanger neben der NS-Führung und den Parteigliederungen ebenfalls schuldig waren. Wenn *in bezug auf eine geschichtliche Erklärung* überhaupt irgend etwas einer Verharmlosung nahekommt, dann ist es das offensichtliche Bedürfnis, einen Hauptschuldigen zu finden, um die Aufmerksamkeit von den aktiven Kräften in der deutschen Gesellschaft abzulenken, die nicht erst eines «Führerbefehls» bedurften, um bei der Verfolgung der Juden die Schraube noch um eine weitere Umdrehung anzuziehen, bis die Ausrottung zur logischen (und einzig verfügbaren) «Lösung» wurde. Die Frage nach der Schuldzuweisung lenkt somit von der eigentlichen Frage ab, auf die der *Historiker* eine Antwort finden muß: *Wie konnte es zum Genozid kommen?* Wie wurde ein unausgewogener, paranoider Haß und eine chiliastische Vision zur Realtität und grauenhaften Regierungspraxis?

Die Hauptpunkte, die unter Historikerinnen und Historikern zur Debatte stehen, sind vielmehr, ob die Belege für Hitlers fortgesetzten und konsequenten persönlichen Haß (vor dem Hintergrund eines weitverbreiteten rassistischen Antisemitismus und ideologischen Judenhasses und einer entsprechenden Bereitschaft, «Führerbefehle» auszuführen) eine in sich ausreichende Erklärung für den Holocaust bieten; ob die physische Vernichtung schon von einem sehr frühen Zeitpunkt an von Hitler als Ziel ins Auge gefaßt wurde oder erst um 1941 als realistischer Gedanke Gestalt annahm – als letzte noch vorhandene Option zur «Lösung der Judenfrage»; und schließlich, ob für Hitler die Notwendigkeit bestand, mehr zu tun, als nur das grundlegende Ziel, die Juden von deutschem Territorium zu «entfernen», festzulegen und dann die unkoordinierten, aber zunehmend radikaleren Schritte zu sanktionieren, die von den einzelnen Gruppen im Staat unternommen wurden, um – häufig aus eigenen Gründen heraus und keineswegs in erster Linie von der antisemitischen Ideologie dazu motiviert – aus diesem Fernziel praktische Realität werden zu lassen. Dies sind offene Fragen, bei denen die Antwort durchaus nicht von vornherein feststeht und dogmatische Behauptungen nicht weiterhelfen.

Bei der «intentionalistischen» Position – vor allem bei ihrer von einem «großen Plan» ausgehenden Variante – besteht ein Problem in einer implizit vorhandenen Teleologie, die Auschwitz als Ausgangspunkt nimmt und von dort rückwärtsschauend Hitlers brutale Äußerungen in seinen frühen Reden und Schriften als «ernsthafte Absichtserklärung»[33] behandelt. Da Hitler häufig von der Vernichtung der Juden sprach und die Vernichtung der Juden tatsächlich stattfand, wird der logisch falsche Schluß gezogen, die von Hitler geäußerte «Intention» müsse die Vernichtung *verursacht* haben. In der Rückschau ist es leicht, den barbarischen, aber vagen und ziemlich banalen Allgemeinplätzen von einer «Entfernung» oder sogar einer «Vernichtung» der Juden – die von Anfang der zwanziger Jahre an ein fester Bestandteil der Sprache Hitlers (und anderer auf seiten der völkischen Rechten) war – eine konkrete und spezifische Bedeutung zuzuschreiben. Damit gekoppelt ist das Problem, empirisch festzumachen, ob Hitler mit Blick auf die Verwirklichung seiner Ziele in der Politik einen Wandel initiiert oder herbeigeführt hat – ein Problem, das noch dadurch verschärft wird, daß Hitler in der Öffentlichkeit nicht mit unmenschlichen und brutalen Maßnahmen in Verbindung gebracht werden wollte und daß die «Endlösung» durch Geheimhaltung und eine euphemistische Sprache verschleiert wurde. Wenn im Zusammenhang mit der antijüdischen NS-Politik die Bezeichnung «Programm» oder «Plan» eine wirkliche Bedeutung haben soll, dann müßte sie für mehr stehen als nur die – wie fanatisch auch immer vertretene – Überzeugung, daß man die Juden irgendwie aus Deutschland und ganz Europa «entfernen» und die «Judenfrage» lösen würde. Daß Hitler mehr als solche vagen und ungenauen Vorstellungen hatte, läßt sich für die Zeit vor 1941 kaum belegen. Und schließlich ist die moralische «Lehre», die aus der «hitleristischen» Position gewonnen werden kann, keineswegs eindeutig – ganz zu schweigen von dem «Alibi», das sie für die nichtnationalsozialistischen Institutionen im Dritten Reich liefert. Fleming etwa kommt aufgrund seiner «intentionalistischen» Darlegung der «Endlösung» zu dem recht faden moralischen Schluß, daß Haß den animalischen Zerstörungstrieb nährt, der in jedem von uns zu finden ist.[34]

33 Mommsen, «Nationalsozialismus oder Hitlerismus?», S. 67.
34 Fleming, S. 206, wo er Erich Kästner zitiert: «Ihr liebt den Haß und wollt die Welt dran messen. [...] Das Tier im Menschen soll den Menschen fressen.» Siehe auch S. 204, wo er zu dem Schluß gelangt, daß diejenigen, die Hitlers Befehle ausführten, aus Opportunismus, Servilität und Charakterlosigkeit han-

Wichtiger als eine derartige nichtssagende Moralisierung ist die von «strukturalistischen» Ansätzen gestellte Frage, wie und warum ein politisches System in seiner ganzen Komplexität innerhalb einer Zeitspanne von weniger als zehn Jahren so korrumpiert werden kann, daß es die Durchführung eines Völkermords als eine seiner Hauptaufgaben betrachtet. Das Hauptproblem dreht sich hier um das Wesen «charismatischer Politik» – also darum, wie Hitlers vage zum Ausdruck gebrachte «Intention» von Regierungs- und Verwaltungsstellen, die eine Eigendynamik entwickelten, interpretiert und in die Realität umgesetzt wurde. Dieser «strukturalistische» Interpretationstyp hat auch einige Schwächen. Denn das empirische Material ist selten so gut, daß eine detaillierte Rekonstruktion des Entscheidungsprozesses möglich ist, auf dem ein Großteil der Argumentation gründet. Und wenn hier Zufälle, mangelnde Planung, fehlende Koordinierung, Regierungschaos und das ad-hoc-mäßige «Hervorgehen» der Politik aus einem administrativen Zuständigkeitswirrwarr hervorgehoben werden, existiert die Gefahr, daß dabei die Antriebskraft der (wie vage auch immer zum Ausdruck gebrachten) Intention nicht genügend berücksichtigt wird und die in der Ideologie wurzelnde Stoßkraft und Dynamik aus dem Blickfeld gerät. Allerdings bietet der «strukturalistische» Ansatz die Möglichkeit, Hitlers «Intentionen» innerhalb eines Regierungsrahmens zu *lokalisieren*, der die bürokratische Vollstreckung eines vagen ideologischen Imperativs ermöglichte und aus der Parole von der «Entfernung der Juden» ein Vernichtungsprogramm entstehen ließ. Und wenn man sich auf das geschichtliche Problem konzentriert, wie es zu dem Holocaust kam, statt sich implizit oder explizit an einer Schuldzuweisung zu versuchen, erscheint die Frage, ob Hitler jedesmal die Initiative ergriffen oder einen bestimmten Entschluß ganz allein gefaßt habe, weniger relevant und wichtig.

Wie aus den von Schleunes und Adam zusammengetragenen und analysierten Belegen überzeugend hervorgeht, scheint für

delten sowie aus dem «kleinbürgerlichen Diensteifer einer Gefolgschaft, deren Idealismus mißbraucht wurde».

die Jahre vor dem Krieg festzustehen, daß von Hitler in der «Judenfrage» keine spezifische Initiative ausging und daß er nicht so sehr den Anstoß zu der konfusen und oftmals widersprüchlichen «Politik» gab, sondern eher auf sie *reagierte*. Die Hauptimpulse gingen von dem Druck aus, der «von unten» kam – von den Parteiaktivisten, von der der Organisation und Bürokratie des SS/Gestapo/SD-Apparates innewohnenden Dynamik, von den persönlichen und institutionellen Rivalitäten, die in der «Judenfrage» ein Ventil fanden, und nicht zuletzt von dem wirtschaftlichen Interesse an einer Ausschaltung der jüdischen Konkurrenz und Enteignung des jüdischen Kapitals.

Der landesweite Boykott jüdischer Geschäfte am 1. April 1933 wurde hauptsächlich als Reaktion auf den Druck organisiert, der während der – durch die «Machtergreifung» entfesselten – Welle der Gewalt und Brutalität von radikalen Parteimitgliedern, vor allem innerhalb der SA, ausging. Die einzigen «Pläne», die die NSDAP im Hinblick auf die «Judenfrage» formuliert hatte, bevor Hitler Kanzler wurde, bezogen sich auf Maßnahmen zur rechtlichen Diskriminierung und auf den Entzug der Bürgerrechte.[35] Derart vage und undetaillierte administrative «Pläne» standen kaum mit der wild entschlossenen, gefährlichen Stimmung in Einklang, die nach der «Machtergreifung» im Frühjahr 1933 unter Parteiaktivisten verbreitet war. In diesen Wochen kamen in der «Judenfrage» tatsächlich weder aus der Reichskanzlei noch aus der NS-Parteizentrale irgendwelche Anweisungen.[36] Unterdessen hatte die SA, deren «Begeisterung» nun kaum mehr unter Kontrolle zu halten war, eine eigene antijüdische Boykott- und Gewaltkampagne eingeleitet. Als Gestapochef Rudolf Diels sich über die Exzesse der Berliner SA beschwerte, wurde ihm gesagt, «rein menschlich betrachtet» müsse der SA «ein gewisses Recht eingeräumt werden, Aktionen, die letzten Endes lediglich dem Rechtsempfinden unserer Kameraden entspringen, durchzuführen».[37] Unter Druck reagierte Hitler gegen Ende März mit

35 Schleunes, S. 70; Adam, *Judenpolitik*, S. 28 ff.
36 Schleunes, S. 71.
37 Zitiert nach Karl Dietrich Bracher, Wolfgang Sauer und Gerhard Schulz,

dem Aufruf zu einem allgemeinen Boykott jüdischer Geschäfte und Praxen, der am 1. April beginnen und von einem vierzehnköpfigen Ausschuß unter der Leitung von Julius Streicher vorbereitet und organisiert werden sollte. Wie bekannt, wurde der Boykott ein bemerkenswerter Fehlschlag, und angesichts des negativen Echos im Ausland, der mangelnden Begeisterung bei wichtigen Teilen der konservativen Machtelite (einschließlich Reichspräsident Hindenburg) und der kühlen Gleichgültigkeit des deutschen Volkes wurde die Aktion schon nach einem Tag abgeblasen, und es wurde nie wieder versucht, einen koordinierten nationalen Boykott durchzusetzen. Die schändlichen diskriminierenden Gesetze, die in den ersten Monaten der Diktatur in Kraft traten und auf die Juden unter den Beamten und Freiberuflern abzielten, entstanden in derselben Atmosphäre und unter demselben Druck. Hitler selbst spielte dabei eine begrenzte und eher «mäßigende» als radikalisierende direkte Rolle. Aber die Gangart wurde von der Dynamik der Gewalt und der illegalen Aktionen diktiert, die den Zwang einer *nachträglichen* Legitimierung und Sanktionierung entstehen ließen – ein Prozeß, der sich in späteren Phasen der Judenverfolgung wiederholen sollte.[38]

Nach einer relativ ruhigen Periode zwischen Sommer 1933 und Anfang 1935 begann eine neue antisemitische Welle und hielt bis Herbst 1935 an. Wiederum wurde die Agitation «von unten», durch Druck auf Gauebene und von Aktivisten in der Partei sowie in den Hitlerjugend- und SA-Einheiten in Gang gesetzt und in Gang gehalten. Ein Gauleiter hielt in seinem Bericht fest, daß das Herausstellen der «Judenfrage» nützlich gewesen sei, um die «etwas gedrückte Stimmung in Mittelstandskreisen zu heben».[39] Die Agitation wurde natürlich von Partei und Staat durch Propaganda unterstützt. Aber darüber hinaus griffen Parteizentrale und Reichsregierung vor Mitte August bemerkenswert wenig ein und änderten ihre Haltung erst, als die Boykotte

Die nationalsozialistische Machtergreifung. Studien zur Errichtung des totalitären Herrschaftssystems in Deutschland 1933/34 (Köln und Opladen 1960), S. 862.

38 Schleunes, S. 92–102; Adam, *Judenpolitik*, S. 64 ff, besonders S. 68.

39 Zitiert bei Marlis G. Steinert, *Hitlers Krieg und die Deutschen* (Düsseldorf und Wien 1970), S. 57.

und gewalttätigen Ausschreitungen erkennbar kontraproduktiv wurden, weil sie sich negativ auf die deutsche Wirtschaft auswirkten und weil die häufigen Störungen der öffentlichen Ruhe unpopulär waren. Hitler war daran kaum in irgendeinem direkten Sinne beteiligt. Was immer er instinktiv auch vorgehabt haben mochte, in dieser Phase war er – im Interesse der «Ordnung», der Wirtschaft und der diplomatischen Beziehungen – praktisch gezwungen, die Notwendigkeit einer Beendigung der schädlichen Kampagne anzuerkennen.[40] Dabei mußte er gleichzeitig gegenüber den Parteiakteuren das Gesicht wahren und stand unter dem Druck von Parteiforderungen, die nach «Handeln» in der «Judenfrage» riefen – vor allem nach Gesetzen, die den Forderungen des Parteiprogramms entsprächen. Der daraus resultierende «Kompromiß» war praktisch die Verkündung der berüchtigten «Nürnberger Gesetze» im September 1935 – die sowohl der Forderung nach klaren Richtlinien und einer «Regelung» der «Judenfrage» Rechnung trugen als auch die Diskriminierungsschraube weiter anzogen.

Die Entstehungsgeschichte der Nürnberger Gesetze zeigt deutlich, wie Hitler und die Naziführung zu diesem Zeitpunkt bei ihrer Formulierung der antijüdischen Politik auf den beträchtlichen Druck von unten reagierten.

Die Agitation und gewalttätigen Ausschreitungen im Frühjahr und Sommer 1935 schürten in der Partei erneut Erwartungen auf scharfe antijüdische Gesetze.[41] Reichsinnenminister Frick und andere deuteten bevorstehende Maßnahmen an und gaben halbe Versprechungen ab, Bürokraten beeilten sich, die bereits stattfindende Diskriminierung zu regeln, und die unab-

---

40 Adam, *Judenpolitik*, S. 121.

41 Diese Darstellung der Entstehungsgeschichte der Nürnberger Gesetze beruht in erster Linie auf Adam, *Judenpolitik*, S. 118–122, 126; Schleunes, S. 120–121; und besonders auf der Analyse von Lothar Gruchmann, «‹Blutschutzgesetz› und Justiz. Zur Entstehung und Auswirkung des Nürnberger Gesetzes vom 15. September 1935», *VfZ* 31 (1983), S. 418–442, hier besonders S. 428–433, sowie auf Otto Dov Kulka, «Die Nürnberger Rassengesetze und die deutsche Bevölkerung im Lichte geheimer NS-Lage- und Stimmungsberichte», *VfZ* 32 (1984), S. 582–624.

hängig davon von der Gestapo in bezug auf verschiedene Tätigkeiten von Juden erlassenen Verbote verlangten ebenfalls nach einer nachträglichen Sanktionierung durch die Regierung. Parteiagitatoren waren unter anderem deshalb unzufrieden, weil der seit langem erwartete Ausschluß der Juden von der deutschen Staatsbürgerschaft noch nicht vollzogen worden war. Trotz einiger Hinweise aus dem Reichsinnenministerium, daß dort Vorbereitungen hierzu im Gange seien, brachte der Sommer nichts, was die Hitzköpfe befriedigt hätte. Bei dem anderen – durch Propaganda und Agitation angeheizten – Hauptthema ging es um sogenannte «Mischehen» und sexuelle Beziehungen zwischen «Ariern» und Juden. Wiederum waren es – in Fällen sogenannter «Rassenschande» – illegale, aber sanktionierte terroristische Aktionen, die die Gangart bestimmten und die Atmosphäre prägten. Auf einem wichtigen, von Schacht geleiteten Ministertreffen sahen die Führer des Regimes am 20. August ein, daß ein dringender gesetzgeberischer Handlungsbedarf bestünde. Allein der genaue Zeitpunkt blieb noch offen. Tatsächlich tauchten in der ausländischen Presse Ende August bereits Gerüchte auf, die offizielle Verkündung werde möglicherweise auf dem Nürnberger Parteitag im September erfolgen. Obwohl sich derartige Gerüchte kurz darauf als zutreffend erwiesen, ist es möglich, daß sie zu der Zeit nichts weiter als intelligente Spekulationen waren, da es immer noch so scheint, als sei die Entscheidung, die Gesetze auf einer Sondersitzung des nach Nürnberg einberufenen Reichstags zu verkünden, erst gefallen, nachdem der Parteitag bereits begonnen hatte – wahrscheinlich auf erneuten Druck von seiten des «Reichsärzteführers» Gerhard Wagner hin, der – offenbar nach einer Unterredung mit Hitler – am 12. September verkündete, daß die Absicht bestehe, ein «Gesetz zum Schutz des deutschen Blutes» zu erlassen. Bekanntlich ging es von da an schnell. «Experten» in der «Judenfrage» wurden am 13. September plötzlich nach Nürnberg gerufen und bekamen den Auftrag, ein Gesetz vorzubereiten, um die Heirat von «Ariern» und Juden zu regeln. Der plötzliche Entschluß, während des Parteitags antijüdische Gesetze zu verkünden, scheint hauptsächlich auf Grund von Propaganda-, Inszenierungs- und «Image»-Überlegungen zustandegekommen zu sein. Der Reichstag war nach Nürnberg einberufen worden, wo Hitler ursprünglich beabsichtigte, in Gegenwart des Diplomatischen Corps eine wichtige außenpolitische Erklärung abzugeben, in der der Abessinienkonflikt zur Artikulierung deutscher Revisionsforderungen benutzt werden sollte. Auf Anraten des Außenministers von Neurath wurde dieser Plan am 13. September fallengelassen. Für Reichstag und Partei mußte schnell ein passendes Ersatzprogramm gefunden werden.[42] Das ziemlich unspektakuläre «Reichsflaggengengesetz» würde dem Anlaß kaum gerecht werden. So wurden nun das hastig entworfene «Blutschutzgesetz» und das am 14. September in einer Stunde zu Papier gebrachte «Reichsbürgergergesetz» als bedeutende Gaben vor den Reichstag und die versammelte treuergebene Partei gebracht. Hitler selbst, der die «mildeste» Fassung der ihm vorgelegten Entwürfe zum «Blutschutzgesetz» auswählte, zog es offenbar vor, in der Entwurfphase im Hintergrund zu bleiben und das Rassenpolitische Amt in den Vordergrund zu schieben. In der Frage, wie «ein Jude» zu definieren sei, spielte er eine typisch vage und schwer faßbare Rolle, als sich eine Konferenz Ende des Monats zu diesem Zweck in München traf. Hitler beschränkte sich auf einen langen Monolog über die Juden, verkündete, daß das Definitionsproblem vom Reichsinnenministerium und der Partei geklärt werden würde, und vertagte die Konferenz. Erst Mitte November konnten Staatsbeamte und Parteivertreter sich auf eine Kompromißlösung einigen – nachdem Hitler ein weiteres, für Anfang November geplantes Treffen, bei dem eine Entscheidung in der Angelegenheit von ihm erwartet worden war, abgesagt hatte.[43]

Auch in den relativ ruhigen Jahren 1936–37 ergriff Hitler in der «Judenfrage» keine Initiative, während gleichzeitig zwischen den verschiedenen Stellen, die mit jüdischen Angelegenheiten befaßt waren – also dem Innenministerium, dem Wirtschaftsministerium, dem Außenministerium, der Vierjahresplanbehörde,

---

42 Mommsen, «Realisierung», S. 387 und Anmerkung 20. Siehe zu diesem Abschnitt auch Adam, *Judenpolitik*, S. 125 ff, und Schleunes, S. 121 ff.
43 Adam, *Judenpolitik*, S. 135–140; Schleunes, S. 128.

dem Amt Rosenberg und nicht zuletzt dem SS- und Gestapo-Apparat – die Rivalitäten wuchsen. Eine klare politische Linie lag auch jetzt in weiter Ferne. Von Goebbels' informativen Tagebuchaufzeichnungen aus diesen Jahren her zu schließen, scheint Hitler nur selten direkt über die Juden gesprochen zu haben und dann nur ganz allgemein, wie im November 1937, als er in einem langen Gespräch mit Goebbels über die «Judenfrage» gesagt haben soll: «Die Juden müssen aus Deutschland, ja aus ganz Europa heraus. Das dauert noch eine Zeit, aber geschehen wird und muß das.» Laut Goebbels war der Führer dazu «fest entschlossen».[44]

Diese Bemerkungen fielen nur ein paar Wochen, nachdem Hitler seit einiger Zeit zum erstenmal wieder öffentlich die Juden angegriffen hatte, als er auf dem Parteitag im September 1937 rhetorisch-propagandistisch gegen den «jüdisch-bolschewistischen Weltfeind» zu Felde zog.[45] Das reichte, um eine neue große antisemitische Aktionswelle einzuleiten. Mehr brauchte Hitler selbst jedoch nicht zu tun, um den Prozeß der «Arisierung» jüdischer Konzerne im Interesse des «Großkapitals» anzuheizen – einen Prozeß, der Ende 1937 einsetzte und bei dem in erster Linie Göring die treibende Kraft war – oder um der eskalierenden Welle der Gewalt, die auf den «Anschluß» Österreichs folgte und während der Sudetenkrise im Sommer 1938 noch weiter zunahm, eine Richtung zu geben. Die Agitation und der durch die Masse der Parteimitglieder im Sommer und Herbst desselben Jahres verbreitete Schrecken prägten zusammen mit der im Oktober erfolgenden Ausweisung von rund 17000 in Deutschland lebenden polnischen Juden – ein Schachzug, der seinerseits dadurch ausgelöst worden war, daß die polnische Regierung diesen Juden die Wiedereinreise nach Polen verwehrte – die häßliche, angespannte Atmosphäre, die sich in dem sogenannten «Kristallnacht»-Pogrom vom 9. zum 10. November entlud. Und, wie allgemein bekannt, war der Initiator in diesem Fall Goebbels,

44 Eintrag vom 30. November 1937, in *Die Tagebücher von Joseph Goebbels* (hg. v. Elke Fröhlich im Auftrag des Instituts für Zeitgeschichte), Teil 1 Band 3 (München, New York, London und Paris 1987), S. 351.
45 Adam, *Judenpolitik*, S. 173.

der danach trachtete, die Situation auszunützen, um Hitlers Gunst wiederzuerlangen und bei ihm seinen geschwundenen Einfluß wiederherzustellen. Abgesehen davon, daß er Goebbels offenbar mündlich grünes Licht gab, achtete Hitler darauf, im Hintergrund zu bleiben und keine Verantwortung für Aktionen zu übernehmen, die in der Öffentlichkeit unpopulär waren und (wenn natürlich auch nicht aus menschlichen Motiven heraus) von NS-Führern verurteilt wurden.[46]

«Die Kristallnacht», folgert Schleunes, «war ein Produkt der mangelnden Koordination, die die Planung der Judenpolitik durch die Nazis kennzeichnete, und das Ergebnis einer allerletzten Anstrengung von Radikalen, die Kontrolle über diese Politik an sich zu reißen.»[47] Propagandamäßig gesehen war sie ein Fehlschlag. Wie gewöhnlich stimmten die Naziführer trotz ihrer unterschiedlichen Vorschläge zur Lösung des «Problems» darin überein, daß radikale Maßnahmen erforderlich seien. Die Juden waren nun aus dem Geschäftsleben ausgeschlossen, und die Verantwortung für die «Lösung der Judenfrage» lag, auch wenn formal Göring mit ihr betraut war, praktisch in den Händen der SS. Die Auswanderung, die in der Panik nach dem Pogrom stark zugenommen hatte, blieb das Hauptziel und sollte durch eine im Januar 1939 eingerichtete zentrale Behörde abgewickelt werden. Der Kriegsbeginn änderte nichts an diesem Ziel. Aber er veränderte die entsprechenden Durchführungsmöglichkeiten.

Der Krieg selbst und die schnelle Eroberung Polens führten zu einem Wandel in der «Judenfrage». Eine Zwangsauswanderung stand nicht mehr zur Wahl, und Pläne, nach denen zum Beispiel versucht werden sollte, Juden gegen Devisen zu «verkaufen», waren jetzt nicht mehr realisierbar. Nachdem die Nazis bereits an der Idee gearbeitet hatten, Deutschland «judenrein» zu machen, sahen sie sich nun natürlich mit zusätzlichen drei Millionen polnischer Juden konfrontiert. Andererseits brauchte man jetzt kaum noch Rücksicht auf Reaktionen im Ausland nehmen,

---

46 Siehe Adam, *Judenpolitik*, S. 206–207; Schleunes, Kapitel 7 (besonders S. 240 ff); und allgemein zum Pogrom und seinen Folgen Rita Thalmann und Emmanuel Feinermann, *Die Kristallnacht* (Frankfurt am Main 1987).

47 Schleunes, S. 236.

so daß die Juden in Polen – die als «Ostjuden» besonders verachtet waren und in denen man die niedrigste Form einer fast schon nicht mehr menschlichen Existenz in einem besiegten Feind sah, den man an sich schon verachtete – weit barbarischer behandelt wurden, als das in Deutschland oder Österreich der Fall gewesen war. Außerdem ließ der Umstand, daß die Partei und die Polizei mehr oder weniger freie Hand bekamen und nicht von gesetzlichen Beschränkungen oder Sorgen um die «öffentliche Meinung» eingeengt waren, viel Raum für selbständige individuelle «Initiativen» in der «Judenfrage».

Bevor wir uns der Debatte über die Frage, ob die «Endlösung» durch einen einzigen umfassenden «Führerbefehl» eingeleitet wurde und wann ein solcher Befehl gegeben worden sein mag, zuwenden wollen, erscheint es wichtig, einen kurzen Blick auf den zwischen 1939 und 1941 immer stärker werdenden Radikalisierungsprozeß zu werfen.

In einem administrativen Erlaß vom 21. September 1939 legte Heydrich die allgemeinen Richtlinien für die Judenverfolgung in Polen fest und unterschied dabei zwischen einem langfristigen «Endziel» beziehungsweise «geplanten Gesamtmaßnahmen» – die nicht weiter erklärt wurden und absolut geheimgehalten werden sollten – und kurzfristigen «Vorausmaßnahmen», bei denen unter anderem die Konzentrierung der Juden in größeren Städten an Eisenbahnknotenpunkten vorgesehen war.[48] Es wäre falsch, nun zu folgern, das vage angedeutete Endziel sei gleichbedeutend mit der programmierten Vernichtung, wie sie sich später unter der Bezeichnung «Endlösung» tatsächlich herausschälte. Der operative Teil des Erlasses bezog sich allerdings deutlich auf die vorübergehende Konzentrierung der Juden zur anschließenden weiteren Deportation. Ein paar Wochen später erteilte Himmler am 30. Oktober die Anordnung, alle Juden aus dem nordwestlichen Teil Polens, der nun «Wartegau» genannt wurde und dem Reich angegliedert war, in das sogenannte Generalgouvernement – das von den Deutschen besetzte restliche Polen, das unter der Leitung von Generalgouverneur Hans Frank

48 Pätzold, «Vertreibung» (siehe Kapitel 3 Anmerkung 56), S. 193.

stand – zu deportieren, um für die an ihrer Stelle anzusiedelnden Deutschen Wohnungen und Arbeitsplätze freizumachen. Hans Frank mußte entsprechende Vorbereitungen treffen, um mehrere hunderttausend aus dem Warthegau deportierte Juden und Polen in Empfang zu nehmen.[49] Die Politik der Zwangsvertreibung führte zwangsläufig zur Einrichtung von Gettos – von denen das erste im Dezember 1939 in Łódz (Litzmannstadt) entstand. Beinah zur gleichen Zeit wurde für alle Juden im Generalgouvernement Arbeitszwang eingeführt. Diese Doppelmaßnahme aus Gettoisierung und Arbeitszwang erzeugte einen Teil der Dynamik, die später in der «Endlösung» kulminieren sollte.[50] Zu der Zeit ging man davon aus, daß die Deportationen aus den annektierten Gebieten dort zu einem raschen Ende der «Judenfrage» führen würden und daß im Generalgouvernement die arbeitsunfähigen Juden (einschließlich der Frauen und Kinder) in Gettos eingepfercht und die zu harter Arbeit fähigen Juden auf Zwangsarbeitslager verteilt werden würden. Dieser Entschluß, der im Januar 1940 auf einer Sitzung hoher SS-Führer gefaßt wurde und den zwangsläufigen Tod Tausender von Menschen durch Erschöpfung, Hunger und Krankheit in Kauf nahm, markiert den Punkt, an dem «die mörderische antisemitische Idee, bisher in einer allgemeinen, abstrakten Form existierend, begann, die Gestalt eines konkreten Vorhabens anzunehmen. Zu diesem Zeitpunkt war der Entschluß zur Ermordung von Millionen noch nicht gefallen, aber gedanklich wie praktisch war ein Schritt auf ihn hin getan».[51]

Anfang 1940 bestanden immer noch grundlegende Meinungsverschiedenheiten hinsichtlich einer «Lösung der Judenfrage», und es gab keine Anzeichen für irgendein klares oder umfassendes Programm. Hans Frank, der offensichtlich nicht von einer baldigen «Lösung» ausging, deutete im März in einer Rede an, daß das Reich während des Krieges nicht «judenrein» gemacht

49 Pätzold, «Vertreibung», S. 194. – Zu der Rolle, die Frank aus der heutigen Sicht seines Sohnes damals in Polen spielte, siehe Niklas Frank, *Der Vater. Eine Abrechnung* (München o. J., ca. 1986) – Anm. d. Übers.
50 Pätzold, «Vertreibung», S. 196–197; Mommsen, «Realisierung», S. 406.
51 Pätzold, «Vertreibung», S. 196.

werden könne.[52] Ein paar Monate später wurde Frank mit der Forderung konfrontiert, eine Viertelmillion Bewohner des Łódzer Gettos zu übernehmen, die Gauleiter Greiser aus dem Warthegau entfernen wollte. Frank lehnte ab, woraufhin ein zu Greisers Begleitung gehörender Regierungspräsident in einem unheilverkündenden Ton erklärte, «die Judenfrage» müsse «auf irgendeine Weise gelöst werden».[53]

Nachdem inzwischen auch westeuropäische Juden in deutsche Hände gefallen waren und nun die reale Möglichkeit einer gesamteuropäischen «Lösung» bestand, gab die «Judenpolitik» Mitte 1940 immer noch ein chaotisches Bild ab. Eichmann nährte weiterhin Vorstellungen von einem umfassenden Auswanderungsprogramm nach Palästina.[54] Auch 1941 wurden durchaus noch Versuche unternommen, die Auswanderung der Juden aus Deutschland selbst (hauptsächlich über Spanien und Portugal) zu fördern.[55] Willkürliche Deportationen von Juden aus östlichen Reichsgebieten in das Generalgouvernement wurden allerdings im März 1940 durch Göring untersagt, nachdem Hans Frank es abgelehnt hatte, noch mehr Deportierte aufzunehmen.[56] Und für die «Ostjuden» – die bei weitem die Mehrheit der unter deutscher Herrschaft befindlichen Juden bildeten – stand eine Auswanderung erst gar nicht zur Debatte. Im Juni 1940 informierte Heydrich Außenminister Ribbentrop, daß das «Gesamtproblem» von rund dreieinviertel Millionen Juden in den unter deutscher Herrschaft stehenden Gebieten «durch Auswanderung nicht mehr gelöst werden» könne und daß daher «eine territoriale Endlösung» notwendig werde.[57] Dem Repräsentanten der Reichsvereinigung der Juden in Deutschland

52 Pätzold, «Vertreibung», S. 198.
53 Pätzold, «Vertreibung», S. 197.
54 Mommsen, «Realisierung», S. 407
55 Pätzold, «Vertreibung», S. 199–200; Christopher Browning, *The Final Solution and the German Foreign Office* (New York 1978), S. 44; Helmut Krausnick, «Judenverfolgung», in Hans Buchheim, Martin Broszat, Hans-Adolf Jacobsen und Helmut Krausnick (Hg.), *Anatomie des SS-Staates* Band 2 (Olten und Freiburg 1965), S. 283–448, hier S. 371.
56 Browning, *Final Solution*, S. 46; Mommsen, «Realisierung», S. 407.
57 Pätzold, «Vertreibung», S. 201.

wurde mitgeteilt, daß die Regierung daran denke, die Juden in einem Reservat in einem noch nicht näher bezeichneten Kolonialgebiet unterzubringen.[58] Ein paar Tage zuvor hatte Franz Rademacher, Leiter des «Judenreferats» im Auswärtigen Amt, Pläne vorgelegt, die vorsahen, das Reservat auf Madagaskar einzurichten. Dieser Vorschlag wurde offenbar von Himmler gebilligt, Hitler erwähnte ihn im selben Monat Mussolini und dessen Außenminister Ciano gegenüber im Gespräch, und erst Anfang 1942 wurde der Plan ad acta gelegt.[59] Die Reservatspläne würden eine Zeitlang durchaus ernstgenommen und können angesichts neuerer Forschungsergebnisse nicht als bloße Tarnung für die Frühphase der «Endlösung» betrachtet werden – wenn auch zweifellos derartige Reservatspläne ebenso auf eine physische Vernichtung hinausgelaufen wären.[60]

Gegen Ende 1940 war für die jüdischen Gettos in Polen auf absehbare Zeit kein Ende in Sicht. Gleichzeitig verschlechterte sich die Lage der Bewohner täglich mehr und glich zunehmend der entsetzlichen Karikatur einer jüdischen Existenz, wie sie in dem widerlichen Propagandafilm von 1940, *Der ewige Jude*, dargestellt wurde.[61] Aus der Sicht der nationalsozialistischen Oberherren verlangten die mit den Gettos verbundenen akuten Hygiene-, Verpflegungs-, Unterbringungs- und Verwaltungsprobleme nach «eine[r] Druckentlastung und eine[r] Lösung». Mögliche Auswege wurden bereits eruiert: Im März 1941 schlug Victor Brack – Oberdienstleiter in der Kanzlei des Führers und zuständig für die sogenannte «Euthanasie-Aktion», bei der zwischen 1939 und 1941 in Deutschland mehr als 70 000 Kranke und Geisteskranke sowie sogenannte Asoziale umgebracht worden waren – Methoden für die Sterilisierung von täglich zwischen 3000 und 4000 Juden vor.[62]

58 Mommsen, «Realisierung», S. 407.

59 Browning, *Final Solution*, S. 38, 79.

60 Mommsen, «Realisierung», S. 395 Anmerkung 52, 408; Pätzold, «Vertreibung», S. 206.

61 Siehe David Welch, *Propaganda and the German Cinema 1933–1945* (Oxford 1983), S. 292 ff.

62 Pätzold, «Vertreibung», S. 204.

Zu dieser Zeit, im Frühjahr 1941, waren die nationalsozialistische und die militärische Führung vollauf mit den Vorbereitungen für den Einmarsch in die Sowjetunion beschäftigt (und erwarteten einen schnellen Blitzkriegsieg). Bei diesen Vorbereitungen nahm das «Judenproblem» eine neue Dimension an – die letzte Phase vor der eigentlichen «Endlösung». Die Anweisung an die SS-Einsatzgruppen, russische Juden zu erschießen, kennzeichnete eine Radikalisierung der antijüdischen Politik, die Christopher Browning zu Recht als «Quantensprung» bezeichnet.[63] Dies führt uns wieder zu dem Punkt, der uns in diesem Zusammenhang am meisten interessiert: Hitlers persönlicher Rolle bei der Entstehung der «Endlösung».

In der Unzulänglichkeit der Quellen spiegelt sich in beträchtlichem Maße die Geheimhaltung der Mordunternehmen und die absichtliche Unklarheit der auf diese hinweisenden Begriffe. Dadurch bedingt haben Historikerinnen und Historiker aus denselben Quellenbelegen sehr unterschiedliche Schlußfolgerungen in bezug auf den Zeitpunkt und die Art der Entscheidung (beziehungsweise Entscheidungen) zur Vernichtung der Juden gezogen. Eberhard Jäckel deutet darauf hin, daß Hitler bereits im Sommer 1940 die Entscheidung zur Vernichtung der europäischen Juden getroffen habe, bezieht sich aber dabei auf eine Quelle, die er selbst nicht für sehr zuverlässig hält (die Memoiren von Himmlers Masseur und Vertrauten Felix Kersten).[64] Krausnick schreibt von einem «geheimen Befehl zur Ausrottung der Juden», den Hitler spätestens im März 1941 im Zusammenhang mit der Anweisung, die politischen Kommissare der Roten Armee zu erschießen, erteilt habe.[65] Hillgruber vertritt die Ansicht, Hitler habe entweder Himmler oder Heydrich spätestens im Mai 1941 einen mündlichen Befehl zur systematischen «Liquidierung» der russischen Juden erteilt, und meint, noch vor Ende Juli

63 Browning, *Final Solution*, S. 8.

64 Eberhard Jäckel, «Hitler und der Mord an den europäischen Juden», in Peter Märtesheimer und Ivo Frenzel (Hg.), *Im Kreuzfeuer: Der Fernsehfilm «Holocaust». Eine Nation ist betroffen* (Frankfurt am Main 1979), S. 151–162, hier S. 156.

65 Krausnick, «Judenverfolgung» (siehe oben Anmerkung 55), S. 361 (siehe auch S. 366–368).

1941 sei ein Befehl ergangen, der die erste Anordnung auf alle europäischen Juden ausgeweitet habe. Am 31. Juli 1941 wurde Heydrich von Göring beauftragt, Vorbereitungen für «eine Gesamtlösung der Judenfrage im deutschen Einflußgebiet in Europa» zu treffen und einen «Gesamtentwurf» der erforderlichen Maßnahmen «zur Durchführung der angestrebten Endlösung der Judenfrage» vorzulegen.[66] Die meisten der führenden Darstellungen (zum Beispiel von Reitlinger, Hilberg, Dawidowicz und jetzt auch Fleming) gehen übereinstimmend davon aus, Hitler habe im Frühjahr oder wahrscheinlicher im Sommer 1941 den Entschluß zur Durchführung der «Endlösung» gefaßt, und sind der Ansicht, dies lasse sich auch aus dem Göring-Auftrag vom 31. Juli entnehmen.[67] Auch für Christopher Browning ist der Göring-Auftrag von zentraler Bedeutung, da er eine Entscheidung widerspiegele, die Hitler im Sommer getroffen habe, nämlich den Mordbefehl auf alle europäischen Juden auszuweiten. Er relativiert Hitlers Entscheidung allerdings insofern, als er in ihr eher eine Anstiftung als eine klare Anordnung sieht, die der Führer im Oktober oder November gebilligt und sanktioniert habe.[68] Adam vertritt den Standpunkt, Hitlers Entscheidung sei eher im Herbst als im Sommer gefallen – zu einer Zeit, als der deutsche Vormarsch in Rußland zum Stillstand gekommen war und sich die vagen Ideen von einer «territorialen Lösung» östlich

66 Andreas Hillgruber, «Die ideologisch-dogmatische Grundlage der nationalsozialistischen Politik der Ausrottung der Juden in den besetzten Gebieten der Sowjetunion und ihre Durchführung 1941–44», *German Studies Review* 2 (1979), S. 264–296, hier S. 273 und auch S. 277–278; Andreas Hillgruber, «Die ‹Endlösung› und das deutsche Ostimperium als Kernstück des rassenideologischen Programms des Nationalsozialismus», in Funke (siehe Kapitel 3 Anmerkung 27), S. 94–114, hier S. 103–105. Görings Anordnung ist wiedergegeben in Krausnick, «Judenverfolgung», S. 372–373, und Gerald Reitlinger, *Die Endlösung. Hitlers Versuch der Ausrottung der Juden Europas* (Berlin ²1957; übers. v. J. W. Brügel), S. 92–93.

67 Reitlinger, S. 89–94; Raul Hilberg, *Die Vernichtung der europäischen Juden* (Berlin 1982); Dawidowicz, *Krieg*, S. 126; Fleming, S. 59.

68 Adam, *Judenpolitik*, S. 312–313. Für ein ähnliches Datum votiert ein kürzlich von Shlomo Aronson veröffentlichter Artikel: «Die dreifache Falle. Hitlers Judenpolitik, die Alliierten und die Juden», *VfZ* 32 (1984), S. 51–52.

des Urals als völlig illusionär erwiesen hatten.[69] Eine radikalere Position wird von Broszat, Mommsen und Streit eingenommen. Sie weisen rundweg die Behauptung zurück, daß es einen einzigen spezifischen und umfassenden – schriftlichen oder mündlichen – «Führerbefehl» gegeben habe, und legen die Betonung auf die kumulative «Sanktionierung» «faktischer» Vernichtungsaktionen, die von anderen Stellen initiiert worden und zwischen Sommer 1941 und Anfang 1942 wild eskaliert seien und aus denen sich dann die eigentliche «Endlösung» – die systematische Vergasung in den Vernichtungslagern – «entwickelt» habe.[70] Zu einer ähnlichen Interpretationssicht scheint Hans-Heinrich Wilhelm implizit am Ende einer vor kurzem veröffentlichten erschöpfenden Untersuchung über die «Einsatzgruppen» zu gelangen, wenn er schreibt, Hitler habe im Sommer 1941 eine Entscheidung getroffen, die sich allerdings «lediglich» auf das «Ostjudentum» bezogen habe und die später – wenn auch nicht ohne Hitlers ausdrückliche Zustimmung – schrittweise erweitert und radikalisiert worden sei.[71]

Wie diese unterschiedlichen Interpretationen führender Experten zeigen, gibt es im Hinblick auf die genaue Art der Entscheidung zur Durchführung der «Endlösung», ihren exakten Zeitpunkt und sogar für das tatsächliche Vorhandensein einer solchen Entscheidung keine eindeutigen Belege. Zwar haben nach dem Krieg zweitrangige SS-Führer in Gerichtsprozessen wiederholt von einem «Führerbefehl» oder einem «Auftrag» ge-

69 Browning, Final Solution, S. 8, und Christopher Browning, «Zur Genesis der ‹Endlösung›. Eine Antwort an Martin Broszat», *VfZ* 29 (1981), S. 97–109, hier S. 98 und 108.
70 Broszat, «Genesis», S. 753, Anmerkung 26, 763 ff; Mommsen, «Realisierung», S. 416 und Anmerkung 148, 417; Christian Streit, Besprechung von Helmut Krausnick und Hans-Heinrich Wilhelm, *Die Truppe des Weltanschauungskrieges. Die Einsatzgruppen der Sicherheitspolizei und des SD 1938–1942* (Stuttgart 1981) in *Bulletin of the German Historical Institute, London* 10 (1982), S. 17. In seinem früheren Buch, *Keine Kameraden. Die Wehrmacht und die sowjetischen Kriegsgefangenen 1941–1945* (Stuttgart 1978), S. 126 und S. 355, Anmerkung 274, scheint Streit Adams These gutzuheißen, findet allerdings auch Broszats damals gerade erschienenen «Genesis»-Artikel «überzeugend».
71 Krausnick und Wilhelm, S. 634–635.

sprochen, doch hat kein unmittelbarer Zeuge eines solchen Befehls den Krieg überlebt. Und trotz der ganzen Brutalität seiner eigenen Äußerungen gibt es keinen Beleg dafür, daß Hitler – und sei es im engsten Vertrautenkreise – kategorisch von einem Entschluß gesprochen hätte, die Juden töten zu lassen. Allerdings lassen die von ihm überlieferten Bemerkungen nicht den geringsten Zweifel daran, daß er das, was in seinem Namen geschah, billigte, darüber in weitem Maße Bescheid wußte und dem Geschehen seine Zustimmung erteilte.[72] Die Interpretation beruht deshalb auf einem Abwägen der «Wahrscheinlichkeit» der einzelnen Thesen.[73] In dieser Hinsicht müssen wir uns kurz die entsprechenden Belege ansehen.

Hitler hatte es nicht nötig, Anweisungen zu erteilen oder deutliche Initiativen zu ergreifen, um den Radikalisierungsprozeß in der «Judenfrage» zwischen 1939 und 1941 zu fördern. Die Dynamik erhielt ihren Schwung vielmehr, wie wir gesehen haben, durch eine Kombination von bürokratischen Maßnahmen, die vom Reichssicherheitshauptamt ausgingen (und deren administrative Folgen man sich nicht ganz klarmachte), und von Ad-hoc-Initiativen, die «vor Ort» von Individuen und Ämtern ergriffen wurden, die für die Erfüllung einer immer schwerer zu handhabenden Aufgabe verantwortlich waren. Typisch für Hitlers Haltung war der Ende 1940 von ihm geäußerte Wunsch, man möge seinen Gauleitern im Osten die «notwendige Bewegungsfreiheit» für die Erledigung ihrer schwierigen Aufgabe einräumen; er werde von seinen Gauleitern *nach zehn Jahren* nur die einzige Meldung verlangen, daß ihr Gebiet rein deutsch sei, und werde sie nicht fragen, welche Methoden sie zu diesem Zwecke angewendet hätten.[74] Seine eigene direkte Rolle war größtenteils

---

72 Siehe Mommsen, «Realisierung», S. 391 ff. Es steht nicht fest, ob und inwieweit Hitler über die tatsächlichen Einzelheiten des Mordens im Osten direkt unterrichtet wurde (siehe S. 409 und Anmerkung 117), auch wenn Anweisung erteilt worden war, ihn hinsichtlich der von den «Einsatzgruppen» erzielten «Fortschritte» auf dem laufenden zu halten (siehe Fleming, S. 123; Krausnick und Wilhelm, S. 335).

73 Broszat, «Genesis», S. 753; Browning, «Zur Genesis», S. 98, 105, 109.

74 Zitiert in Krausnick und Wilhelm, S. 626–627.

auf den Bereich der Propaganda beschränkt – auf öffentliche Haßtiraden und schreckliche, dabei aber vage Vorhersagen zum Schicksal der Juden. Die berüchtigste ist seine Reichstagsrede vom 30. Januar 1939, in der er «prophezeite», der Krieg werde zur «Vernichtung der jüdischen Rasse in Europa» führen – eine Prophezeiung, auf die er sich in den folgenden Jahren immer wieder bezog und die er nachträglich bezeichnenderweise auf den 1. September 1939, den Tag des Kriegsausbruchs, datierte.[75] Daran zeigt sich, wie Hitler im Geiste den Krieg und seine «Mission», die Juden zu vernichten, miteinander verband, und diese Verbindung fand ihren tödlichen Schnittpunkt in der Konzeption des «Vernichtungskriegs» gegen die Sowjetunion.[76]

Die den Einsatzgruppen erteilten Befehle zur Ausrottung der russischen Juden waren Teil des Gesamtkomplexes der barbarischen Vorbereitungen für den Angriff auf die Sowjetunion, durch den auch die Wehrmacht in eine Reihe krimineller Weisungen verwickelt wurde, die mit dem «Kommissarbefehl» zusammenhingen – der befohlenen Erschießung der politischen Kommissare der Sowjetarmee. Genau wie der Kommissarbefehl basierten auch die Instruktionen, die Heydrich den SS-Todeskommandos während ihrer «Übungen» und Einsatzbesprechungen in den Wochen vor der Invasion gab, mit an Sicherheit grenzender Wahrscheinlichkeit auf einer von Hitler mündlich erteilten Blankoermächtigung, wie Einsatzgruppenleiter nach dem Krieg wiederholt erklärt haben.[77] Die Einsatzgruppen waren in starkem Maße an der Ermordung von insgesamt mehr als zwei Millionen russischer Juden beteiligt; allein schon die Einsatzgruppe A teilte Anfang Januar 1942 die «Exekution» von 229052 Juden mit.[78]

75 Hillgruber, «Die ideologisch-dogmatische Grundlage», S. 271, 285 ff; Jäkkel, «Hitler und der Mord», S. 160–162.

76 Siehe zu diesem Punkt besonders Hillgrubers Aufsätze; Näheres oben in Anmerkung 66.

77 Krausnick, «Judenverfolgung», S. 361–367; Krausnick und Wilhelm, S. 150 ff, 634; Hillgruber, «Die ideologisch-dogmatische Grundlage», S. 273; Heinz Höhne, *Der Orden unter dem Totenkopf. Die Geschichte der SS* (Gütersloh 1967), S. 329–330.

78 Krausnick, «Judenverfolgung», S. 367; Krausnick und Wilhelm, S. 619. Auf Grund einer äußerst erschöpfenden Analyse der unvollständigen Belege

Ihre detaillierten monatlichen «Ereignisberichte» gehören zu den schrecklichsten Überbleibseln des Dritten Reiches. Die große Anzahl ermordeter russischer Juden spricht eindeutig eher für einen von oben erteilten allgemeinen Auftrag als für örtliche «Initiativen» von schießwütigen Einheiten der Einsatzgruppen.[79] Gleichzeitig deutet die unterschiedliche Vorgehensweise der einzelnen Einheiten darauf hin, daß der Wortlaut der ihnen erteilten Instruktionen nicht eindeutig und unmißverständlich gewesen war. Im übrigen steht fest, daß dies nicht *der* Befehl für die «Endlösung» war. Er war auf die «Ostjuden» beschränkt und wurde aller Wahrscheinlichkeit nach erst nach ein oder zwei Monaten (möglicherweise auf Himmlers Initiative hin) auf Frauen und Kinder ausgedehnt.[80] Wie Wilhelm dargelegt hat,[81] erscheint es wahrscheinlich, daß bei den verschiedenen Einsatzbesprechungen der Einsatzgruppen nicht nur die Rede von einer Ausrottung der Juden in den russischen Gebieten war, in die die Gruppen nun abkommandiert werden sollten, sondern daß von der Vernichtung aller Juden in dem von Deutschland besetzten Teil Europas gesprochen wurde. Aber zu diesem Zeitpunkt war eindeutig noch nichts Konkretes beschlossen worden. Tatsächlich war den Einsatzgruppenleitern und anderen SS-, Polizei- und Parteiführern in den besetzten Ostgebieten offensichtlich nicht ganz klar, welchen Umfang ihre Aufgabe hatte und wie eine langfristige Lösung des «Judenproblems» aussehen würde. Wilhelm weist darauf hin, die starken Meinungsverschiedenheiten und unterschiedlichen Interpretationen ließen erkennen, daß «der ‹Führerbefehl› zur Judenvernichtung ebenso wenig sakrosankt [war] wie so mancher andere ‹Führerbefehl›. Über seine Auslegung und über zweckmäßige Modifikationen durfte nach-

schätzt Wilhelm die Gesamtzahl der ermordeten russischen Juden auf mindestens 2,2 Millionen (Krausnick und Wilhelm, S. 618–622). Wie viele davon speziell von den Einsatzgruppen umgebracht wurden, läßt sich nicht genau feststellen.

79 Krausnick und Wilhelm, S. 634.
80 Krausnick und Wilhelm, S. 164–165; Streit, Rezension (siehe oben Anmerkung 70), S. 18.
81 Krausnick und Wilhelm, S. 627.

gedacht werden und wurde nachgedacht».[82] Selbst Hitler äußerte sich in dieser Zeit im engeren Kreise auf mehrdeutige und widersprüchliche Weise über den zukünftigen Kurs antijüdischer Aktionen und dürfte damit unter den Beteiligten einige Verunsicherung ausgelöst haben.[83]

Ein Hinweis darauf, daß schon, bevor die Einsatzgruppen mit ihren Massakern an russischen Juden begonnen hatten, die Möglichkeit einer alle europäischen Juden betreffenden «Lösung» eruiert wurde, findet sich in Eichmanns Rundschreiben vom 20. Mai 1941, in dem er mitteilt, Göring habe die Auswanderung von Juden aus Frankreich und Belgien untersagt (damit die Ausreisemöglichkeiten für deutsche Juden nicht behindert würden), und außerdem erwähnt, daß die «Endlösung der Judenfrage» unmittelbar bevorstehe und «zweifellos kommen» werde.[84] Doch erst mehr als zwei Monate später, nachdem die Todeskommandos schon beinah sechs Wochen lang in der Sowjetunion gewütet hatten, erhielt Heydrich von Göring den Auftrag, die erforderlichen Vorbereitungen für «eine Gesamtlösung der Judenfrage» zu treffen.[85] Wie bereits erwähnt, wird diese Ermächtigung, die in Erwartung eines unmittelbar bevorstehenden Sieges über die Sowjetunion vom Reichssicherheitshauptamt aufgesetzt und von Göring unterzeichnet worden war,[86] häufig so gedeutet, daß darin eine Weisung Hitlers zum Ausdruck komme, die *den* Befehl zur «Endlösung» ausmache. Eine solche Deutung scheint fraglich. Ob Göring (der das in Nürnberg natürlich bestritt), Heydrich oder Himmler um diesen Zeitpunkt herum von Hitler selbst eine feste Weisung oder präzise mündliche Anordnungen erhielten, läßt sich nicht beweisen und ist an sich zu bezweifeln. Vielleicht nickte Hitler nur mit dem Kopf, wie Browning meint, und angesichts der Art des Entscheidungsprozesses und der Politikdurchführung genügte das dann, um deutlich zu machen, daß die Zeit gekommen sei, eine «Gesamtlösung» des

82 Krausnick und Wilhelm, S. 630.
83 Krausnick und Wilhelm, S. 630–631.
84 Krausnick, «Judenverfolgung», S. 371; Reitlinger, S. 92; Fleming, S. 57.
85 Reitlinger, S. 92.
86 Siehe Mommsen, «Realisierung», S. 409.

«Problems» ins Auge zu fassen.[87] Wenn dieser Punkt überhaupt
mit Hitler zu diesem Zeitpunkt besprochen wurde, dann kann
man fast sicher davon ausgehen, daß auf beiden Seiten drakoni-
sche, aber alles offen lassende Formulierungen benutzt wurden.
Möglicherweise ging auch die Initiative vom Reichssicherheitshauptamt und nicht von Hitler selbst aus.

Ohne Frage waren der Sommer und der Herbst 1941 auf seiten
der NS-Behörden (und, wie wir gesehen haben, sogar auf seiten
Hitlers) durch ein hohes Maß an Verwirrung und widersprüchlichen Auslegungen des Ziels der antijüdischen Politik gekennzeichnet. In dieser Phase wurde bei der «Liquidierung» der
Juden experimentiert und zur «Selbsthilfe» und «örtlichen Initiative» gegriffen, vor allem als (in diesem Fall eindeutig auf
Befehl Hitlers) im Herbst 1941 die Transporte aus dem Reich und
aus Westeuropa erst einmal ostwärts zu rollen begonnen hatten.
Die Nazibonzen in Polen und Rußland griffen daraufhin zu radikalen Ad-hoc-Maßnahmen – Liquidierungen –, um mit der riesigen Anzahl von Juden fertigzuwerden, die aus dem Westen in
ihren Zuständigkeitsbereich gebracht und willkürlich sozusagen
vor ihrer Tür abgeladen wurden.[88] Unterdessen eskalierte der
Prozeß des Mordens rasch – und nicht allein in der «Judenfrage».
Christian Streit hat gezeigt, daß die Wehrmacht sich bereitwillig
an der zunehmenden Barbarei des «Vernichtungskriegs» beteiligte, indem sie eng mit den Einsatzgruppen zusammenarbeitete
und fast zwei Drittel der in deutsche Hände gefallenen sowjetischen Kriegsgefangenen liquidierte.[89] Ursprünglich war das anfangs kleine Konzentrationslager von Auschwitz erweitert worden, um sowjetische Gefangene aufzunehmen, und die Opfer der
ersten Experimente mit den dortigen Gaskammern waren nicht
Juden, sondern sowjetische Kriegsgefangene.

87 Browning, «Zur Genesis», S. 105. Siehe auch Mommsens Anmerkungen
zu dem Göring-Befehl in «Realisierung», S. 409 und 417 Anmerkung 49.

88 Broszat, «Genesis», S. 750 ff; siehe auch Mommsen, «Realisierung»,
S. 410–412.

89 Streit, *Keine Kameraden* (siehe oben Anmerkung 70); siehe Hans Mommsens Besprechung von Streits Buch in *Bulletin of the German Historical Institute,
London* 1 (1979), S. 17–23.

Die für den Sommer und Herbst 1941 feststellbare Mischung aus Verwirrung, Widersprüchen und Improvisationen läßt sich jedoch durchaus mit der Ansicht vereinbaren, das Reichssicherheitshauptamt habe den Göring-Befehl als Auftrag für einen Plan zur physischen Vernichtung aller Juden in Europa aufgefaßt und auf dieses Ziel hingearbeitet.[90] Rudolf Höß (der Kommandant von Auschwitz) und Adolf Eichmann sagten nach dem Krieg beide aus, daß sie den Befehl zur physischen Liquidierung der Juden im Sommer 1941 erhalten hätten, und diese Aussage, die in sich noch kein einschlägiger Beweis ist, wird durch Indizien gestützt, die sich auf die zeitliche Entwicklung der Vernichtungsaktionen im Herbst beziehen.[91]

Am 23. Oktober 1941 verbreitete die Gestapo durch einen Runderlaß Himmlers Befehl, eine weitere Auswanderung der Juden zu unterbinden.[92] Im selben Monat wurde dem Reichskommissar für das Ostland (Baltikum), Hinrich Lohse, die Erlaubnis erteilt, nichtarbeitsfähige Juden – auch die aus Deutschland deportierten – durch Kohlenmonoxydgase zu liquidieren. Das sollte in «Gaswagen» geschehen, die von Victor Brack aus der Kanzlei des Führers entworfen worden waren, der die Vergasungstechniken als Leiter der «Euthanasie-Aktionen» entwickelt hatte.[93] Es steht fest, daß spätestens zu diesem Zeitpunkt nicht nur die SS-Führung, sondern auch das Auswärtige Amt, das Ministerium für die besetzten Ostgebiete und die Kanzlei des Führers im Bilde waren.[94] Mit dem Bau des Vernichtungslagers in Belzec und des Vernichtungskomplexes in Auschwitz-Birkenau wurde aller Wahrscheinlichkeit nach im November oder Dezember 1941 begonnen. Ende November wurden in Riga die ersten

90 Siehe Browning, «Zur Genesis», S. 103.

91 Browning, «Zur Genesis», S. 100–101.

92 Krausnick, «Judenverfolgung», S. 373.

93 Krausnick, «Judenverfolgung», S. 409–412; Browning, «Zur Genesis», S. 101–102; Fleming, S. 81–84.

94 Browning, «Zur Genesis», S. 102. Die «Judenexperten» des Außenministeriums gingen offenbar immer noch davon aus, daß eine grundlegende «Lösung der Judenfrage» nach dem Krieg herbeigeführt werden würde (dessen Ende ihres Erachtens unmittelbar bevorzustehen schien): siehe Browning, *Final Solution*, S. 66.

deutschen Juden erschossen, und zu Beginn des folgenden Monats fanden in den Vernichtungswagen, die dem Lager von Chelmno in Polen zugeteilt worden waren, die ersten Vergasungen statt. Mitte November soll Himmler zu seinem Masseur, Kersten, gesagt haben, daß die Vernichtung der Juden unmittelbar bevorstehe, und Ende des Monats verschickte Heydrich die Einladungen zur Wannsee-Konferenz, die ursprünglich für den 9. Dezember geplant war, dann aber auf den 20. Januar 1942 verschoben wurde und deren Zweck es sein sollte, eine Vernichtungspolitik zu regeln und zu koordinieren, die bereits im Gange war.[95] Zwar waren auf der Konferenz einige methodische, technische und organisatorische Fragen zu klären, aber ab Dezember 1941 konnte es kaum noch Zweifel am Ziel der antijüdischen Politik geben. Hans Frank teilte in jenem Monat einigen NS-Führern im Generalgouvernement mit, daß sie die Liquidierung der Juden selbst besorgen müßten, da diese nicht anderswohin deportiert werden könnten.[96] Und auf die Frage, ob im Osten alle Juden ohne Rücksicht auf Alter, Geschlecht und wirtschaftliche Erfordernisse liquidiert werden sollten, erhielt der für die baltische Region zuständige Reichskommissar Lohse zur Antwort: «In der Judenfrage dürfte inzwischen durch mündliche Besprechungen Klarheit geschaffen sein. Wirtschaftliche Belange sollen bei der Regelung des Problems grundsätzlich unberücksichtigt bleiben.»[97]

Aus diesen verworrenen Hinweisen zieht Browning den plausiblen Schluß, Hitler habe im Oktober oder November «den im Sommer 1941 von ihm veranlaßten Vernichtungsplan» gebilligt.[98] Diese Interpretation zeigt, daß die im Sommer und Herbst 1941 in der Judenpolitik zweifellos fehlende Klarheit und die Adhoc-Aktionen keinen Widerspruch zur Existenz eines – zugegebenermaßen chaotischen – Entwicklungsprozesses bilden müs-

95 Bei dieser Chronologie folge ich Browning, «Zur Genesis», S. 106–107.
96 Browning, «Zur Genesis», S. 107.
97 *IMT*, Band 32, S. 436–437 (Dokumente 3663 – PS und 3666–PS).
98 Browning, «Zur Genesis», S. 107. Siehe auch die abwägende Beurteilung von Wolfgang Scheffler, «Zur Entstehungsgeschichte der ‹Endlösung›», *APZ* (30. Oktober 1982), S. 3–10.

sen, der im Zusammenhang mit einem vage zum Ausdruck gebrachten – und implizit, wenn auch nicht mit Bestimmtheit auf Vernichtung hinauslaufenden – Vorschlag für eine «Gesamtlösung» stand, den Hitler im Sommer billigte und schließlich im Herbst sanktionierte, als der Plan ein konkreteres Stadium erreicht hatte. Dies stimmt mit der – für sich allein nicht schlüssigen – Aussage der beiden Hauptbeteiligten, Höß und Eichmann, überein und paßt besser zum zeitlichen Ablauf der Vorbereitungen für die Vernichtung als Adams späte Datierung, die Hitlers Entscheidung auf den Herbst 1941 festlegt.

Hitlers genaue Rolle bleibt allerdings im Dunkeln. In jedem Fall hat sich ein allgemeiner Vernichtungs*plan* als solcher erst langsam entwickelt. Wenn Mommsen und Broszat auch die Vorstellung verwerfen, eine «Weisung» des Führers habe die Genozidpolitik in Gang gesetzt, so scheint doch viel davon abzuhängen, wie man sich eine solche Weisung vorstellt. Hierbei ist man auf Mutmaßungen angewiesen. Brownings Interpretation scheint wiederum die plausibelste zu sein: daß nämlich Hitler in groben Zügen über die Entwicklungen unterrichtet und sein Einverständnis eingeholt wurde, daß aber jeder «Führerbefehl» nicht mehr als eine vage Sanktionierung von Vorschlägen und Initiativen war, die radikal eskalierten und von anderen in der Gewißheit gemacht oder unternommen wurden, daß sie dabei im Einklang mit dem Willen des Führers handelten.

Wenn man diese Diskussion über die Entstehung der «Endlösung» zu den polarisierten «hitleristischen» und «strukturalistischen» Interpretationen in Beziehung setzt – also zu der einen Sichtweise, die betont, ein langfristig geplantes, auf Vernichtung hinzielendes Programm habe in einem Befehl Hitlers gegipfelt, und der anderen, die von einem Prozeß dauernder Improvisation als Ausweg aus selbstverursachten Verwaltungsschwierigkeiten ausgeht –, dann dürfte man zu dem Schluß kommen, daß keines der Modelle eine ganz befriedigende Erklärung liefert und daß offensichtlich Platz für Kompromisse ist.

Trotz seiner beispiellos brutalen Sprache lassen sich bei Hitler nur schwer direkte Handlungen festmachen. Zwar war sein Judenhaß zweifellos eine Konstante, doch änderte sich das Verhältnis dieses Hasses zur aktuellen Politik im Laufe der Zeit beträchtlich, während die politischen Möglichkeiten immer beschränkter wurden. Hitler selbst war an der offenen Formulierung dieser Politik kaum beteiligt – weder in den dreißiger Jahren noch während der Herausbildung der «Endlösung» selbst. Seine Hauptrolle bestand darin, für das brutale Klima zu sorgen, in dem die Verfolgung stattfand, und Initiativen, die hauptsächlich von anderen kamen, zu sanktionieren und zu legitimieren. Mehr war nicht erforderlich. Die launenhaften Sprünge, die die antijüdische Politik sowohl vor dem Krieg als auch in den Jahren 1939–41 machte und aus denen sich die «Endlösung» entwikkelte, widerlegen jede Vorstellung von einem «Plan» oder «Programm». Die Radikalisierung konnte erfolgen, ohne daß Hitler entscheidend den Kurs bestimmte. Doch sein dogmatisches, unerschütterliches Festhalten an einem vagen ideologischen Imperativ – «Entfernung der Juden» aus Deutschland und anschließende «Endlösung der Judenfrage» –, der in bürokratische und exekutive Maßnahmen übertragen werden mußte, war nichtsdestoweniger eine unerläßliche Voraussetzung für die eskalierende Barbarei und den schrittweisen Übergang zum umfassenden Völkermord.

Ohne Hitlers fanatisches Bestreben, das Judentum zu zerstören, aus dem sich erst 1941 die physische Vernichtung der Juden Europas als realisierbares Ziel herauskristallisierte, wäre es aller Wahrscheinlichkeit nach nicht zum Holocaust gekommen. Es wäre aber auch, wie Streit betont,[99] nicht dazu gekommen, wenn die Wehrmacht sich nicht aktiv beteiligt hätte – die einzige Kraft, die noch in der Lage gewesen wäre, das Naziregime unter Kontrolle zu halten. Ebensowenig hätte dabei das – bis hin zu aktiver Komplizenschaft reichende – Einverständnis der Beamtenschaft fehlen dürfen, die bemüht war, die mit der zunehmenden Diskriminierung verbundenen Anforderungen zu erfüllen. Auch ohne die Führungskräfte der deutschen Industrie, die die Produktion der Todesmaschinerie leiteten und ihre Fabriken in unmittelbarer Nähe der Konzentrationslager errichteten, wäre die «Endlö-

99 Streit, *Keine Kameraden*, besonders Kapitel 3, 6 und 13.

sung» nicht möglich geworden. [100] Und innerhalb des SS/SD/
Gestapo-Organisationskomplexes waren es weniger die absoluten Rassefanatiker als die ehrgeizigen Organisatoren und kom-
petenten Verwaltungsfachleute wie Eichmann und die eiskalten
Henker wie Höß, die aus einer höllischen Vision eine Hölle auf
Erden machten. [101]
Zusammen mit dem organisierten Chaos in den Ostgebieten,
das durch das Fehlen einer klaren, zentralen Leitung und eines
entsprechenden Konzepts zustande kam, sowie durch das unter
den unmenschlichsten Bedingungen erfolgende Zusammenpfer-
chen von immer größeren Massen von «Untermenschen», lie-
ferte der langwierige, aber schrittweise Prozeß der Entpersön-
lichung und Entmenschlichung der Juden den Kontext, in dem
der Massenmord – sobald er im Rußlandfeldzug erst einmal eingeführt worden war – ad hoc angewandt und ausgeweitet wurde,
bis sich aus ihm die totale Vernichtung entwickelte. Gleichzeitig
ging die «Endlösung» nicht einfach aus einer Unzahl von örtlichen «Initiativen» hervor: Wenn zuerst auch zögernd, wurden
im Zentrum doch entscheidende Schritte unternommen, um die
Maßnahmen zur völligen Vernichtung zu koordinieren. Die entsprechende zentrale Leitung scheint jedoch größtenteils vom
Reichssicherheitshauptamt und weniger von Hitler ausgegangen
zu sein, wobei die wichtigsten Schritte von ihm allerdings zweifellos allgemein gebilligt und sanktioniert wurden.

100 Eine kurze Diskussion des wirtschaftlichen Kontextes, in dem es zur
«Endlösung» kam, findet sich oben in Kapitel 3.
    101 Hannah Arendt sagt gegen Ende ihrer kontroversen Darstellung des Eich-
mann-Prozesses: «Das beunruhigende an der Person Eichmanns war doch gerade, daß er war wie viele und daß diese vielen weder pervers noch sadistisch,
sondern schrecklich und erschreckend normal waren und sind.» Arendt, *Eichmann*
(siehe oben Anmerkung 7), S. 326. Dem Herausgeber von Höß' autobiographi-
schen Erinnerungen zufolge wird darin der Kommandant von Auschwitz eher als
«kleinbürgerlich-normaler Mensch» denn als sadistische Bestie sichtbar: Martin
Broszat (Hg.), *Kommandant in Auschwitz. Autobiographische Aufzeichnungen von Rudolf
Höß* (Stuttgart 1961 sowie München 1978), S. 15. Der ideologische Antisemitismus scheint in diesen Fällen höchstens ein sekundäres Motiv geliefert zu haben,
so auch bei Franz Stangl, Kommandant im Todeslager von Treblinka: siehe Gitta
Sereny, *Am Abgrund* (Frankfurt am Main, Berlin und Wien 1980).

Hitlers «Intention» war bei dem in der Vernichtung gipfelnden Radikalisierungsprozeß in der antijüdischen Politik mit Sicherheit ein grundlegender Faktor. Wichtiger ist für eine Erklärung des Holocaust jedoch das Wesen der «charismatischen» Herrschaft im Dritten Reich und die Art und Weise, in der sie die Dynamik der mit Blick auf «heroische», chimärenhafte Ziele eskalierenden Radikalisierung in Gang hielt und dabei die Regierungsstruktur zersetzte und aufsplitterte. Dies war der wesentliche Rahmen, in dem Hitlers Rassenwahn in praktische Politik umgesetzt werden konnte.

Diese Untersuchung der komplexen Entwicklung der zum Kern der Hitlerschen Weltanschauung gehörenden Rassenpolitik hat gezeigt, daß es zwar sinnlos wäre, von Hitler als einem «schwachen Diktator» zu reden, daß es aber auch irreführend wäre, das Dritte Reich als eine monokratische Diktatur anzusehen, bei der eine einzelne Befehlsstruktur für die geregelte und zentral gelenkte konsequente Vollstreckung des Führerwillens gesorgt hätte. Nun werden wir unsere Aufmerksamkeit noch dem Gebiet zuwenden, bei dem Hitlers lenkende Hand am deutlichsten sichtbar zu sein scheint: der Außenpolitik.

6

Die nationalsozialistische Außenpolitik: Hitlers «Programm» oder «Expansion ohne Ziel»?

Mehrere wichtige Aspekte der deutschen Außenpolitik im Dritten Reich zählen immer noch zu den ungelösten Problemen und sind weiterhin Gegenstand der wissenschaftlichen Debatte. Auch im außenpolitischen Bereich sind die Interpretationsmeinungen in den letzten Jahren – vor allem bei westdeutschen Wissenschaftlern – in die beiden «Lager» gespalten, von denen schon in anderem Zusammenhang die Rede war: «Intention» und «Struktur». Die DDR-Forschung zeigt bislang kein Interesse an dieser interpretativen Auseinandersetzung, denn sie legt ihrer Arbeit natürlich andere Prämissen zugrunde und konzentriert sich darauf, die expansionistischen Ziele der deutschen Industriegiganten zu dokumentieren und zu analysieren – eine Aufgabe, der sie sich mit nicht geringem Erfolg widmet. Doch bei aller Anerkennung der imperialistischen Aspirationen des deutschen Kapitalismus haben westliche Forscherinnen und Forscher Erklärungen, die in Hitler und anderen führenden Nazis wenig mehr als Vollstrecker der Ziele des Großkapitals sehen, noch nie besonders überzeugend gefunden. Tatsächlich tendiert, wie wir in einem früheren Kapitel gesehen haben, im Westen die konventionell-orthodoxe Richtung, die zu einem großen Teil von westdeutschen Historikerinnen und Historikern getragen wird, dazu, derartige Erklärungen umzudrehen und einem kompromißlosen «Primat der Politik» im Dritten Reich das Wort zu reden. Und unabhängig von irgendwelchen Interpretationsnuancen wird allgemein und mit Nachdruck hervorgehoben, daß Hitler den Kurs der deutschen Aggression in Übereinstimmung mit jenem «Programm» steuerte, welches er (für alle, die es sehen wollten) in *Mein Kampf* und im *Zweiten Buch* skizziert hatte. Parallel zu den Holocaust-Erklärungen wird auch im außenpolitischen Bereich Hitlers ideologischen Zielen ein regelrechter Primat zugeschrieben und gesagt, durch sie sei eine konsequente Außenpolitik entstanden, deren grobe Umrisse und Planziele lange im voraus «vorprogrammiert» worden seien.

Diese Interpretationssicht wird seit ein paar Jahren von Historikerinnen und Historikern in Frage gestellt, die an die Außenpolitik und andere Aspekte der NS-Herrschaft mit einer «strukturalistischen» Methode heranzugehen suchen – auch wenn die «strukturalistische» Argumentation gerade auf diesem Gebiet eher auf schwachen Füßen steht. Vertreter/innen eines «strukturalistischen» Ansatzes lehnen Vorstellungen von einer Außenpolitik mit klaren Konturen, welche sich im Einklang mit einem von Hitler stammenden ideologischen «Programm» entfalteten, ab und betonen statt dessen, daß Umfang und Zielrichtung der Expansion unklar und unspezifisch gewesen seien und daß es zu dieser Expansion in nicht geringem Maße aufgrund der unkontrollierbaren Dynamik und radikalisierenden Schwungkraft der Nazibewegung und des NS-Regierungssystems gekommen sei. Bei diesem schrittweisen und etwas wirren Entwicklungsprozeß hätten – genau wie bei der «Judenfrage» – Begriffe wie «Lebensraum» lange Zeit als Propagandaslogans und «ideologische Metaphern» gedient, ehe sie als erreichbare und konkrete Ziele erschienen seien. Auch hier liegt die Betonung mehr auf der *Funktion* von Hitlers außenpolitischem «Image» und seinen ideologischen Fixierungen als auf seinem unmittelbaren persönlichen Eingreifen und den von ihm ausgehenden Initiativen. Und statt von Hitler das Bild eines Mannes mit unerschütterlichem Willen und kristallklarer Weitsicht zu zeichnen, der die Ereignisse nach seinem Geschmack und seinen ideologischen Zielen entsprechend formte, wird er als «ein Mann der Improvisation, des Experimentierens und der Augenblickseingebung» dargestellt.[1] Jede im Kurs der deutschen Außenpolitik entdeckte

---

1 Hans Mommsen, Besprechung von Jacobsen (siehe oben Kapitel 4 Anmerkung 31), S. 183.

«Logik» oder innere «Rationalität» komme, so heißt es, rein te-
leologisch zustande – indem man sich die Endergebnisse ansehe
und diese im Lichte der offenbar prophetischen Äußerungen
deute, die Hitler in den zwanziger Jahren von sich gegeben habe.
Ehe wir eine kurze Auswertung versuchen, die sich mit Hitlers
Rolle beim Zustandekommen außenpolitischer Entscheidungen,
mit der Bedeutung seiner ideologischen Fixierungen für die Festlegung der außenpolitischen Entwicklung und mit dem Ausmaß
der expansionistischen Ambitionen der Nazis befaßt, müssen wir
etwas detaillierter die Hauptströmungen in der Historiographie
untersuchen und uns die Argumente führender Vertreter der gerade erwähnten Interpretationsrichtungen ansehen.

Interpretationen

Welche Ziele Hitler genau verfolgte, wird schon lange von
Fachleuten auf dem Gebiet der deutschen Außenpolitik diskutiert. Zwei seit langer Zeit bestehende kontroverse Themenbereiche – ob Hitler ein ideologischer Visionär mit einem aggressiven
«Programm» oder bloß ein zutiefst «prinzipienloser Opportunist» gewesen sei und ob seine außenpolitischen Ziele neu und
revolutionär oder im wesentlichen die Fortsetzung einer traditionellen deutschen Expansionspolitik gewesen seien – lassen
sich im Ansatz in den antagonistischen Positionen erkennen, die
bereits vor Jahren die britischen Historiker Trevor-Roper und
Taylor eingenommen haben. Während Taylor (etwas kapriziös
wie immer) den Standpunkt vertrat, in bezug auf internationale
Angelegenheiten sei an Hitler «nichts auszusetzen, außer daß er
ein Deutscher war»[2], gehörte Trevor-Roper zu den ersten Historikern, die – was heutzutage recht banal erscheinen mag – in
Hitlers Ideen eine grundlegende und beharrliche Konsequenz

---

2 A. J. P. Taylor, *The Origins of the Second World War* (Harmondsworth 1971),
S. 27 [in der deutschen Ausgabe *Die Ursprünge des Zweiten Weltkrieges* (Gütersloh
1962) offenbar nicht enthalten].

entdeckten und Hitler tatsächlich als einen Mann ernst nahmen, dessen Ideen – so widerwärtig sie auch waren – neu gewesen seien und traditionelle Grenzen des politischen Denkens durchbrochen hätten.[3] Auf eine Art ließen sich beide Sichtweisen auf eine unterschiedliche Interpretation gleicher Quellen zurückführen, zu denen gerade auch die bisweilen ambivalenten Kommentare von Hermann Rauschning, dem ehemaligen Senatspräsidenten von Danzig, gehörten.[4] Es wurde jedoch schon bald darauf hingewiesen, daß zwischen den Interpretationen, so wie sie waren, nicht unbedingt ein Widerspruch bestand: Man konnte in Hitler sowohl einen fixierten Ideologen sehen als auch einen Mann, der ein besonderes Talent dafür besaß, die sich ihm in der Außenpolitik bietenden Gelegenheiten auszunutzen.[5]

Als dieses Bild von Hitler als fanatischem Visionär, der mit schonungsloser Konsequenz die von ihm festgelegten Ziele verfolgte, erst einmal öffentlich vorgebracht worden war, setzte es sich rasch in den Köpfen fest. Größere Studien, die damals erstellt wurden – und hier vor allem die, die sich mit der deutschen Außenpolitik befaßten –, gingen von der Prämisse aus, daß Hitlers expansionistische Ideologie todernst genommen werden müsse und daß die Unterschätzung Hitlers innerhalb und außerhalb Deutschlands ein fataler Schlüssel zu seinem Erfolg gewesen sei. Trevor-Roper hatte bereits betont, daß Hitlers Lebensraumpläne für Osteuropa ernst gemeint gewesen seien, und dieser Gedanke wurde nun von Günter Moltmann noch erweitert: Er war der erste, der die These vertrat, Hitlers Pläne hätten sich nicht auf Europa beschränkt, sondern hätten buchstäblich auf die Weltherrschaft Deutschlands abgezielt.[6] Diese These wurde

3 H. R. Trevor-Roper, «Hitlers Kriegsziele», *VfZ* 8 (1960), S. 121–133.

4 Siehe Hermann Rauschning, *Gespräche mit Hitler* (Zürich 1940 und Wien 1973) und *Die Revolution des Nihilismus* (Zürich und New York 1938). Unverzichtbar für eine Auswertung des von Rauschning vorgelegten Materials ist Theodor Schieder, *Hermann Rauschnings «Gespräche mit Hitler» als Geschichtsquelle* (Opladen 1972).

5 Siehe Alan Bullock, «Hitler and the Origins of the Second World War», in Esmonde M. Robertson (Hg.), *The Origins of the Second World War* (London 1971), S. 189–224, hier besonders S. 192–193.

6 Günter Moltmann, «Weltherrschaftsideen Hitlers», in O. Brunner und

bald systematischer ausgearbeitet: In seiner 1963 veröffentlichten Analyse der Kriegsziele Hitlers ging Hillgruber mit Blick auf die NS-Außenpolitik von einem Dreistufenplan aus, durch den Deutschland zuerst die Hegemonie über ganz Europa, dann über den Nahen Osten und andere britische Kolonialgebiete und schließlich – in ferner Zukunft – über die USA und damit die ganze Welt erlangen sollte.[7] Das heuristische Instrument des «Stufenplans» beeinflußte die meisten der späteren einflußreichen Arbeiten zur Außenpolitik, unter denen Klaus Hildebrands umfangreiche Untersuchung über die deutsche Kolonialpolitik besonders hervorragte.[8] In neuerer Zeit haben Analysen der deutschen Flottenpläne, der bombastischen Architekturprojekte und der auf Großbritanniens Besitzungen im Nahen Osten hinzielenden Politik weitere stützende Argumente für die These von der «Weltherrschaft» geliefert.[9]

Eine «Unterdebatte» rumort zwischen den «Kontinentalisten» (wie etwa Trevor-Roper, Jäckel und Kuhn), für die Hitlers «Endziele» die Eroberung von «Lebensraum» in Osteuropa miteinschließen, und den «Globalisten» (Moltmann, Hillgruber, Hildebrand, Dülffer, Thies, Hauner und anderen), die von ihrer – derzeit dominierenden – Interpretation her in Hitlers außenpolitischen Ambitionen nichts weniger als das Streben nach totaler Weltherrschaft erkennen und akzeptieren. Beiden Positionen ist jedoch gemeinsam, daß sie als programmatische Elemente der Hitlerschen Weltanschauung und als Kernstück seiner Politik die Eroberung von «Lebensraum» und die Rassenherrschaft hervorheben, in denen sie zwei immanent miteinander zusammenhängende Komponenten sehen. Dabei sollen Begriffe wie «Stu-

D. Gerhard (Hg.), *Europa und Übersee. Festschrift für Egmont Zechlin* (Hamburg 1961), S. 197–240.

7 Hillgruber, *Hitlers Strategie* (siehe oben Kapitel 1 Anmerkung 17).

8 Hildebrand, *Vom Reich zum Weltreich* (siehe oben Kapitel 1 Anmerkung 17).

9 Jost Dülffer, *Weimar, Hitler und die Marine. Reichspolitik und Flottenbau 1920–1939* (Düsseldorf 1973); Jochen Thies, *Architekt der Weltherrschaft. Die «Endziele» Hitlers* (Düsseldorf 1976); Milan Hauner, *India in Axis Strategy: Germany, Japan, and Indian Nationalists in the Second World War* (Veröffentlichungen des Deutschen Historischen Instituts, London, Band 7, Stuttgart 1981).

fenplan» oder «Programm», wie betont wird, allerdings nicht den Anschein erwecken, als würde hier ein «Fahrplan zur Weltherrschaft» beschrieben. Vielmehr sollen mit ihnen «die wesentlichen Triebkräfte und zentralen Ziele der Außenpolitik Hitlers» erfaßt werden, «die unverrückbar waren (‹Lebensraum›-Eroberung; Rassenherrschaft; Weltmachtstellung), ohne darüber die ‹Improvisation› des Diktators und den hohen Grad seiner taktischen Wendigkeit zu verkennen».[10] Ob «Kontinentalist» oder «Globalist» — beide betrachten in den bisher zusammengefaßten Interpretationen die deutsche Außenpolitik als Hitlers Außenpolitik. Ein Historiker zum Beispiel, der eine typische Ansicht über Hitlers persönliche Rolle bei der Festlegung der NS-Außenpolitik vertritt, sieht ihn «im Rahmen des totalitären Staats» nicht nur als «obersten Herrn und Gebieter», sondern auch als Hauptanimator» an.[11] So wichtig schien ihm der Führer für die Entwicklung der deutschen Außenpolitik zu sein, daß derselbe Historiker, Milan Hauner, in einem anderen Aufsatz, der sich mit dem Ziel der Weltherrschaft befaßte, es für notwendig erachtete, seine Leser zu warnen, «daß in diesem Überblick der Name ‹Hitler› häufig anstelle von ‹Deutschland› gebraucht wird». Dies stellt den Gipfel der «hitleristischen» Interpretationssicht dar, denn Hauner erachtet «die charismatische Ausstrahlung Hitlers und den totalitären Charakter seiner Macht» für so bedeutsam, «daß Hitler von dem Augenblick an, in dem er die volle Kontrolle über die [deutschen] außenpolitischen und militärischen Angelegenheiten übernahm, zu Recht als Personifizierung der Willenskraft Deutschlands angesehen werden kann».[12] Am Ende

10 Klaus Hildebrand, «Die Geschichte der deutschen Außenpolitik (1933 – 1945) im Urteil der neueren Forschung: Ergebnisse, Kontroversen, Perspektiven», in derselbe, *Deutsche Außenpolitik 1933 – 1945. Kalkül oder Dogma?* (= Nachwort der 4. Auflage, Stuttgart u. a. 1980), S. 188 – 189. Diese Ansicht vertritt Hildebrand konsequent in vielen seiner Veröffentlichungen.

11 Milan Hauner, «The Professionals and the Amateurs in National Socialist Foreign Policy: Revolution and Subversion in the Islamic and Indian World», in Hirschfeld und Kettenacker (oben Kapitel 1 Anmerkung 23), S. 305–328, hier S. 325.

12 Milan Hauner, «Did Hitler want a World Dominion?», *JCH* 13 (1978), S. 15.

zitiert er Norman Rich, der Hitler als «Herr und Meister im Dritten Reich» bezeichnet hat. Genauso kompromißlos ist die Feststellung, die Gerhard Weinberg, einer der auf dem Gebiet der NS-Außenpolitik führenden Experten, am Ende seiner ausführlichen Diplomatiegeschichte der Vorkriegszeit trifft: «Deutschlands Macht wurde von Hitler gelenkt. Durch sorgfältige Analysen haben Wissenschaftlerinnen und Wissenschaftler hinter der Fassade monolithischer Einheit, die das Dritte Reich gerne seinen Bürgerinnen und Bürgern und der ganzen Welt in Wort und Bild zeigte, innere Uneinigkeit, organisatorisches Durcheinander, Zuständigkeitsgerangel, institutionelle Rivalitäten und örtliche Abweichungen aufgedeckt. Dennoch bleibt die Tatsache bestehen, daß die Politik in groben Linien in jedem Fall von Hitler selbst bestimmt wurde. Wo andere zustimmten oder zumindest nicht energisch widersprachen, blieb ihnen die Wahl, sich anzuschließen oder sich stillschweigend zurückzuziehen, doch in wichtigen Fragen der Politik ging der Führer seinen eigenen Weg.»[13]

Aus einer Reihe verschiedener Richtungen sind ernsthafte Versuche unternommen worden, diese dominierende orthodoxe Sichtweise, die betont, Hitlers programmatische Ziele hätten bei der Festlegung der Außenpolitik eine eigenständige Rolle gespielt, in Frage zu stellen. Man könnte sie zweckmäßigerweise in drei ineinandergreifende Kategorien aufteilen:

(i) Jegliche Vorstellungen von einem «Programm» oder «Stufenplan» werden zurückgewiesen, die Existenz konkreter und spezifischer langfristiger außenpolitischer Ziele wird verneint, und Hitler wird – nicht mehr weit vom Bild des «prinzipienlosen Opportunisten» entfernt – als Mann dargestellt, der spontan auf Umstände reagierte und hauptsächlich daran interessiert war, die Propaganda auszunutzen und das eigene Prestige zu schützen.

(ii) Es wird behauptet, Hitler sei in seinen außenpolitischen Entscheidungen nicht frei gewesen, sondern habe von verschie-

---

13 Gerhard Weinberg, *The Foreign Policy of Hitler's Germany. Starting World War II* (Chicago und London 1980), S. 657.

denen Seiten Druck gespürt: von bedeutenden Elitegruppen (der Wehrmachtsführung, Industrie etc.), von verschiedenen Stellen, die an der Gestaltung der Außenpolitik beteiligt waren, von der Partei, die von ihm erwartete, daß er in Einklang mit seinen wilden Versprechungen und Propagandaäußerungen handele (und ihn dadurch in Zugzwang brachte, wenn er sein Führer-«Image» aufrechterhalten wollte), vom internationalen Kräfteverhältnis und von der wachsenden Wirtschaftskrise.

(iii) Es wird die Ansicht vertreten, die Außenpolitik müsse als eine Form von «Sozialimperialismus» aufgefaßt werden – als eine Projektion innenpolitischer Probleme nach außen, als ein Ventil oder Ausgleich für inneren Unfrieden, damit die innenpolitische Ordnung aufrechterhalten werden konnte.

Der radikalste «strukturalistische» Ansatz, nämlich der von Hans Mommsen, betont, Hitler habe spontan und mit Improvisationen auf Entwicklungen reagiert, zu deren Gestaltung er selbst kaum etwas beigetragen habe, und damit wendet sich dieser Ansatz teilweise wieder der schon früh geäußerten Ansicht zu, der deutsche Diktator sei kaum mehr als ein talentierter Opportunist gewesen. Mommsens Meinung nach ist es «auch fraglich, ob die nationalsozialistische Außenpolitik als unveränderliche Verfolgung festgelegter Prioritäten angesehen werden kann. Hitlers außenpolitische Ziele, die rein dynamischen Charakter hatten, kannten keine Grenzen; Joseph Schumpeters Hinweis auf eine ‹Expansion ohne Ziel› ist völlig gerechtfertigt. Aus genau diesem Grunde ist es höchst problematisch, deren Verwirklichung als in irgendeiner Weise konsequent oder logisch zu deuten. [...] In Wirklichkeit waren die außenpolitischen Ambitionen des Regimes zahlreich und vielfältig, ohne klare Richtung und nur durch das Endziel miteinander verbunden.» Erst im nachhinein entstehe der Eindruck eines konsequenten Vorgehens, und gerade Begriffe wie «Programm» oder «Stufenplan» liefen Gefahr, eine solche Folgerichtigkeit zu implizieren.[14] Laut

14 Mommsen, «National Socialism: Continuity and Change», S. 177; siehe auch vom selben Autor «Ausnahmezustand», S. 45, und *Adolf Hitler*, S. 97, 102 (vollständige Angaben in Kapitel 4 Anmerkung 28).

Mommsen war Hitlers Verhalten in der Außen- genauso wie in der Innen- und der antijüdischen Politik zu einem großen Teil – das heißt abgesehen von den Erfordernissen der internationalen Lage – von Prestige- und Propagandaüberlegungen geprägt. So gesehen war dann die nationalsozialistische Außenpolitik «der Form nach eine nach außen projizierte Innenpolitik, die den zunehmenden Realitätsverlust nur durch Aufrechterhaltung der politischen Dynamik, durch unablässige Aktion, zu überspielen vermochte und sich damit von der Chance politischer Stabilisierung immer weiter entfernte»[15].

Eine ähnliche Interpretationsmeinung wird von Martin Broszat vertreten, der ebenfalls kaum Belege dafür entdecken kann, daß hinter Hitlers Außenpolitik ein Plan gesteckt habe.[16] Vielmehr müsse die Verfolgung des «Lebensraumzieles» im Osten – ähnlich wie im Falle des Antisemitismus – als ein Zeichen für Hitlers fanatisches Festhalten an einer von ihm selbst mit in Gang gesetzten dynamischen Bewegung verstanden werden. In der Außenpolitik hieß das vor allem: Durchbrechung aller fesselnden Beschränkungen, formalen Bindungen, Bündnisse oder Allianzen und Gewinnung völliger – von keinem Völkerrecht und keiner internationalen Vereinbarung eingeschränkter – Handlungsfreiheit in bezug auf eigene machtpolitische Überlegungen. Das Bild von der unbegrenzten Weite des Landes im Osten, das sich mit traditionellen mythischen Überlieferungen aus der Zeit der deutschen Ostkolonisation deckte, bedeutete, so Broszat, in Verbindung mit den utopischen Idealen der Wirtschaftsautarkie, der Reagrarisierung und der Schaffung einer Herrenrasse, daß die Lebensraumgewinnung (die außerdem noch den im Ersten Weltkrieg verfolgten expansionistischen Zielen entsprach) als eine perfekt eingesetzte Metapher und als Prüfstein für die deutsche Machtpolitik diente, bei der – genau wie in der «Judenfrage» und auf genauso verschlungenem Wege – das symbolische Fernziel nach und nach zur in greifbare Nähe

15 Mommsen, «Ausnahmezustand», S. 43–45.
16 Siehe Broszat, «Soziale Motivation» (siehe Kapitel 4 Anmerkung 27), besonders S. 407–409.

gerückten Realität wurde. Vor 1939 stellte Hitler keine klaren Überlegungen zum Stellenwert Polens an, obwohl dessen geographische Lage es in den Mittelpunkt jedes konkreten Gedankens an einen Angriff auf die Sowjetunion hätte rücken müssen. Darin sieht Broszat ein Beispiel für die unklare, unspezifische und im wesentlichen «utopische» Natur der außenpolitischen Ziele Hitlers. So kommt er zu dem Schluß, daß «das Ziel der Lebensraumgewinnung im Osten […] bis 1939/40 weitgehend die Funktion einer ideologischen Metapher, eines Symbols zur Begründung immer neuer außenpolitischer Aktivität» gehabt habe. Für Broszat ist die plebiszitäre soziale Dynamik der «Bewegung», die Hitler und das Regime im Bereich der Außenpolitik unaufhaltsam in Richtung auf eine Verwirklichung der Lebensraummetapher drängte, in ihrem unaufhörlichen Verlangen nach Aktion letztlich die einzige Garantie für eine wie auch immer geartete Integration und Ablenkung der «antagonistischen Kräfte» im Dritten Reich. Als Folge habe diese sich jedoch einer rationalen Kontrolle immer mehr entziehen und in einen «selbstzerstörerischem Wahn» enden müssen. Und obwohl man bei einer Erklärung der Entwicklung nicht um Hitler herumkomme, solle man ihn sich nicht als autonome Persönlichkeit vorstellen, deren launenhafte Willkür und ideologischen Fixierungen unabhängig von der sozialen Motivation und dem politischen Druck der Anhängermassen zum Tragen gekommen seien.

Tim Masons Interpretation, die uns bereits in Kapitel 4 begegnet ist, kann als eine dritte Variante der «strukturalistischen» Herangehensweise an die NS-Außenpolitik gelten. Mason zufolge schränkte die innenpolitisch-ökonomische Krise der späten dreißiger Jahre Hitlers Spielraum in außenpolitischen Angelegenheiten und bei der Kriegsvorbereitung stark ein, und da er mit der wachsenden Wirtschaftskrise nicht fertig wurde, sei er gezwungen gewesen, sich auf das einzige Gebiet zurückzuziehen, auf dem er noch «klare welthistorische Entscheidungen» treffen konnte: die Außenpolitik.[17] Auch in neuerer Zeit hat Mason wieder den Standpunkt vertreten, die späten dreißiger Jahre seien

17 Mason, *Sozialpolitik* (siehe Kapitel 4 Anmerkung 62), S. 40.

im Hinblick auf die Außenpolitik Hitlers mehr durch ein konfuses Durcheinander als durch eine programmatische Entwicklungslinie gekennzeichnet gewesen.[18] Mason stellt die «Erblast von 1918» heraus und betont, welchem Druck dadurch die deutsche Außen- und auch die Innenpolitik ausgesetzt gewesen sei, und meint – wie auf etwas andere Weise auch Mommsen und Broszat –, daß man daher die NS-Außenpolitik und den Krieg selbst unter die Rubrik «Primat der Innenpolitik» einordnen könne – als barbarische Variante des Sozialimperialismus.[19]

Andere Historiker haben in den letzten Jahren ebenfalls versucht, sich gegen die ihres Erachtens übertrieben hitlerzentrierte Behandlung der deutschen Außenpolitik zu wenden; sie suchen den Entscheidungsprozeß in außenpolitischen Fragen mit Hilfe «polykratischer» oder «pluralistischer» Modelle zu verstehen. Wolfgang Schieder zum Beispiel beschäftigt sich in einer Fallstudie mit den Umständen, unter denen sich Deutschland im Juli 1936 entschied, in den Spanischen Bürgerkrieg einzugreifen, und vertritt den Standpunkt, der entscheidende Faktor für den Interventionsbeschluß sei Görings Interesse an spanischen Rohstoffen gewesen. Anfangs sei – obwohl das deutsche Außenministerium abgeraten habe – der Druck zur Beteiligung am Krieg von Vertretern der Auslandsorganisation der Partei ausgegangen. Von Hitler selbst sei keine Initiative ausgegangen, ehe er sich dann nach (unter Ausschluß des Außenministeriums stattfindenden) Beratungen mit Göring, Blomberg und Canaris zu einer Intervention entschlossen habe. Schieder folgert, im Hinblick auf den Spanischen Bürgerkrieg sei die nationalsozialistische Politik «zwar kein willkürliches Produkt zufälliger Entscheidungen, [...] aber auch nicht das kalkulierte Ergebnis langfristiger Planung» gewesen, sondern eher eine Mischung von beidem, wie das wohl auch für die nationalsozialistische Außenpolitik im allgemeinen gelte. Seiner Meinung nach müsse jede Vorstellung von einer außenpolitischen «Programmatik» Hitlers zwei Ebe-

18 Mason, «Intention and Explanation» (siehe Kapitel 1 Anmerkung 25), S. 32–33.
19 Mason, *Sozialpolitik*, S. 30, und «The Legacy of 1918» (Kapitel 4 Anmerkung 27), S. 218.

nen berücksichtigen: die ideologisierten Globalziele, bei deren Verfolgung Hitler «ungemein fanatische Konsequenz» gezeigt habe, und relativ klar «umschreibbare Objekte», bei denen Hitler äußerst beweglich gewesen sei und konkrete Entscheidungen getroffen habe. In diesem Sinne könne Hitlers Außenpolitik weder als Umsetzung eines Langzeitprogramms noch einfach als Produkt eines «objektlosen Nihilismus» interpretiert werden. Vielmehr habe sie aus «einer oft widersprüchlichen Mischung von dogmatischer Starrheit im Grundsätzlichen und äußerster Flexibilität im Konkreten» bestanden, zwischen denen jedoch nicht notwendigerweise eine Verbindung existiert habe.[20] Das Problem bei Schieders Fallstudie ist – wie er selbst erkennt –, daß sich aus diesem Beispiel keine überzeugenden *allgemeinen* Schlüsse ziehen lassen, da Spanien in Hitlers ideologischen Gedankengängen und bei anderen eventuell noch vorhandenen langfristigen strategischen Überlegungen keine wesentliche Rolle spielte. Außerdem scheinen Hitlers Erwägungen, im Gegensatz zu Görings, in diesem Fall in erster Linie ideologischer Natur gewesen zu sein – «Kampf dem Bolschewismus» –, und das bestätigt insgesamt eher die These von der bei seinem Denken, seiner Motivation und seiner Politik zu beobachtenden Konsequenz, als daß es ihr widerspricht. Und welchen Einfluß Göring und Kriegsminister Blomberg auch gehabt haben mögen, die Entscheidung für ein Eingreifen deutscher Truppen im Spanischen Bürgerkrieg scheint Hitler allein gefällt zu haben.

Andere Herangehensweisen an die hier irreführend als «plura-

20 Wolfgang Schieder, «Spanischer Bürgerkrieg und Vierjahresplan. Zur Struktur nationalsozialistischer Außenpolitik», in Wolfgang Michalka (Hg.), *Nationalsozialistische Außenpolitik* (Darmstadt 1978), S. 325–359; siehe auch William Carr, *Hitler. A Study in Personality and Politics* (London 1978), S. 52; Gerhard Weinberg, *The Foreign Policy of Hitler's Germany. Diplomatic Revolution in Europe 1933–36* (Chicago und London 1970), S. 288–289; sowie Hans-Henning Abendroth, «Deutschlands Rolle im Spanischen Bürgerkrieg», in Funke (siehe oben Kapitel 3 Anmerkung 27), S. 471–488, hier S. 473–477, wo die Ansicht vertreten wird, der Hauptgrund für Deutschlands Kriegseintritt sei Hitlers ideologisches Interesse gewesen und Göring habe sich ursprünglich dagegen ausgesprochen. Übertrieben scharf wird Schieder von Hofer (siehe Kapitel 1 Anmerkung 2), S. 12–13, kritisiert.

listisch» formulierte Außenpolitik lassen sich anscheinend ebenfalls mit der «intentionalistischen» Interpretation vereinbaren. Hans-Adolf Jacobsen zum Beispiel und in neuerer Zeit auch Milan Hauner haben die vielen Ämter und Stellen analysiert, die mit ihren verschiedenen Funktionen und ihrer unterschiedlichen politischen Gewichtung an der Gestaltung der Außenpolitik beteiligt waren. Jacobsen erkennt an, daß «die Struktur des totalitären Systems» durch zentrifugale Kräfte weit mehr beeinflußt wurde als durch reinen Willen und auf ideologische Geschlossenheit abzielende Richtlinien, und er macht auch im Bereich der Außenpolitik «Systemlosigkeit» und «Ämterchaos» aus. Dennoch ist es seiner Ansicht nach falsch, die Entwicklung der Außenpolitik als Planlosigkeit oder blanken Opportunismus auszulegen. Vielmehr hätten alle an der Formulierung der Außenpolitik beteiligten Individuen oder Gruppen auf außenpolitischem Gebiet eine konsequente Grundlinie verfolgt und seien dabei – wie auch in anderen Politikbereichen – bemüht gewesen, dem, was Hitler ihres Erachtens beabsichtigte, konkrete Gestalt zu geben (nämlich der rassischen Neugestaltung Europas, die Hitler seit den zwanziger Jahren konsequent als revolutionäres Ziel verfolgt habe, wie Jacobsen meint).[21] Milan Hauner gelangt zu ähnlichen Schlüssen. Bei den Konflikten zwischen den Fachleuten des Auswärtigen Amtes und den anderen an der Außenpolitik in irgendeiner Weise beteiligten Stellen sei es nicht um unterschiedliche außenpolitische Konzeptionen gegangen, sondern diese Auseinandersetzungen seien nur Teil des im NS-System sich ständig abspielenden Tauziehens um Macht und Einfluß gewesen. Solche institutionellen oder persönlichen Rivalitäten mit den daraus folgenden gegensätzlichen Interessen und Einflüssen hätten, so heißt es auch hier, nicht im Widerspruch zur Entwicklung einer zentralen politischen Linie gestanden, bei deren Her-

---

21 Hans-Adolf Jacobsen, «Zur Struktur der NS-Außenpolitik 1933–1945», in Funke (Kapitel 3 Anmerkung 27), S. 137–185, hier besonders S. 169–175. In seiner umfangreichen Monographie zur nationalsozialistischen Außenpolitik hebt Jacobsen Hitlers konsequente «Zielstrebigkeit» noch pointierter hervor, während Hans Mommsen in seiner Rezension dieses Werkes gerade diesen Punkt stark kritisiert (nähere Angaben siehe oben Kapitel 4 Anmerkung 31).

ausbildung Hitlers persönliche Rolle das entscheidende Element gewesen sei.[22]

Die Vorstellung von einem «Konzeptionen-Pluralismus» – ein recht bombastischer Begriff, der eigentlich nur ausdrücken soll, daß die Führer des Dritten Reiches in bezug auf die von Deutschland einzuschlagende Außenpolitik teilweise unterschiedliche Ansichten hatten – ist kürzlich von Wolfgang Michalka in einer Analyse der außenpolitischen Ideen Ribbentrops und seines Einflusses auf Hitler noch einen Schritt weiter entwickelt worden. Michalka vertritt den Standpunkt, von Mitte der dreißiger Jahre an habe Ribbentrops eigene außenpolitische Konzeption eher eine gegen England als gegen Rußland zielende Stoßrichtung gehabt und sei mehr an pragmatisch machtpolitischen Erwägungen als unmittelbar an Hitlers rassenideologischer Fixierung orientiert gewesen. Michalka zeigt, daß es Ribbentrop gegen Ende der dreißiger Jahre, als Hitler nach und nach einsehen mußte, daß er England nicht für sich gewinnen konnte, gelang, beachtlichen Einfluß auszuüben, der 1939 in der Unterzeichnung des deutsch-sowjetischen Nichtangriffspakts gipfelte. Ribbentrops «Konzeption», die dieser zwischen 1939 und 1941 vorübergehend und den sich bietenden Gelegenheiten entsprechend anwandte, war laut Michalka jedoch, bedingt durch den Primat des gegen die Sowjetunion gerichteten Hitlerschen Rassen«programms», letztlich zum Scheitern verurteilt. Letzten Endes gelangt Michalka daher zu einer sehr «intentionalistischen» Position – wenn auch einer, die insofern etwas gemäßigter erscheint, als sie manche auf den Diktator einwirkende wichtige Einflüsse berücksichtigt.[23]

22 Hauner, «Professionals», S. 325.
23 Siehe Wolfgang Michalka, «Die nationalsozialistische Außenpolitik im Zeichen eines ‹Konzeptionen-Pluralismus› – Fragestellungen und Forschungsaufgaben», in Funke, S. 46–62; «Vom Antikominternpakt zum Euro-Asiatischen Kontinentalblock. Ribbentrops Alternativkonzeptionen zu Hitlers außenpolitischem ‹Programm›», in Michalka (Hg.), *Nationalsozialistische Außenpolitik*, S. 471–492; und sein Hauptwerk *Ribbentrop und die deutsche Weltpolitik 1933–1940. Außenpolitische Konzeptionen und Entscheidungsprozesse im Dritten Reich* (München 1980).

Keiner der hier kurz zusammengefaßten «strukturell-funktio-
nalistischen», «konzeptionenpluralistischen» oder «polykratischen» Ansätze hat die «Intentionalisten» (oder «Programmati-
ker») auch nur im geringsten von ihrer Überzeugung abbringen
können, daß der Charakter und die Konsequenz der Hitlerschen Ideologie das entscheidende und ausschlaggebende Element in der Gleichung gewesen sei. Tatsächlich gelangen, wie
wir gerade gesehen haben, die neuesten Untersuchungen über
die verschiedenen an der Gestaltung der Außenpolitik beteiligten Einflußzentren letztlich alle zu ähnlichen oder miteinander
zu vereinbarenden Schlüssen. Klaus Hildebrand, der die «programmatische» Linie wie immer am klarsten und direktesten
vertritt, lehnt «revisionistische» Interpretationen aus vier Gründen ab: *(1)* übersehen sie seines Erachtens die relativ hohe Eigenständigkeit des Hitlerschen Programms, dessen Ziele vom Diktator selbst als Intentionen formuliert und dann verwirklicht
worden seien. *(2)* seien der Antisemitismus und der Antibolschewismus nicht in erster Linie funktional gewesen und müßten vielmehr als primäre und eigenständige, «real»politische Ziele begriffen werden. *(3)* liefen die «Revisionisten» in dieser Hinsicht
Gefahr, die Folgen der Politik Hitlers mit deren Motiven zu ver-
wechseln. *(4)* habe die Dynamik des Systems – die, wie Hildebrand zugibt, immer schwerer von Hitler kontrolliert werden
konnte – den Diktator nie vor unannehmbare grundsätzliche Alternativen gestellt, sondern ihn «programmatisch» in Richtung
der von ihm selbst festgesetzten «Endziele» gedrängt, wenn sie
auch deren Verwirklichung beeinflußt habe.[24]
    Zwar kann man natürlich über jede dieser Thesen streiten,
doch der wichtige vierte Punkt deutet darauf hin, daß die Interpretationen – genau wie im Fall der Innen- und Rassenpolitik –
gar nicht so weit auseinanderliegen, wie es auf den ersten Blick
scheinen mag, und daß deshalb eine teilweise Synthese möglich
erscheint. Eine Auswertung der Debatte über die Ziele und die
Umsetzung der deutschen Außenpolitik im Dritten Reich könnte
sich auf drei Hauptprobleme konzentrieren: *(1)* Fällte Hitler die

---

24 Hildebrand, «Nachwort» (siehe oben Anmerkung 10), S. 191.

223

wichtigsten Entscheidungen im Bereich der Außenpolitik selbst? Kam in ihnen lediglich ein Konsens zum Ausdruck, der bereits vorher erzielt worden war, oder wurden diese Beschlüsse jeweils nach einer Beratung gefaßt, bei der auch – mit gewichtigen Argumenten – politische Alternativen zur Sprache kamen? Und in welchem Maße war Hitler bei außenpolitischen Entscheidungen in seiner Handlungsfreiheit beschränkt? *(2)* Inwieweit ist es möglich, im Kurs der deutschen Außenpolitik eine durch Hitlers ideologische Zwangsvorstellungen geprägte innere Konsequenz (mit allein taktisch bedingten «Abweichungen») zu erkennen, ohne diese Konsequenz den außenpolitischen Beschlüssen in teleologischer Weise, also rückblickend, überzustülpen? *(3)* Strebte Hitler außenpolitisch die Herrschaft über Europa oder buchstäblich über die ganze Welt an? Die folgenden Seiten stellen den Versuch dar, die Argumente und Belege zu beurteilen, die zur Beantwortung dieser Fragen vorgetragen werden.

Auswertung

I

Unter Historikerinnen und Historikern scheint weitgehende Übereinstimmung darüber zu bestehen, daß Hitler nach 1933 die «großen» Entscheidungen in der Außenpolitik selbst getroffen hat. Selbst die am vehementesten vorgetragenen «strukturalistischen» Analysen gestehen zu, daß Hitlers «Führungsmonopol» im außenpolitischen Entscheidungsprozeß viel deutlicher in Erscheinung trat als im Bereich der Innenpolitik.[25] Weniger Übereinstimmung besteht jedoch darüber, in welchem Maße Hitler der Entwicklung der deutschen Außenpolitik seinen unverwechselbaren persönlichen Stempel aufdrückte und ob sich

25 Mommsen, «Ausnahmezustand», S. 43. Siehe dazu auch Masons Bemerkungen in seinem Buch *Sozialpolitik*, S. 40. Broszat läßt in seinem Werk keinen Zweifel daran, daß auch er in Hitler den eigentlichen Vollstrecker der nationalsozialistischen Außenpolitik sieht.

1933 ein Bruch in der deutschen Außenpolitik erkennen läßt, der von Hitlers eigenen ideologischen Vorurteilen und seinem «Programm» herrührte.[26] Die Frage der Kontinuität oder Diskontinuität der deutschen Außenpolitik nach 1933 steht deshalb im Mittelpunkt des ersten Teils unserer Untersuchung.

Bei allen Unterschieden in der Interpretation ist man seit der Veröffentlichung von Fritz Fischers Arbeit Anfang der sechziger Jahre allgemein bereit zu akzeptieren, daß Deutschlands expansionistische Ziele eine der durchgängigen Verbindungslinien zwischen der Bismarckschen und insbesondere der Wilhelminischen Ära und dem Dritten Reich bilden. Es waren nicht nur ein paar Extremisten, die in den ersten Jahren des 20. Jahrhunderts in Deutschland eine massive Expansion und die Unterwerfung eines Großteils von Mittel- und Osteuropa sowie von Gebieten in Übersee forderten, sondern diese Forderung kam in den Zielen und der Propaganda von zahlenmäßig gewichtigen und einflußreichen Interessengruppen zum Ausdruck.[27] Während des Krieges spiegelte sie sich in den Zielen des deutschen Oberkommandos, in denen man durchaus eine Verbindung zur nationalsozialistischen «Lebensraumpolitik» sehen kann. Durch die Niederlage und den im Versailler Vertrag festgeschriebenen Gebietsverlust wurden auf seiten der Rechten expansionistische Forderungen wachgehalten und allgemein revisionistische Absichten und Ansprüche gefördert, die der Mehrheit der Deutschen gerechtfertigt erschienen. Hitlers populärer Erfolg im Bereich der Außenpolitik nach 1933 beruhte genau auf dieser Kontinuität, auf diesem durchgängigen Konsens, daß eine deutsche Expansion erforderlich sei; und dieser Ansicht war nicht

26 Zusätzlich zu den in Kapitel 2 Anmerkung 60 angeführten Werken wird die «Kontinuitätsfrage» in der deutschen Außenpolitik behandelt von Jacobsen, *Nationalsozialistische Außenpolitik* (Kapitel 4 Anmerkung 31) und Konrad H. Jarausch, «From Second to Third Reich: The Problem of Continuity in German Foreign Policy», *CEH* 12 (1979), S. 68–82.

27 Siehe besonders Geoff Eley, *Reshaping the German Right. Radical Nationalism and Political Change after Bismarck* (New Haven und London 1980), und jetzt auch Roger Chickering, *We Men who feel Most German: a Cultural Study of the Pan-German League 1886–1914* (London 1984).

allein die Machtelite, sondern darin stimmten auch zahlreiche andere gesellschaftliche Gruppen mit ihr überein (mit Ausnahme der Masse der nun ausgestoßenen und geächteten Anhänger der Linksparteien). Dies ist der Rahmen, in dem Hitlers Rolle bei der Formulierung der deutschen Außenpolitik nach 1933 beurteilt werden muß.

Die bedeutsamsten außenpolitischen Schritte, die Deutschland im ersten Jahr der Naziherrschaft unternahm, waren der Austritt aus dem Völkerbund im Oktober 1933 und die bis Anfang 1934 vollzogene Wende in den Beziehungen zu Rußland und Polen. Diese Entwicklungen standen ganz offensichtlich miteinander in Zusammenhang. Zusammen stellten sie einen Bruch mit der bisherigen Politik dar, der zwar auch unter einem anderen Reichskanzler – etwa Papen oder Schleicher – hätte erfolgen können, der aber doch im Hinblick auf den Zeitpunkt und auf die Art und Weise und Geschwindigkeit, in der er sich vollzog, in nicht geringem Maße durch Hitlers Führung und Initiative zustande kam.

Bei dem Entschluß, sich aus der Genfer Abrüstungskonferenz und dem Völkerbund zurückzuziehen, bestimmte Hitler nicht viel mehr als den Zeitpunkt. Dieser Rückzug war angesichts des allgemein akzeptierten Aufrüstungsengagements (das in Deutschland zur damaligen Zeit bei jeder nationalistisch-revisionistischen Regierung ganz oben auf der Prioritätenliste gestanden hätte) unvermeidlich, und Hitler handelte hier fast in völliger Übereinstimmung mit führenden Diplomaten, der Reichswehrführung und den anderen dominierenden revisionistischen Kräften im Lande.[28]

Im Falle Polens spielte Hitler – anfangs im Gegensatz zur traditionellen politischen Linie des Außenministeriums, entgegen revisionistischer Instinkte und trotz anderslautender Wünsche von Danziger Parteiaktivisten – persönlich eine größere Rolle, indem er einen neuen Annäherungskurs steuerte. Während Außenminister von Neurath, der die traditionelle Linie repräsentierte, auf einer Kabinettssitzung im April 1933 die Ansicht ver-

28 Siehe Weinberg, *Diplomatic Revolution* (siehe Anmerkung 20), S. 159–167.

trat, mit Polen sei eine Verständigung «weder möglich noch erwünscht»,[29] war Hitler bereit, die Möglichkeiten einer neuen Beziehung zu Polen auszuloten, vor allem nachdem die polnische Regierung in dieser Hinsicht im April erste Fühler ausgestreckt hatte. Der Austritt aus dem Völkerbund ließ eine Annäherung aus der Sicht beider Seiten verstärkt wünschenswert erscheinen. Wiederum war es eine von Polen ausgehende Initiative, die im November 1933 die Verhandlungen beschleunigte. Auf die Übereinkunft, den seit langem andauernden Handelskrieg mit Polen zu beenden – ein Schachzug, der vielen führenden deutschen Industriellen sehr recht war –, folgte der (einen Vorschlag Hitlers aufnehmende) Beschluß, der neuen Beziehung durch einen Nichtangriffspakt Ausdruck zu verleihen, welcher dann am 26. Januar 1934 unterzeichnet wurde. Der polnische Botschafter schrieb im Dezember aus Berlin an seine Vorgesetzten, «wie auf Befehl von oben» zeichne sich auf deutscher Seite derzeit eine völlige Kehrtwendung in den Beziehungen ab.[30] Zwar ist es zutreffend, daß Hitler mit seiner neuen Polenpolitik keineswegs isoliert dastand und daß er den auf seiten Polens ganz offensichtlich bestehenden Wunsch nach Annäherung ausnutzen konnte, doch gibt es Anzeichen dafür, daß er bei dieser Entwicklung persönlich eine beherrschende Rolle spielte und daß er dabei nicht *ausschließlich* opportunistisch dachte, sondern langfristige Möglichkeiten im Sinne hatte. In einer Mischung aus Bewunderung und Skepsis schrieb der deutsche Botschafter in Bern, von Weizsäcker, kurz darauf: «Kein parlamentarischer Minister von 1920–33 hätte so weit gehen können.»[31]

Das Verhältnis zur Sowjetunion war im Jahre 1933 ein Spiegelbild der sich wandelnden Beziehungen zu Polen. Nachdem in

29 *Akten zur deutschen auswärtigen Politik 1918–1945 (AdaP)*, Serie C, (Göttingen 1971), Band 1/1, Nr. 142, S. 259.

30 Waclaw Jedrzejewicz (Hg.), *Papers and Memoirs of Józef Lipski, Ambassador of Poland. Diplomat in Berlin 1933–1939* (New York und London 1968), S. 105. Siehe auch Weinberg, *Diplomatic Revolution*, S. 73.

31 Zitiert in Jost Dülffer, «Zum ‹decision-making process› in der deutschen Außenpolitik 1933–1939», in Funke, S. 186–204, hier S. 190 Anmerkung 12. Siehe auch Carr, *Hitler*, S. 48–49; Weinberg, *Diplomatic Revolution*, S. 57–74.

den ersten Monaten der Naziherrschaft die relativ guten Beziehungen aufrechterhalten worden waren, die – abgesehen von einer leichten Verschlechterung sogar schon vor 1933 und trotz des auf die nationalsozialistische Machtübernahme folgenden antikommunistischen Propagandahagels – zu beiderseitigem Nutzen seit den Verträgen von Rapallo (1922) und Berlin (1926) bestanden hatten, unternahm Hitler nichts dagegen, als sich ab Sommer 1933 gegenüber der Sowjetunion erneut ein «natürlicher Antagonismus» herausbildete.[32] Diese Entwicklung, die Hitler ideologisch gesehen natürlich recht war und die außerdem die Erwartungen der Masse seiner Anhänger erfüllte, entsprach weder den Wünschen des deutschen Außenministeriums noch denen der sowjetischen Diplomaten, obwohl bei letzteren immer mehr Ängste und Argwohn wach wurden. Als im September 1933 vom deutschen Außenministerium Vorschläge für eine Wiederannäherung an die Sowjetunion gemacht wurden, lehnte Hitler diese rundweg ab und erklärte kategorisch, daß «eine Wiederherstellung des deutsch-russischen Verhältnisses unmöglich» sei.[33] In gleicher Weise – und diesmal mit Unterstützung des opportunistischen Außenministers von Neurath – wies er im März 1934 persönlich neue Annäherungsversuche der Sowjetunion zurück – was umgehend dazu führte, daß der deutsche Botschafter in der Sowjetunion sein Amt niederlegte.[34] Auch in diesem Fall handelte Hitler nicht eigenständig und unberührt von dem Druck, der von der Nazipartei und der Parteibasis ihrer nationalistischen Partner ausging und einer scharfen antirussischen Haltung das Wort redete. Aber er war, was die bedeutende Richtungsänderung in der deutschen Politik sowohl gegenüber der Sowjetunion als auch gegenüber Polen angeht, zweifellos mehr als nur ein kleines Rädchen oder ein reiner Opportunist.

32 Siehe Carr, *Hitler*, S. 50.

33 *AdaP*, Serie C, Band 1/2, Nr. 457, S. 839. Siehe auch Weinberg, *Diplomatic Revolution*, S. 81; William Carr, *Der Weg zum Krieg* (Nationalsozialismus im Unterricht, Studieneinheit 9, Deutsches Institut für Fernstudien an der Universität Tübingen, Tübingen 1983), S. 17–18.

34 Weinberg, *Diplomatic Revolution*, S. 180–183; Carr, *Der Weg zum Krieg*, S. 18–19.

Sichtbarer als in jedem anderen Bereich prägte Hitler die neue Einstellung gegenüber Großbritannien. Wie bekannt, war auf diesem Gebiet auch der größte Fehlschlag der deutschen Außenpolitik in den dreißiger Jahren zu verzeichnen. Die erste größere (und erfolgreiche) Initiative führte 1935 zum bilateralen Flottenabkommen mit Großbritannien. Hitler selbst spielte sowohl bei der Entwicklung der Idee zum Abkommen als auch bei deren Umsetzung eine entscheidende Rolle. Von Neurath fand die Idee «dilettantisch» und wurde fortan von allen Verhandlungen ausgeschlossen, ja erhielt nicht einmal die Protokollaufzeichnungen. Hitler setzte sich mit seiner Beharrlichkeit auch im Hinblick auf die deutschen Forderungen durch, die er niedriger ansetzte, als es die deutsche Marine gerne gesehen hätte. Da vom Außenministerium und von der Marine Kritik kam, in England selbst sich die Anzeichen für eine distanziertere Haltung gegenüber der Idee verstärkten und weder eine wirtschaftliche Interessengruppe oder Rüstungslobby noch die Wehrmacht irgendeinen merklichen Einfluß in dieser Frage ausübten, war Hitlers – und in geringerem Maße auch Ribbentrops – Rolle der entscheidende Faktor.[35] Hitler selbst maß dem Abkommen natürlich große Bedeutung bei und betrachtete es als einen Schritt auf dem Wege zu dem von ihm erstrebten Bündnis mit Großbritannien.

Die Remilitarisierung des Rheinlandes – und damit der Bruch der Bestimmungen von Versailles und Locarno – war wiederum ein Punkt, der bei jeder revisionistisch orientierten deutschen Regierung auf der Tagesordnung gestanden hätte. Die Frage war schon Ende 1934 von Reichswehr und Außenministerium theoretisch erörtert worden, und vorher hatte Hitler bereits mit dem Gedanken gespielt, bei den Abrüstungsverhandlungen in jenem Jahr die Abschaffung der entmilitarisierten Zone zu fordern. Das Thema wurde im Gefolge der Ratifizierung des französisch-sowjetischen Bündnisses im Mai 1935 vom Außenministerium erneut aufgebracht, und Hitler sprach es gegen Ende des Jahres als zukünftige deutsche Forderung gegenüber dem englischen und

35 Dieser Abschnitt basiert größtenteils auf Dülffers Analyse, «Zum «decision-making process»» (siehe Anmerkung 31), S. 191–193.

dem französischen Botschafter an. Eine Verhandlungslösung war keineswegs ohne Aussicht auf Erfolg und deckte sich mit den traditionellen revisionistischen Erwartungen von Deutschlands konservativen Eliten. Hitlers Beitrag bestand in diesem Fall hauptsächlich in der Bestimmung des Zeitpunktes – er behauptete, er habe ursprünglich für Anfang 1937 an eine Wiederbesetzung gedacht – und in dem Entschluß, statt eines längerwierigen und weniger spektakulären Verhandlungsprozesses lieber den theatralischen Coup einer direkten militärischen Wiederbesetzung zu landen. Für Hitler ging es hier nicht nur darum, den durch Mussolinis «Abessinienabenteuer» ausgelösten – und, wie Hitler fürchtete, kurzlebigen – diplomatischen Aufruhr gebührend auszunutzen, sondern für ihn waren auch innenpolitische Überlegungen ausschlaggebend: Ihm lag daran, die öffentliche Stimmung zu heben, den sinkenden Elan der Partei wiederzubeleben und die Unterstützung für das Regime, die verschiedenen Anzeichen zufolge bis Anfang 1936 ernstlich nachgelassen hatte, wieder zu festigen.[36] Obwohl eine überraschend große Gruppe von diplomatischen und militärischen «Beratern» zusammen mit führenden Nazis an der geheimen Planung für die Wiederbesetzung beteiligt war, lag die Entscheidung allein bei Hitler und kam erst nach vielen besorgten Beratungen zustande, wobei das Außenministerium wiederum kühl distanziert und das Militär nervös war. Jost Dülffer kommt in diesem Zusammenhang zu dem wohl nicht zu widersprechenden Schluß, Hitler sei in dieser Angelegenheit «die eigentlich treibende Kraft» gewesen.[37]

Im Falle Österreichs, das zusammen mit der Tschechoslowakei im Hinblick auf die ideologisch begründeten expansionistischen Ideen der Nazis eine immanente wirtschaftliche und militärstrategische Bedeutung besaß, erwies sich die anfangs von den

36 Siehe Dülffer, «Zum ‹decision-making process›», S. 196; Manfred Funke, «7. März 1936. Fallstudie zum außenpolitischen Führungsstil Hitlers», in Michalka, *Nationalsozialistische Außenpolitik*, S. 277–324, hier S. 278–279; Orlow, *Nazi Party*, Band 2 (Kapitel 4 Anmerkung 57), S. 174–176.

37 Siehe Dülffer, «Zum ‹decision-making process›», S. 194–197, und allgemein dazu Weinberg, *Diplomatic Revolution*, S. 239–263.

Nazis betriebene Politik – sie hofften, durch unterstützende Maßnahmen den Staat von innen untergraben zu können – als verheerender Fehlschlag und wurde nach der Ermordung des österreichischen Kanzlers Dollfuß im Juli 1934 umgehend beendet. Danach wurde die österreichische Frage im außenpolitischen Denken bis gegen Ende 1937 von dem Versuch dominiert, die Beziehungen zu Italien zu verbessern. Bei der eigentlichen «Anschluß»-Krise, zu der es im März 1938 kam, bestimmte eher Göring als Hitler das Tempo – wahrscheinlich weil er an einer «Nutzbarmachung» österreichischer Vermögenswerte interessiert war und vermeiden wollte, daß es durch eine länger andauernde Krise zu einer Kapitalflucht käme.[38] Für die Zeit vor den Ereignissen vom Februar und März 1938 gibt es Anzeichen dafür, daß Hitler eher an eine Unterordnung als an eine regelrechte Annexion Österreichs dachte. Tatsächlich scheint er den Entschluß zur Annexion erst *nach* dem militärischen Einmarsch gefaßt zu haben – bezeichnenderweise unter dem Eindruck des überschwenglichen Empfangs, der ihm in seiner Heimatstadt Linz zuteil wurde.[39] Obwohl dies darauf hindeutet, daß Hitler selbst in äußerst wichtigen Angelegenheiten spontane, *reaktive* Entscheidungen traf, und obgleich sich an der Kette der Ereignisse in den Krisenwochen wiederum zeigt, daß er opportunistisch und ad hoc günstige Umstände ausnutzte, wäre es doch unzureichend, es dabei bewenden zu lassen. Hinweise in den Quellen sprechen dafür, daß sowohl Göring als auch Wilhelm Keppler, dem Hitler 1937 die Leitung der deutsch-österreichischen Wirtschaftsverhandlungen übertragen hatte, glaubten, Hitler sei entschlossen, im Frühjahr oder Sommer 1938 in der Österreichfrage etwas zu unternehmen.[40] Auch Goebbels hält in seinem Tagebuch fest, daß Hitler bei verschiedenen An-

38 Weinberg, *Starting World War II* (siehe Anmerkung 13), S. 299 Anmerkung 170. Als Beleg dieser Behauptung verweist Weinberg auf Wolfgang Rosar, *Deutsche Gemeinschaft. Seyss-Inquart und der Anschluß* (Wien, Frankfurt und Zürich 1971), S. 159–160, gemeint sind allerdings wohl die Seiten 259–260 – Anm. d. Übers.

39 Carr, *Hitler*, S. 55.

40 Weinberg, *Starting World War II*, S. 287–289.

lässen im August und September 1937 davon gesprochen habe, er werde diese Frage «einmal mit Gewalt» lösen,[41] und wie aus den Aufzeichnungen, die Oberst Hoßbach nach einer Besprechung mit hohen Militärs anfertigte, hervorgeht, nahm Österreich im November 1937 in Hitlers Gedanken natürlich einen wichtigen Platz ein.[42] In diesem Fall spielte Hitler bei der Festlegung der Handlungskonturen daher gleichfalls eine herausragende persönliche Rolle, wenn er auch bei den – nicht genau planbaren und vorhersehbaren – Ereignissen selbst opportunistisch, ja geradezu impulsiv handelte.

Die übrigen Ereignisse der Jahre 1938 und 1939 sind soweit bekannt, daß sie hier nur kurz zusammengefaßt zu werden brauchen. Die «Sudetenkrise» vom Sommer 1938 läßt wiederum Hitlers direkten Einfluß auf den Gang der Dinge erkennen. Zwar hätte aufgrund der traditionellen Machtpolitik und verschiedener militärstrategischer Überlegungen bei jeder revisionistischen Regierung in Deutschland die Neutralisierung der Tschechoslowakei einen vorderen Platz auf der Prioritätenliste eingenommen, aber durch Hitlers persönliche Entschlossenheit, die Tschechoslowakei «durch eine militärische Aktion zu zerschlagen»[43] – und damit auf eine äußerst riskante Politik zu setzen, bei der alles darauf hindeutete, daß er nicht bluffte –, kam es dazu, daß Teile der konservativen Anhängerschaft des Regimes, nicht zuletzt in der Wehrmacht, ernsthaft entfremdet wurden, und zwar eher wegen des Tempos und der Gefahr als wegen der Art des Unternehmens an sich. Nur der Druck, der bei der Münchner Konferenz auf Hitler ausgeübt wurde, brachte ihn dazu, von dem, was gerechtfertigterweise als *seine* Politik angesehen werden kann, Abstand zu nehmen und nicht sofort *zu diesem*

41 Eintrag vom 3. August, 12. September und besonders vom 14. September 1937, in *Die Tagebücher von Joseph Goebbels*, hg. v. Elke Fröhlich (im Auftrag des Instituts für Zeitgeschichte), Teil 1, Band 3 (München, New York, London und Paris 1987), S. 223, 263 und 266.
42 *Der Prozeß gegen die Hauptkriegsverbrecher vor dem Internationalen Militärgerichtshof [Internationales Militärtribunal (IMT)]* (Nürnberg 1947–1949), Band 25, S. 402 ff.
43 *IMT*, Band 25, S. 434.

Zeitpunkt Krieg gegen die Tschechoslowakei zu führen. Bekanntermaßen war es Hitler, der 1939 dann – als Lehre aus München – jede Alternative zum Krieg ablehnte, während Göring, der zweite Mann im Reich, verspätet den Versuch unternahm, den Ausbruch der Feindseligkeiten zu verschieben.

Auf den ersten Fragenkomplex, bei dem es um Hitlers Einfluß auf die außenpolitischen Entscheidungen ging, haben wir eine recht deutliche Antwort bekommen, und diese ließe sich weiter untermauern, wenn wir den Überblick auf die außenpolitischen, strategischen und militärischen Vorgänge während der Kriegsjahre ausdehnen würden. Während Hitler in innenpolitischen Angelegenheiten und sogar in der seinen ideologischen Zwecken besonders dienlichen antijüdischen Politik entweder nicht daran interessiert war, Entscheidungen zu treffen, oder aus Prestigegründen nicht bereit war, sich unmittelbar einzumischen, zögerte er auf dem Gebiet der Außenpolitik nicht, neue Initiativen zu entwickeln oder wichtige Entscheidungen zu fällen. In einigen wichtigen Bereichen bestimmte er nicht nur den Charakter der Politik, sondern setzte trotz des Argwohns und der Einwände – vor allem von seiten des Außenministeriums – eine neue beziehungsweise unorthodoxe Linie durch. Es gibt kein Anzeichen dafür, daß irgendeine der zahlreichen Stellen, die mit außenpolitischen Angelegenheiten befaßt waren, eine außenpolitische Initiative gestartet hätte, die nicht mit dem Hitlerschen Denken oder seinen Absichten in Einklang zu bringen gewesen wäre – von einem klaren Zuwiderlaufen ganz zu schweigen. Hinweise auf einen «schwachen Diktator» lassen sich daher in dem, was Hitler im außenpolitischen Bereich unternahm, nur schwerlich finden.

Jeder Gedanke an «Schwäche» müßte die Annahme zugrunde legen, daß Hitler ein Gefangener von Kräften gewesen sei, die ihn in seiner Entscheidungsfähigkeit einschränkten. Selbstverständlich waren innerhalb und außerhalb Deutschlands Kräfte am Werk, die den Rahmen für Hitlers Handlungen bestimmten, denn diese Handlungen vollzogen sich natürlich nicht im luftleeren Raum als freier Ausdruck eines autonomen Willens. Der Druck zum Beispiel, der von außenpolitischen Revisionismus- und Aufrüstungsbestrebungen ausging, die in den dreißiger Jahren jede deutsche Regierung beschäftigt hätten und nach einer Anpassung an die internationale Ordnung verlangten, entwikkelte in den Jahren nach 1933 eine Dynamik, die immer mehr außer Kontrolle geriet und Deutschlands Wahlmöglichkeiten wesentlich einengte. Der Rüstungswettlauf und der diplomatische Aufruhr, den Deutschland angezettelt hatte, zwangen daher der Situation nach und nach ihre eigenen Gesetze auf, was sich bei Hitler in dem – von ihm auch verbal zum Ausdruck gebrachten – wachsenden Gefühl spiegelte, die Zeit arbeite gegen Deutschland. Durch Deutschlands beschleunigte Waffenproduktion bedingt, entstanden zusätzliche wirtschaftliche Zwänge, die ein Handeln erforderten und die Vorhersage bekräftigten, daß es eher früher als später zum Krieg kommen werde. Durch die Art seiner «charismatischen» Autorität und die Notwendigkeit, die bei der Masse seiner Anhänger geweckten Erwartungen nicht zu enttäuschen, war Hitlers potentieller Handlungsspielraum ebenfalls eingeschränkt. Und schließlich unterlag die Manövrierfähigkeit Hitlers, wie sich von selbst versteht, natürlich auch durch die relative Stärke und Handlungen anderer Mächte sowie durch strategisch-diplomatische Überlegungen bestimmten Beschränkungen – auch wenn diese in den letzten Jahren vor Kriegsbeginn dann sehr viel weniger zum Tragen kamen.

Hitlers Außenpolitik vollzog sich daher keineswegs unabhängig von verschiedenen «strukturellen Faktoren». Doch diese trieben ihn, wenn überhaupt, nur noch schneller auf dem Weg voran, den zu beschreiten er in jedem Fall entschlossen war. Auch wenn man die Handlungen – und schweren Fehler – anderer Regierungen in der diplomatischen Hektik der dreißiger Jahre gebührend berücksichtigt, läßt sich nicht bestreiten, daß Deutschland dabei eine entscheidende, zentrale und aktiv beschleunigende Rolle spielte. Viele der damals ablaufenden Entwicklungen gingen aus unerledigten Problemen hervor, die noch vom Ersten Weltkrieg und den anschließenden Abkommen herrührten, und waren von daher wahrscheinlich, wenn nicht sogar unvermeidlich. Die Kontinuität in der deutschen Außenpolitik ist auch nach 1933 offensichtlich; sie bildete einen Teil der Grundlage für die weitreichende, zumindest bis 1937–38 zwischen den konservativen Eliten und der Naziführung bestehende Interessenidentität, die ihre Wurzeln in der Verfolgung einer traditionellen, auf die Erlangung der Hegemonie in Mitteleuropa gerichteten deutschen Machtpolitik hatte. Gleichzeitig gehörten zu den unverwechselbaren Kennzeichen der deutschen Außenpolitik nach 1933 aber auch wichtige diskontinuierliche Entwicklungsstränge und eine unbestreitbare neue Dynamik, so daß man berechtigterweise von einer spätestens 1936 in Europa stattfindenden «diplomatischen Revolution»[44] sprechen kann. Hitlers eigene Entscheidungen und Handlungen hatten, wie wir gesehen haben, an dieser Entwicklung maßgeblichen Anteil.

Auf die außenpolitischen Entscheidungen bezogen, dürften Jost Dülffers Schlußfolgerungen wohl zutreffen:[45] *(1)* Der Einfluß der alten Führungsschichten ging zurück, während parallel dazu der Einfluß der «neuen» nationalsozialistischen Kräfte wuchs. *(2)* Obgleich Hitler nicht autonom und in einem gesellschaftlichen Vakuum handelte, lassen sich die wesentlichen Initiativen in der deutschen Außenpolitik der dreißiger Jahre auf ihn persönlich zurückführen. *(3)* Der Rahmen, in dem die Entscheidungen getroffen werden mußten, war durch wirtschaftliche Faktoren mitgeprägt, doch spielten letztere für *Hitlers* Entscheidungen keine *dominierende* Rolle. *(4)* Man kann in Hitler nicht einfach einen machiavellistischen Opportunisten sehen; vielmehr vertrat er (bis 1939) eine konsequente antisowjetische Politik, die eine Neuausrichtung der deutschen Beziehungen zu Polen und Großbritannien nötig machte.

Dieser Hinweis auf eine innere Konsequenz, die auf einen Krieg gegen die Sowjetunion abzielte, führt uns zu unserer zweiten Frage.

---

44 So der Untertitel des ersten Bandes von Weinbergs zweibändiger Untersuchung über die nationalsozialistische Außenpolitik (siehe Anmerkung 20).
45 Dülffer, «Zum ‹decision-making process›», S. 200–203.

Wir haben festgestellt, daß Hitler bei der Gestaltung der deutschen Außenpolitik in den dreißiger Jahren persönlich eine zentrale Rolle spielte und aktiv eingriff. Ob der Kurs der deutschen
Außenpolitik eine innere Folgerichtigkeit hatte, die durch Hitlers Ideologie mehr als durch jeden anderen Faktor festgelegt
war, ist jedoch weiterhin eine offene Interpretationsfrage. Von
Historikern sind hierzu drei (teilweise miteinander verbundene)
alternative Erklärungen vorgebracht worden.

Die erste besagt, Hitlers im wesentlichen gleichbleibende ideologische Motivation sei nicht der entscheidende Faktor gewesen.
Vielmehr habe Hitler die expansionistisch-imperialistischen
Forderungen der in Deutschland herrschenden Klasse artikuliert und repräsentiert und den vom Monopolkapital angestrebten imperialistischen Krieg ermöglicht. Hitler habe daher eine
bestimmte funktionale Rolle gehabt, aber auch ohne ihn wäre es
zu einem ähnlichen Handlungsverlauf gekommen. Natürlich
kann es keinen Zweifel daran geben, daß einflußreiche Teile der
militärischen, wirtschaftlichen und bürokratischen Elite in
Deutschland expansionistische Ziele hatten. Wie wir jedoch bei
der Untersuchung des außenpolitischen Entscheidungsprozesses weiter oben in diesem Kapitel schon gesehen haben, sind gewisse Behauptungen – wie: nach 1933 sei der Kurs der Außenpolitik eine ausgemachte Sache gewesen, er habe sich eng und in
allen Punkten an den vermutlichen Wünschen und Interessen
der traditionellen Eliten orientiert, selbst in Zusammenhang mit
dem Revisionismus habe es in der Politik in entscheidenden Momenten keine echten Wahlmöglichkeiten gegeben und Hitler
selbst habe bei politischen Entscheidungen keine herausragende
Rolle gespielt – durch die Quellen nicht gedeckt. Sicher war Hitler nie ganz anderer Meinung als die *dominierenden* Teile der Eliten. Das bedeutet aber nicht, daß er ihren Ansichten sklavisch
folgte. Ob bestimmte Fraktionen innerhalb der Eliten dominier-
ten, hing seinerseits davon ab, wie schnell sie sich an politische
Initiativen anpassen und sie zu ihren eigenen machen konnten
und wie sehr es ihnen gelang, bereits die Formulierung der Poli-

tik zu beeinflussen. Es deutet also einiges darauf hin, daß der deutsche Expansionismus in den dreißiger Jahren unvermeidlich, seine genaue Richtung und Dynamik dabei aber von Hitlers persönlicher Rolle nicht unabhängig war.

Ein zweiter Ansatz legt bei seiner Erklärung das Schwergewicht auf den «Primat der Innenpolitik» und akzeptiert, daß in außenpolitischen Angelegenheiten eine grundlegende Konsequenz oder Folgerichtigkeit vorhanden gewesen sei, meint aber, das habe weniger an der Umsetzung der Hitlerschen Ideologie gelegen als an der Notwendigkeit, die soziale Ordnung im Innern zu bewahren und aufrechtzuerhalten. Als allgemeine Erklärung erscheint dies ebenfalls unzureichend. Auch in diesem Fall haben wir in vorangegangenen Kapiteln gesehen, daß sich innenpolitischer Druck vor allem in den ersten Jahren des Regimes zweifellos auf die Art und den Zeitpunkt einiger außenpolitischer Initiativen auswirkte. Zum Beispiel scheinen im März 1936 bei dem Entschluß, das Rheinland wieder zu besetzen, innenpolitische – und auch diplomatische – Überlegungen eine Rolle gespielt zu haben. Andere bedeutende Entwicklungen oder Wenden in der Politik wurden aber nicht durch einen solchen Druck diktiert, wie etwa 1934 der Nichtangriffspakt mit Polen oder im darauffolgenden Jahr das Flottenabkommen mit Großbritannien. Und in den späten dreißiger Jahren scheinen die wachsenden Wirtschaftsprobleme nicht Anlaß, sondern Bestätigung für die außenpolitische Richtung und sogar in nicht geringem Maße ihr Produkt gewesen zu sein. Es deutet daher alles auf eine wechselseitige Abhängigkeit von Innen- und Außenpolitik hin, bei der innenpolitische Erwägungen – wenn auch in immer geringerem Maße – die Parameter des außenpolitischen Handelns mitprägten und sich umgekehrt außenpolitische Ziele maßgeblich auf die Art und Ziele der Innenpolitik auswirkten.[46] Ideologisch und praktisch gesehen waren die Außen- und die Innenpolitik so sehr

---

46 Siehe hierzu vor allem Erhard Forndran, «Zur Theorie der internationalen Beziehungen – Das Verhältnis von Innen-, Außen- und internationaler Politik und die historischen Beispiele der 30er Jahre», in Erhard Forndran, Frank Golczewski und Dieter Riesenberger (Hg.), *Innen- und Außenpolitik unter nationalsozialistischer Bedrohung* (Opladen 1977), S. 315–361, hier besonders S. 353–354.

miteinander verschmolzen, daß es ziemlich fehl am Platze erscheint, von einem Primat der einen über die andere zu reden: Zwischen den imperialistischen und sozialimperialistischen Zielen des Regimes bestand kein Widerspruch, und es gibt kein Mittel, sie analytisch voneinander zu scheiden. Auch kann die Vorstellung kaum befriedigen, die Nazis hätten auf die Erhaltung der *bestehenden* Sozialordnung abgezielt – wie unklar und verworren die sozialen Ambitionen irgendeiner «neuen Ordnung» auch immer gewesen sein mögen.

Ein letzter Interpretationsansatz geht davon aus, daß die deutsche Außenpolitik keine bestimmte, klare Richtung gehabt und nebeneinanderher eine Reihe von im wesentlichen unverbundenen Zielvorstellungen verfolgt habe und daß sie durch Hitlers dilettantischen Opportunismus charakterisiert gewesen sei, der in Zusammenhang mit einem fragmentierten politischen System zu einem schwindenden Realitätssinn und einer zunehmenden nihilistischen Dynamik geführt habe. Unter den Historikern, die eine «stukturalistische» Interpretation der Außenpolitik bevorzugen, scheint Hans Mommsen allerdings der einzige zu sein, der eine solche These mit derartigem Nachdruck vertritt.[47] Martin Broszat, der andere führende Vertreter des «strukturalistischen» Ansatzes, scheint, wie wir gesehen haben, von der Existenz einer mehr oder weniger konsequenten, auf Expansion im Osten abzielenden Kraft auszugehen, obgleich diese seiner Ansicht nach nur als «ideologische Metapher» fungiert habe.[48] Das wirft die Frage auf, ob die Debatte über das Vorhandensein und die Folgerichtigkeit außenpolitischer Zielvorstellungen nicht in Wirklichkeit durch die Unklarheit mancher der von den Historikern verwandten Schlüsselbegriffe fälschlicherweise polarisiert worden ist. Während beispielsweise die «Intentionalisten» natürlich kategorisch der Ansicht widersprechen, Hitler sei einfach ein im wesentlichen richtungs- und zielloser Opportunist und Improvisator gewesen, ist bei ihnen selbst die häufige Ver-

47 Siehe Mommsen, «National Socialism: Continuity and Change», S. 177, und *Adolf Hitler*, besonders S. 93.
48 Broszat, «Soziale Motivation», S. 406–409.

wendung von Begriffen wie «Programm» (manchmal auch ohne Anführungszeichen geschrieben), «Grund-Plan» oder «Stufenplan» nicht unproblematisch.[49] Mit diesen Begriffen, so wird häufig betont, seien keine detaillierten handlungsorientierten Pläne gemeint. Vielmehr sollen sie, wie es scheint, nur andeuten, daß Hitler im Bereich der Außenpolitik fixe Ideen (wie die vom «Lebensraum») hatte, an die er sich ab den zwanziger Jahren wie besessen klammerte; daß er als Führer die Außenpolitik in Übereinstimmung mit diesen Ideen gestaltete; und daß er zwar ein klares Ziel vor Augen hatte (vor allem die Eroberung der Sowjetunion) und über eine grundsätzliche Strategie verfügte, um dieses Ziel zu erreichen (ein Bündnis mit Großbritannien), dabei aber keinen konkret ausgearbeiteten Plan besaß. Diese Ansicht und Broszats Meinung, daß die Phrase vom «Lebensraum im Osten» derart unspezifisch gewesen sei, daß sie nur als «Aktionsrichtung»[50] gedient habe, klaffen gewiß auseinander, aber vielleicht nicht so weit, wie es auf den ersten Blick scheinen mag. Zwischen ihnen läßt sich nur dann keine Brücke schlagen, wenn man *ausschließlich entweder* in der Intention *oder* in der Funktion einen den außenpolitischen Kurs bestimmenden Faktor sieht. Während man in der Tat den Standpunkt vertreten könnte, der Lebensraumgedanke habe als ideologische Metapher fungiert und der Bewegung eine Aktionszielrichtung gegeben, scheint es unzureichend, in dieser Funktion die einzige oder auch nur hauptsächliche «raison d'être» der Außenpolitik zu sehen und zu bestreiten, daß die außenpolitischen Ziele der Nazis tatsächlich eine ernsthafte Realität besaßen – eine Realität, die zumindest teilweise von Hitlers ideologischen Zielen und Intentionen geprägt war.[51] Wie unklar auch die Vorstellung an sich gewesen sein mag, «Lebensraum» bedeutete etwas Konkretes – auch wenn der Weg dahin noch nicht ausgelotet war: Krieg ge-

49 Die recht verdrehte Passage, die sich zu diesem Thema bei Klaus Hildebrand («Hitlers ‹Programm› und seine Realisierung 1939–1942», in Funke, S. 63–93, hier S. 65) findet, läßt darauf schließen, wie schwierig es ist, eine klare Definition des Hitlerschen «Programms» zu formulieren.
50 Broszat, «Soziale Motivation», S. 403.
51 Von Broszat, «Soziale Motivation», S. 403, wird dies ganz klar akzeptiert.

gen die Sowjetunion. Das, was Hitler im Zeitraum von 1933 bis 1941 gesagt und getan hat, ist mit der Deutung vereinbar, daß er davon überzeugt war, es würde zu einem solchen Krieg kommen; daß das eher früher als später sein würde, auch wenn er das genaue Wann und Wie nicht kannte; daß er die deutsche Außenpolitik auf dieses Ziel hinsteuerte und daß er versuchte, die deutsche Gesellschaft auf die Teilnahme an diesem Krieg entsprechend vorzubereiten.

Wie wir weiter oben gesehen haben, änderte sich die grundsätzliche Ausrichtung der deutschen Außenpolitik bereits 1933, als Hitler beschloß, daß der «natürliche Antagonismus» die Beziehungen zur Sowjetunion prägen solle. Wenn im Herbst 1935 bei den «Gesprächen am Kamin» mit Wehrmachts- und Wirtschaftsführern die Rede auf die drückenden Rüstungsausgaben kam, konterte Göring, nach Alfred Sohn-Rethels Darstellung, unweigerlich damit, daß er Hitler an seinen nahenden Krieg gegen die Sowjetunion erinnerte.[52] Der Beginn des Spanischen Bürgerkriegs führte wohl mit dazu, daß Hitler sich 1936 mit diesem Gedanken in zunehmendem Maße beschäftigte. Seine im Sommer verfaßte geheime Denkschrift zum Vierjahresplan beruhte auf der Grundannahme, daß die Auseinandersetzung mit Rußland «nicht ausbleiben kann und nicht ausbleiben wird»[53], und aus den nun veröffentlichten Goebbels-Tagebüchern geht hervor, wie sehr Hitler in den Jahren 1936 und 1937 an die nahende Konfrontation mit Rußland dachte. Im Juni sprach Hitler, Goebbels' Tagebuchaufzeichnungen zufolge, von einem nahenden Konflikt zwischen Japan und Rußland, durch den «dieser Koloß [...] ins Wanken kommen» werde. «Und dann ist unsere große Stunde da. Dann müssen wir uns für 100 Jahre an Land eindecken.» – «Hoffentlich sind wir dann fertig», fügte Goebbels hinzu, «und der Führer lebt noch. Daß gehandelt wird.»[54] Im November desselben Jahres notierte Goebbels: «Nach Tisch

52 Sohn-Rethel (siehe Kapitel 3 Anmerkung 19), S. 139–141.
53 «Denkschrift Hitlers über die Aufgaben eines Vierjahresplans», abgedruckt in *VfZ* 3 (1955), S. 204–210, hier S. 205.
54 Eintrag vom 9. Juni 1936, *Die Tagebücher von Joseph Goebbels* Teil 1, Band 2, S. 622.

spreche ich mich mit dem Führer allein gründlich aus. Er ist sehr zufrieden mit der Situation. Die Aufrüstung geht weiter. Wir stecken märchenhafte Summen hinein. 1938 sind wir ganz fertig. Die Auseinandersetzung mit Bolschewismus kommt. Dann wollen wir parat sein.»⁵⁵ Kaum einen Monat später malte Hitler seinem Kabinett in einer dreistündigen Besprechung im Zusammenhang mit dem Spanischen Bürgerkrieg die Gefahren des Bolschewismus aus und sagte (Goebbels' Aufzeichnungen zufolge): «Europa ist bereits in 2 Lager aufgeteilt. Wir können nicht mehr zurück. [...] Deutschland kann nur wünschen, daß Krise vertagt wird, bis wir fertig sind. Wenn sie kommt, dann zugreifen. In den Paternoster-Aufzug rechtzeitig hineinsteigen. Aber auch rechtzeitig wieder aussteigen. Aufrüsten, das Geld darf keine Rolle spielen.»⁵⁶ Seinen solchermaßen überlieferten Äußerungen zufolge erwartete Hitler im Februar 1937 «in 5–6 Jahren eine große Weltauseinandersetzung»⁵⁷. Im Juli notierte Goebbels, Hitler sei über die Säuberungsaktionen in der Sowjetunion erstaunt, und er selbst halte Stalin für verrückt. Hitler soll seine Ausführungen mit den Worten beendet haben: «Aber Rußland weiß nichts anderes mehr als Bolschewismus. Das ist die Gefahr, die wir einmal niederschlagen müssen.»⁵⁸ Im Dezember äußerte Hitler über Stalin und seine Anhänger erneut die gleiche Ansicht und schloß mit den Worten: «Muß ausgerottet werden.»⁵⁹ Und schließlich ist da noch Hitlers bekannter Ausspruch gegenüber dem Schweizer Völkerbundkommissar Carl J. Burckhardt, zu dem er 1939 sagte: «Alles, was ich unternehme, ist gegen Rußland gerichtet; wenn der Westen zu dumm und zu blind ist, um dies zu begreifen, werde ich gezwungen sein, mich mit den Russen zu verstän-

55 Eintrag vom 15. November 1936, ebenda, S. 726.
56 Eintrag vom 2. Dezember 1936, ebenda, S. 743.
57 Eintrag vom 23. Februar 1937, a. a. O., Band 3, S. 55. Siehe auch den Eintrag vom 28. Januar 1937 (ebenda, S. 26), in dem es heißt, Hitler hoffe, daß ihm noch sechs Jahre Zeit blieben, er werde aber früher handeln, wenn sich eine günstige Gelegenheit böte, sowie den Eintrag vom 16. Februar 1937 (ebenda, S. 45), der wiedergibt, Hitler erwarte «in einigen Jahren» den «großen Weltkampf».
58 Eintrag vom 10. Juli 1937, ebenda, S. 198.
59 Eintrag vom 22. Dezember 1937, ebenda, S. 378.

digen, den Westen zu schlagen und dann nach seiner Niederlage mich mit meinen versammelten Kräften gegen die Sowjetunion zu wenden.»[60] Hitler sagte dies zwar in dem Bewußtsein, daß diese Botschaft dem Westen übermittelt werden würde, das ändert aber nichts an ihrer grundsätzlichen Realität.

Der «Weltkampf» gegen den Bolschewismus rückte langsam in greifbare Nähe, genauso wie aus der Vision von der Vernichtung der Juden ein realisierbares Ziel geworden war. In keinem der beiden Fälle reichen Hitlers «Intentionen» auch nur im entferntesten für eine vollständige oder befriedigende Erklärung aus. Ohne diese «Intentionen» wäre jedoch in beiden Fällen eine solche Entwicklung unwahrscheinlicher gewesen – viel unwahrscheinlicher im Hinblick auf die Ausrottung der Juden, viel weniger unwahrscheinlich im Hinblick auf den Krieg gegen die Sowjetunion. Daß zu diesem ideologischen «Vernichtungskrieg» eine «verschlungene Straße» hinführte, braucht nicht betont zu werden. Die einzige Strategie war das Bündnis mit Großbritannien. Mitte der dreißiger Jahre war diese Strategie endgültig gescheitert, und jegliche «Politik», jegliches «Programm» beziehungsweise jeglicher «Grund-Plan», der einen solchen Namen verdiente, war wie eine Seifenblase zerplatzt – was dann 1939 tatsächlich dazu führte, daß es zu einer erzwungenen (wenn auch temporären) Allianz mit dem Erzfeind kam und zum Kriegszustand mit dem ehemals umworbenen «Freund», der Deutschland die kalte Schulter gezeigt hatte. Erst in dieser Situation, unter Umständen, die den ursprünglich erhofften genau entgegengesetzt waren, konnte der Krieg gegen die Sowjetunion vom Sommer 1940 an geplant und nicht nur als «Fernziel» angestrebt werden. Und obwohl Deutschland in Europa eine Vormachtstellung hatte, zeichnete sich nun das ungelöste Problem «Vereinigte Staaten» im Hintergrund immer bedrohlicher ab.

---

60 Carl J. Burckhardt, *Meine Danziger Mission 1937–1939* (dtv-Ausgabe, München 1962), S. 272. Siehe auch Hildebrand, *Deutsche Außenpolitik* (siehe Kapitel 1 Anmerkung 17), S. 91.

Die Debatte über Hitlers Langzeitziele – ob er die Weltherrschaft gewollt habe oder ob sein Endziel «nur» die Eroberung
von «Lebensraum» im Osten gewesen sei – mutet ziemlich
künstlich an. Wie wir schon festgestellt haben, hat sich seit den
Veröffentlichungen von Moltmann und vor allem von Hillgruber in den sechziger Jahren allgemein die Ansicht durchgesetzt,
daß Hitler nichts weniger als Deutschlands Herrschaft über die
gesamte Welt anstrebte – ein Ziel, das stufenweise verwirklicht
werden sollte und vielleicht erst lange nach seinem Tod ganz erreicht sein würde. Einige führende Historiker halten jedoch be-
harrlich an der Ansicht fest, Hitler habe als Endziel nur das angestrebt, was er praktisch während seiner ganzen politischen
Karriere durchgängig hatte verlauten lassen: die Inbesitz-
nahme von «Lebensraum» auf Kosten Rußlands. Man könnte
vielleicht gleich zu Beginn fragen, ob sich in dieser unterschiedlichen Interpretation viel mehr spiegelt, als daß die Historiker
der *relativ* klaren und konsequenten Konzentration auf den
Osten in Hitlers Denken ein anderes Gewicht beimessen als seinen verschwommeneren und sporadischeren Überlegungen zu
den langfristigen Möglichkeiten (und der Zwangsläufigkeit)
einer weiteren Expansion im Anschluß an den erwarteten deutschen Sieg über den Bolschewismus. Es gibt in der Tat wenig
Grund daran zu zweifeln, daß Hitler bisweilen Gedanken an
eine «Weltherrschaft» gehegt hat. Weniger klar ist jedoch, welche Bedeutung derartige Gedanken für die Formulierung der
praktischen Politik hatten. Wir haben bereits angedeutet, daß
der Begriff «Lebensraum» zwar in der Tat etwas Metaphori-
sches an sich hatte und daß weder Hitler noch sonst jemand
eine klar detaillierte Vorstellung davon besaß, worauf diese Metapher genau hinauslaufen würde, daß sie aber gleichzeitig
auch etwas Konkretes bedeutete, nämlich Krieg mit der Sowjetunion und die daraus folgende Notwendigkeit, sich so gut wie
möglich auf einen solchen Kampf vorzubereiten. Wie unklar
der Weg dahin auch immer erschienen sein mag, der Gedanke
an diesen Krieg ging Hitler und der NS- und Wehrmachtsfüh-

rung nie ganz aus dem Sinn, und daraus ergaben sich praktische militärische, strategische und diplomatische Konsequenzen. Ob ein vages größenwahnsinniges Gerede über eine zukünftige Weltherrschaft im gleichen Licht gesehen werden kann, darf an sich bezweifelt werden. Und noch weit zweifelhafter dürfte sein, ob man in Zusammenhang mit solchen Vorstellungen von einem «Programm» oder gar von einer «grand strategy», einer groß-angelegten Strategie, sprechen sollte.[61]

In ihrer unverblümtesten Formulierung geht die «Weltherr-schaftsthese» davon aus, Hitler habe «zu keinem Zeitpunkt zwi-schen 1920 und 1945 [...], dies belegen seine Äußerungen, das Ziel der Weltherrschaft aus den Augen verloren»[62] – ein Ziel, das er, wie ein anderer Historiker anfügt, «in einer Reihe von Blitz-feldzügen» zu erreichen gedachte, die «stufenweise den ganzen Globus» erfassen sollten.[63] Belege, die diese These stützen, wur-den zusammengetragen aus Hitlers Frühschriften (vor allem sei-nem 1928 verfaßten *Zweiten Buch*), aus Rauschnings Darstellung der Hitlerschen Monologe der Jahre 1932–34, aus den *Tisch-gesprächen*, den Audienzen mit ausländischen Diplomaten sowie verschiedenen Aspekten der militärischen Planung der Jahre 1940–41 und wurden darüber hinaus in neuerer Zeit aus Hitlers monumentalen Architekturplänen und langfristigen Flottenplä-nen abgeleitet. Wir müssen uns kurz ansehen, wie beweiskräftig diese Belege sind.

Hitlers *Zweites Buch* malt das Schreckgespenst eines Kampfes um die Hegemonie an die Wand, zu dem es irgendwann in ferner Zukunft zwischen den Vereinigten Staaten und Europa kommen werde. Er war der Ansicht, daß die USA nur von einem rassisch

61 Letzteren Begriff verwendet Hauner, «World Dominion» (siehe Anmer-kung 12), S. 23.

62 Thies, *Architekt* (siehe Anmerkung 9), S. 189. Siehe auch seine Aufsätze: «Hitler's European Building Program», *JCH* 13 (1978), S. 413–431; «Hitlers ‹Endziele›: Zielloser Aktionismus, Kontinentalimperium oder Weltherr-schaft?», in Michalka, *Nationalsozialistische Außenpolitik*, S. 70–91; und «Nazi Architecture – A Blueprint for World Domination: The Last Aims of Adolf Hit-ler», in David Welch (Hg.), *Nazi Propaganda. The Power and the Limitations* (Lon-don 1983), S. 45–64.

63 Hauner, «World Dominion», S. 23.

reinen europäischen Staat besiegt werden könnten und daß es Aufgabe der Nazibewegung sei, das «eigene Vaterland» entsprechend vorzubereiten.[64] Vor diesem Zeitpunkt hatten die Vereinigten Staaten kaum Hitlers Aufmerksamkeit auf sich gezogen. Seine frühen Reden und Schriften (einschließlich *Mein Kampf*) enthalten nur wenige Verweise auf Amerika, die über die übliche und allgemeine Anprangerung der USA wegen ihrer Rolle im Ersten Weltkrieg und bei den Friedensverhandlungen hinausgehen.[65] Gegen Ende der zwanziger Jahre war die Ansicht, Deutschland drohe auf längere Sicht gesehen von Amerika Gefahr, recht weit verbreitet, und in diesem Klima äußerte Hitler den vagen Gedanken, in ferner Zukunft werde es zwischen dem von Deutschland beherrschten eurasischen Reich und den USA zu einem großen Konflikt kommen.[66] Das Bild, das sich Hitler von Amerika machte, blieb, so vage es war, nicht die ganze Zeit über gleich. Anfang der dreißiger Jahre galt Amerika unter dem Eindruck der Wirtschaftskrise als schwacher rassischer Mischstaat, der nicht in der Lage sei, noch einmal in einen europäischen Krieg einzugreifen, und dessen einzige rettende Hoffnung bei den Deutschamerikanern liege, die nun durch den Nationalsozialismus frischen Elan hätten.[67] Zum Ende der dreißiger Jahre hin fühlte sich Hitler durch die Abneigung der Amerikaner gegen die nationalsozialistische Rassen- und Religionspolitik in seiner Ansicht über die Schwäche der USA bestätigt. Zu diesem Zeitpunkt betrachtete er die Vereinigten Staaten nicht als eine tatsächliche oder potentiell starke Militärmacht, vor der Deutschland sich in acht nehmen müsse; seine Vorstellungen blieben in erster Linie auf den Kontinent beschränkt, und Gebieten außerhalb Europas schenkte er kaum konkrete Aufmerksamkeit.[68] Falls er den vagen Gedanken an einen zukünftigen Kon-

64 Telford Taylor (Hg.), *Hitler's Secret Book* (New York 1961), S. 106.
65 Weinberg, *Diplomatic Revolution*, S. 21.
66 Dietrich Aigner, «Hitler und die Weltherrschaft», in Michalka, *Nationalsozialistische Außenpolitik*, S. 49–69, hier S. 62.
67 Weinberg, *Diplomatic Revolution*, S. 21–22; Rauschning, *Gespräche mit Hitler*, S. 67–69.
68 Weinberg, *Starting World War II*, S. 252–253; *Diplomatic Revolution*, S. 20.

flikt mit den USA beibehielt, so hatte dieser doch für die Formulierung der Politik keine praktische Bedeutung.

Um die These zu belegen, Hitler habe auch in der Zeit zwischen seinem *Zweiten Buch* und den späten dreißiger Jahren ein «Programm» für eine weltweite Herrschaft gehabt, wird darauf verwiesen, er habe bei einigen öffentlichen Reden – bei denen vermutlich der beabsichtigte Propagandaeffekt die Hauptrolle spielte – und privaten Gesprächen, die anschließend von Beteiligten in Gedächtnisprotokollen oder -notizen festgehalten wurden (und deren gedruckte Fassung nicht als exakte *wörtliche* Wiedergabe des Geschehens betrachtet werden kann), von «Weltherrschaft» oder von Deutschland als der «größten Macht der Welt» gesprochen.[69] Von der letztgenannten Kategorie sind die 1939 (und damit zu einem für die westliche Propaganda günstigen Zeitpunkt) von Hermann Rauschning veröffentlichten *Gespräche mit Hitler* die wichtigsten. Wenn man in ihnen auch keinen bis ins Letzte getreuen Bericht der tatsächlichen Äußerungen Hitlers sehen kann, so gibt es doch Gründe, die für eine allgemeine Zuverlässigkeit dieses Buches sprechen, und es findet sich in ihm auch nichts, das nicht mit dem im Einklang stünde, was anderweitig von Hitlers Wesen und seinen Ansichten bekannt ist.[70] Bei Rauschning gibt es Passagen, in denen Hitler sich zum Beispiel über Deutschlands zukünftige Vorherrschaft in Lateinamerika und die Ausbeutung der mexikanischen Bodenschätze verbreitet. Rauschning weist allerdings selbst darauf hin, daß Hitler bei solchen Gelegenheiten ohne eigene detaillierte Kenntnisse immer wieder nur triviale, allgemein verbreitete Vorstellungen von diesen Ländern zum Ausdruck brachte. Und an anderer Stelle fügt er an, Hitler sei immer ein «Schauspieler» gewesen, so daß man nur schwer habe wissen können, wie ernst es ihm mit

69 Thies, «Hitlers ‹Endziele›», S. 78 Anmerkung 45, und siehe auch S. 72–73; und Aigner, S. 53–54.

70 Dies ist der allgemeine Tenor der Schlußfolgerungen von Theodor Schieder (siehe oben Anmerkung 4). Die Echtheit von Rauschnings Aussagen ist allerdings inzwischen ernsthaft in Frage gestellt worden. Siehe Wolfgang Hänel, *Hermann Rauschnings «Gespräche mit Hitler» – Eine Geschichtsfälschung* (Ingolstadt 1984).

einzelnen Bemerkungen gewesen sei.[71] Deutschlands Beziehungen zu Lateinamerika hatten in den dreißiger Jahren denn auch, wie kaum überraschen dürfte, nichts mit Hitlers wilden Visionen und seinen größenwahnsinnigen Äußerungen zu tun.[72] Sie sind wiederum nicht im Rahmen irgendeines «Plans» oder einer «Strategie» zu sehen.

Jochen Thies hat vor kurzem die Ansicht geäußert, Belege dafür, daß Hitler zwischen 1920 und 1945 durchgängig die «Weltherrschaft» angestrebt habe, fänden sich am ehesten in seinen Plänen zur Errichtung monumentaler Repräsentationsbauten, die ein Abbild der deutschen Stärke sein und bis zu 10000 Jahre überdauern sollten.[73] Es trifft zweifellos zu, daß sie Deutschlands dauerhaften Weltmachtstatus symbolisieren sollten und daß sie von Hitlers hochfliegenden Vorstellungen von Deutschlands Möglichkeiten zeugen. Aber es hieße wohl die These überdehnen, wollte man in den Bauplänen selbst die unzweideutige Spiegelung eines konsequenten, auf «Weltherrschaft» abzielenden «Programms» sehen.

Überzeugender erscheint da die Ansicht, der nahende Krieg und das Scheitern des mit Großbritannien angestrebten Bündnisses – und gleichzeitig das nach einer Serie von gelungenen diplomatischen Coups gewachsene Selbstvertrauen – hätten in den späten dreißiger Jahren Hitler dazu veranlaßt, sich strategisch mehr mit einer Reihe von Möglichkeiten zu befassen, die sich aus einem bewaffneten Konflikt ergeben könnten, bei dem Deutschlands Kampf unter Umständen einen globalen Charakter annehmen würde. Bei verschiedenen Gelegenheiten machte er ab 1937 gegenüber seinen Generälen Andeutungen in diese Richtung.[74] Von da an zeigte er auch mehr Interesse an flottenstrategischen Überlegungen, die im Z-Plan vom Januar 1939 gipfelten, bei dem Hitler darauf bestand, bis 1944 eine riesige Schlachtflotte aufzubauen (obwohl die Marine wegen des größeren Nutzens als Offensivwaffe gegen Großbritannien U-Boote

71 Rauschning, *Gespräche mit Hitler*, S. 61–67, 127.
72 Siehe Weinberg, *Starting World War II*, S. 255–260.
73 Thies, *Architekt*, und «Hitlers ‹Endziele›», besonders S. 83–84.
74 Thies, «Hitlers ‹Endziele›», S. 86–88.

247

bevorzugte und obwohl dadurch Nachteile bei der Stahlzuteilung für das Heer und die Luftwaffe entstanden). Dies ist von Forschern als eine Entscheidung interpretiert worden, die über einen Krieg mit Großbritannien hinaus auf eine zukünftige Seeherrschaft Deutschlands und einen unvermeidlichen weltweiten Konflikt hindeutete.[75] Gleichzeitig wird die Inkonsequenz und Unklarheit von Hitlers «globalem» Denken darin sichtbar, daß er kein Interesse daran zeigte, in der islamischen Welt Revolutionen anzuzetteln und zur Untergrabung der britischen Herrschaft in Indien nationalistische Bewegungen aktiv zu unterstützen.[76]

Spezifischere Belege für Hitlers strategisches globales Denken beschränken sich hauptsächlich auf den Kriegszeitraum, vor allem auf die Jahre 1940–41. Zu dieser Zeit *reagierte* Hitler jedoch (und das nicht immer konsequent) größtenteils auf Umstände, zu deren Entstehen er zwar beigetragen hatte, die sich aber nun rasch seiner Kontrolle entzogen. Es fällt daher schwer, strategische Überlegungen in dieser Phase direkt auf früher gemachte vage Äußerungen über eine «Weltherrschaft» zu beziehen.[77] Laut Hillgruber waren die Kriegsplanung gegen die Sowjetunion (so sehr Hitler diesen Krieg ideologisch wollte) und der dringend erforderliche schnelle Sieg strategisch gesehen durch die Notwendigkeit bedingt, Großbritannien zu Friedensgesprächen an den Verhandlungstisch zu bringen, Amerika aus dem Krieg herauszuhalten und den Krieg auf die einzige Weise zu beenden, die Deutschland zum Nutzen gereichen würde.[78] Da Hitler davon überzeugt war, daß Amerika (das in Hitlers Augen auf einmal wieder an Stärke gewonnen hatte) bis spätestens 1942 in den Krieg eintreten würde, ging es ihm vordringlich darum,

---

75 Jost Dülffer, «Der Einfluß des Auslandes auf die nationalsozialistische Politik», in Forndran u. a. (siehe oben Anmerkung 46), S. 295–313, hier S. 302; Hauner, «World Dominion», S. 27; Carr, *Hitler*. Zur Gewichtung des Z-Plans äußert sich skeptisch Aigner, S. 60–61.

76 Hauner, «Professionals» (siehe oben Anmerkung 11) und derselbe, *India in Axis Strategy* (Anmerkung 9).

77 Andreas Hillgruber, «Der Faktor Amerika in Hitlers Strategie 1938–1941», *APZ* 19 (11. Mai 1966), S. 4.

78 Hillgruber, «Amerika», S. 13.

bald mit dem Krieg im Osten fertig zu sein, um dann die Vereinigten Staaten abwehren zu können. Auf der Höhe seiner Macht dachte Hitler kurze Zeit daran, gemeinsam mit Japan Amerika zu «zerstören», und wollte im Herbst 1941 auf den Azoren Langstreckenbomber stationieren, um die USA anzugreifen. Aber als dann der Eintritt der USA in den Krieg drohte und die deutsche Offensive im russischen Schlamm feststeckte, kehrte er wieder zu der vagen Vorstellung von einer Auseinandersetzung mit den USA «in der nächsten Generation» zurück, erklärte den USA in einer resignativen Geste den Krieg und teilte dem japanischen Botschafter zwei Monate später mit, daß er immer noch nicht wisse, wie er eine Eroberung der Vereinigten Staaten bewerkstelligen solle.[79] Wenn er in den verbleibenden Kriegsjahren noch dachte, daß eine «Weltherrschaft» nach hundert Jahren Kampf zu erreichen sei oder daß ein zukünftiger deutscher Herrscher «Herr der Welt» sein würde, oder wenn er die «unumstößliche Gewißheit» äußerte, daß Deutschland einmal ganz Europa beherrschen und letzten Endes die Weltherrschaft erlangen werde,[80] so waren das Hirngespinste und keine Hinweise auf einen «Stufenplan». Als das Dritte Reich in Trümmern lag und die Rote Armee vor den Toren Berlins stand, wandte Hitler sich wieder «bescheideneren Zielen» zu: der Vernichtung des Bolschewismus, der Eroberung weiter Räume im Osten und einer auf den Kontinent beschränkten Lebensraumpolitik (im Gegensatz zu einer Kolonialpolitik in Übersee). Die letzte Botschaft, die er einen Tag vor seinem Selbstmord an die Wehrmacht richtete, war genauso utopisch: Sie solle weiterkämpfen, um «dem deutschen Volk Raum im Osten zu gewinnen».[81]

Es scheint notwendig zu sein, zwischen strategischen Zielen

79 Hillgruber, «Amerika», S. 14–21.
80 Siehe Meir Michaelis, «World Power Status or World Dominion?», *The Historical Journal* 15 (1972), S. 331–360, hier S. 351. Das letzte Zitat stammt aus dem Eintrag vom 8. Mai 1943 aus *Goebbels' Tagebücher aus den Jahren 1942–43*, hg. v. Louis P. Lochner, (Zürich 1948), S. 327.
81 H. R. Trevor-Roper, *The Testament of Adolf Hitler* (London 1961), S. 82. Das Zitat stammt aus Max Domarus (Hg.), *Hitler, Reden und Proklamationen 1932–1945* (Wiesbaden 1973), S. 2242. Siehe auch Michaelis, S. 351 und 357.

und einer vagen und visionären Handlungsrichtung zu unterscheiden. Die Belege für Hitlers strategisches globales Denken konzentrieren sich auf die unmittelbaren Vorkriegsjahre, als sein Grundkonzept einer Allianz mit Großbritannien gescheitert war, und auf die ersten Kriegsjahre, als immer deutlicher wurde, daß die USA in den Konflikt eingreifen würden. Vor diesen Jahren finden sich nur vage Prophezeiungen, daß es irgendwann in ferner Zukunft zu einem weltweiten Kampf kommen werde. Nach diesen Jahren winkt in weiter Ferne wieder eine Utopie, die nun vermutlich für die Realität der unvermeidlichen und vernichtenden Niederlage entschädigen soll. Dies läßt sich wohl kaum als «Weltherrschaftsprogramm» bezeichnen. Doch wie Rauschning bereits erkannte, mußte der Nationalsozialismus seine «Bewegung» ununterbrochen aufrechterhalten;[82] seine innere und äußere Dynamik hätte niemals Stabilität bringen oder bis zur Stagnation abflauen können; und nicht zuletzt kam durch Hitlers eigene sozialdarwinistische Interpretation des Daseins – für ihn bedeutete der Kampf ums Dasein auch den titanischen Kampf der Nationen, bei dem es kein Mittelding zwischen totalem Sieg und völliger Niederlage gebe – noch eine entscheidende Komponente hinzu, die sich zwar durchaus mit einer kurzzeitigen Ausnutzung von Gelegenheiten vereinbaren ließ, sich aber mit einer langfristigen Kalkulation und Planung ganz und gar nicht vertrug. In dieser Hinsicht paßt vielleicht eine (auf den erwarteten Sieg über die Sowjetunion folgende) «Expansion ohne Ziel» viel eher zum Ethos des Nationalsozialismus und deckt sich wohl weit besser mit Hitlers utopischen Träumen als die Vorstellung von einem «Weltherrschaftsprogramm».

Unsere Übersicht über die verschiedenen Interpretationen, die sich mit Hitlers Beitrag zur Gestaltung der Innen-, Antijuden- und Außenpolitik im Dritten Reich befassen, ist damit komplett. In jedem Fall, so haben wir festgestellt, sind *sowohl* Hitlers «Intentionen» *als auch* unpersönliche «Strukturen» für eine Interpretation des Kurses der deutschen Politik im NS-Staat unverzichtbar. Und es gibt keine mathematische Formel,

---

82 Siehe Michaelis, S. 359.

mit deren Hilfe man entscheiden könnte, wie jeder dieser Faktoren zu gewichten sei. Wir haben gesehen, daß Hitler in der Außenpolitik initiativ war und wichtige Entscheidungen persönlich fällte, daß dies bei innenpolitischen Angelegenheiten und sogar in der Antijudenpolitik aber nur selten der Fall war. Bei innenpolitischen Themen griff er selten ein; bei der «Judenfrage» bestand vor 1941 sein Beitrag hauptsächlich darin, das Fernziel festzusetzen, das entsprechende Klima zu schaffen und die Handlungen anderer zu sanktionieren; in der Außenpolitik symbolisierte er die «große Sache», durch die andere motiviert wurden, *und* spielte *gleichzeitig* persönlich eine für den Verlauf der Aggression zentrale Rolle. Für die Festlegung der Konturen der deutschen Außenpolitik waren Hitlers ideologische Ziele *ein* wichtiger Faktor. Bei der Formulierung der Politik verschmolzen diese Ziele aber größtenteils so untrennbar mit strategischen machtpolitischen Überlegungen und häufig auch mit wirtschaftlichen Interessen, daß es zumeist nicht möglich ist, sie analytisch zu unterscheiden. Neben Hitlers Persönlichkeit war auch die *Funktion* seiner Führerrolle für die Formulierung der Außenpolitik und die Ausrichtung auf den Krieg sehr wichtig; sie legitimierte, daß auf die Ziele hingekämpft wurde, die Hitler der Vermutung nach wollte. Sie legitimierte den Egoismus einer Armeeführung, die nur zu gern von einer unbegrenzten Aufrüstung profitierte, regelrecht darauf aus war, sich an expansionistischen Plänen zu beteiligen, und darauf hoffte, im Staat eine zentrale Rolle zu erhalten. Sie legitimierte die Ambitionen eines Auswärtigen Amtes, das nur zu erpicht darauf war, diplomatisch den Boden für eine Umwälzung der europäischen Ordnung zu bereiten, und der vielen «amateurhaften» Stellen, die sich in noch aggressiverer Absicht mit außenpolitischen Angelegenheiten beschäftigten.[83] Und sie legitimierte die Gier und Skrupellosigkeit von Industriellen, die regelrecht darauf brannten, Pläne für die wirtschaftliche Ausplünderung eines Großteils von Europa vorzule-

---

83 Siehe Hauner, «Professionals». Ein Beispiel dafür, daß örtliche «Initiativen» von «Amateuren» im Balkan das Rennen machten, gibt Weinberg, *Diplomatic Revolution*, S. 23 Anmerkung 81.

gen. Und schließlich bot sie den Prüfstein für das wildeste chauvinistische und imperialistische Geschrei der Masse der treuergebenen Parteianhänger nach Wiederherstellung von Deutschlands Macht und Ruhm. Jedes dieser – von den Eliten und von den Massen stammenden – Elemente band seinerseits Hitler und die Naziführung an den sich nun immer schneller und bedrohlicher entwickelnden Gang der Dinge, den sie zum Teil selbst herbeigeführt hatten. Die – auch im Bereich der Außenpolitik sich vollziehende – komplexe Radikalisierung, die aus Hitlers ideologischen Träumen einen von Millionen von Menschen durchlittenen Alptraum machte, läßt sich daher nur unzureichend erklären, wenn man sich zu stark auf Hitlers Absichten konzentriert und dabei nicht die Bedingungen und Kräfte – innerhalb und außerhalb Deutschlands – berücksichtigt, die die Verwirklichung dieser Absichten strukturierten.

7

Das Dritte Reich:
«Soziale Reaktion» oder
«soziale Revolution»?

Zu den komplexesten – und wichtigsten – Aufgaben, mit denen die Geschichtsschreibung beim Dritten Reich konfrontiert ist, gehört die Beantwortung der Frage, in welcher Weise und in welchem Umfang sich der Nationalsozialismus auf die deutsche Gesellschaft ausgewirkt hat. Und die sozialen Auswirkungen eines weltanschaulich doktrinären und schonungslos repressiven autoritären Staates haben zweifellos potentielle Implikationen, die über die geographischen und zeitlichen Grenzen des nationalsozialistischen Deutschlands weit hinausreichen.

Ein differenziertes Verständnis der deutschen Gesellschaft im Dritten Reich ist erst möglich, seit in den sechziger Jahren zum erstenmal ernsthafte wissenschaftliche Untersuchungen auf diesem Gebiet durchgeführt wurden. Größere Fortschritte wurden jedoch erst in den siebziger Jahren erzielt, als sich die Quellenbasis stark erweiterte, und die Forschung hat hier noch kein Ende erreicht. Die starke Ausdehnung und große Attraktivität der Erforschung der «Alltagsgeschichte» beziehungsweise einer «Geschichte von unten» hat in Westdeutschland in den letzten zehn Jahren zu einer Fülle von detaillierten empirischen Studien – von sehr unterschiedlicher Qualität – geführt, die, häufig in einem lokalen oder regionalen Kontext, untersuchen, welche Erfahrungen verschiedene soziale Gruppen während der Nazidiktatur gemacht haben. Daher steht jetzt eine Fülle von Material zur Verfügung, wenn man sich mit den sozialen Auswirkungen des Nationalsozialismus beschäftigen will. Daß Quellen, die von einem derartigen politischen System stammen, häufig größere Interpretationsschwierigkeiten in sich bergen, versteht sich von selbst. Genau wie bei anderen Fragen, mit denen wir uns bereits befaßt haben, gilt jedoch auch hier, daß die Interpretationsprobleme und -perspektiven in noch stärkerem Maße mit unterschiedlichen theoretischen Ausgangspunkten und unüberbrückbaren, weltanschaulich bedingten Meinungsverschiedenheiten unter den Historikern zusammenhängen. Die Debatte ist gekennzeichnet durch eine grundlegende Uneinigkeit über das tatsächliche Wesen des Nationalsozialismus, seine sozialen Ziele und Intentionen; über die Kriterien und Methoden, die man braucht, um die unter dem Nationalsozialismus ablaufenden Veränderungen beurteilen zu können; und über die Begriffe, die man zur Definition dieses sozialen Wandels verwendet.

Ein Teil des Problems beruht auf dem eklektischen Wesen und den inneren Widersprüchen der Nazipartei, ihrer Ideologie und ihrer sozialen Zusammensetzung. Es fällt allein schon sehr schwer, ihre sozialen Ziele und Zielvorstellungen klar zu definieren und diese Ziele dann von den zur Verwirklichung notwendigen Mitteln zu unterscheiden, die in der Praxis oft zum genau entgegengesetzten Resultat geführt zu haben scheinen. So kommt es, daß der Nationalsozialismus von einigen führenden Historikerinnen und Historikern als vom Inhalt her tatsächlich revolutionär interpretiert und von anderen als durch und durch konterrevolutionär gebrandmarkt wird. Manche betrachten ihn trotz einiger in seiner Ideologie begründeter archaischer, reaktionärer Aspekte als eine modernisierende Kraft, andere halten ihn für kraß antimodern oder sehen in ihm paradoxerweise eine «revolutionäre Reaktion», während wiederum andere keinen Grund entdecken können, warum sie im Nationalsozialismus etwas anderes sehen sollten als nackte soziale Reaktion.[1] In jedem Fall stellt sich unübersehbar die Frage, inwieweit die «soziale Ideologie» der Nazis überhaupt als ernste Absichtserklärung betrachtet werden sollte statt als bloße manipulative Propaganda.

Ein zweiter Teil des Problems besteht in der Komplexität des

---

[1] Eine Zusammenfassung einiger gegensätzlicher Positionen findet sich in Francis L. Carsten, «Interpretations of Fascism», in Laqueur (Kapitel 2 Anmerkung 3), S. 457–487, hier besonders S. 474 ff.

Versuchs, eine Art «Bilanz» der sozialen Veränderungen in Deutschland unter dem Nationalsozialismus aufzulisten. Während sich manche Aspekte des «sozialen Wandels», wie etwa die soziale Mobilitätsrate, mit einiger Schwierigkeit messen lassen, können Veränderungen in der Einstellung, der Mentalität und den Wertesystemen nur qualitativ abgeschätzt werden, und das auf der Grundlage von Belegen, die für diese Zwecke längst nicht ideal sind. Außerdem ist der Zeitraum, um den es geht, sehr kurz. Das Dritte Reich überdauerte nur zwölf von den geplanten tausend Jahren, und sechs davon waren Kriegsjahre. Da ein Krieg, vor allem in der Größenordnung des Zweiten Weltkriegs, seine eigene Dynamik hat und durch massive Zerstörung, Vertreibung von Bevölkerungsgruppen, Mobilmachung und Demobilmachung sowie durch Erwartungen für die Zeit nach dem Krieg einen raschen sozialen Wandel herbeiführt, gibt es ein offensichtliches Problem, wenn man einen solchen Wandel von dem herzuleiten sucht, was vom NS-System beabsichtigt war (auch wenn man akzeptiert, daß der Krieg selbst ein Produkt des Nationalsozialismus war). Man muß deshalb versuchen, zwischen Veränderungen, die unmittelbar vom NS-Regime herbeigeführt wurden, und denen, die mittelbar und sogar unbeabsichtigt durch den Nationalsozialismus zustande kamen, zu unterscheiden. Eine weitere Schwierigkeit besteht in der Frage, wie man einen solchen Wandel zu langfristigen säkularen Veränderungen in der Gesellschaft in Beziehung setzen soll, die in Deutschland genauso wie in anderen Ländern im Zeitalter der Industrialisierung abliefen. Es ist sogar der Gedanke geäußert worden, wenn man den sozialen Wandel unter dem Nationalsozialismus beurteilen wolle, müsse man eigentlich ein hypothetisches Modell erstellen, um abzuschätzen, zu welchen Veränderungen es bis 1945 gekommen wäre, wenn der Nationalsozialismus niemals existiert hätte.[2] Dies wirft wiederum die Frage auf: Beurteilen wir das, was im Nationalsozialismus an sozialem Wandel ablief, im Vergleich zu dem, was sich der Natio-

2 Matzerath und Volkmann (siehe Kapitel 2 Anmerkung 53), S. 109 (Kommentar von T. Sarrazin).

nalsozialismus unserer Vermutung nach am Anfang zum Ziel gesetzt hatte; im Vergleich zu dem, was ohne den Nationalsozialismus vielleicht abgelaufen wäre; im Vergleich zu dem Tempo und der Art des Wandels in anderen Industriegesellschaften der damaligen Zeit; oder im Vergleich zu irgendeiner fiktiven «idealtypischen» Entwicklung?

Der dritte Teil des Problems ist definitorischer Natur. Wie das bei der Sozial-, Politik- und Geschichtswissenschaft häufig der Fall ist, sind die verwendeten Begriffe und Konzepte oftmals ungenau, lassen mehr als eine Interpretation zu oder sind ideologisch «vorbelastet». Den Begriff «Revolution» zu verwenden, hieße – wie jemand einmal gesagt hat –, «ein semantisches Minenfeld betreten»,[3] und außerdem eines, bei dem die jeweilige persönliche Vorliebe für das, was nach eigener Ansicht eine «Revolution» – und ganz besonders eine «soziale Revolution» – ausmacht, offensichtlich eine entscheidende Rolle spielt. Während man durchaus sinnvollerweise einwenden kann, daß eine «Revolution» nichts «Positives», «Progressives» oder «moralisch Lobenswertes» zu sein brauche und auch nicht auf die marxistischen Vorstellungen von einer grundlegenden Änderung der wirtschaftlichen Substanz einer Gesellschaft beschränkt sein müsse,[4] so erleichtert diese Negativaussage kaum eine Definition dessen, woraus genau eine «soziale Revolution» besteht. Es muß wohl nicht besonders betont werden, daß «Reaktion» und «Konterrevolution» als intellektuelle Konzepte kaum klarer sind.

Sicherlich sind Begriffe wie «sozialer Wandel» oder «soziale Entwicklung» neutraler, doch sind sie in sich so vage, daß sie sich erst dann praktisch verwenden lassen, wenn sie mit einer Theorie oder einem Konzept des geschichtlichen Wandels verbunden sind. Als mögliche Erklärungsmodelle bieten sich hier nur marxistische Theorien und Modernisierungstheorien an.

Marxistische Theorien neigen dazu, ihre Analysen des «sozia-

---

3 Jeremy Noakes, «Nazism and Revolution», in Noel O'Sullivan (Hg.), *Revolutionary Theory and Political Reality* (London 1983), S. 73–100.

4 Siehe Karl Dietrich Bracher, «Tradition und Revolution im Nationalsozialismus», in derselbe, *Zeitgeschichtliche Kontroversen* (siehe Kapitel 1 Anmerkung 40), S. 62–78, hier besonders S. 66–70.

len Wandels» in erster Linie auf Veränderungen in der Struktur der Produktionsweise – also heutzutage in der Struktur des Kapitalismus – und auf den Stand des «Klassenkampfes» zu beschränken und eine Veränderung der sozialen Formen oder Kultur entsprechend herunterzuspielen, wenn nicht gleichzeitig auch die wirtschaftliche Substanz der Gesellschaft eine Umgestaltung erfahren hat. Vorstellungen von «sozialem Wandel», die in einen marxistischen Ansatz eingebunden sind, klingen daher rasch nicht mehr vage, aber auch nicht mehr intellektuell neutral.

Andere Erklärungen des «sozialen Wandels», die nichtmarxistischen oder «liberalen» Historikern mehr oder weniger sympathisch sind, hängen mit Modernisierungstheorieansätzen zusammen. Der Begriff der «Modernisierung» – ein Produkt der amerikanischen Sozialwissenschaften – versucht, die verschiedenen Elemente der kulturellen, politischen und sozioökonomischen Entwicklung zu erfassen, die ihre Hauptstoßkraft mit der Französischen und der industriellen Revolution in Westeuropa erlangten und die die «traditionellen» Gesellschaften des Westens und nach und nach auch großer Teile der Erde in «moderne Gesellschaften» umwandelten. Zu dieser Umwandlung gehören ein enormes Anwachsen der Zahl und Verfügbarkeit von Waren und Dienstleistungen; ein verbesserter Zugang zu diesen Waren und Dienstleistungen; eine größere soziale Differenzierung, komplexere Arbeitsteilung und verstärkte funktionelle Spezialisierung; sowie eine erhöhte Fähigkeit zur institutionellen Regulierung von sozialen und politischen Konflikten.[5] Obwohl die Ansätze der Modernisierungstheorie längst nicht

5 Siehe Werner Abelshauser und Anselm Faust, *Wirtschafts- und Sozialpolitik. Eine nationalsozialistische Sozialrevolution?* (Nationalsozialismus im Unterricht, Studieneinheit 4, Deutsches Institut für Fernstudien an der Universität Tübingen, Tübingen 1983), S. 4; Matzerath und Volkmann, S. 95. Für eine Beurteilung der Modernisierungstheorien und ihrer Anwendbarkeit in der Geschichtsschreibung von unschätzbarem Wert ist Hans-Ulrich Wehler, *Modernisierungstheorie und Geschichte* (Göttingen 1975). Helmut Kaelble u. a., *Probleme der Modernisierung in Deutschland. Sozialhistorische Studien zum 19. und 20. Jahrhundert* (Opladen 1978), wenden Modernisierungsmodelle speziell auf die soziale Entwicklung in Deutschland an.

mehr so simpel wie in der Anfangszeit sind und inzwischen stark verfeinert wurden, sind sie doch auch weiterhin eklektisch, ungenau und lassen zu, daß einigen der Grundannahmen und -begriffe ein ganz unterschiedliches subjektives Gewicht beigemessen werden kann. Durch die implizite oder explizite Verknüpfung der Modernisierungstheorien mit «Idealtypen», die von westlichen liberalen Demokratien abgeleitet sind, durch die relative Vernachlässigung des Klassenkonflikts und durch die Degradierung der wirtschaftlichen Strukturen auf eine bloße – wenn auch sehr wichtige – Komponente des «sozialen Wandels» wird der «Modernisierungs»begriff in seiner konventionellen Verwendung noch fraglicher und für marxistische Wissenschaftlerinnen und Wissenschaftler allgemein unakzeptabel.

Bei jedem Versuch, die Auswirkungen des Nationalsozialismus auf die deutsche Gesellschaft zu beurteilen, sieht man sich den gerade angesprochenen Schwierigkeiten gegenüber. Ehe wir uns an eine eigene Auswertung wagen, müssen wir uns kurz ansehen, welche wesentlichen Interpretationsunterschiede zwischen den Historikern bestehen, die sich mit diesem Problem befaßt haben.

Interpretationen

Da die DDR-Forschung von der Grundannahme ausgeht, der Hitler-Faschismus sei die Diktatur der reaktionärsten Elemente der in Deutschland herrschenden Klasse gewesen, kann es kaum überraschen, daß die dortige Geschichtsschreibung den Gedanken, das Dritte Reich habe in der deutschen Gesellschaft einen Wandel herbeigeführt, der auf eine «soziale Revolution» hinauslaufe, kurz und knapp abfertigt. Während die Erforschung weiterreichender Aspekte der Sozialgeschichte des Dritten Reiches durch die Scheuklappen einer starken Konzentrierung auf die organisierten kommunistischen Widerstandsgruppen behindert ist, behandeln DDR-Historiker die Frage nach möglichen langfristigen «Modernisierungs»folgen des Nationalsozialismus für die deutsche Gesellschaft natürlich als «Unfrage». Modernisierungstheorien gelten hier nur als bürgerliche Pseudodoktrin der Industriegesellschaft. Bedingt durch ihre mangelnde Definition, so heißt es, seien diese «Theorien» in ihrer Anwendung rein subjektiv und von ihrer Intention und Implikation her antimarxistisch, beschönigten den Faschismus, indem sie ihn als (wenn auch unbeabsichtigten) «Stoß in die Modernität» betrachteten, und außerdem verzerrten sie insofern willkürlich den Revolutionsbegriff, als sie davon ausgingen, der Nationalsozialismus habe eine «soziale Revolution» ausgelöst, und mißbrauchten ihn für ein Phänomen, das offenkundig konterrevolutionär gewesen sei.[6] Die den Modernisierungstheorien inhärenten Vorstellungen von einem «Fortschritt» innerhalb der kapitalistischen Gesellschaft – und nicht in Richtung des marxistisch-leninistischen Sozialismus – sind eindeutig unvereinbar mit der Hervorhebung von Kontinuitätssträngen des imperialistischen Monopolkapitalismus, die das Dritte Reich überdauert haben und für den reaktionären Charakter der Bundesrepublik sorgen. Von diesem Ausgangspunkt her gesehen ist es klar, daß Fragen, die dauerhafte oder langfristige Auswirkungen des Dritten Reiches auf die Entwicklung der deutschen Gesellschaft betreffen, für die DDR-Geschichtsschreibung irrelevant sind. Zu einer echten sozialen Revolution könne es, so die dort herrschende Meinung, nur unter der Ägide des Marxismus-Leninismus kommen. In Deutschland sei das nur mit Hilfe der Roten Armee und der Sozialistischen Einheitspartei (SED) der Fall gewesen, während die Reaktion in neuer Gestalt unter einem anderen politischen System bürgerlicher Herrschaft in der Bundesrepublik andauere.

Die westliche marxistische und marxistisch beeinflußte Geschichtsschreibung – die in den letzten zehn Jahren zum Teil einen sehr wichtigen Beitrag zur Sozialgeschichte des Dritten Reiches geleistet hat – teilt diese Grundposition zwar nicht, be-

6 Siehe Gerhard Lozek und Rolf Richter, «Zur Auseinandersetzung mit vorherrschenden bürgerlichen Faschismustheorien», in Gossweiler und Eichholtz, *Faschismusforschung* (Kapitel 1 Anmerkung 27), S. 417–451, hier S. 427–429; und Gerhard Lozek u. a. (Hg.), *Kritik der bürgerlichen Geschichtsschreibung. Handbuch* (Köln, 4. erw. Aufl. 1977), S. 340–341.

gegnet aber Vorstellungen von einer «sozialen Revolution» unter dem Nationalsozialismus mit der gleichen Unduldsamkeit. Die historische Bilanz sei klar, so heißt es: Der Nationalsozialismus habe die Organisationen der Arbeiterklasse zerstört, die Klassenbeziehungen dadurch verändert, daß er die Position der Unternehmer wesentlich stärkte und sie mit dem ganzen Gewicht eines repressiven Polizeistaates unterstützte, den Lebensstandard niedrig gehalten und dabei gleichzeitig schwindelerregende Profite ermöglicht.[7] So klar diese Bilanz auch sein mag, bezeichnet sie doch wohl den Anfang und nicht das Ende der Untersuchung. Unbezweifelbar erfreute sich das NS-Regime bis weit in den Krieg hinein eines so hohen Popularitäts- und Unterstützungsgrades, daß sich dieser durch die manipulative Kraft der Propaganda oder die starke Repression des Polizeistaates nicht angemessen erklären läßt. Man kommt nicht umhin zu akzeptieren, daß es dem Nationalsozialismus wirklich (wenn auch nur teilweise) gelang, in weite Teile der deutschen Gesellschaft – die Arbeiterklasse nicht ausgenommen – einzubrechen, und daß ein beachtliches Maß an materieller und affektiver Integration in den NS-Staat erreicht wurde, auch wenn sich die katholische, kommunistische und sozialistische Subkultur als relativ resistent erwies und eine undurchdringliche Barriere darstellte. Angesichts der beträchtlichen und umfangreichen nationalsozialistischen Durchdringung, die für sich genommen natürlich in keinerlei Widerspruch zu marxistischen Ansätzen steht, bedarf es einer Erklärung, die nicht gleich mit der Begründung, der Nationalsozialismus komme einer sozialen Reaktion gleich, jeglichen Gedanken daran verbietet, daß der Nationalsozialismus möglicherweise einen Anstoß zu einem (wenn durch dessen massiven Zerstörungstrieb vielleicht auch nur negativ bedingten) sozialen Wandel gegeben hat. Neuere Forschungsergebnisse zur sozialen Basis der nationalsozialistischen Anhängerschaft vor 1933 haben früheren Verallgemeinerungen über die angeblich rückwärtsgewandte, (im wörtlichen Sinne) reaktionäre Art der nationalso-

7 Siehe zum Beispiel Ernest Mandel, in Trotzki, *Struggle* (Kapitel 2 Anmerkung 16), S. 13.

zialistischen Anhängermassen in der Tat den Boden entzogen und statt dessen verdeutlicht, daß unter den sozial heterogenen Anhängern der NSDAP eine starke, dynamische Motivation zu radikalem sozialem Wandel sowie unbestreitbare «moderne» Tendenzen und Aspirationen vorhanden waren.[8] Die Unterstützung der Nazis war kein bloßes Streben nach einer Wiederkehr vergangener Zeiten, so sehr es dabei zweifellos *auch* restaurative Tendenzen gegeben hat. Der Druck zu sozialem Wandel, der – wenn auch rudimentär und in verschiedene Richtungen strebend – von der «Bewegung» ausging, hätte nach 1933 nicht mehr völlig mißachtet oder unterdrückt werden können, selbst wenn das in der Absicht der Naziführung gelegen hätte. Außerdem war das Deutschland der späten vierziger und frühen fünfziger Jahre – selbst wenn man allein die noch junge Bundesrepublik betrachtet – schon aus ganz oberflächlichen, einfach verstandenen Gründen und bei aller Anerkennung der zahlreichen und unvermeidlichen Kontinuitätslinien vom Ort und von der Gesellschaft her ganz anders als das Deutschland von 1933. Wie kompliziert die Untersuchung auch sein mag, so ist doch durchaus legitim zu fragen, ob der Nationalsozialismus in Deutschlands sozialer Entwicklung eine Zäsur darstellte oder durch seine Auswirkung auf soziale und politische Werte und Einstellungen ein bleibendes Erbe hinterließ.

Zwei nichtmarxistische «liberale» Wissenschaftler, der deutsche Soziologe Ralf Dahrendorf und der amerikanische Historiker David Schoenbaum versuchten mit Arbeiten, die sie etwa zur gleichen Zeit Mitte der sechziger Jahre veröffentlichten, die Frage auf ganz unterschiedlichem Wege zu beantworten, und vertraten den Standpunkt, das Dritte Reich habe tatsächlich eine «soziale Revolution» hervorgerufen, deren Hauptmerkmal ein Bruch mit der Tradition und ein entsprechender «Stoß in die Modernität» gewesen sei.[9]

Nach Dahrendorf vollzog der Nationalsozialismus in Deutsch-

8 Siehe zum Beispiel Broszat, «Zur Struktur der NS-Massenbewegung» (Kapitel 2 Anmerkung 53).

9 Siehe oben Kapitel 2 Anmerkung 26 für nähere Angaben. Das Zitat stammt aus Dahrendorf, S. 432.

land «die in den Verwerfungen des kaiserlichen Deutschland verlorengegangene, durch die Wirrnisse der Weimarer Republik aufgehaltene soziale Revolution».[10] Für ihn bestand der Kern der Revolution in der «Modernität», worunter er im wesentlichen die Strukturen und Werte der westlichen liberaldemokratischen Gesellschaft verstand. Eine solche Revolution sei, so meinte er, von den Nazis, deren soziale Ideologie auf einer Wiedergewinnung vergangener Werte beruht habe, natürlich nicht beabsichtigt gewesen. In der Praxis hätten sie durch die «Gleichschaltung» der deutschen Gesellschaft jedoch die «Gruppenloyalitäten» der Deutschen – traditionelle antiliberal-religiöse, regionale, familiäre und korporative Bindungen – zerstört, aus Eliten «monopolistische Cliquen» gemacht und soziale Schichtungen durch die Schaffung des «Volksgenossen» eingeebnet. Um die Macht zu bewahren sei der nationalsozialistische «Totalitarismus» tatsächlich gezwungen gewesen, sich gegen sämtliche, selbst spurenhafte Elemente der Gesellschaftsordnung zu wenden, auf denen die konservative autoritäre Herrschaft gründete. Durch die Zerstörung traditioneller Bindungen, Normen und Werte, so schloß Dahrendorf, habe der Nationalsozialismus «die deutsche Vergangenheit, wie sie im Kaiserreich Gestalt gefunden hatte, endgültig beseitigt. Was nach ihm kam, war von der Hypothek frei, die die Weimarer Republik dank der suspendierten Revolution an ihrem Anfang beschwerte. Es konnte kein Zurück hinter die Revolution der nationalsozialistischen Zeit mehr geben».[11] Ohne es zu wollen, habe der Nationalsozialismus daher den Weg zu einer liberaldemokratischen Gesellschaft im Nachkriegswestdeutschland gebahnt.

Dahrendorfs sehr einflußreiche Interpretation machte gerade ein Kapitel seiner soziologischen Analyse des heutigen Deutschlands aus. Auf der anderen Seite konzentrierte sich David Schoenbaums stilvoll geschriebene Studie ganz und gar auf eine Erforschung dessen, was er als «Hitlers soziale Revolution» be-

10 Zu diesem Abschnitt siehe Dahrendorf, S. 431–448 (Zitat von S. 432).
11 Dahrendorf, S. 448.

zeichnete.[12] Indem Schoenbaum sich bei seiner Untersuchung auf die Jahre 1933–39 beschränkte, blendete er von vornherein alle aus der Kriegszeit herrührenden Veränderungen aus seinen Überlegungen aus und entwickelte in einer komplexen Diskussion dennoch eine Argumentation, die – allerdings auf der Basis einer gründlicheren Recherche – der These Dahrendorfs nahekam. Schoenbaums Hauptthese war, seinen eigenen Worten zufolge: «Das Dritte Reich [war] eine doppelte Revolution [...] der Zwecke und der Mittel zugleich. Die Revolution der Zwecke war ideologischer Natur; sie sagte der bürgerlichen und industriellen Gesellschaft den Krieg an. Die Revolution der Mittel war ihre Umkehrung. Sie war bürgerlich und industriell, da ja selbst ein Krieg gegen die industrielle Gesellschaft in einem industriellen Zeitalter mit industriellen Mitteln geführt werden muß und da es des Bürgertums bedarf, um das Bürgertum zu bekämpfen.»[13] Dies Paradoxon zieht sich durch Schoenbaums gesamte Analyse, zu deren entscheidenden Elementen die Unterscheidung zwischen dem, was er «objektive», und dem, was er «gedeutete soziale Wirklichkeit» nennt, gehört. Während die «objektive soziale Wirklichkeit», so seine Argumentation, angesichts der stärkeren Urbanisierung, Industrialisierung, Kapitalkonzentration, Ungleichheit bei der Einkommensverteilung und der Aufrechterhaltung sozialer Trennlinien «gerade das Gegenteil von dem [war], was Hitler versprochen und die Mehrheit seiner Anhänger von ihm erwartet hatte», «bot sich diese Gesellschaft dem, der ihre wirkliche Sozialstruktur zu deuten unternahm, so einheitlich wie keine andere in der neueren deutschen Geschichte dar; es war eine Gesellschaft voller Möglichkeiten für jung und alt, für Klassen und Massen, die New Deal und gute alte Zeit zugleich war».[14] Von dieser Prämisse ausgehend vertrat Schoenbaum den Standpunkt, «Hitlers soziale Revolution» sei auf eine Zerstörung des traditionellen Verhältnisses von Klasse und Sta-

12 So der Titel der englischsprachigen Ausgabe von *Die braune Revolution*. Ein guter kritischer Kommentar von Hans Mommsen findet sich in der deutschen Ausgabe auf den Seiten 352–368.
13 Schoenbaum (Kapitel 2 Anmerkung 26), S. 26.
14 Schoenbaum, S. 348–349.

tus hinausgelaufen: «Im Dritten Reich hörte die relative Identität von Gesellschaftsklasse und Status auf zu bestehen», da «im Wunderland Hitler-Deutschland» niemand wußte, was oben und was unten war.[15] Zwar hatten die Arbeiter aus heutiger Sicht vielleicht den Status von Sklaven, aber «so sah es nicht unbedingt für einen Zeitgenossen aus», denn bei den Arbeitern ging «mit dem Verlust an Freiheit [...] andererseits praktisch ein Gewinn an Gleichheit einher».[16] Angesichts des Zusammenbruchs der Status- und Klassenschranken ging Schoenbaum noch einen Schritt weiter und argumentierte, bei dem «Zusammenstoß der ideologischen mit der industriellen Revolution» sei «die überkommene Klassenstruktur» zusammengebrochen, so daß man von einer «klassenlosen Wirklichkeit des Dritten Reiches» sprechen könne.[17] Wie diese Äußerungen zeigen, geht Schoenbaum von einer gleichzeitigen Klassen- und Statusrevolution aus, die (hinsichtlich der Klasse) zu einer nie dagewesenen sozialen Mobilität und (hinsichtlich des Status) sogar zum «Triumph des Egalitarismus» geführt habe.[18] Der Gegensatz zwischen einer solchen Interpretation und marxistischen Ansätzen – typisch ist hier zum Beispiel Franz Neumanns Ansicht, «das Wesen der nationalsozialistischen Gesellschaftspolitik» habe darin bestanden, «den vorherrschenden Klassencharakter der deutschen Gesellschaft anzuerkennen und zu festigen» – könnte kaum krasser sein.[19]

Die «soziale Ideologie» der Nazis wird in den Geschichtswissenschaften im allgemeinen als rein propagandistische Heuchelei angesehen oder aber als ein zwar ernsthaft beabsichtigtes, doch aufgrund seiner inneren Widersprüche undurchführbares

15 Schoenbaum, S. 342.
16 Schoenbaum, S. 150–151.
17 Schoenbaum, S. 345.
18 Schoenbaum, S. 332–334. Die hier zum Ausdruck kommende Sichtweise, der Nationalsozialismus habe eine «sozialistische Seite» gehabt, die nach und nach zu einer Abschaffung von Klassenprivilegien und einem Zusammenbruch der Klassenschranken geführt habe, hat viel von sich reden gemacht, vor allem auch bedingt durch den unterstützenden Multiplikatoreffekt von auflagenstarken Werken wie Haffners *Anmerkungen* (Kapitel 4 Anmerkung 10), S. 48–53.
19 Neumann, *Behemoth* (Kapitel 2 Anmerkung 5), S. 427.

Vorhaben. Marxistische Autoren unterscheiden daher meist betont zwischen der sozialen Basis und der sozialen Funktion einer stark kleinbürgerlichen Massenbewegung, die vom Regime im Interesse des Großkapitals konsequent «verraten» worden sei.[20] Andere Wissenschaftler wiederum folgen Schoenbaums Argumentation und heben das Paradoxon hervor, daß für antiindustrielle soziale Ziele industrielle soziale Mittel erforderlich gewesen seien. In einem einflußreichen Essay ging Henry Turner sogar noch einen Schritt weiter als Schoenbaum, nahm die Ideologie der Nazis beim Wort und gestand ihnen zu, sie hätten die völlig ernstgemeinte Absicht gehabt, die moderne Gesellschaft abzuschaffen, und hätten dabei moderne Mittel gebraucht, um mit Hilfe eines (für sie, wie sie hofften, erfolgreichen) Krieges antimoderne Ziele zu erreichen.[21] Laut Turner hofften die Nazis, mit der Eroberung von «Lebensraum» eine – mit der mittelalterlichen Ostkolonisation vergleichbare – riesige neue deutsche Kolonisationswelle nach Osten in Gang zu setzen. So sollte Deutschlands Bedarf an Industrie und damit auch an Industriearbeitern verringert und fruchtbarer Boden bereitgestellt werden, auf dem diese ehemaligen Industriearbeiter und andere dann angesiedelt werden würden, so daß es zu einer deutlichen Enturbanisierung und Entindustrialisierung käme.[22] Natürlich habe der «Lebensraum» nur durch einen gewaltigen industriellen Krieg erobert werden können, und die Nazis hätten deshalb notgedrungen zur Modernisierung greifen müssen, «um ihre zutiefst antimodernen Ziele zu verfolgen». Wäre die Lebensraumeroberung erst einmal verwirklicht, dann hätte die moder-

---

20 Zum Beispiel Kühnl, *Formen bürgerlicher Herrschaft* (Kapitel 2 Anmerkung 13), S. 80 ff, 118 ff; und, etwas vergröbernd, Reinhard Opitz, «Die faschistische Massenbewegung», in Kühnl, *Texte* (Kapitel 2 Anmerkung 13), S. 176–190. Eine Zusammenfassung und Einschätzung dieser Argumentationsweise findet sich in Saage, *Faschismustheorien* (Kapitel 2 Anmerkung 33), S. 131 ff, und Adelheid von Saldern, *Mittelstand im Dritten Reich. Handwerker – Einzelhändler – Bauern* (Frankfurt am Main und New York 1979), S. 9–15, 234 ff.
21 Turner, «Fascism and Modernization» (Kapitel 2 Anmerkung 52), S. 117–139.
22 Turner, «Fascism and Modernization», S. 120–122.

nisierende Politik zu einem großen Teil ausgedient.[23] Die nationalsozialistische Lösung einer Flucht vor der modernen Welt durch einen «verzweifelten Rückwärtssprung» lasse sich daher als «eine utopische Form des Antimodernismus» charakterisieren, die im doppelten Sinne utopisch sei: Sie diene nämlich nicht nur als «visionäres Allheilmittel», sondern sei auch «nicht zu verwirklichen».[24] Der letzte Punkt scheint der wichtigste zu sein: Das visionäre Vorhaben ließ sich ganz und gar nicht verwirklichen. Turner scheint hier in Wirklichkeit Gefahr zu laufen, den «antimodernen Zielen» der Nazis eine Rationalität und Geschlossenheit zuzuschreiben, die kaum gerechtfertigt ist, wenn man sich die Kluft zwischen der eigentlichen Realität des «Neuen Ordens» in Osteuropa und den visionären Hirngespinsten eines Himmlers oder Darrés, die Art der Entwicklung der deutschen Industrie und Technologie während des Krieges sowie den Umstand vor Augen führt, daß die Nazis auch weiterhin unbedingt moderne Waffen haben mußten, um – entsprechend der Hitlerschen Philosophie – die einmal eroberten Gebiete fortwährend verteidigen und die Expansion fortsetzen zu können. Natürlich können Spekulationen über eine illusorische Zukunft nur wenig über die *tatsächlichen* Auswirkungen des Nationalsozialismus auf die deutsche Gesellschaft aussagen.

In der jüngsten Arbeit, die sich mit diesem Problem beschäftigt, nehmen Werner Abelshauser und Anselm Faust eine Position ein, die nicht weit von der Interpretation Dahrendorfs und Schoenbaums entfernt ist.[25] Auch Abelshauser und Faust sind bereit, in den Auswirkungen des Nationalsozialismus einen Teil einer «Sozialrevolution» zu sehen – einen Begriff, den sie im Sinne eines langfristigen, das wirtschaftliche und gesellschaftliche Leben einschneidend verändernden Wandlungsprozesses verwenden (vergleichbar mit der «Industriellen Revolution», der «Keynesianischen Revolution» und «Modernisierungsrevolutionen»). Mit dieser These messen sie dem Nationalsozialis-

23 Turner, «Fascism and Modernization», S. 126–127.
24 Turner, «Fascism and Modernization», S. 120–121.
25 Nähere Angaben siehe oben Anmerkung 5.

mus «nicht mehr und nicht weniger als die Rolle eines Katalysators der Modernisierung zu, indem er gewaltsam die in
Deutschland noch besonders stark ausgeprägten Bindungen an
Tradition, Region, Religion und Korporation gesprengt habe».[26]
Dieser Interpretation zufolge diente die nationalsozialistische
Sozial- und Wirtschaftspolitik im doppelten Sinne einem sozial-
revolutionären Wandel: Sie nahm durch gezielte Wirtschaftsan-
reize, mit deren Hilfe die Wirtschaftskrise überwunden werden
sollte, die «Keynesianische Revolution» des deutschen Nach-
kriegskapitalismus vorweg und zerschlug durch die erzwungene
«Gleichschaltung» die freien Gewerkschaften, ordnete die Unternehmer dem Primat der Politik des autoritären Staates unter
und veränderte so in kürzester Zeit das Leben der Deutschen
entscheidender, als dies die Revolution von 1918/19 vermocht
hatte.[27]

Horst Matzerath und Heinrich Volkmann arbeiteten zwar
auch noch mit dem «Modernisierungsbegriff», taten dies aber
nun im Rahmen eines reinen Theoriemodells und gelangten in
einem anregenden, wenn auch umstrittenen Tagungsbeitrag, der
1977 veröffentlicht wurde, zu anderen Schlußfolgerungen als
Turner beziehungsweise Abelshauser und Faust.[28] Sie betonten
nachdrücklich, wie gewinnbringend es sei, den Modernisierungsbegriff auf den Nationalsozialismus anzuwenden und den
Grad der quantitativen und qualitativen wirtschaftlichen, gesellschaftlichen und politischen Veränderungen zwischen 1933 und
1939 zu untersuchen, und benutzten dabei Modernisierungsin-
dikatoren wie die, die wir bereits weiter oben in diesem Kapitel
diskutiert haben.

Ihrem Befund zufolge bietet sich ein widersprüchliches Bild:
In allen Bereichen ihres Modernisierungsmodells zeigen sich
Fortsetzungen oder Akzentuierungen früherer Tendenzen, aber
auch antimoderne gegenläufige Entwicklungen, und zwar vor allem im Bereich der Politik (wie beispielsweise antiparlamentari-

26 Abelshauser und Faust, S. 116.
27 Abelshauser und Faust, S. 118.
28 Matzerath und Volkmann (siehe Kapitel 2 Anmerkung 53).

sche, antiemanzipatorische und antipartizipatorische Maßnahmen).[29] Sie verwarfen den Gedanken an eine «soziale Revolution», wie er von Dahrendorf und Schoenbaum geäußert worden war, und bauten statt dessen auf Aspekten einer bereits 1942 von Talcott Parsons geäußerten Hypothese auf. Parsons hatte den Standpunkt vertreten, der Nationalsozialismus sei aus einem Konflikt zwischen modernen Wirtschafts- und Sozialstrukturen und traditionellen Wertesystemen und Sozialisationsmustern hervorgegangen und habe eine «Anomie» heraufbeschworen, die aber nicht zur Anpassung an eine geänderte Realität geführt habe, sondern zu einer irrationalen Flucht in eine radikale, in extremem Maße traditionellen Werten verhaftete Ablehnung des Neuen und Modernen.[30] Matzerath und Volkmann gingen noch einen Schritt weiter als Parsons und argumentierten, der Nationalsozialismus sei durch die Bedingungen, die zur Entstehung der «Bewegung» geführt hatten, strukturell determiniert: durch die aggressive Reaktion traditioneller Wertvorstellungen auf die Moderne in Gestalt des «beschleunigte[n] Wandel[s] des wirtschaftlichen, sozialen und politischen Systems, verschärft durch eine akute, durch Krieg und Niederlage, Inflation und Depression sowie die Gefahr einer Systemalternative ausgelöste Krise», die sich alle in erster Linie als gesellschaftliche Ängste und Ressentiments in der nationalsozialistischen Ideologie niedergeschlagen hätten.[31] Damit habe die nationalsozialistische Ideologie als «geeignetes Instrument für die Mobilisierung empfänglicher, von Modernisierungsproblemen betroffener Bevölkerungsschichten» fungiert. Da sich der Nationalsozialismus nach der Machtübernahme jedoch als unfähig erwiesen habe, ein positives oder konstruktives gesellschaftspolitisches Konzept zu erstellen, und dennoch alle anderen vom bisherigen System stammenden Konzepte zerstört habe, sei eine neue Legitimationsbasis erforderlich gewesen. Diese habe man in der Ableitung der ererbten Konflikte auf innere und äußere Gegner gefunden, die ihrer-

29 Matzerath und Volkmann, S. 95–97.
30 Nähere Angaben siehe Kapitel 2 Anmerkung 18.
31 Matzerath und Volkmann, S. 98.

seits dazu benutzt worden seien, die zentralen Ziele des Systems zu rechtfertigen: Etablierung eines totalitären Herrschaftsapparates und Vorbereitung eines brutalen Eroberungskrieges. Dies habe die Zerstörung überkommener Bindungen und die Verzerrung traditioneller Werte bis hin zu ihrer Vernichtung bedeutet. Dennoch dürfe die «Antimodernität» des Nationalsozialismus nicht fälschlicherweise als programmatische Wiederherstellung vormoderner Zustände (wie es Turner zum Beispiel gesehen hatte) oder als «konservative Revolution» verstanden werden. Vielmehr sei der Nationalsozialismus, so die Meinung von Matzerath und Volkmann, «der Versuch eines Sonderweges aus den Problemen der Modernisierung in die Utopie eines dritten Weges jenseits der innergesellschaftlichen Krisen und Konflikte der parlamentarisch-demokratischen, kapitalistischen Gesellschaft und jenseits des Angst und Aggression auslösenden Konzeptes einer kommunistischen Totalveränderung [der Gesellschaft], im Grunde aber ohne Aufgabe der kapitalistischen und der industriewirtschaftlichen Grundlagen dieser Entwicklung».[32] Eine solche Definition deckt sich nach Meinung der Autoren mit der teils modernen, teils antimodernen ambivalenten Wirklichkeit des Nationalsozialismus. Dabei gelangen Matzerath und Volkmann allerdings zu dem Schluß, daß die «teilmodernisierenden Effekte» des Nationalsozialismus nicht als Ergebnis einer bewußt «modernisierungsgerichteten Politik» anzusehen seien und am besten als «Pseudomodernisierung» bezeichnet werden sollten. Außerdem – und dies ist ein wichtiger Punkt der gesamten Argumentation – sei das NS-Regime nicht in der Lage gewesen, dauerhafte Strukturen zu entwickeln. Bedingt durch seine Unfähigkeit, gesellschaftliche Konflikte anzuerkennen und zu verarbeiten, habe das System keine «Stabilität im Wandel und durch Wandel» begründen können. Selbst als «Ausnahme- oder Übergangsform gesellschaftlicher Organisation in einer Streßphase der Modernisierung» sei der Nationalsozialismus «dysfunktional» gewesen: «Er war kein Umweg der Modernisierung, sondern Ausdruck ihres Scheiterns, die historische Sackgassse eines

32 Matzerath und Volkmann, S. 99.

Prozesses, dessen Steuerungsprobleme die gesellschaftlichen Kapazitäten überfordert hatten.»[33]

Mit ihrem nachdrücklichen Verweis auf die Unfähigkeit des Nationalsozialismus, dauerhafte Sozialstrukturen zu schaffen, gelangten Matzerath und Volkmann auf einem Umweg zu einer ähnlichen Position, wie Rauschning sie auf impressionistische Weise – und aus einem ganz anderen Blickwinkel – bereits gegen Ende der dreißiger Jahre erreicht hatte, als er behauptete, der Nationalsozialismus könne nur zu eine «Revolution des Nihilismus» führen.[34] Im wesentlichen deckt sich das auch mit Winklers These, daß «die größte soziale Zäsur, die der Nationalsozialismus gesetzt hat, [...] sein Zusammenbruch» gewesen sei und daß keine der sozialen Veränderungen, zu denen es während der Diktatur selbst kam, sich in ihrer Bedeutung mit der Verwüstung des letzten Kriegsjahres und der totalen Niederlage – und deren weitreichenden Folgen für die zwei deutschen Gesellschaften, die an die Stelle des Dritten Reiches traten – vergleichen lasse.[35] Zu einem ähnlichen Schluß gelangt Jeremy Noakes, der nach einer gründlichen Auseinandersetzung mit dem Problem in einer vor kurzem erschienenen Untersuchung den Standpunkt vertritt, das einzig Revolutionäre am Nationalsozialismus sei die Zerstörung und Selbstzerstörung gewesen, die eine zwangsläufige Folge seiner irrationalen Ziele waren: «Man könnte daher sagen, die nationalsozialistische Revolution sei der Krieg gewesen – nicht nur weil der Krieg die politischen, wirtschaftlichen und gesellschaftlichen Veränderungen in einem Maße beschleunigte, wie das zu Friedenszeiten niemals der Fall gewesen war, sondern, tiefgehender betrachtet, weil der Nationalsozialismus im Krieg in seinem Element war. In diesem Sinne war der Nationalsozialismus wahrhaft ‹eine Revolution der Zerstörung› – der Selbstzerstörung und der Zerstörung anderer in einem nie dagewesenen Ausmaße.»[36]

33 Matzerath und Volkmann, S. 99–100.

34 So der Titel seines 1938 in Zürich veröffentlichten Buches (siehe Kapitel 6 Anmerkung 4).

35 Winkler, «Vom Mythos der Volksgemeinschaft» (Kapitel 3 Anmerkung 47), S. 490.

Die Ansätze, die wir hier kurz zusammengefaßt haben, lassen sich als Hauptinterpretationen unter drei Kategorien fassen:

(i) Eine zentrale Interpretation, die besonders – aber nicht nur – von marxistischen Historikern bevorzugt wird, besagt, daß bei allen oberflächlichen Veränderungen der gesellschaftlichen *Formen* und institutionellen *Erscheinungsformen* im Dritten Reich die Grund*substanz* der Gesellschaft unverändert blieb, da durch den Nationalsozialismus die Position des Kapitalismus gestärkt und die Klassenstruktur verstärkt und nicht überwunden worden sei.

(ii) Im Gegensatz dazu vertreten «liberale» Historiker die einflußreiche Interpretationsmeinung, die direkt oder indirekt durch den Nationalsozialismus herbeigeführten Veränderungen der Gesellschaftsstrukturen und der gesellschaftlichen Wertvorstellungen seien so tiefgehend gewesen, daß man in ihnen durchaus eine «soziale Revolution» sehen könne.

(iii) Eine dritte Position ist von beiden dieser Interpretationen zu unterscheiden, kommt dabei aber in der Praxis nicht so sehr der ersten als der zweiten einigermaßen nahe. Hier ist man der Ansicht, die wie auch immer gearteten Veränderungen, die der Nationalsozialismus herbeigeführt habe, seien unwesentlich und kämen keineswegs einer «Sozialrevolution» gleich. Seine sozialen Auswirkungen seien in Wirklichkeit widersprüchlich gewesen: teils «modernisierend», teils reaktionär. Dennoch habe das Dritte Reich für die Nachkriegsgesellschaft durchaus wichtige Folgen gehabt, vor allem durch den eigenen totalen Zusammenbruch und die Zerstörung bedingt, durch die die autoritären Strukturen, die seit der Bismarckzeit in Deutschland geherrscht hatten, zerbrochen seien und durch die es gleichzeitig zu derart verheerenden Schäden, Vertreibungen und Umwälzungen gekommen sei, daß in der Ost- und Westzone des besiegten

---

36 Noakes, «Nazism and Revolution», S. 96. Siehe auch Peukert (Kapitel 2 Anmerkung 45), S. 294, der die gesellschaftlich destruktiven Kräfte und Wirkungen des Nationalsozialismus unterstreicht, aus denen nach dem Ende des Regimes und des Krieges eine «modernere» Gesellschaft hervorgegangen sei.

Deutschlands ein – allerdings radikal verschiedener – Neuanfang erforderlich wurde.

Nun wollen wir uns diese Interpretationen im Lichte neuerer Untersuchungen zur Sozialgeschichte des Dritten Reiches näher ansehen.

Auswertung

Eine Auswertung der gesellschaftlichen Auswirkungen des Nationalsozialismus muß mit einer Betrachtung des Wesens und der sozialen Dynamik der Nazibewegung beginnen.

Wie unzählige Untersuchungen zeigen, macht man es sich zu einfach, wenn man in der Nazibewegung nur ein Produkt und Instrument reaktionärer kapitalistischer Kräfte sieht. Sie ging aus einer extremen gesellschaftspolitischen Unzufriedenheit und Entfremdung hervor und hatte eine sehr heterogene Massenanhängerschaft, die ideologisch gesehen nur durch eine radikale negative (antimarxistische, antisemitische, gegen Weimar gerichtete) Protesthaltung zusammengehalten wurde, zu der sich noch eine chiliastische, pseudoreligiöse Vision vom «nationalen Erwachen» gesellte – was sich gesellschaftlich gesehen in der vagen (und letztlich ebenfalls negativen) «Idee» der «Volksgemeinschaft» äußerte. Daß der Slogan von der «Volksgemeinschaft» – der die Überwindung von Klassen-, religiösen und politischen Gegensätzen mit Hilfe einer auf «wahren» deutschen Werten gründenden völkischen Einheit symbolisierte – bereits vor 1933 einige Anziehungskraft besaß, läßt sich nicht leugnen. Gesellschaftlich gesehen spiegelte sich darin der Wunsch, zum einen das «Krebsgeschwür» des Marxismus auszumerzen, aber auch die starre Unbeweglichkeit und Sterilität der alten Gesellschaftsordnung zu überwinden, indem Mobilität und Vorwärtskommen nun nicht mehr von der ererbten gesellschaftlichen Stellung und irgendwelchen Geburtsrechten, sondern von verdienstvollen Leistungen abhängig sein sollten. Bekanntlich war die soziale Proteststimmung in ihrer radikalsten Form gerade unter jungen

Deutschen verbreitet, für die der Elan und Schwung der Nazibewegung eine besondere Anziehungskraft besaß.[37]

Vor 1933 bestand das eine einigende Ziel der dynamischen, aber labilen und schwankenden Nazibewegung darin, an die Macht zu kommen. An die Macht konnten sie allerdings nur durch die Kollaboration der herrschenden Eliten gelangen. Durch die relative Stärke dieser Gruppen in der Anfangsphase der NS-Herrschaft und die vom Regime festgesetzte Priorität der Aufrüstung bedingt, wurden partikularistische Interessen innerhalb der Partei (wie jene der kleinen Einzelhändler oder Handwerker) zwangsläufig dort geopfert, wo sie den Erfordernissen von Deutschlands großen (vor allem rüstungsorientierten) kapitalistischen Unternehmen entgegenstanden. Der herausfordernden Einstellung der SA gegenüber der «gesellschaftlichen Ordnung» wurde durch die Liquidierung von Röhm und anderen SA-Führern in der sogenannten «Nacht der langen Messer» im Juni 1934 der Stachel genommen. Doch auch ohne ihre gesellschaftlich «gefährlichsten» Elemente waren die Nazipartei und deren Unterorganisationen kaum eine Quelle der Stabilität. Ohne wirkliche Regierungsfunktion beschränkte sich die Rolle der amorphen Nazibewegung nach 1933 größtenteils darauf, den

37 Zum gesellschaftlichen «Elan» des Nationalsozialismus vor 1933 liefern Broszats Artikel, «Soziale Motivation» (Kapitel 4 Anmerkung 27) und «Zur Struktur der NS-Massenbewegung» (Kapitel 2 Anmerkung 53), eine anregende allgemeine Interpretation. Wertvolle Erkenntnisse zur Anziehungskraft der Nazibewegung auf die Jugend vermitteln – abgesehen von Arbeiten, die sich mit der Jugendbewegung und nationalsozialistischen Jugendorganisationen befassen, wie Peter D. Stachuras Publikationen *Nazi Youth in the Weimar Republic* (Santa Barbara und Oxford 1975) und *The German Youth Movement 1900–1945* (London 1983) – neuere, aus unterschiedlichen Blickwinkeln und Interpretationsansätzen heraus verfaßte Veröffentlichungen über die SA: Peter H. Merkl, *The Making of a Stormtrooper* (Princeton 1980); Conan Fischer, *Stormtroopers. A Social, Economic, and Ideological Analysis 1929 – 1935* (London 1983); Richard Bessel, *Political Violence and the Rise of Nazism. The Storm Troopers in Eastern Germany 1925–1934* (New Haven und London 1984); sowie Jamin (Kapitel 2 Anmerkung 29). Ich habe versucht, einige neuere Interpretationen zur Anziehungskraft des Nationalsozialismus einer eigenen Bewertung zu unterziehen in «Ideology, Propaganda, and the Rise of the Nazi Party», in Peter D. Stachura, *The Nazi Machtergreifung* (London 1983), S. 162–181.

Aktivisten etwas zu tun zu geben, wozu gesellschaftliche Kontrollaufgaben, Propaganda des Wortes und der «Tat» sowie die Entfachung von Beifallsstürmen für die «Erfolge» des Führers gehören. Die Enttäuschung vieler gesellschaftlicher Hoffnungen wurde im Dritten Reich bis zu einem gewissen Grade dadurch kompensiert, daß aufgestaute Energien in Aktivitäten umgeleitet wurden, die sich gegen hilflose und geschmähte Minderheiten – die rassischen und sozialen Parias der «Volksgemeinschaft» – richteten. Neben der eskalierenden Diskriminierung der Juden und anderer «Ausgestoßener» war es ebenfalls unvermeidlich, daß partikularistische Interessen innerhalb der Partei den vorrangigen «völkischen» Zielen des Führers untergeordnet wurden. Alles mußte sich in die Vorbereitung auf den unaufhaltsam nahenden Krieg einfügen. Doch so zwanghaft zielstrebig Hitler auch war, bei der Wahl der Mittel ging er völlig eklektisch vor. Somit konnte kein Gedanke daran sein, Deutschlands Industrie zu zerstören, um archaischen Mittelstandsinteressen oder den Wünschen bäuerlich-romantischer Idealisten in der Partei zu entsprechen.[38] Die Parteiideologen und Vertreter partikularistischer Parteiinteressen, die ihre eigenen Vorstellungen davon hatten, wie die «Volksgemeinschaft» aussehen sollte, wurden früher oder später unweigerlich auf unwichtige Posten abgeschoben – wie zum Beispiel Gottfried Feder, Otto Wagener, Walther Darré und Alfred Rosenberg. Anders als diese «Parteitheoretiker» interessierte Hitler sich für die Sozialstrukturen nicht wirklich, solange sie [ihm] nicht gefährlich oder hinderlich waren. Langfristig gesehen, das ist wahr, waren seine eigenen Ansichten beherrscht von vagen Vorstellungen von einer rassischen Elite, einer Herrschaft derjenigen, die sich als zum Herrschen fähig erwiesen hätten, und von einem Niedergang sozialer Gruppen, für die er nur mehr Verachtung empfand (wie die Aristokratie und die «Industriekapitäne»). Aber was die reale Welt des Hier und Jetzt und der nächsten Zukunft betraf, hatte Hitler kein

---

38 In bezug auf Hitlers gesellschaftspolitische Ziele siehe Noakes, «Nazism and Revolution», S. 76 ff, und neuerdings die ausführliche Darstellung von Rainer Zitelmann, *Hitler. Selbstverständnis eines Revolutionärs* (Hamburg 1987).

Interesse daran, in die Gesellschaftsordnung einzugreifen. Genauso wie die Industrie und der Kapitalismus waren die gesellschaftlichen Gruppen da, um auf ihre spezifische Weise dem politischen Ziel des völkischen «Überlebenskampfes» zu dienen. In jedem Fall war die Nazibewegung – auch ohne Hitlers spezielle Vorlieben – ein derartiges Gemisch von widersprüchlichen gesellschaftlichen Kräften, daß sie weder in der Theorie noch in der Praxis irgendeine realistische neue Gesellschaftsordnung hervorbringen konnte. Sie war genauso parasitär wie räuberisch.

Weniger um die Veränderung objektiver Realitäten ging es dem Nationalsozialismus als um den mit außerordentlichem Ehrgeiz unternommenen Versuch, das subjektive Bewußtsein zu verändern.[39] Da Deutschlands Problem in den Augen der Nazis im wesentlichen an der Einstellung, der Mentalität und den Wertvorstellungen der Menschen lag, versuchten sie diese eben mit psychologischen Mitteln umzuwälzen, indem sie anstelle sämtlicher Klassen-, religiösen und regionalen Bindungen ein stark vergrößertes nationales Selbstbewußtsein setzten, um das deutsche Volk psychisch für den kommenden Kampf zu mobilisieren und ihm während des unvermeidlichen Krieges Mut zu machen. Ihnen ging es nicht darum, nette kleinstädtische, kleinbürgerliche gesellschaftliche Ansichten aufzupolieren, sondern ein Volk nach dem Vorbild einer Armee zu formen: diszipliniert, zäh, fanatisch zielstrebig und der Sache zuliebe gehorsam bis in den Tod. Der «Volksgemeinschaftsgedanke» diente nicht als Grundlage einer Veränderung der Sozialstrukturen, sondern war Symbol eines veränderten Bewußtseins. Der Versuch, dem deutschen Volk solche Werte einzuimpfen, war im wesentlichen weniger eine Aufgabe der Sozialpolitik als der Propaganda.

Wie diese Bemerkungen über den Charakter der Nazibewegung und deren gesellschaftspolitische Ziele schon andeuten, waren die auf einen sozialen Wandel gerichteten Vorstellungen – angesichts der Art, Zusammensetzung und dominierenden Führer dieser Bewegung zwangsläufig – erstens negativer Art (Zerschlagung der Organisationen der Arbeiterklasse, zunehmende

39 Broszat, *Der Staat Hitlers* (Kapitel 2 Anmerkung 39), S. 35.

Diskriminierung von Minderheiten), beschränkten sich zweitens auf langfristige, aber undeutliche, utopische Ziele, die wenig Bezug zur Realität hatten, beziehungsweise auf kurzfristige partikularistische Interessen, die sich nicht mit den Kriegsvorbereitungen vereinbaren ließen und deshalb entbehrlich waren, und beruhten drittens und letztens auf Konzeptionen für eine grundlegende Änderung der Einstellung und waren angesichts der Stärke der bisherigen kirchlichen, regionalen oder Klassenbindungen als kurz- und mittelfristige Zielvorstellungen ebenfalls illusorisch. Das Wesen der Nazibewegung bietet Hinweise, die den Einfluß des Nationalsozialismus auf bestimmte gesellschaftliche Gruppen, die weitverbreitete Desillusionierung und Enttäuschung während des Dritten Reiches und den kompensatorischen Mechanismus der zu einer immer bösartigeren Diskriminierung führenden «Selektion der negativen Weltanschauungselemente»[40] verständlicher machen und auch verdeutlichen, warum der Nationalsozialismus wohl kaum in der Lage war, eine eigenständige «Sozialrevolution» herbeizuführen.

Zum besseren Verständnis dessen, was Schoenbaum als «objektive Wirklichkeit» bezeichnet hat – tatsächliche Veränderungen der Klassenstruktur und der gesellschaftlichen Formationen in Deutschland während des Dritten Reiches –, haben in den letzten Jahren eine Reihe wertvoller empirischer Untersuchungen viel beigetragen. Die Ergebnisse dieser Untersuchungen weisen eindeutig in dieselbe Richtung wie Winklers Schlußfolgerung, «realiter» könne «von einer revolutionären Umgestaltung der deutschen Gesellschaft zwischen 1933 und 1945 keine Rede sein».[41] Die Auffassung, das Dritte Reich habe eine soziale Revolution bewirkt, lasse sich, so Winkler, großteils auf eine allzu bereitwillige Akzeptierung der pseudoegalitären Propaganda und übertriebenen Behauptungen des Regimes zurückführen und teilweise auch auf die tatsächlichen gesellschaftlichen Veränderungen der Nachkriegszeit, die häufig in

40 Broszat, «Soziale Motivation», S. 405.
41 Matzerath und Volkmann, S. 103 (Kommentar von H. A. Winkler).

die Zeit des Dritten Reiches zurückprojiziert würden, obwohl sie selbst mittelbar nur wenig mit dem Nationalsozialismus zu tun hätten.[42]

In neueren Untersuchungen wird deshalb die Betonung auch viel stärker auf die wesentlichen Kontinuitätslinien in der Klassenstruktur des Dritten Reiches gelegt als auf prägnante Veränderungen. Schoenbaum selbst gesteht bereits zu, daß die gesellschaftliche Stellung der Eliten bis in die letzte Phase des Krieges hinein relativ unversehrt erhalten blieb. Er hat jedoch vielleicht eine etwas übertriebene Vorstellung von dem Grad, bis zu dem die Sozialstrukturen im Fluß waren, und dem Umfang, in dem es tatsächlich zu sozialem Aufstieg kam. Natürlich stimmt es, daß zielstrebige, durchsetzungsfähige, rücksichtslose und häufig äußerst fähige «Technologen der Macht»[43] wie Heydrich oder Speer sich nach oben durchboxten. Und der Krieg beschleunigte zweifellos Veränderungen im Offizierskorps der Wehrmacht. Doch die neue politische Elite bestand neben den alten Eliten und vermischte sich mit ihnen, statt sie abzulösen.[44] Die Bereiche, die nicht von der Partei okkupiert waren, wie die Großwirtschaft, die Beamtenschaft und die Wehrmacht rekrutierten ihre Führungskräfte zumeist aus denselben gesellschaftlichen Schichten wie vor 1933. Der Bildungsbereich blieb weiterhin stark von der Mittel- und oberen Mittelschicht dominiert. Die wichtigste und mächtigste Parteigliederung, die SS, rekrutierte ihre Mitglieder in hohem Maße aus den Elitesektoren der Gesellschaft.[45]

42 Matzerath und Volkmann, S. 102 (Kommentar von H. A. Winkler). Siehe auch Winkler, «Vom Mythos der Volksgemeinschaft», S. 490.

43 Broszat, «Zur Struktur der NS-Massenbewegung», S. 67.

44 Siehe Noakes, «Nazism and Revolution», S. 80–85, und auch Hans Mommsen, «Zur Verschränkung traditioneller und faschistischer Führungsgruppen in Deutschland beim Übergang von der Bewegungs- zur Systemphase», in Schieder, *Faschismus als soziale Bewegung* (Kapitel 2 Anmerkung 29), S. 157–181.

45 Siehe zum Beispiel Gunnar C. Boehnert, «The Jurists in the SS-Führerkorps 1925–1939», in Hirschfeld und Kettenacker (Kapitel 2 Anmerkung 23), S. 361–374, und «The Third Reich and the Problem of ‹Social Revolution›: German Officers and the SS», in Volker R. Berghahn und Martin Kitchen (Hg.), *Germany in the Age of Total War* (London 1981), S. 203–217; und Bernd Wegner,

Wenn die traditionellen herrschenden Klassen sozialen Aufsteigern, die, aus niederen sozialen Schichten stammend, durch Machtpositionen und politischen Einfluß nach oben gekommen waren, etwas Platz einräumen mußten, so bedeutete das kaum mehr als eine leichte Beschleunigung von Veränderungen, die bereits in der Weimarer Republik zu spüren gewesen waren. Am anderen Ende der Sozialskala wurde der Arbeiterklasse – die ihrer politischen Stimme und der während der Weimarer Republik errungenen gesellschaftspolitischen Verbesserungen beraubt und unter dem Druck der Massenarbeitslosigkeit der brutalen Ausbeutung durch die (vom Repressionsapparat des Polizeistaates unterstützten) Unternehmer ausgesetzt war – in den ersten Jahren des Dritten Reiches der Lebensstandard noch weiter beschnitten, als das schon während der Wirtschaftskrise der Fall gewesen war.[46] Die leichte Anhebung der Reallöhne gegen Ende der dreißiger Jahre war ein Abfallprodukt des Rüstungsbooms, und mit ihr ging ein verstärkter – physischer und seelischer – Druck auf die Industriearbeiterschaft einher. Die Klassenstellung des Arbeiters blieb bis etwa zur Mitte des Krieges im wesentlichen die gleiche – nur daß die schlimmste Ausbeutung jetzt die sogenannten «Fremdarbeiter» traf. Die bedeutendsten Veränderungen im Wesen und in der Zusammensetzung der Arbeiterschaft ergaben sich in der letzten Phase des Krieges und waren hauptsächlich eine Folge des Militärdienstes, der Verluste an der Front, der Zerstörung von Industriebetrieben, der Umsiedlung von Belegschaften, der Evakuierung und Heimatlosigkeit und letztlich der Eroberung durch die gegnerischen Armeen.[47] Die Veränderungen, zu denen es bis 1945 gekommen war, waren daher eher ein Produkt des Zusammenbruchs des Nationalsozialismus als ein Ergebnis seiner Politik, solange er an der Macht war.

Hitlers politische Soldaten: Die Waffen-SS, 1933–1945 (Paderborn 1982), Kapitel 15, besonders S. 222–226.

46 Siehe Mason, *Sozialpolitik* (Kapitel 4 Anmerkung 62), besonders Kapitel 4.

47 Siehe die Arbeiten von Salter und Werner (oben Kapitel 4 Anmerkung 68).

Untersuchungen über mittelständische Gruppen im Dritten Reich unterstreichen, daß trotz aller archaischen Phrasen und anachronistischen Gesetze der Nazis – wie dem «Reichserbhofgesetz» von 1933 – der Wandel, der wirklich eintrat, das Ergebnis eines Aufschwungs in der Industrie und einer beschleunigten Entwicklung innerhalb einer kapitalistischen Gesellschaft war.[48] Bis in die mittlere Kriegsphase hinein zeichnete sich die Entwicklung im Dritten Reich eher durch Kontinuität als durch dramatischen Wandel aus. Davor hatte die Anzahl der kleinen Einzelhandels- und Handwerksbetriebe etwas abgenommen, aber ihre Stellung war nicht grundsätzlich bedroht. Die Zahl der Angestellten und der Umfang des Dienstleistungssektors und der Verwaltung vergrößerte sich wie in allen zeitgenössischen kapitalistischen Ländern, wenn auch in etwas schnellerem Tempo. Was ländlichen Grundbesitz angeht, so gab es trotz des Reichserbhofgesetzes keinen wesentlichen Umschwung, und nach anfänglichen großen Versprechungen mußten auch die Bauern feststellen, daß sie ein Opfer der Rüstungswirtschaft geworden waren und daß ihre Arbeitskräfte mit Blick auf die höheren Löhne in der Industrie und die besseren Lebensbedingungen in der Stadt abwanderten. Auch hier waren größere Veränderungen in der gesellschaftlichen Stellung des Mittelstandes und der Bauernschaft eine Folge der extremen Auflösungserscheinungen und Evakuierungen in der Endphase des Krieges und – vor allem in der Ostzone – der Ereignisse der unmittelbaren Nachkriegszeit.

Als letztes haben Untersuchungen zur Stellung der Frauen und ihrer Beschäftigungsstruktur gezeigt, wie sehr der Antifeminismus der Nazis den überkommenen Mustern des bürgerlichen Antifeminismus in einer kapitalistischen Gesellschaft entsprach und in welchem Maße die inneren Widersprüche des NS-Systems Zugeständnisse erzwangen, so daß es schließlich aufgrund des erhöhten Bedarfs an Arbeiterinnen zur Mitte des Krieges hin

---

48 Siehe besonders von Saldern (oben Anmerkung 20) und Heinrich August Winkler, «Der entbehrliche Stand. Zur Mittelstandspolitik im ‹Dritten Reich›», AfS 17 (1977), S. 1–40.

zu einer Umkehrung ideologischer Vorrechte kam.[49] Auch hier
überwiegen bei den Gesellschaftsstrukturen im Nationalsozialismus die Kontinuitätslinien bei weitem die Veränderungen, die
doch nur die üblichen, keineswegs revolutionären, Umwälzungen einer fortgeschrittenen kapitalistischen Wirtschaft darstellten – wenn auch einer Wirtschaft, in die der Staat in ungewöhnlich starkem Maße eingriff[50] und die in ihrer Konzentrierung auf
die Rüstungsproduktion bereits lange vor dem Krieg außerordentlich einseitig ausgerichtet war und rasch außer Kontrolle
geriet.

Schoenbaums Meinung nach wandelte sich in Nazideutschland vor allem die «gedeutete soziale Wirklichkeit»: Einstellungen, Wertvorstellungen, Mentalität, subjektives Bewußtsein.
Die Behauptungen, die er in diesem Bereich aufstellt, sind jedoch
höchst spekulativ und impressionistisch. Der Natur der Dinge
entsprechend lassen sich Veränderungen in der subjektiven Einstellung und dem persönlichen Bewußtsein nur schwer beurteilen, bei den Quellen stolpert man leicht über Fallstricke, und
eventuellen Schlußfolgerungen haftet notgedrungen etwas Vor-
läufiges an. Neuere Forschungsergebnisse, die ein sehr komplexes Bild des Sozialverhaltens und der Einstellungen im Dritten
Reich zeichnen, deuten jedoch stark darauf hin, daß man Wesen
und Ausmaß des Werte- und Einstellungswandels im Nationalsozialismus leicht übertreiben kann und daß auch hier nicht die
Rede davon sein kann, daß der Nationalsozialismus eine soziale
Revolution bewirkt hätte.[51]

49 Siehe Dörte Winkler (Kapitel 4 Anmerkung 74); Mason, «Women» (Kapitel 4 Anmerkung 74); Jill Stephenson, *Women in Nazi Society* (London 1975);
Stefan Bajohr, *Die andere Hälfte der Fabrik* (Marburg 1979); Gisela Bok, «Frauen
und ihre Arbeit im Nationalsozialismus», in Annette Kuhn und Gerhard
Schneider (Hg.), *Frauen in der Geschichte* (Düsseldorf 1979), S. 113–149;
Frauengruppe Faschismusforschung (Hg.), *Mutterkreuz und Arbeitsbuch* (Frankfurt am Main 1981); Dorothee Klinsiek, *Die Frau im NS-Staat* (Stuttgart 1982).

50 Siehe Overy, «Göring's ‹Multi-National Empire›» (Kapitel 3 Anmerkung
41) und – als Analyse der NS-Wirtschaft immer noch grundlegend – Neumann,
Behemoth (Kapitel 2 Anmerkung 5).

51 Ausführlicher versuche ich diese Auffassung in meinem Buch *Popular Opinion and Political Dissent* (Kapitel 2 Anmerkung 44) darzulegen. Zu einigen der

Am kontinuierlichsten – und meist auch dominierendsten – wurde die Art, in der die verschiedenen gesellschaftlichen Gruppen ihre eigene sozioökonomische Lage im Dritten Reich subjektiv wahrnahmen, anscheinend durch die materiellen Bedingungen beeinflußt, von denen das tägliche Leben der Bevölkerung unmittelbar geprägt war. Und hier scheinen auch in der Zeit der Diktatur die Menschen weiterhin intensiv die soziale Ungerechtigkeit empfunden, klassenbewußt die vorhandene Ungleichheit gesehen und mit dem ständigen Gefühl der Ausbeutung gelebt zu haben. Die Tatsache, daß die Arbeiterklasse entfremdet wurde, daß mittelständische Gruppen und Bauern ständig partikularistische Klagen zum Ausdruck brachten und daß große Teile der Bevölkerung aufgrund ihrer tatsächlichen täglichen Erfahrung im Nationalsozialismus stark desillusioniert und unzufrieden waren, läßt sich kaum mit Schoenbaums Auffassung in Einklang bringen, die Gesellschaft habe sich «dem, der ihre wirkliche Sozialstruktur zu deuten unternahm, so einheitlich wie keine andere in der neueren deutschen Geschichte» dargeboten und habe Statusveränderungen gespiegelt, die einem «Triumph des Egalitarismus» gleichkämen.[52]

In den Augen der Nazis mußte vor allem bei der Klasse der Industriearbeiter das Statusbewußtsein verändert und das Klassen- durch ein Nationalbewußtsein ersetzt werden. Doch gerade hier gelang es der gesellschaftspolitischen Propaganda des Regimes – auch wenn sich in den Köpfen der Arbeiter durchaus einige Wertvorstellungen und Einstellungen der Nazis festsetzten – vor allem bei den älteren Industriearbeitern kaum, die traditionellen Klassenbindungen ernsthaft in Frage zu stellen. Es scheint, als habe Dahrendorf gleichfalls überschätzt, in welchem Umfang es zu einer Auflösung der traditionellen Bindungen an die christlichen Kirchen kam. Die Zahl der Kirchenmitglieder

besten neueren Untersuchungen auf diesem Gebiet siehe auch Peukert (Kapitel 2 Anmerkung 45) sowie die Beiträge in Peukert und Reulecke (Kapitel 4 Anmerkung 58). Einen aufschlußreichen Überblick dazu bietet Richard Bessel, «Living with the Nazis: Some Recent Writing on the Social History of the Third Reich», *European History Quarterly* 14 (1984), S. 211–220.

52 Schoenbaum, S. 334 und 348.

ging in den dreißiger Jahren nur geringfügig zurück, während in den Kriegsjahren die Teilnahme an religiösen Feiern und der Besuch von Gottesdiensten stark zunahm. Kirchliche Traditionen und Institutionen wurden in beträchtlichem Maße und teilweise mit Erfolg gegen die unsystematischen Angriffe der Nazis verteidigt. Durch den «Kirchenkampf» wurde der Einfluß der Kirche und der Geistlichen auf die Bevölkerung – vor allem auf dem Lande – häufig eher gestärkt als geschwächt. Und schließlich gewannen die Kirchen nach dem Krieg in Westdeutschland wieder enorm an gesellschaftlicher Macht und politischem Einfluß. Alles deutet darauf hin, daß es den Nazis mit ihrer Politik in keiner Weise gelang, religiöse Bindungen zu durchbrechen. Selbst mit ihrem Versuch, dem deutschen Volk rassenbezogene, eugenische und sozialdarwinistische Wertvorstellungen einzuimpfen – dem Kern ihrer Ideologie –, hatten die Nazis offenbar nur begrenzten Erfolg.[53] Bestehende Vorurteile gegen Juden und andere rassische Minderheiten und «gesellschaftliche Außenseiter» wurden zweifellos verstärkt, und innerhalb der SS im besonderen – aber bis zu einem gewissen Grad auch innerhalb der Wehrmacht – erwies sich die Indoktrinierung mit einem neuen Wertesystem als wirkungsvoll.[54] Doch der wachsende Protest gegen die «Euthanasie-Aktionen» und der Umstand, daß das Regime in der Frage der «Endlösung» absolute Geheimhaltung für notwendig hielt, zeugen indirekt dafür, daß es den Nazis trotz der intensiven Verbreitung ihrer Rassenvorstellungen keineswegs gelang, herkömmliche Moralnormen vollständig zu beseitigen.

Vieles deutet darauf hin, daß die Nazis ihre größte Wirkung bei den jungen Deutschen erzielten und daß zwischen denen, die in der Kaiser- oder der Weimarer Zeit das Erwachsenenalter er-

---

53 Siehe meinen Aufsatz «The Persecution of the Jews and German Popular in the Third Reich», *Yearbook of the Leo Baeck Institute* 26 (1981), S. 261–289; Otto Dov Kulka, «‹Public Opinion› in Nazi Germany and the ‹Jewish Question›», *The Jerusalem Quarterly* 25 (1982), S. 121–144, und «‹Public Opinion› in Nazi Germany: the Final Solution», *The Jerusalem Quarterly* 26 (1983), S. 34–45; und jetzt auch Sarah Gordon, *Hitler, Germans, and the «Jewish Question»* (Princeton 1984).

54 Siehe die Arbeiten von Wegner (oben Anmerkung 45) und Streit (Kapitel 5 Anmerkung 70).

reicht hatten, und jenen, die kaum etwas anderes als den Nationalsozialismus kannten, ein ausgesprochenes Generationsproblem bestand. Die Ablehnung der alten bürgerlichen Welt und idealistische Vorstellungen von einer neuen, mobileren und auf Gleichheit beruhenden Gesellschaft bildeten die Grundlage der dynamischen Mobilisierung der Jugend durch die Nazis. Doch sogar hier konnte das Regime nur einen Teilerfolg verbuchen. Hitler selbst war 1945, wie berichtet wird, der Ansicht, daß es zwanzig Jahre gedauert hätte, um eine Elite heranzuziehen, die die Wertvorstellungen der Nazis wie Muttermilch in sich aufgesogen hätte. Wie illusorisch derartige Hoffnungen waren, zeigte seine anschließende Bemerkung, er könne es sich nicht leisten, so lange zu warten: Wie immer arbeite auch in diesem Moment die Zeit gegen Deutschland.[55] In Wirklichkeit gab es, wie neuere Untersuchungen zeigen, bei bestimmten Teilen der deutschen Jugend bereits in den späten dreißiger Jahren deutliche Anzeichen von Konflikten, Spannungen und Opposition, die sich in den Kriegsjahren noch verstärkten und darauf hindeuten, daß es den Nazis nur vorübergehend gelungen war, junge Deutsche für sich zu gewinnen und sie zu mobilisieren und zu integrieren.[56]

Als letztes gibt es – auch wenn das noch ein relativ wenig erforschtes und schwieriges Thema ist – keine Hinweise, die darauf schließen lassen, daß sich im Nationalsozialismus die Familienstrukturen in nennenswertem Maße auflösten – und das, obwohl die nationalsozialistischen Jugendorganisationen den zwischen

55 F. Genoud (Hg.), *The Testament of Adolf Hitler* (London 1961), S. 58–59.

56 Siehe Lothar Gruchmann, «Jugendopposition und Justiz im Dritten Reich», in Wolfgang Benz (Hg.), *Miscellanea. Festschrift für Helmut Krausnick zum 75. Geburtstag* (Stuttgart 1980), S. 103–130; Matthias von Hellfeld, *Edelweißpiraten in Köln* (Köln 1981); Arno Klönne, *Jugend im Dritten Reich. Die Hitler-Jugend und ihre Gegner* (Düsseldorf 1982); Heinrich Muth, «Jugendopposition im Dritten Reich», *VfZ* 30 (1982), S. 369–417; Detlev Peukert, «Edelweißpiraten, Meuten, Swing. Jugendsubkulturen im Dritten Reich», in Gerhard Huck (Hg.), *Sozialgeschichte der Freizeit* (Wuppertal 1980), S. 307–327. Mitte 1943 wußte der SD von einer unter Jugendlichen und Schülern weitverbreiteten negativen Haltung gegenüber der Partei und anderen Aspekten der Naziherrschaft zu berichten: siehe SD-Berichte zu Inlandsfragen, 12. August und 22. November 1943, Institut für Zeitgeschichte, München, MA-441/8-760132-9 und MA-441/9-760996-9.

Kindern und Eltern bestehenden Generationskonflikt zweifels-ohne besonders betonten. Hingegen gab es im Dritten Reich An-zeichen einer Reaktion, die sich gegen eine Befreiung der Jugend von den engen Fesseln der Erwachsenenautorität in der Schule, im Elternhaus und anderswo richtete, und diese Reaktion hatte – besonders in der Nachkriegszeit – einen nicht unbeträchtlichen Erfolg.

Somit scheint festzustehen, daß der Nationalsozialismus in Deutschland in der Zeit des Dritten Reiches auch nicht im ent-ferntesten eine «soziale Revolution» bewirkt hat – gleichgültig, ob man sich nun auf eine «objektive» oder eine «gedeutete soziale Wirklichkeit» beruft. Wie wir bereits festgestellt haben, machen es das Wesen der Nazibewegung und der Charakter ihrer gesell-schaftspolitischen Ziele möglich, einen Schritt weiter zu gehen und zu sagen, daß sie in jedem Fall nicht in der Lage war, eine soziale Revolution herbeizuführen, und darauf auch gar nicht in irgendeinem rationalen Sinne abzielte. Die Absichten der Nazis richteten sich auf eine Umwälzung der Werte- und Glaubens-systeme – also eher auf eine psychologische als auf eine inhalt-lich-substantielle «Revolution» – und hätten sich nur durch die Verwirklichung langfristiger Ziele umsetzen lassen, die ihrerseits illusorisch, widersprüchlich und damit in sich zerstörerisch und selbstzerstörerisch waren.

Nun, da die irreführende Vorstellung, die deutsche Gesell-schaft sei im Dritten Reich radikal verändert worden, widerlegt ist, läßt sich die These aufstellen, der Nationalsozialismus habe während der Zeit seiner Herrschaft die bestehende Gesellschafts-ordnung mit ihrer Klassenstruktur in erheblichem Maße ge-stützt und habe, vor allem durch seine destruktive Dynamik, den Weg zu einem Neuanfang nach 1945 gebahnt.

Auf der einen Seite verdient – so offenkundig dieser Punkt auch ist – hervorgehoben zu werden, daß der Nationalsozialis-mus nicht das Produkt einer «vormodernen» Gesellschaft war, sondern sich in einem fortgeschrittenen Industriestaat entwik-kelte, dessen labiles politisches System in einer beispiellosen Krise des Kapitalismus durch den Klassenkonflikt zerrissen wurde. Das Naziregime hatte anfangs die objektive Funktion, die sozioökonomische Ordnung und die bedrohte Stellung der herrschenden Eliten durch eine schonungslose Zerschlagung der Arbeiterbewegung wiederherzustellen. Die verhängnisvolle politische Intervention der Nazis im Jahre 1933 muß deshalb als ein entscheidender Schritt im Kampf zwischen Kapital und Arbeiterschaft in einer fortgeschrittenen Industriewirtschaft gesehen werden. Und in der Tat stellt der an der Macht befindliche Nationalsozialismus die bislang erbarmungsloseste und am stärksten ausbeuterische Form der industriellen Klassengesellschaft dar – der gegenüber sich damals in der Rückschau das kaiserliche Deutschland für einen Angehörigen der Arbeiterklasse wie ein «Himmel der Freiheit» ausnahm.[57] Die Neuordnung der Klassenbeziehungen im Jahre 1933 machte die Fortschritte gewaltsam rückgängig, die die Arbeiterklasse nicht erst seit 1918, sondern seit der Bismarckzeit errungen hatte, stärkte die geschwächte Position des Kapitalismus und stützte die reaktionären Kräfte der Gesellschaftsordnung.

Aber man kann nicht einfach dabei stehenbleiben und dem Nationalsozialismus jegliche Antriebskraft für einen langfristigen sozialen Wandel absprechen – selbst wenn dieser hauptsächlich eine «negative» Erscheinung war, die sich aus der Zerstörungskraft des Regimes ergab. Zum Beispiel ist die Vermutung geäußert worden, die Individualisierung des Kampfes der Arbeiterklasse, die innerhalb des NS-Systems notwendig gewesen sei, um einen größtmöglichen Nutzen aus dem Rüstungsboom zu ziehen, habe eine langfristige Schwächung der Solidarität unter den Arbeitern bewirkt und den Weg zu «einem neuen, individualistischeren, leistungsorientierteren, ‹skeptischen› Arbeitertypus gebahnt [...], wie er von Soziologen der fünfziger Jahre beschrieben wurde».[58] Ob damit im Rückblick Verhaltensmuster auf das Dritte Reich projiziert werden, die größtenteils ein Produkt der von wirtschaftlichem Aufschwung und «Wirtschaftswunder» geprägten Nachkriegsbedingungen waren, ist schwer abzuschät-

57 Archiv der Sozialen Demokratie, Bonn, Bestand Emigration Sopade, M 32, Bericht des Grenzsekretärs von Nordbayern, Hans Dill, vom 18. November 1935.
58 Peukert, *Volksgenossen* (Kapitel 2 Anmerkung 45), S. 136 und 140.

zen. Ebenfalls spekulativ, wenn auch an sich nicht unwahrscheinlich, ist die Auffassung, die Atomisierung der Gesellschaft im Nationalsozialismus habe zu einem «Rückzug» in die «Privatsphäre» geführt, der sich in einer anhaltenden Entpolitisierung der Volkskultur geäußert und einen Teil der Grundlage für die Konsum- und Leistungsgesellschaft der «Wirtschaftswunderzeit» gebildet habe.[59]

Wie sehr man das mit Begriffen wie «Modernität» oder «Modernisierung» in Verbindung bringen oder durch sie erklären kann, scheint umstritten. So, wie der Begriff herkömmlicherweise im soziologischen und geschichtswissenschaftlichen Schrifttum gebraucht wird, meint «Modernisierung» eine langfristige Umwälzung, die sich über Jahrhunderte erstreckt und die «traditionelle» Gesellschaft, die auf argarischer und handwerklicher Produktion, persönlichen Abhängigkeitsverhältnissen, örtlicher Bindung, ländlichen Kulturen, starren gesellschaftlichen Hierarchien und religiös geprägten Weltanschauungen gründet, in eine industrielle Klassengesellschaft mit hochentwickelten industriellen Technologien, säkularisierten Kulturen, «rationalen» bürokratisch-unpersönlichen gesellschaftspolitischen Ordnungssystemen und politischen Massenpartizipationssystemen verwandelt. Bei der Erklärung langfristiger geschichtlicher Veränderungen kommt man ohne irgendeine Form von angewandter Modernisierungstheorie offenbar nicht aus. Aber in einem solchen Prozeß macht die Nazizeit nur einen winzigen Augenblick aus. Und wenn auch die «traditionellen» Wertesysteme und Gesellschaftsstrukturen gegenüber industrialisierungsbedingten Veränderungen in Deutschland in gewisser Hinsicht resistenter waren als zum Beispiel in Großbritannien, so kann man ihre «Traditionalität» doch auch übertreiben und die Antimodernisierung als Erklärung für das Geheimnis der An-

---

59 Peukert, *Volksgenossen*, S. 230, 280–288, 294. Diese These wird durch die Ergebnisse eines vor kurzem im Ruhrgebiet durchgeführten größeren «oral history»-Projekts gestützt: siehe Lutz Niethammer (Hg.), *«Die Jahre weiß man nicht, wo man die heute hinsetzen soll». Faschismuserfahrungen im Ruhrgebiet* (Berlin und Bonn 1983) und *«Hinterher merkt man, daß es richtig war, daß es schiefgegangen ist». Nachkriegserfahrungen im Ruhrgebiet* (Berlin und Bonn 1983).

ziehungskraft des Nationalsozialismus leicht viel zu sehr betonen. Im Gegenteil: Obwohl der Nationalsozialismus nicht zu
übersehende archaische und atavistische Elemente enthielt,
dienten diese oft als propagandistische Symbole oder ideologische Tarnung für völlig «moderne» Arten der Anziehungskraft,
welche soziale Mobilität, gesellschaftliche Chancengleichheit,
bei der der Erfolg von Verdienst und Leistung abhängig war, und
neue Möglichkeiten, zu Wohlstand zu gelangen, dadurch zu erreichen versprachen, daß das Junge und Dynamische auf Kosten
des Alten, Sterilen, Starren und Morschen die Führung übernahm.[60] Zwar ist diese sozialdarwinistische Aufforderung zur
reinen «Leistungsgesellschaft» in ihrer Art und Form besonders
brutal und extrem, dennoch gibt es dazu Parallelen in anderen
Ländern mit einer entwickelten kapitalistischen Wirtschaft. Für
eine Beurteilung der kurzen Ära der Diktatur selbst bietet der
Modernisierungsbegriff keine Hilfe. Was sich an Veränderungen
ereignete, geschah im Rahmen einer für die damalige Zeit bereits
hochentwickelten kapitalistischen Gesellschaft. Und während
manche Handlungen der Nazis archaisch anmuteten, waren
doch mehr Maßnahmen (in einem neutralen Sinne) «fortschritt-
lich» oder «modern» – wenn sie sich dabei auf eine Art auch
kaum von den Maßnahmen anderer damals fortgeschrittener kapitalistischer Staaten unterschieden. Doch genausowenig ist die
hypothetische Frage gänzlich fehl am Platze: Vieles von dem,
was heutzutage oft als vom Nationalsozialismus bewirkter Mo-
dernisierungsschub bezeichnet wird, hätte sich durch das Wesen
der deutschen Wirtschaft bedingt zweifellos unter jeder Regierungsform abgespielt.

Wir kehren daher zu dem zurück, was bei der Frage, inwiefern
der Nationalsozialismus einen sozialen Wandel herbeiführte, der
entscheidende Punkt zu sein scheint: das von sich aus alles ver-
schlingende, zerstörerische Wesen des Systems. In seinem
Streben nach immer irrationaleren Zielen war der Nationalsozialismus eine parasitäre Wucherung auf der alten Gesellschaftsord-

---

60 Siehe Broszat, «Zur Struktur der NS-Massenbewegung» (Kapitel 2 Anmerkung 53).

nung – weder willens noch in der Lage, Stabilität zu schaffen. Indem die Nazis der Aufrüstung, dem Krieg und der Expansion – also Zielen, die von Deutschlands herrschenden Klassen aktiv unterstützt wurden – absolute Priorität zuwiesen, erzeugten sie eine gewaltige zerstörerische Strömung, die die Repräsentanten der bestehenden Gesellschaftsordnung zuerst bedrohte und dann unvermeidlich mit sich riß. So brachte die destruktive Dynamik des Nationalsozialismus gleichzeitig mit dem gewaltsamen Ende des NS-Regimes die Pfeiler der alten Gesellschaftsordnung zum Einstürzen und bahnte den Weg für eine drastisch revidierte kapitalistische Staatsform im Westen und eine echte Sozialrevolution im Osten. Wenn auch die – in Westdeutschland nach dem Krieg sehr beliebte – Vorstellung von einer «Stunde Null», die in der Niederlage von 1945 angeblich einen vollständigen Bruch mit Deutschlands Vergangenheit anzeigte, eine Fiktion ist, die die vielen Kontinuitätslinien in den soziökonomischen Strukturen, den Institutionen und der Mentalität verdecken soll, so ist dennoch wahr, daß das Ende der deutschen Aristokratie, der Bankrott der alten Heeresleitung und ihrer preußisch-deutschen Ideale, der endlose Flüchtlingsstrom aus dem Osten, die Teilung Deutschlands, die sozialen Anforderungen des Wiederaufbaus sowie die «Umerziehungspolitik» der Alliierten eine Zäsur bedeuteten, neben der die sozialen Veränderungen aus der Zeit des Dritten Reiches zur Belanglosigkeit verblassen.

8

«Normalität» und Genozid: Das Problem der «Historisierung»

Zu der Zeit, als dieses Buch ursprünglich konzipiert und geschrieben wurde, konnte man nicht wissen, daß innerhalb von
ein, zwei Jahren die im ersten Kapitel behandelten geschichtsphilosophischen, politisch-ideologischen und moralischen Pro-
blemdimensionen, denen sich Historikerinnen und Historiker
gegenübersehen, wenn sie sich mit dem Phänomen des Nationalsozialismus auseinandersetzen, alle Teil einer größeren Debatte
bilden würden, die sich 1986 zwischen prominenten westdeutschen Historikern entzündete und den Berufsstand seitdem beschäftigt. In diesem und im Abschlußkapitel möchte ich einige
Gedanken anschließen, die ich mir als Außenstehender zu diesem «Historikerstreit», wie er schon bald genannt wurde, gemacht habe. Ehe ich aber zum eigentlichen Historikerstreit
komme, möchte ich ein Thema erörtern, das zwar immanent und
als bedeutsames Element zu dem Disput dazugehört, sich aber
doch von ihm trennen läßt – ihm in der Tat sogar vorausging –
und charakteristische theoretische und methodische Probleme
aufwirft, mit denen man sich am besten losgelöst von der Polemik
des Historikerstreits befaßt. Dieses Thema ist das Problem der
sogenannten «Historisierung» des Nationalsozialismus. Der Begriff wurde Gegenstand ernsthafter Diskussionen, nachdem er
von Martin Broszat 1985 in einem wichtigen und programmatischen Aufsatz[1] in die Diskussion eingebracht worden war – über
ein Jahr bevor der Historikerstreit losbrach. Es geht dabei um die

---

1 Martin Broszat, «Plädoyer für eine Historisierung des Nationalsozialismus», *Merkur* 39 (1985), S. 373–385, wiederabgedruckt in Martin Broszat, *Nach*

Frage, ob es – mehr als vierzig Jahre nach dem Zusammenbruch des Dritten Reiches – möglich ist, die Nazizeit so zu behandeln wie andere Zeiträume der Vergangenheit – als «Geschichte» –, und welche neuen Perspektiven eine solche Veränderung in der begrifflichen Erfassung und Methodik erfordern würde. In intellektueller Hinsicht ist die Kontroverse, die von Broszats Artikel hervorgerufen wurde, viel bedeutsamer und lohnenswerter als der Historikerstreit selbst, auch wenn sich an ihr nur eine kleinere Anzahl von Wissenschaftlern beteiligt und sie sehr viel weniger Publizität erhält. Interessanterweise verläuft diese Kontroverse auch quer zu den verhärteten Fronten, die sich im Historikerstreit rasch formierten. Und in ihr finden der Beitrag und das Potential einer Forschungsrichtung Berücksichtigung, die sich in den letzten Jahren bei der Erforschung des Dritten Reiches in vieler Hinsicht als ein äußerst fruchtbarer Ansatz erwiesen hat: die Alltagsgeschichte.

In den letzten zehn, zwölf Jahren sind in der Forschung neue, aufregende Wege beschritten worden und haben in einer Flut von Veröffentlichungen ihren Ausdruck gefunden, in denen die meisten der wichtigen Aspekte der Auswirkungen des Nationalsozialismus auf die deutsche Gesellschaft abgedeckt werden. Doch gerade als – fast ein Vierteljahrhundert nach dem Erscheinen von Schoenbaums umfangreicher Sozialgeschichte des Dritten Reiches, welches in seinen Augen «Hitlers soziale Revolution» gebracht hatte, und der Veröffentlichung von Dahrendorfs genauso einflußreicher Interpretation des Nationalsozialismus als «deutscher Revolution»[2] – die Zeit für eine neue umfassende Studie reif scheint, die vieles aus diesen Arbeiten aufnehmen und zu einer Synthese verarbeiten würde und dann eine revidierte Interpretation der deutschen Gesellschaft unter dem Nationalsozialismus zu bieten hätte, weckt die «Historisierungskontro-

---

Hitler. Der schwierige Umgang mit unserer Geschichte (München 1986), S. 159–173. Nachfolgende Anmerkungen beziehen sich auf die zweite Version.

2 David Schoenbaum, *Die braune Revolution. Eine Sozialgeschichte des Dritten Reiches* (Köln 1968) [originale amerikanische Fassung: *Hitler's Social Revolution* (New York 1966)]; Ralf Dahrendorf, *Gesellschaft und Demokratie in Deutschland* (München 1965), Kapitel 25.

verse» Zweifel, ob es überhaupt theoretisch möglich ist, eine solche Sozialgeschichte zu verfassen, ohne die zentralen Aspekte des Nationalsozialismus aus den Augen zu verlieren, die ihm seine dauerhafte weltgeschichtliche Bedeutung gegeben und zu seinem moralischen Erbe geführt haben. Im ersten Teil des Kapitels wird diese wichtige Kontroverse kurz skizziert, während im zweiten Teil erfaßt werden soll, welche Implikationen sich daraus für eine mögliche Geschichte der deutschen Gesellschaft im Dritten Reich ergeben.

Der «historisierende» Ansatz

Ein wesentlicher Durchbruch, der ein tieferes Bewußtsein über die Komplexität der deutschen Gesellschaft im Dritten Reich schaffte, wurde – wie allgemein anerkannt wird – mit Hilfe der Untersuchungen erzielt, die in der zweiten Hälfte der siebziger und Anfang der achtziger Jahre im Rahmen des «Bayern-Projekts» durchgeführt und veröffentlicht wurden. Dieses Projekt, das unter die Rubrik «Widerstand und Verfolgung» fiel, trug eine völlig neue Dimension zum Verständnis des Verhältnisses von Staat und Gesellschaft in Nazideutschland bei, indem es sich von enggefaßten, häufig moralisch besetzten «Widerstands»definitionen löste und mit Hilfe des von ihm angewandten «Resistenz»begriffs [3] die Grauzone der einander überlappenden Bereiche von Kollaboration und Opposition, politischer Konformität und Nonkonformität, Zustimmung und Ablehnung erschloß, die in der Realität darin sichtbar wurden, daß man sich auf die Naziherrschaft irgendwie einstellen und mit ihr fertigwerden mußte. Das «Bayern-Projekt» war ein Meilenstein, weil es zum erstenmal in systematischer Weise Meinung, Mentalität und Verhalten des Volkes untersuchte und weil es zum erstenmal ver-

---

3 Martin Broszat u. a. (Hg.), *Bayern in der NS-Zeit*, 6 Bände (München 1977–1983). Zum «Resistenz»begriff siehe Broszats Zwischenbilanz des Projekts, «Resistenz und Widerstand», Band 4 (München 1981), S. 691–709, wiederabgedruckt in *Nach Hitler*, S. 68–91.

suchte, die Geschichte der Gesellschaft im Dritten Reich «von unten» zu schreiben.

Das Projekt war, soviel scheint festzustehen, ein wichtiger Impuls unter anderen, der für eine schnell an Bedeutung gewinnende Berücksichtigung der Alltagsgeschichte bei der Erforschung des Dritten Reiches sorgte. Der Begriff der Alltagsgeschichte und die von deren Befürwortern verwendeten Methoden haben – zum Teil berechtigterweise – die harte Kritik vor allem der führenden Vertreter der «kritischen Geschichtswissenschaft» und der historischen Sozialwissenschaften auf sich gezogen.[4] Eine solche Kritik hat allerdings die zunehmende Verbreitung des alltagsgeschichtlichen Ansatzes nicht aufhalten können, und sogar einige der schärfsten Kritiker geben zu, daß eine richtig erfaßte Alltagsgeschichte viel für ein tieferes Verständnis gerade auch der Nazizeit zu bieten haben kann.[5] Die Alltagsgeschichte befaßt sich mit der subjektiven Erfahrung und Mentalität der «einfachen Leute», und in der bemerkenswerten – nicht zuletzt auch durch die Erschließung vormals mit gedanklichen Tabus besetzter Bereiche erzeugten – Resonanz dieses Ansatzes spiegelt sich wohl teilweise das besonders stark bei der jüngeren Generation vorhandene Bedürfnis, mit dem Dritten Reich nicht nur als politischem Phänomen – als Schreckensregiment, aus dem sich in einer postfaschistischen Demokratie politische und moralische Lehren ziehen lassen –, sondern auch als sozialer Erfahrung umzugehen, um das Verhalten

---

4 Siehe zum Beispiel Hans-Ulrich Wehler, «Königsweg zu neuen Ufern oder Irrgarten der Illusionen? Die westdeutsche Alltagsgeschichte: Geschichte ‹von innen› und ‹von unten›», in F. J. Brüggemeier und J. Kocka (Hg.), *«Geschichte von unten – Geschichte von innen». Kontroversen um die Alltagsgeschichte* (Fernuniversität Hagen 1985), S. 17–47. Eine lebhafte Debatte über die Vorzüge und Nachteile der Alltagsgeschichte ist veröffentlicht in *Alltagsgeschichte der NS-Zeit. Neue Perspektive oder Trivialisierung?* (Kolloquien des Instituts für Zeitgeschichte, München 1984).

5 Siehe zum Beispiel die von Jürgen Kocka in zwei Rezensionsartikeln durchdacht vorgetragene Abwägung der Grenzen, aber auch Möglichkeiten der Alltagsgeschichte in *Die Zeit* Nr. 42 vom 14. Oktober 1983 («Drittes Reich: Die Reihen fast geschlossen») und *die tageszeitung* (*taz*) vom 26. Januar 1988 («Geschichtswerkstätten und Historikerstreit»).

normaler Menschen – zum Beispiel das der eigenen Verwandten – im Nationalsozialismus besser verstehen zu können.
Indem die Alltagsgeschichte vergangene Verhaltens- und Denkweisen erklärlicher und verständlicher macht und «normaler» – wenn auch nicht akzeptabler – erscheinen läßt, trägt sie, so könnte man sagen, zu einem vertieften Problembewußtsein bei. Das betrifft das Problem der geschichtlichen Identität in der Bundesrepublik und das der politischen Kontinuitäts- und Diskontinuitätslinien zum Dritten Reich wie ebenso das der gesellschaftlichen Kontinuitätsstränge, die vor dem Nazisozialismus ihren Anfang nahmen und sich bis weit in die Nachkriegszeit hinein erstrecken. Dies führt weiter dazu, daß man das Dritte Reich als integralen Bestandteil der deutschen Geschichte faßbar machen und in ihm keinen ausklammerbaren, nicht wirklich dazugehörigen Fremdkörper sehen möchte. Das sind einige der Überlegungen, die hinter Martin Broszats bekanntem «Plädoyer für eine Historisierung des Nationalsozialismus» stecken, bei dem er von der Überzeugung ausgeht, im Gegensatz zur Geschichte des politischen Systems der Diktatur müsse die Geschichte der NS-Zeit erst noch geschrieben werden.[6]

Broszats Verwendung des «Historisierungs»begriffs hängt mit den Problemen zusammen, vor denen Historikerinnen und Historiker – und hier vor allem die westdeutschen – stehen, wenn sie sich mit der nationalsozialistischen Vergangenheit befassen. Broszat ist überzeugt, daß auch heute noch, mehr als vierzig Jahre nach dem Ende des Dritten Reiches, die Distanzierung des Historikers seinem Forschungsgegenstand, dem Nationalsozialismus, gegenüber die Möglichkeit verhindert, die wissenschaftliche Erforschung und Analyse des Nationalsozialismus auf die gleiche Weise anzugehen wie andere Geschichtsperioden – mit einem Grad an intuitiver Einsicht, wie ihn die «normale» Geschichtsschreibung erfordert. Ohne eine richtige Integration des Nationalsozialismus in die «normale» Geschichtsschreibung bleibt das Dritte Reich seines Erachtens eine «Insel» in der deut-

6 Broszat, *Nach Hitler*, S. 167.

schen Zeitgeschichte,[7] die als Arsenal politisch-moralischer Lehren benutzt werde. Eine routinemäßige moralische Verurteilung schließe aber ein historisches Verständnis aus, da dann der Nationalsozialismus auf eine «Abnormalität» reduziert werde und als kompensatorisches Alibi für einen restaurierten Historismus diene, der sich auf die «heilen» Epochen vor und nach Hitler konzentriere.[8] Broszat faßt seine Position mit den Worten zusammen: «Eine Normalisierung unseres Geschichtsbewußtseins und die Vermittlung nationaler Identität durch Geschichte kann nicht um die NS-Zeit herum, durch ihre Ausgrenzung, erreicht werden. Dabei scheint es mir, je größer der historische Abstand wird, um so dringlicher, zu begreifen, daß Ausgrenzung der Hitler-Zeit aus der Geschichte und geschichtlichem Denken in gewisser Weise auch dann schon stattfindet, wenn diese fast nur politisch-moralisch aufgearbeitet wird, nicht mit der gleichen differenziert angewandten historischen Methodik wie andere Geschichtsepochen, mit weniger gründlich abwägender Beurteilung und auch in einer gröberen, pauschalen Sprache, wenn wir der Geschichtsdarstellung der nationalsozialistischen Zeit aus gut gemeinten didaktischen Gründen eine Art methodischer Sonderbehandlung angedeihen lassen.»[9]

Eine «Normalisierung» der methodischen Behandlung bedeute, daß die normale Exaktheit wissenschaftlicher Forschung bei einer peinlich genau arbeitenden Wissenschaft zum Tragen käme, die empirisch brauchbare Begriffe «mittlerer Reichweite» verwende, statt – ob nun von einem liberal-konservativen Standpunkt aus oder aufgrund wirtschaftsdeterministischer Theorien marxistisch-leninistischer oder «neu-linker» Prägung – platt zu moralisieren.[10] Dies allein würde schon durch das einer größeren Differenzierung entstammende verbesserte Verständnis die mo-

---

7 Siehe ebenda, S. 114–120, «Eine Insel in der Geschichte? Der Historiker in der Spannung zwischen Verstehen und Bewerten der Hitler-Zeit».

8 Ebenda, S. 173.

9 Ebenda, S. 153.

10 Ebenda, S. 104 ff, siehe auch S. 36–41. In dem Briefwechsel mit Saul Friedländer spricht Broszat von einem «Plädoyer für die Normalisierung der Methode, nicht der Bewertung». – «Dokumentation. Ein Briefwechsel zwischen

ralische Sensibilität verfeinern, wie etwa bei der Relativierung des «Widerstands» durch seine «Entheroisierung» und die Anerkennung der Grauzone zwischen Opposition und Konformität, zwischen dem «anderen Deutschland» und dem NS-Regime.[11] Dadurch würde es auch möglich, die Funktion des Nationalsozialismus als Exponent eines – mit den Veränderungen in anderen damaligen Gesellschaften vergleichbaren – modernisierenden Wandels aus der Zeit heraus zu verstehen und somit zu einem tieferen Verständnis der gesellschaftlichen Kräfte und Motivation zu gelangen, die von der Nazibewegung mobilisiert und ausgebeutet werden konnten.[12]

Es ist offensichtlich, welche Relevanz das «Bayern-Projekt» und die Betonung der Alltagsgeschichte für diese Denkrichtung haben. Dem ganzen «Historisierungs»konzept liegt die Vorstellung zugrunde, daß sich hinter der Barbarei und dem Schrecken des Regimes Muster einer gesellschaftlichen «Normalität» zeigten, die vom Nationalsozialismus zwar auf verschiedene Art und Weise beeinflußt wurden, die aber doch schon vor seiner Zeit bestanden und ihn auch überdauerten. So wird angesichts einer «Normalität» des Alltags, die die meiste Zeit über von nichtideologischen Faktoren geprägt war, die Rolle der nationalsozialistischen Ideologie «relativiert». Einige der sozialen Veränderungs- und Entwicklungstendenzen, die ein von der Zeit vor dem Nationalsozialismus bis in die Zeit der Bundesrepublik reichendes Kontinuum bilden, wurden durch den Nationalsozialismus beschleunigt, andere hingegen verlangsamt.[13] Wenn man hinter die Diktatur und ihre kriminelle Energie schaut, läßt

Martin Broszat und Saul Friedländer um die Historisierung des Nationalsozialismus», *VfZ* 36 (1988), S. 339–372, hier S. 365 (im folgenden als «Briefwechsel» zitiert). Ich bin Prof. Friedländer dafür dankbar, daß ich vor der Veröffentlichung dieses Briefwechsels Korrekturfahnen der Dokumentation einsehen konnte.

11 Broszat, *Nach Hitler*, S. 110–112, 169–171.

12 Ebenda, S. 171–172.

13 Eine ausgezeichnete Sammlung von Aufsätzen, die einen Großteil der neueren Forschungsergebnisse zusammenfassen und den Nationalsozialismus im Kontext langfristiger sozialer Veränderungen sehen, findet sich bei W. Conze und R. M. Lepsius, *Sozialgeschichte der Bundesrepublik Deutschland* (Stuttgart 1983).

sich die Gesellschaft im nationalsozialistischen Deutschland leichter mit anderen Perioden der deutschen Geschichte verbinden und leichter mit anderen zeitgenössischen Gesellschaften vergleichen. Dadurch wird die langfristige strukturelle Veränderung und Modernisierung der deutschen Gesellschaft erklärbarer und ebenso die Rolle, die der Nationalsozialismus – gewollt oder ungewollt – bei dieser Veränderung gespielt hat. Durch diese Blickrichtung wird die traditionelle Hervorhebung der ideologischen, politischen und kriminell-terroristischen Aspekte des Nationalsozialismus in Frage gestellt und in mancher Hinsicht ersetzt. Einer von Broszats Kritikern ist beispielsweise der Auffassung, bei dessen Ansatz werde «der jüdische Aspekt [...] beinah irrelevant».[14]

Die vorgeschlagene «Historisierung» läßt sich daher in folgenden Forderungen zusammenfassen: Der Nationalsozialismus sollte mit denselben wissenschaftlichen Methoden untersucht werden wie jede andere Geschichtsepoche auch; gesellschaftliche Kontinuitätslinien sollten in weit vollständigerem Maße in einem wesentlich komplexeren Bild des Nationalsozialismus Berücksichtigung finden, und man sollte von der starken Konzentrierung auf den politisch-ideologischen Bereich als Arsenal moralischer Lehren abgehen (da moralische Sensibilität nur aus einem tieferen, durch eine «Historisierung» ermöglichten Verständnis der Vielschichtigkeit der Zeit erwachsen kann); und die NS-Zeit, die gegenwärtig beinah als ein – zwar nicht mehr verdrängter, doch zur «Pflichtlektion» verkümmerter[15] – nicht recht einordbarer Teil der deutschen Geschichte behandelt wird, muß wieder im Zusammenhang einer größeren evolutionären Entwicklung gesehen werden.[16]

14 Otto Dov Kulka in einem Referat, das er auf der internationalen Konferenz «Germany's Singularity? The Sonderweg Debate» [Deutschlands Einzigartigkeit? Die Sonderweg-Debatte] im März 1987 in Jerusalem hielt. Siehe auch Kulkas Aufsatz «Singularity and its Relativization. Changing views in German Historiography on National Socialism and the ‹Final Solution›», demnächst in *Yad Vashem Studies* 19 (1988). Ich bin Prof. Kulka sehr dankbar dafür, daß ich das Manuskript zu diesem Artikel vorab einsehen durfte.

15 Broszat, *Nach Hitler*, S. 161.

16 Siehe Saul Friedländer, «Überlegungen zur Historisierung des Natio-

Kritik der «Historisierung»

Die Hauptkritiker des Broszatschen «Historisierungsplädoyers» sind die israelischen Historiker Otto Dov Kulka, Dan Diner und vor allem Saul Friedländer. Sie erkennen das Thema der «Historisierung», so wie es Broszat darlegt, als wichtiges methodisches und theoretisches Problem an und meinen, es stelle eine in mancher Hinsicht legitime Perspektive dar und werfe Fragen auf, die «in den Bereich eines grundsätzlich wissenschaftlichen Dialogs» zwischen Historikern gehören, welche «in ihrer Haltung zum Nazismus und seiner Verbrechen [...] einige fundamentale Grundannahmen teilen». Insofern sind die genannten Autoren bemüht, hier den Unterschied zu Ernst Noltes Apologetik im «Historikerstreit» hervorzuheben.[17] Doch nebenbei wird angemerkt, daß die nach vierzig Jahren ergehende Aufforderung, die NS-Zeit wie jede andere Geschichtsepoche zu behandeln, auch Noltes Ausgangspunkt sei.[18] Wenn man Nolte völlig aus dem Spiel läßt, sind da immer noch die Implikationen, die sich aus Andreas Hillgrubers Art der historischen Beschäftigung mit der deutschen Wehrmacht an der Ostfront für den «Historisierungs»begriff ergeben und auf die wir noch zurückkommen werden.[19]

Die direkteste und strukturierteste Kritik des Broszatschen

nalsozialismus», in Dan Diner (Hg.), *Ist der Nationalsozialismus Geschichte? Zu Historisierung und Historikerstreit* (Frankfurt am Main 1987), S. 34–50, hier S. 37–38.

17 Friedländer, «Überlegungen», S. 34–35, 41; Kulka, «Singularity and its Relativization». Die zwei Beiträge von Ernst Nolte, die dem «Historikerstreit» vorausgingen, werden wiedergegeben in *«Historikerstreit». Die Dokumentation der Kontroverse um die Einzigartigkeit der nationalsozialistischen Judenvernichtung* (München und Zürich 1987), S. 13–35 und 39–47.

18 Friedländer, «Überlegungen», S. 43–44; Kulka, «Singularity and its Relativization».

19 Friedländer, «Überlegungen», S. 46; Dan Diner, «Zwischen Aporie und Apologie», in Diner (Hg.), *Ist der Nationalsozialismus Geschichte?*, S. 66. Der Hinweis bezieht sich auf den ersten Aufsatz («Der Zusammenbruch im Osten 1944/45 als Problem der deutschen Nationalgeschichte und der europäischen Geschichte») in Andreas Hillgruber, *Zweierlei Untergang. Die Zerschlagung des Deutschen Reiches und das Ende des europäischen Judentums* (Berlin 1986).

«Historisierungsplädoyers» kommt von Saul Friedländer.[20] Im Zusammenhang mit dem «Historisierungs»gedanken sieht er drei Dilemmata und außerdem drei Probleme, die sich aus dem Ansatz ergeben.

Das erste Dilemma, auf das er hinweist, ist das der Periodisierung und der Spezifität der Diktaturjahre selbst, also der Zeit von 1933 bis 1945.[21] Der «Historisierungs»ansatz suche das Dritte Reich in ein Bild des langfristigen sozialen Wandels einzupassen. Broszat selbst führt das Beispiel der Sozialversicherungspläne der Deutschen Arbeitsfront (DAF) im Zweiten Weltkrieg an, in denen er einerseits eine Episode in der Entwicklung wohlfahrtsstaatlicher Sozialprogramme sieht, die bereits vor dem Nationalsozialismus einsetzte und in das heutige System der Bundesrepublik einmündete, und andererseits eine Parallele zu dem, was sich zu der Zeit in völlig anderen politischen Systemen – etwa in Großbritannien mit dem Beveridge-Plan – abspielte.[22] Diese verschiedenen langfristigen sozialen Veränderungen, in diesem Fall in der Sozialpolitik, kann man daher als Prozesse ansehen, die losgelöst von den Besonderheiten der nationalsozialistischen Ideologie und den speziellen Umständen des Dritten Reiches ablaufen. Somit werden nicht mehr so sehr die einzigartigen Charakteristika der Nazizeit betont als die relative und objektive Funktion des Nationalsozialismus als beschleunigendes (oder retardierendes) Modernisierungsmoment.

Die Frage des vom Nationalsozialismus beabsichtigt oder unbeabsichtigt ausgehenden Modernisierungsschubs ist seit den Veröffentlichungen von Dahrendorf und Schoenbaum Diskussionsthema, wie wir im vorhergehenden Kapitel gesehen haben. Friedländer geht davon aus, daß neuere Untersuchungen unser Wissen über zahlreiche Aspekte dieser «Modernisierung» erweitert haben. Als ganzes genommen zeigen derartige Untersu-

20 Friedländer, «Überlegungen». [Ursprünglich erschienen als «Some Reflections on the Historisation of National Socialism», *Tel Aviver Jahrbuch für deutsche Geschichte* 16 (1987), S. 310–324].
21 Friedländer, «Überlegungen», S. 38–41.
22 Broszat, *Nach Hitler*, S. 171–172.

chungen seines Erachtens allerdings eine Interessenverlagerung vom Besonderen des Nationalsozialismus hin zu allgemeinen Modernisierungsproblemen, in deren Rahmen der Nationalsozialismus eine Rolle spielt. Es ginge daher um die Frage der «relativen Relevanz» solcher Entwicklungen für eine umfassende geschichtliche Darstellung der Nazizeit.[23] Und Friedländers Einschätzung zufolge besteht – beinah zwangsläufig – die Gefahr einer Relativierung des für die Zeitspanne von 1933 bis 1945 eigentümlichen politisch-ideologisch-moralischen Rahmens.[24]

Das zweite Dilemma ergibt sich aus der empfohlenen Aufhebung der auf moralischer Verurteilung basierenden distanzierten Haltung, die der mit dem Nationalsozialismus befaßte Historiker gegenüber seinem Forschungsgegenstand einnimmt und die ihn daran hindert, diese Zeit als «normale» Geschichtsepoche zu behandeln. Dadurch würden, meint Friedländer, unlösbare Probleme bei der Erstellung eines Globalbildes der Nazizeit aufgeworfen, da zwar nur wenige Lebensbereiche an sich verbrecherisch, aber auch nur wenige von der Kriminalität des Regimes völlig unberührt gewesen seien. Eine Trennung der Kriminalität von der Normalität sei daher wohl keine leichte Aufgabe. Es ließen sich keine objektiven Kriterien festsetzen, die klar anzeigten, welche Bereiche eventuell eine empathische Behandlung zuließen und welche immer noch nicht behandelt werden könn-

23 Friedländer, «Überlegungen», S. 40.
24 Ebenda, S. 38. Kulkas Kritik in «Singularity and its Relativization» geht in eine ähnliche Richtung. Diner («Zwischen Aporie und Apologie», S. 67) kritisiert ebenfalls, daß die Besonderheiten des Zeitraums 1933–1945 zwangsläufig unter den Tisch fielen, wenn wie beim alltagsgeschichtlichen Ansatz die «Normalität» hervorgehoben werde. In Anspielung auf das von Lutz Niethammer geleitete «oral history»-Projekt über die Erfahrungen der Arbeiter im Ruhrgebiet weist er darauf hin, daß sich «die guten und die schlechten Zeiten» in der subjektiven Erinnerung keineswegs mit den bedeutenden Entwicklungen der Zeit von 1933 bis 1945 deckten. Die Folge sei eine «erhebliche Banalisierung der NS-Zeit». Angesprochen ist der Aufsatz von Ulrich Herbert, «Die guten und die schlechten Zeiten», in Lutz Niethammer (Hg.), *«Die Jahre weiß man nicht, wo man die heute hinsetzen soll». Faschismuserfahrungen im Ruhrgebiet* (Bonn 1986), S. 67–96.

ten, ohne daß der Historiker gegenüber seinem Untersuchungs-gegenstand eine distanzierte Haltung einnähme.[25]

Das dritte Dilemma ergibt sich aus der Vagheit und unspezifi-schen Offenheit des «Historisierungs»konzepts, das zwar Hin-weise auf eine Methode und eine Philosophie enthalte, aber keine klare Vorstellung von möglichen Ergebnissen vermittele. Die Implikationen des «Historisierungs»ansatzes seien jedoch kei-neswegs eindeutig, sondern auf radikal unterschiedliche Weise deutbar – wie sich an Noltes und Hillgrubers umstrittenen Inter-pretationen der Nazizeit sehen lasse, durch die der «Historiker-streit» ausgelöst wurde.[26]

Friedländer ist bereit, in diesem Zusammenhang Noltes Ver-öffentlichungen unberücksichtigt zu lassen. Aber er benutzt Hillgrubers Aufsatz über die Ostfront, um zu veranschaulichen, welche möglichen Gefahren die «Historisierung» birgt, und stellt dabei deutlich die Verbindung zu den Problemen der Alltagsge-schichte selbst und zu dem nicht klar eingegrenzten Resistenzbe-griff des «Bayern-Projekts» heraus.[27] Nicht nur die Relativierung der Distanz zur Nazizeit, sondern auch die mit der Alltagsge-schichte verknüpfte Betonung der Normalität vieler Aspekte des Dritten Reiches und der nichtideologischen und nichtverbreche-rischen Tätigkeitsbereiche sowie der immer nuancierter darge-legten Einstellungs- und Verhaltensmuster führt Friedländers Ansicht nach zu wesentlichen Problemen. Er gesteht zu, daß die Kriminalität nicht notwendigerweise außen vor bliebe und daß sich ein Kontinuum erstellen ließe, das die Kriminalität im All-tag und die Normalität im verbrecherischen System des Regimes erfaßte. Aber er meint, bei einer umfassenden Perspektive des Dritten Reiches, die von der im Historisierungsansatz geforder-ten Relativierung und Normalisierung der Nazizeit ausgehe, lasse es sich kaum vermeiden, dem «Normalitäts»ende der Skala tendenziell zuviel Gewicht beizumessen. Trotz gegenteiliger Be-hauptungen Broszats sei es, fürchtet Friedländer, in bezug auf

25 Friedländer, «Überlegungen», S. 41–42.
26 Ebenda, S. 42–43.
27 Ebenda, S. 43–47.

das Dritte Reich von der «Historisierung» zum «Historismus» in Wirklichkeit nur ein kleiner Schritt.[28] Hillgruber verteidigt seine umstrittene Empathie und Identifizierung mit den deutschen Truppen im Osten dadurch, daß er seinen Ansatz mit dem der – auf andere Forschungsgebiete angewendeten – Alltagsgeschichte vergleicht.[29] Friedländer ist der Ansicht, diese Verteidigung habe etwas für sich, und meint, der «Resistenz»begriff lasse sich gerechtfertigterweise auf das Verhalten der deutschen Soldaten anwenden, die in der Endphase des Krieges die Ostfront verteidigten. Viele Einheiten seien gegenüber der nationalsozialistischen Ideologie relativ immun gewesen und hätten nur – wie Soldaten jeder anderen Armee auch – ihr Bestes getan, um die Front zu halten. Andererseits sei die Wehrmacht natürlich auch in stärkerem Maße als jede andere Institution systemstabilisierend gewesen. Für Friedländer läßt sich daran nicht nur erkennen, daß «Resistenz» ein «viel zu amorpher Begriff» sei,[30] sondern auch, wie schwammig der Begriff der «Historisierung» sei, der «Unterschiedliches» umfasse, so daß «einige Interpretationen sich eher als andere bestärkt finden».[31]

Aus den genannten Dilemmata ergeben sich in Friedländers Augen drei allgemeine Probleme. Das erste besteht darin, daß die nationalsozialistische Vergangenheit immer noch zu sehr gegenwärtig sei, um sie so «normal» zu behandeln, wie man das etwa mit der Geschichte Frankreichs im sechzehnten Jahrhundert machen würde. Die Selbstreflexion des Historikers, die für jede gute Geschichtsschreibung erforderlich ist, sei für das Studium der Nazizeit von entscheidender Bedeutung. Das Dritte Reich lasse sich einfach nicht in derselben Weise betrachten oder mit denselben Methoden angehen wie die «normale» Geschichte.[32]

Das zweite Problem ist für Friedländer «das der jeweils unterschiedlichen Relevanz». Die Geschichte des Nationalsozialismus

28 Ebenda, S. 44.
29 Ebenda, S. 44–45; siehe Diner, «Zwischen Aporie und Apologie», S. 66, 69.
30 Friedländer, «Überlegungen», S. 45.
31 Ebenda, S. 47.
32 Ebenda, S. 47–48.

sei, so schreibt er, «die Geschichte aller».[33] Die Erforschung des Alltags im Dritten Reich könne für Deutsche im Hinblick auf das Selbstverständnis und die nationale Identität in der Tat relevant und daher eine für deutsche Historiker vielleicht naheliegende Perspektive sein. Für Historiker außerhalb Deutschlands sei diese Perspektive aber im Vergleich zu den politischen und ideologischen Aspekten des Dritten Reiches und insbesondere dem Verhältnis von Ideologie und Politik vielleicht weniger relevant. Auf den gleichen Punkt wird in etwas anderer Weise auch von anderen Kritikern der «Historisierung» hingewiesen. Otto Dov Kulka[34] sieht in der Hervorhebung der «normalen» Aspekte des Dritten Reiches eine Spiegelung der gegenwärtigen Situation und des heutigen Selbstbilds der Bundesrepublik als moderner Wohlstandsgesellschaft – ein Bild, in dem die nationalsozialistische Ideologie und die Verbrechen des Regimes kaum Platz haben. Aus dieser heutigen westdeutschen Perspektive heraus hält er etwa eine Untersuchung der langfristigen Entwicklungstendenzen der Sozialpolitik für berechtigt und wichtig. Aber «die ‹weltgeschichtliche Eigenart des Dritten Reiches› läge doch gerade in der Qualität, nämlich daß neben dem deutschen Arbeiter […] Abertausende von versklavten Menschenwesen ‹arbeiten›, nachdem ihre Familienmitglieder auf grausamste Weise umgebracht und sie selbst nach ihrer ‹Abnutzung› auf eine industriell rationalistische Weise vernichtet wurden».[34]

Das dritte – und entscheidendste – Problem ist deshalb, wie man die Naziverbrechen in die «Historisierung» des Dritten Reiches integrieren soll. Laut Friedländer – und er gibt zu, daß es sich dabei um ein Werturteil handelt – ist die Besonderheit oder Einzigartigkeit des Nationalsozialismus darin begründet, daß er versuchte, «zu entscheiden, wer die Welt bewohnen dürfe und wer nicht».[35] Das Problem – und die Grenzen – der «Historisie-

33 Ebenda, S. 48.

34 Kulka, zitiert von Herbert Freeden, «Um die Singularität von Auschwitz», *Tribüne* 26, Heft 102 (1987), S. 123–124, sowie «Singularity and Relativization».

35 Friedländer, «Überlegungen», S. 49–50. Dieser Satz stammt aus den Schlußzeilen von Hannah Arendt, *Eichmann in Jerusalem* (Reinbek 1983), S. 329.

rung» liege folglich in ihrer Unfähigkeit, in ihr Bild von der «normalen» Entwicklung «die Frage nach dem spezifischen Charakter und dem historischen Ort der Vernichtungspolitik des Dritten Reiches» zu integrieren.[36]

Auswertung

Die von Friedländer, Kulka und Diner gegen die «Historisierung des Nationalsozialismus» vorgebrachten Einwände lassen sich nicht so leicht beiseite wischen. Sie sprechen wichtige philosophische und methodische Überlegungen an, die jeden Versuch, die Geschichte der deutschen Gesellschaft im Nationalsozialismus zu schreiben, unmittelbar berühren.

Friedländers Bedenken, die politischen, ideologischen und moralischen Aspekte des Nationalsozialismus könnten übergangen oder heruntergespielt werden, ziehen sich durch seine ganze Kritik. Aber zu Beginn könnte man fragen, ob sich durch die traditionelle Konzentrierung auf den politisch-ideologisch-moralischen Rahmen überhaupt weitere Fortschritte im Hinblick auf eine Vertiefung des Verständnisses erzielen lassen, das die

---

36 Friedländer, «Überlegungen», S. 49. Diner («Zwischen Aporie und Apologie», S. 67–68, 71–73) ist noch härter in seiner Kritik: Er betont, daß Auschwitz eine zentrale Bedeutung als «universalistische[r] Ausgangspunkt, von dem aus die weltgeschichtliche Bedeutung des Nationalsozialismus zu ermessen wäre», habe, daß sich Auschwitz nicht «historisieren» lasse, daß Täter und Opfer diametral entgegengesetzte Erfahrungen gemacht hätten und daß es theoretisch unmöglich sei, die von ersteren erlebte «Normalität» des Alltags und den von letzteren erlebten «absoluten Ausnahmezustand» als *eine* Geschichte zu erzählen. Und er fügt (auf S. 68) hinzu, jede Vorstellung vom «Alltag» müsse notwendigerweise ihren Ausgang im begrifflichen Gegenteil des «spezifischen Besonderen» nehmen. In der offenbaren Annahme, daß eine Synthese letztlich vielleicht doch möglich sei, gelangt er (auf S. 71) im Hinblick auf den Holocaust zu dem Schluß: «Nur wer von diesem Extremfall ausgeht, könnte jene in der Nahsicht auf Alltagsgeschichte und Massenmorde aufgespaltene Gleichzeitigkeit von der Banalität des unwirklich gestalteten wirklichen Normalzustands einerseits und seinem monströsen Ausgang andererseits annähernd begreifbar machen.»

Grundlage für ein verbessertes moralisches Bewußtsein bildet. Dieser «traditionelle» Schwerpunkt, der vielleicht am deutlichsten in Karl Dietrich Brachers Werk zum Ausdruck kommt, hat viele auf Dauer brauchbare Resultate gezeitigt.[37] Diese hätten auch aus «historisierender» Sicht Bestand. Aber die Wissenschaft weiterhin in den überkommenen Rahmen einzuzwängen, wäre ein fruchtloses und letzten Endes vielleicht sogar kontraproduktives Unterfangen, da dadurch genau die Ansätze blockiert werden würden, die in den letzten Jahren zu vielen der schöpferischsten – und moralisch sensibelsten – Forschungsprojekte geführt haben. Außerdem hätte eine «Historisierung» in Theorie und Praxis vielleicht weniger ernste Auswirkungen, als Friedländer befürchtet.

Es scheint fraglich, ob das erste Dilemma, das Friedländer anführt – man könne, wenn man sich auf die Entwicklung langfristiger sozialer Veränderungen konzentriere, nicht gleichzeitig dem spezifischen Charakter der NS-Zeit gerecht werden –, unumgänglich sein muß. Man könnte nämlich durchaus erwidern, daß sich die spezifischen Merkmale der Zeit von 1933 bis 1945 *nur* durch eine Langzeitanalyse erhellen lassen, die über diese zeitliche Begrenzung hinausgeht und diese Ära in einen entwicklungsbezogenen Kontext stellt, der Elemente des sozialen Wandels berücksichtigt, die schon lange vor dem Nationalsozialismus existierten und nach dessen Ende fortdauerten. Friedländer befürchtet, daß es unweigerlich zu einer Verlagerung der Aufmerksamkeit auf das Problem der Modernisierung käme und daß eine «Relativierung» der Diktaturzeit durch deren Einordnung in den Langzeitkontext eines «neutralen» sozialen Wandels zwangsläufig dazu führen müsse, daß man entscheidende Ereignisse oder politische Entscheidungen der NS-Zeit aus den Augen verliert oder weniger wichtig nimmt.

Diese Befürchtungen scheinen von neueren Arbeiten über den sozialen Wandel, von denen einige aus einer langfristigen Perspektive heraus gezielt die Frage der Modernisierung und der

---

37 Am klassischsten in Karl Dietrich Bracher, *Die deutsche Diktatur. Entstehung, Struktur, Folgen des Nationalsozialismus* (Köln und Berlin 1969 u. ö.).

These von der «sozialen Revolution» angehen, nicht bestätigt zu werden. Natürlich konzentrieren sich solche Arbeiten nicht schwerpunktmäßig auf die «kriminelle» Seite des Dritten Reiches. Doch auch wenn die Betonung auf der nationalsozialistischen Sozialpolitik liegt, wird dabei die Bedeutung der Ideologie keineswegs heruntergespielt, und es wird mehr als deutlich, in welchem Verhältnis diese Ideologie zu dem durch und durch rassistisch-imperialistischen Wesen des Nationalsozialismus steht. Zum Beispiel läßt – um das von Broszat aus Marie-Luise Reckers Untersuchung über die nationalsozialistische Sozialpolitik während des Krieges zitierte Beispiel zu nehmen, das in Friedländers Augen die mit der «Historisierung» verbundenen Gefahren verdeutlicht – Robert Leys sozialpolitisches Programm während des Krieges tatsächlich eine Reihe von oberflächlichen Ähnlichkeiten mit Beveridges Sozialversicherungsplänen in Großbritannien erkennen. Am bemerkenswertesten an Reckers Analyse – wenn das auch zugegebenermaßen aus Broszats Verweis auf ihre Ergebnisse nicht hervorgeht – ist der spezifische und unverkennbar nationalsozialistische Charakter des Programms.[38] Es ist nicht nur gerechtfertigt (und notwendig), an die Analyse des Leyschen Programms mit einer Langzeit- und auch vergleichenden Perspektive heranzugehen, ein solcher Blickwinkel trägt vielmehr auch unmittelbar zu einer klareren Definition dessen bei, was an der Sozialpolitik der Jahre 1933–1945 das besondere nationalsozialistisch Prägende ist. Das gleiche läßt sich von einer vor kurzem erschienenen beeindruckenden Analyse sagen, in der sich Michael Prinz mit den Versuchen der Nazis befaßt, die Statusschranken zwischen Angestellten und Arbeitern aufzuheben; hier dient die Langzeitperspektive dazu, sowohl die spezifischen Merkmale der nationalsozialistischen Sozialpolitik gegenüber den Angestellten als auch die Verankerung dieser Politik in den ideologischen Grundsätzen der Nazis besonders deutlich herauszuarbeiten.[39]

38 Marie-Luise Recker, *Nationalistische Sozialpolitik im Krieg* (München 1985). Siehe Broszat, *Nach Hitler*, S. 171.
39 Michael Prinz, *Vom neuen Mittelstand zum Volksgenossen* (München 1986).

Auf andere Themenbereiche angewandt erhellt die «Längsschnittanalyse» gerade den politisch-ideologisch-moralischen Rahmen, dessen Ignorierung oder Minderbewertung Friedländer befürchtet; allerdings geschieht das hier auf andere und oftmals anspruchsvollere Weise als beim traditionellen Ansatz. Ein Beispiel hierfür wäre Ulrich Herberts ausgezeichnete Analyse der Behandlung ausländischer Arbeitskräfte in Deutschland seit dem 19. Jahrhundert, die sowohl die über die Nazizeit hinaus bestehende Kontinuität als auch die spezifische Barbarei gerade dieser Zeit deutlicher ins Blickfeld treten läßt.[40] Bekanntlich war Herbert führend an dem «oral history»-Projekt im Ruhrgebiet beteiligt, das so eng an die erlebte «Normalität» des «Alltags» anknüpfte. Deshalb ist es um so bezeichnender, daß gerade dieser Historiker eine hervorragende Monographie über «Fremdarbeiter» beisteuerte, die die erste größere Analyse über einen der barbarischsten Aspekte des Dritten Reiches darstellt, und daß er dabei nicht nur die ideologisch begründete Art der «Fremdarbeiterpolitik» des Regimes voll herausarbeitet, sondern auch aufzeigt, wie sehr «der Rassismus kein Phänomen nur bei Parteiführung und SS [...], sondern während der Kriegszeit alltäglich erlebbare und praktizierte Wirklichkeit in Deutschland [war]».[41]

Die moralische Dimension ist auch mehr als offensichtlich in neueren Untersuchungen über Berufs- und gesellschaftliche Gruppen: Ärzte, Juristen, Lehrer, Techniker und Studenten.[42]

40 Ulrich Herbert, *Geschichte der Ausländerbeschäftigung in Deutschland 1880 bis 1980* (Bonn 1986).

41 Ulrich Herbert, *Fremdarbeiter. Politik und Praxis des «Ausländer-Einsatzes» in der Kriegswirtschaft des Dritten Reiches* (Berlin und Bonn 1985), hinterer Klappentext. Siehe auch Herberts Aufsatz «Arbeit und Vernichtung. Ökonomisches Interesse und Primat der ‹Weltanschauung› im Nationalsozialismus», in Diner (Hg.), *Ist der Nationalsozialismus Geschichte?*, S. 198–236.

42 Es überrascht nicht, daß moralische Fragen besonders schnell bei Forschungsprojekten berührt sind, die sich mit der Rolle des Dritten Reiches bei der Professionalisierung der medizinischen Praxis befassen. Gerade in diesem Bereich sind in der Forschung in den letzten Jahren beträchtliche Fortschritte erzielt worden. Literaturübersichten in: Michael H. Kater, «Medizin und Mediziner im Dritten Reich. Eine Bestandsaufnahme», *HZ* 244 (1987), S. 299–352;

Und bei diesen Studien gibt es kaum Probleme damit, parallel zu langfristigen Entwicklungs- und Veränderungsmustern (in die die Nazizeit einzuordnen ist) spezifische, dem Nationalsozialismus eigentümliche Aspekte dieser Prozesse zu behandeln. Gleiches trifft in starkem Maße auf Untersuchungen über die Stellung der Frauen zu. Die in der Frage des Antifeminismus feststellbare Kontinuität steht einer Herausarbeitung der spezifischen Konturen der Zeit von 1933 bis 45 nicht im Wege, wie beispielsweise an Gisela Bocks Arbeit zu sehen ist, in der der Antifeminismus und die Rassenpolitik der Nazis durch eine Analyse der Zwangssterilisation in einen unmittelbaren Zusammenhang gestellt werden.[43] Genau wie in diesem Beispiel wird auch bei den meisten anderen der in der letzten Zeit erschienenen – und in vielen Fällen qualitätsmäßig hochstehenden – Veröffentlichungen über Frauen im Dritten Reich ein besonderes Schwergewicht auf die zentrale Rassenfrage gelegt – also genau auf das Thema, von dem Friedländer befürchtet, es würde durch eine sozialgeschichtliche (statt einer politikgeschichtlichen) Perspektive an Bedeutung verlieren.[44]

Es ist schwer zu sehen, wie man bei dem wissenschaftlichen Versuch, ein umfassendes Bild der Gesellschaft im Nationalsozialismus zu erstellen, ohne die Ergebnisse dieser wichtigen Untersuchungen auskommen sollte. Da ist allerdings noch Friedländers zweites Dilemma: Wenn der Historiker erst einmal die bislang automatische Distanzierung vom Nationalsozialismus aufgehoben, die Epoche aus ihrer «Quarantäne» befreit und das ««Pflichtlektion»-Syndrom» beseitigt habe,[45] mangele es ihm an objektiven Kriterien, um bei der Erstellung eines «globalen»

und Michael H. Kater, «The Burden of the Past: Problems of a Modern Historiography of Physicians and Medicine in Nazi Germany», *German Studies Review* 10 (1987).

43 Gisela Bock, *Zwangssterilisation im Nationalsozialismus* (Opladen 1986).

44 Siehe besonders Renate Bridenthal, Anita Grossmann und Marion Kaplan (Hg.), *When Biology became Destiny. Women in Weimar and Nazi Germany* (New York 1984); und Claudia Koonz, *Mothers in the Fatherland. Women, the Family, and Nazi Politics* (New York 1986).

45 Friedländer, «Überlegungen», S. 41.

Bildes der Nazizeit die «Kriminalität» von der «Normalität» zu unterscheiden.

Friedländer sorgt sich offenbar, daß nun in der «Normalität» des Alltags im Nationalsozialismus Bereiche empathischen Verständnisses gefunden werden könnten. Dadurch würde der bislang allgemein vorhandene Konsens gebrochen, der auf einer totalen und vollständigen Ablehnung dieser Zeit beruht. Doch der Historiker, dem nun auf einmal eine andere Wahl als die der Ablehnung bliebe,[46] hätte keine objektiven Kriterien, um Unterscheidungen zu treffen. Im Rahmen der Philosophie des «Historismus» und der reinen Theorie scheint das von Friedländer angesprochene Problem der «Distanz» oder «Empathie» in der Tat nicht lösbar zu sein. Doch selbst auf der theoretischen Ebene geht es dabei kaum um ein dem Dritten Reich eigentümliches Problem; implizit ist die gesamte Geschichtsschreibung damit konfrontiert. Gerade in vielen Bereichen der Zeitgeschichte scheint das Problem, so könnte man meinen, kaum weniger akut zu sein als im Fall des Nationalsozialismus. Ob der Historiker, der über die sowjetische Gesellschaft unter Stalin, die Gesellschaft im faschistischen Italien oder in Spanien unter Franco, über den Vietnamkrieg, Südafrika oder den britischen Imperialismus schreibt, vor einem grundlegend anderen Dilemma steht, darf bezweifelt werden. Objektive Kriterien, die auf der «Neutralität» des Historikers beruhen, dürften in der Geschichtsschreibung wohl nirgends eine Rolle spielen. Es läßt sich nicht vermeiden, daß man seine Wahl aufgrund subjektiv determinierter Wahlmöglichkeiten trifft. Eine gründlich angewendete kritische Methode und die volle Anerkennung der erkenntnisleitenden Interessen bilden die einzigen Kontrollmittel. In dieser Hinsicht ist der mit dem Nationalsozialismus befaßte Historiker in keiner anderen Lage als jeder andere Historiker auch.

Broszat bringt in seinen Schriften an manchen Stellen den Unterschied zwischen der Methode, die er empfiehlt, und dem tra-

46 Vor rund zwanzig Jahren erklärte Wolfgang Sauer, ein charakteristisches Kennzeichen der Geschichtsschreibung zum Nationalsozialismus sei, daß dem Historiker keine andere Wahl als die der Ablehnung bleibe. (Nähere bibliographische Angaben in Kapitel 1 Anmerkung 39.)

ditionellen oder «restaurierten» Historismus, den er dieser gegenüberstellt, zweifellos nicht so klar und unzweideutig zum Ausdruck, wie es wünschenswert wäre.[47] Er stellt «Distanz» und «Einfühlen» ausdrücklich als Gegensätze dar und spricht von der Möglichkeit, ein gewisses Maß an «mitfühlender Identifikation (mit den Opfern, aber auch mit den [...] fehlinvestierten Leistungen und Tugenden) aufzubringen». Gleichzeitig macht er jedoch recht deutlich, daß das Gegenteil zur unkritischen, positiven Identifizierung mit dem Forschungsgegenstand genau in der kritischen Geschichtsmethode zu finden sei, die sich auf den Nationalsozialismus genauso wie auf andere Geschichtsepochen anwenden lasse und letzten Endes gerade durch peinlich genaue wissenschaftliche Arbeit – zu der ein Sich-Einfühlen in das Thema, aber kein unkritisches Übernehmen von Positionen gehöre – zu einer verbesserten moralischen Sensibilität beitrage.[48] Das Ergebnis bestehe in dem von allen Historikern zu leistenden Drahtseilakt, bei dem die Wahl zwischen Empathie oder moralischer Distanz durch die kritische Methode in eine Haltung umgewandelt werde, wie sie für einen Großteil der guten Geschichtsschreibung kennzeichnend sei: Ablehnung aufgrund von «Verstehen». Diese Prämisse, daß «Aufklärung» durch «Erklärung» erreicht werde,[49] scheint Broszats Ansatz in seinen gesammelten Beiträgen, auf jeden Fall aber in seiner Arbeit am «Bayern-Projekt» und anderswo zugrunde zu liegen.

Die besten der aus der Erforschung der «Alltagsgeschichte» hervorgegangenen Arbeiten zeigen deutlich, daß ein Interesse an der Beschäftigung mit alltäglichen Verhaltens- und Denkweisen keineswegs deren empathische Behandlung nach sich ziehen

47 Zu den im folgenden zitierten Sätzen siehe Broszat, *Nach Hitler*, S. 120 und 161, und zu den Bemerkungen zum «Historismus» S. 100–101 und 173.

48 Siehe insbesondere den Aufsatz «Grenzen der Wertneutralität in der Zeitgeschichtsforschung: Der Historiker und der Nationalsozialismus», in: *Nach Hitler*, S. 92–113.

49 Broszat, *Nach Hitler*, S. 100. Siehe auch «Briefwechsel», S. 340, wo Broszat noch einmal betont, wie sehr er auf das «Prinzip kritischen, aufklärerischen historischen Verstehens» angewiesen sei, das «sich deutlich abhebt vom Verstehens-Begriff des deutschen Historismus im 19. Jahrhundert [...]».

muß. Detlev Peukerts Arbeit, bei der die «Normalität» in einer Theorie von der «Pathologie der Modernität» gründet, ist dafür ein hervorragendes Beispiel.[50] Das von Friedländer postulierte Dilemma ist hier kaum sichtbar. Die «Alltagsnormalität» wird hier nicht als positiver Gegenpol zu den «negativen» Aspekten des Nationalsozialismus dargestellt, sondern als Rahmen, in dem die aus einer «pathologischen» Seite der «Normalität» erwachsende «Kriminalität» leichter erklärbar wird. Ebensowenig bestätigt sich in Peukerts Werk die Befürchtung, die Aufstellung eines Kontinuums (also einer Werteskala) von der «Normalität» auf der einen, bis zur «Kriminalität» auf der anderen Seite bedeute in der Praxis zwangsläufig, daß das Schwergewicht auf die erstgenannte Seite entfalle. Dabei ist Peukerts Arbeit um so beeindruckender, als sie bislang praktisch den einzigen umfassenderen Versuch einer Synthese von Forschungsergebnissen darstellt, die in einer Vielzahl von Monographien erarbeitet worden sind, welche sich unter einem alltagsgeschichtlichen Gesichtspunkt mit der deutschen Gesellschaft im Dritten Reich befassen. Und obgleich Peukert den Punkt bewußt aus seinen Überlegungen in diesem Buch ausgeklammert hat, gibt es keinen Grund, warum der «Weg nach Auschwitz» nicht vollständig Platz in einer Analyse haben sollte, die auf einer solchen Beschäftigung mit der «Normalität» beruht. Er bringt «Alltag und Barbarei» ausdrücklich miteinander in Verbindung, indem er einen gedanklichen Zusammenhang zu dem zerstörerischen Potential herstellt, das in der – der modernen Gesellschaft immanenten – Betonung auf Produktionsfortschritten und Leistungsverbesserungen liegt, und dadurch deutet er selbst an, wie eine – bislang noch kaum entwickelte – Alltagsgeschichte des Rassismus zu einem tieferen Verständnis der Verhaltens- und Denkweisen beitragen könnte, die den Holocaust möglich machten.[51] Auch hier

50 Siehe Detlev Peukert, *Volksgenossen und Gemeinschaftsfremde. Anpassung, Ausmerze und Aufbegehren unter dem Nationalsozialismus* (Köln 1982). Friedländer erkennt in «Briefwechsel», S. 354–355, die Verdienste der Alltagsgeschichtsforschung mit Einschränkungen an, stellt damit aber Broszat längst nicht zufrieden (siehe ebenda, S. 362–363).

51 Detlev Peukert, «Alltag und Barbarei. Zur Normalität des Dritten Rei-

beruht das Dilemma, das angeblich in der Frage Empathie oder Distanz liegt, auf einer so nicht existierenden Dichotomie und stellt sich in der Praxis gar nicht.

Friedländers drittes Dilemma ergibt sich aus dem vagen und vom Ergebnis her offenen Begriff der «Historisierung», der sich verschieden – und zum Teil in wenig verlockender Weise – interpretieren lasse. Es fällt nicht schwer einzugestehen, daß «Historisierung» wirklich ein ungenauer und unklarer Begriff ist.[52] In mancher Hinsicht ist er mehrdeutig, wenn nicht sogar geradewegs irreführend. Die Nähe zum Begriff des «Historismus», der für das Gegenteil der «Historisierung» steht, trägt auch nicht gerade zur Klarheit bei. Und zum «Normalen» scheint auf mindestens dreierlei verschiedene Weise ein Bezug zu bestehen: zur geforderten «Normalisierung» des «Geschichtsbewußtseins»; zur Anwendung einer «normalen» Geschichtsmethode bei der Erforschung des Dritten Reiches; und zur «Normalität» des «Alltags». Als ordnender und analytischer Begriff besitzt die «Historisierung» keinen klar erkennbaren Wert und deutet nur vage auf eine entsprechende Forschungsmethode hin. Wenn man diesen Begriff ad acta legen würde, wäre das wohl kein großer Verlust. Er schafft mehr Verwirrung als Klarheit. Aber auf die in der «Historisierung» angelegte wissenschaftliche Herangehensweise und Methode könnte man nicht gut verzichten. Dennoch müßte man zwischen den drei verschiedenen Verwendungsweisen des Begriffs «normal» unterscheiden. Die Anwendung einer «normalen» Geschichtsmethode und die Ausdehnung der Analyse auf die «Normalität» des «Alltags» lassen sich leichter rechtfertigen als die Einbeziehung der Nazizeit in eine angebliche «Normali-

ches», in Diner (Hg.), *Ist der Nationalsozialismus Geschichte?*, S. 51–61, besonders S. 53, 56, 59–61.

52 Siehe dazu die Äußerungen von Adelheid von Saldern, die Friedländers Einwände zum Teil unterstützt, in ihrer Kritik «Hillgrubers ‹Zweierlei Untergang› – der Untergang historischer Erfahrungsanalyse», in Heide Gerstenberger und Dorothea Schmidt (Hg.), *Normalität oder Normalisierung? Geschichtswerkstätten und Faschismusanalyse* (Münster 1987), besonders S. 164, 167–168. Broszat selbst akzeptiert inzwischen («Briefwechsel», S. 340, 361–362), daß der Historisierungsbegriff «vieldeutig und mißverständlich» ist.

sierung des Geschichtsbewußtseins». In letzterem Fall scheint die Verwendung des Wortes – wie Friedländer und andere befürchten und der «Historikerstreit» gezeigt hat – tatsächlich dazu zu führen, daß entweder die Nazizeit gänzlich unter den Tisch fällt oder daß die moralische Dimension verwischt beziehungsweise verwässert wird, indem die Aufmerksamkeit auf parallele (und angeblich «ursprünglichere») Barbareien anderer «totalitärer» Staaten, insbesondere jene des bolschewistischen Rußland, gelenkt wird. Im Zusammenhang mit derartigen Verzerrungen spricht Friedländer sein drittes Dilemma an, indem er darauf hinweist, daß Nolte und implizit auch Hillgruber gerade den Begriff der «Historisierung» im Kontext einer «Normalisierung» des Geschichtsbewußtseins benutzen, die sie angesichts einer «Vergangenheit, die nicht vergehen will», anstreben.[53]

Das Argument, bei dem von Broszat vorgebrachten Gedanken einer «Historisierung» und den damit verbundenen Konnotationen einer erhöhten moralischen Sensibilität gegenüber der Nazivergangenheit sei «in der gegenwärtig vorherrschenden Kontextuierung»[54] ein Mißbrauch nicht auszuschließen, welcher – wie in Noltes Artikeln, die den «Historikerstreit» auslösten – zu einer diametral entgegengesetzten «Relativierung» der Verbrechen des Regimes führe,[55] ist zweifellos eine ernste Kritik an der Vagheit des Begriffs, spricht aber an sich noch nicht überzeugend gegen den – zu einem großen Teil auf der Alltagsgeschichte der NS-Zeit aufbauenden – Ansatz, den Broszat mit seinem Begriff im Auge hat.

53 Friedländer, «Überlegungen», S. 42–46. Noltes Artikel, «Vergangenheit, die nicht vergehen will», ist abgedruckt in *«Historikerstreit»*, S. 39–47. Die im Text angesprochene Arbeit von Hillgruber ist der erste Aufsatz in *Zweierlei Untergang*.

54 Friedländer, «Überlegungen», S. 50.

55 Siehe *«Historikerstreit»*, S. 13–35, 39–47. Klaus Hildebrand etwa lobte in einer Rezension die Art, in der es Nolte unternommen habe, «das für die Geschichte des Nationalsozialismus und des ‹Dritten Reiches› zentrale Element der Vernichtungskapazität der Weltanschauung und des Regimes historisierend einzuordnen und diesen totalitären Tatbestand in dem aufeinander bezogenen Zusammenhang russischer und deutscher Geschichte zu begreifen». – *HZ* 242 (1986), S. 466.

Wenn man jedoch, wie Friedländer selbst vorschlägt, Noltes exzentrische Argumentation außer Acht läßt, bleibt immer noch die Frage, was es denn mit der von Hillgruber behaupteten Übertragung des alltagsgeschichtlichen Ansatzes auf das Problem der Truppen an der Ostfront und den von ihm daraus abgeleiteten zweifelhaften Schlußfolgerungen auf sich hat.[56] Friedländer weist scharfsinnig darauf hin, daß der empathische Ansatz überraschende Ergebnisse zeitigen könne. Denn Hillgrubers Aufsatz zeige, wie Broszats angebliche «Historisierung» – die ja gerade darauf abziele, den überkommenen «Historismus» zu vermeiden – zu einer Erneuerung des «Historismus», und diesmal in einer gefährlichen Anwendung auf das Dritte Reich, führen könne.[57] Über Hillgrubers Artikel muß man jedoch sagen, daß er fest in einer kruden Form der «Historismus»-Tradition wurzelt, die davon ausgeht, «Verstehen» sei nur mit Hilfe einer einfühlenden Identifizierung möglich. Gerade die Behauptung, für den Historiker könne es als einzig berechtigte Haltung nur die Identifizierung mit den an der Ostfront kämpfenden deutschen Truppen geben, hat breite und heftige Kritik an Hillgrubers Aufsatz hervorgerufen.[58] Die kritische Methode, die ihn in seinen anderen Arbeiten – auch in seinem Aufsatz «Der geschichtliche Ort der Judenvernichtung», der im selben Band wie die umstrittene Abhandlung über die Ostfront erschienen ist – als beeindruckenden Historiker ausweist, dessen Stärke in der sorgfälti-

56 Siehe Hillgrubers Äußerungen in *«Historikerstreit»*, S. 234–235.

57 Friedländer, «Überlegungen», S. 46–47. Siehe die weitere Debatte zwischen Broszat und Friedländer zu diesem Punkt in «Briefwechsel», S. 346, 359–360.

58 Kommentare zu Hillgrubers These im Zusammenhang mit dem «Historisierungsproblem» finden sich in Diner, «Zwischen Aporie und Apologie», S. 68–70, und von Saldern, «Hillgrubers ‹Zweierlei Untergang›», S. 161–162, 168. Am vernichtendsten wird Hillgrubers Position von Hans-Ulrich Wehler kritisiert: *Entsorgung der deutschen Vergangenheit? Ein polemischer Essay zum ‹Historikerstreit›* (München 1988), S. 46 ff und 154 ff. Siehe auch den ausgezeichneten Rezensionsartikel von Omer Bartov (dessen eigenes Buch, *The Eastern Front 1941–45. German Troops and the Barbarisation of Warfare*, London 1985, eine notwendige und wichtige Gegeninterpretation zu der von Hillgruber liefert): «Historians on the Eastern Front. Andreas Hillgruber and Germany's Tragedy», *Tel Aviver Jahrbuch für deutsche Geschichte* 16 (1987), S. 325–345.

gen und wohlüberlegten Behandlung empirischer Daten liegt, hat ihn hier völlig im Stich gelassen und fehlt bei dieser einseitigen, unkritischen Empathie mit den deutschen Truppen ganz und gar. Zwar behauptete Hillgruber, er wende dabei die Technik der Alltagsgeschichte und den von Broszat und anderen empfohlenen Ansatz, die Ereignisse aus der Sicht der Menschen in den unteren Gesellschaftsschichten nachzuempfinden, an, doch fehlt es ihm dabei an kritischer Reflexion, und gerade dieser Umstand erzeugt die Kluft zwischen Hillgrubers Darstellung und den Arbeiten von Broszat, Peukert und anderen, die in der Tat die Erfahrungen der «kleinen Leute» festhalten, diese in ihrer Analyse aber nicht ohne einen analytisch-kritischen Rahmen betrachten.

Das Beispiel Hillgruber scheint daher fehl am Platze. Abgesehen vom zweifelhaften Wert des eigentlichen «Historisierungs»-begriffs zeigt es, daß Broszat – in seinem Eifer, die Notwendigkeit eines stärker empathischen Verstehens der «Erfahrung» zu betonen – mit der «Distanz», die bei jeder Epoche (nicht nur bei der Nazizeit) für den Historiker ein wichtiger Kontrollmechanismus ist, anscheinend eine falsche Dichotomie aufgebaut hat. In Wirklichkeit schwört Broszat in seinen eigenen geschichtswissenschaftlichen Veröffentlichungen – auch in seinem jüngsten schmalen Band, der in einer zum Zwecke der «Historisierung» der deutschen Geschichte herausgegebenen Reihe erschienen ist – keineswegs der «Distanz» zugunsten einer unkritischen Empathie ab. Weder hier noch bei Broszats anderen neueren Publikationen ließe sich behaupten, daß das Erzählen, dessen Fehlen in der geschichtswissenschaftlichen Behandlung des Dritten Reiches er bemängelt,[59] nun an die Stelle der kritischen Strukturanalyse und Reflexion getreten wäre oder diese doch zumindest dominierte. Man könnte sagen, daß sowohl «Distanz» als auch empathisches Verstehen für den Historiker bei der Behandlung jeder Epoche unentbehrlich sind.

59 Siehe Martin Broszat, *Die Machtergreifung* (München 1984). Zum Konzept der Reihe *Deutsche Geschichte der neuesten Zeit* äußert sich Broszat in *Nach Hitler*, S. 152. Und Erzählen als Geschichtsmethode empfiehlt er in ebenda, S. 137, 161.

Im Falle des Nationalsozialismus ist die Wahrung einer kritischen Distanz in Wirklichkeit ein entscheidender Bestandteil der neuen Sozialgeschichte des Dritten Reiches und alles andere als entbehrlich. Aber es ist gerade der Vorteil dieser neuen, in der Beschreibung und Strukturanalyse der «Alltagserfahrung» verankerten Sozialgeschichte, daß sie die unreflektierte Distanz überwindet, die herkömmlicherweise durch Abstraktionen wie die der «totalitären Herrschaft» erzeugt wird, und durch eine stärkere Wahrnehmung der Komplexität der gesellschaftlichen Wirklichkeit Anlaß zu einem tieferen Verstehen gibt.[60] Wenn ich es richtig verstehe, ist dies der Kern des Broszatschen Plädoyers für eine «Historisierung» und eine Strukturgeschichte des Alltags als fruchtbarstem methodischem Ansatz. Und schon allein die Ergebnisse des «Bayern-Projekts» zeigen, wie bereichernd ein solcher Ansatz sein kann.

Es ist wohl klar, daß Friedländer recht hat, wenn er betont, man könne die Nazizeit, egal unter welchem Blickwinkel, nicht als «normalen» Teil der Geschichte betrachten, wie das selbst noch bei den barbarischsten Begebenheiten der ferneren Vergangenheit möglich sei. Die Emotionen, von denen die Einstellungen zum Nationalsozialismus zu Recht immer noch geprägt sind, schließen jene unbefangen-distanzierte Haltung, mit der sich nicht nur Frankreich im 16. Jahrhundert (um Friedländers Beispiel zu nehmen), sondern auch viele näher zurückliegende Ereignisse und Zeitabschnitte der deutschen Geschichte analysieren lassen, ganz offensichtlich aus. In diesem Sinne hat Wolfgang Benz ganz recht, wenn er sagt: «Unbefangener Umgang und die nur wissenschaftlichem Interesse sich hingebende Beschäftigung mit dem Nationalsozialismus als einer Ära deutscher Geschichte unter anderen scheint also doch noch nicht so leicht möglich. Nur der Abstand von 40 oder 50 Jahren macht die NS-Zeit noch nicht historisch.»[61] Dies schließt aber natürlich nicht die Anwendung einer «normalen» Geschichtsmethode auf Deutschlands

60 Siehe ebenda, S. 131–139, «Alltagsgeschichte der NS-Zeit».
61 Wolfgang Benz, «Die Abwehr der Vergangenheit. Ein Problem nur für Historiker und Moralisten?», in Diner (Hg.), *Ist der Nationalsozialismus Geschichte?*, S. 33.

Sozial- und Politikgeschichte in der NS-Zeit aus. Auch wenn, wie Benz hinzufügt, eine auf solchen Methoden basierende interpretative Analyse der Nazizeit «der Sehnsucht der Bürger der Nachkriegsgesellschaft, von den Schatten der Vergangenheit erlöst zu werden, natürlich nicht gerecht werden» kann, bedeutet dies nicht, daß eine solche Analyse unmöglich ist.[62] Und auch wenn im Falle des Nationalsozialismus die Beziehung des Historikers zu seinem Forschungsgegenstand eine andere ist als beispielsweise im Falle der Französischen Revolution, ließe sich doch argumentieren, daß – selbst wenn man von der Einzigartigkeit des Holocaust ausgeht – die Probleme, die die «Historisierung» aufwirft, sich in der Theorie kaum von jenen unterscheiden, mit denen der Historiker etwa bei der Behandlung der sowjetischen Gesellschaft unter Stalin konfrontiert ist.

Genau wie die Französische und die Russische Revolution bezeichnet auch das Dritte Reich ganz offensichtlich eine Ära von weltgeschichtlicher Bedeutung. Man kann dessen Geschichte sicherlich als Teil der Vorgeschichte der Bundesrepublik (und der DDR) angehen, doch wie Friedländer zu Recht sagt, ist «die Geschichte des Nazismus [...] die Geschichte aller».[63] Perspektiven ändern sich zwangsläufig. Die Polarisierung der deutschen und jüdischen kollektiven Erinnerung der Nazizeit – verkörpert etwa in den Filmen «Heimat» und «Shoah» – wird von Friedländer überzeugend als ein wichtiges Element der gegenwärtigen Debatten über methodische Ansätze zur Behandlung des Dritten Reiches angesprochen.[64] Die Unterschiede in der Schwerpunktsetzung lassen sich nicht vermeiden und haben je ihre eigene Berechtigung. Sie dürften sich wohl kaum befriedigend miteinander in einer Geschichte vermischen lassen, die eine «Globalbeschreibung» der Nazizeit anstrebt und rein oder großteils auf

62 Ebenda, S. 19. Norbert Freis vor kurzem erschienener kleiner Band, *Der Führerstaat* (München 1987), bietet einige Hinweise auf das Potential, das in einem sozial- bzw. alltagsgeschichtlichen Ansatz steckt.

63 Friedländer, «Überlegungen», S. 48.

64 Saul Friedländer, «West Germany and the Burden of the Past: The Ongoing Debate», *Jerusalem Quarterly* 42 (1987), S. 16–17. Siehe auch «Briefwechsel», S. 346, 366–367, zur «Dissonanz zwischen Erinnerungen».

dem Konzept der «Erfahrung» und der Methode des «Erzählens» aufbaut. Selbst wenn man davon ausgeht, daß ein Historiker, der keine der genannten kollektiven Erinnerungen teilt, vielleicht eine in mancher Hinsicht vorteilhafte Perspektive besitzt, scheint ein derartiger Versuch in jedem Fall an der Annahme scheitern zu müssen, daß es theoretisch möglich sei, die «Gesamtgeschichte» einer ganzen «Ära» auf der Grundlage kollektiver «Erfahrung» zu schreiben.[65] Genausowenig läßt sich Geschichte konstruieren, wenn sie allein auf den Handlungen oder «Erfahrungen» der historischen Akteure aufbaut und nicht die oftmals unpersönlich strukturierten Bedingungen berücksichtigt, die diese «Erfahrungen» zu einem guten Teil prägen oder vorherbestimmen.[66] Nur die Anwendung von gedanklichen Vorstellungen, Begriffen und selbst Theorien, die außerhalb der Sphäre historischer Erfahrung liegen, kann in einer geschichtswissenschaftlichen Analyse, die notgedrungenerweise kaum «total» oder «global» sein kann, Ordnung schaffen und der Erfahrung einen Sinn entnehmen.[67] Wenn dies im Widerspruch zu Broszats «Historisierungsplädoyer» zu stehen scheint, dann liegt das kaum an seiner in den eigenen Veröffentlichungen zur Geschichte der Nazizeit geübten Praxis.

Wenn man die Annahme fallen läßt, daß es theoretisch und praktisch möglich sei, die Geschichte der Nazizeit (oder jeder anderen «Ära») im Sinne einer «totalen» Erfassung der Komple-

65 Siehe dazu die relevanten Äußerungen von Wehler, «Königsweg», S. 35. Zum Potential – aber auch zu wesentlichen Problemen – der Erfahrungsanalyse im Hinblick auf das Dritte Reich siehe von Saldern, «Hillgrubers ‹Zweierlei Untergang›». Friedländer betont die Grenzen der Erzählung als Methode in «Briefwechsel», S. 370–371, während Diner («Zwischen Aporie und Apologie», S. 67) darauf hinweist, daß «sich erlebter *Alltag* und existentielle *Ausnahme* als *eine* Geschichte theoretisch nicht mehr erzählen [lassen]».
66 Siehe Wehler, *Entsorgung*, S. 54, der hier auf die Probleme hinweist, die mit Hillgrubers Identifizierung mit den deutschen Truppen an der Ostfront verbunden sind.
67 Siehe die Äußerungen von Klaus Tenfelde und Jürgen Kocka in *Alltagsgeschichte der NS-Zeit*, S. 36, 50–54, 63–64, und von Kocka – zum Theoriebedarf in der Alltagsgeschichte – in einer vor kurzem erschienenen Rezension in *die tageszeitung (taz)*, 26. Januar 1988 (siehe oben Anmerkung 5).

xität all der in einem bestimmten Zeitraum vorkommenden Widersprüche und oftmals unzusammenhängenden Erfahrungen zu schreiben, dann wird es möglich, sich eine Geschichte der deutschen Gesellschaft im Nationalsozialismus vorzustellen, die die jüngsten sozialgeschichtlichen Forschungsergebnisse – insbesondere die der Alltagsgeschichte – in eine Strukturanalyse überführen könnte, diese aber gleichzeitig auch in den politisch-ideologisch-moralischen Rahmen einordnen würde, den Friedländer auf jeden Fall berücksichtigt sehen will. Bei einem solchen Ansatz müßten Vorstellungen von einer «Historisierung» des Nationalsozialismus aufgegeben werden, die davon ausgehen, daß man ihn wie jede andere Geschichtsepoche betrachten oder seine Bedeutung «relativieren» könnte. Unerläßlich wäre dabei jedoch die gleiche methodische Strenge der geschichtswissenschaftlichen Untersuchung, wie sie bei der Behandlung anderer Epochen selbstverständlich ist. Auf die soziale Sphäre des «Alltags» sowie den politisch-ideologischen Funktionsbereich angewandt, würde die herkömmliche kritische Geschichtsmethode ausreichen, um den heutigen Antiquarismus auszuschließen, der zu Recht als ein Kennzeichen der schwächeren alltagsgeschichtlichen Ansätze kritisiert worden ist. Und schließlich wäre es nicht nur legitim, sondern auch notwendig, bei einem solchen Ansatz mit einer kritischen Erforschung des Kontinuums zu beginnen, das sich von der «Normalität» zur Barbarei und zum Genozid erstreckt, um sowohl den gesellschaftlichen als auch den politischen Kontext besser zu verstehen, in dem unmenschliche Ideologien in praktische Politik von nahezu unfaßbarer Unmenschlichkeit umgesetzt werden. «Auschwitz» würde daher zwangsläufig den Ausgangspunkt bilden, von dem aus das dünne Eis der modernen Zivilisation und deren oberflächliche «Normalität» kritisch untersucht werden könnten.[68]

Die letzte – und letztlich grundlegende – Frage, die Friedländer beschäftigt, scheint bei einem solchen Ansatz lösbar zu sein.

68 Siehe Peukert, «Alltag und Barbarei», S. 61; und Diner, «Zwischen Aporie und Apologie», S. 71–72.

Angesichts der in den letzten zehn Jahren in der empirischen Sozialgeschichte des Nationalsozialismus erzielten Fortschritte sollte die Einordnung der gegen die Menschheit gerichteten Naziverbrechen in eine «globale» Interpretation der Gesellschaft im Dritten Reich nun eher möglich als unmöglich sein. Peukerts Synthese hat in vieler Hinsicht den Weg zu einer Integration von «Normalität» und «Kriminalität» gewiesen.[69] In meiner eigenen Arbeit versuche ich, die mangelnde menschliche Anteilnahme in der «Judenfrage» ausdrücklich zu Bereichen in Beziehung zu setzen, in denen sich in «alltäglichen» Dingen Dissens und Protest zeigten.[70] Als Arbeitshypothese bin ich bei dieser Untersuchung von dem Gedanken ausgegangen, daß – vor allem unter «extremen» Bedingungen – «normale» Alltagssorgen und private Angelegenheiten soviel Energie und Aufmerksamkeit binden, daß dadurch die Gleichgültigkeit gegenüber unmenschlichen Vorgängen – und damit die indirekte Unterstützung eines unmenschlichen politischen Systems – wesentlich gefördert wird. Robert Gellately, der auf dem Werk des verstorbenen Reinhard Mann aufbaut, äußert solche Vermutungen auch für die Bereiche des gesellschaftlichen Konsens und der aktiven Unterstützung «polizeilicher» Maßnahmen in Rassenfragen.[71] Eine klare Trennung zwischen den Angelegenheiten der Alltagsgeschichte und dem – sich auf das genozidale Verbrechertum des Naziregimes konzentrierenden – politisch-ideologisch-moralischen Rahmen zu postulieren, hieße, sich auf eine irreführende Perspektive einzulassen. Aus den jüngsten Arbeiten zur Sozialgeschichte des Dritten Reiches, zu deren Förderung Broszat wie kaum ein anderer beigetragen hat, ergibt sich die Erkenntnis, daß es in der «zi-

69 Peukert, *Volksgenossen und Gemeinschaftsfremde;* siehe auch sein «Alltag und Barbarei».

70 Ian Kershaw, *Popular Opinion and Political Dissent in the Third Reich* (Oxford 1983).

71 Reinhard Mann, *Protest und Kontrolle im Dritten Reich* (Frankfurt am Main und New York 1987); Robert Gellately, «The Gestapo and German Society: Political Denunciation in the Gestapo Case Files», demnächst in *JMH*, und «Enforcing Racial Policy in Nazi Germany», noch unveröffentlichtes Referat, gehalten bei der Konferenz «Re-Evaluating the ‹Third Reich›: Interpretations and Debates», University of Pennsylvania, April 1988.

vilisierten Gesellschaft» einen gesellschaftlichen Rahmen geben kann, in dem Völkermord akzeptabel wird. Untersuchungen zur Alltagsgeschichte der NS-Zeit haben den beunruhigenden Gedanken wesentlich bewußter werden lassen, daß «viele Merkmale der gegenwärtigen ‹zivilisierten› Gesellschaft» eine Einstellung fördern, die als «Ausweg» schnell zum Mittel des «genozidalen Holocaust» greifen läßt.[72]

72 Leo Kuper, *Genocide* (Harmondsworth 1981), S. 137.

9

Mit der Nazivergangenheit leben: Der «Historikerstreit» und danach

Am Anfang dieses Buches steht die Bemerkung, daß der Historiker und sein Werk in Westdeutschland heutzutage öffentliches Eigentum seien und daß gegensätzliche Interpretationen des Nationalsozialismus untrennbar mit der ständigen Neubewertung der politischen Identität der Bundesrepublik verknüpft seien. Als ich das schrieb, konnte man noch nicht wissen, wie nachdrücklich sich diese Feststellungen bald bestätigen würden, und zwar durch den offenen Schlagabtausch, der sich 1986 unter führenden deutschen Historikern auf dem öffentlichen «Schlachtfeld» führender Tages- und Wochenzeitungen abspielte und bei dem es unmittelbar um den Bezug der Nazivergangenheit zur gegenwärtigen und zukünftigen Identität Westdeutschlands ging.

Entwicklung und Inhalt des «Historikerstreits» sind bekannt und brauchen hier nicht wiederholt zu werden. Inzwischen dauert die Debatte schon fast zwei Jahre an. Der «Historikerstreit» hat ein ganzes Heer von Aufsätzen, Artikeln, Seminaren, Workshops und nun auch buchlangen Analysen hervorgebracht.[1] Die-

1 Die meisten der gleich zu Anfang entstandenen wichtigen Beiträge sind in zwei Anthologien versammelt: *«Historikerstreit». Die Dokumentation der Kontroverse um die Einzigartigkeit der nationalsozialistischen Judenvernichtung* (München 1987; im folgenden als *«Historikerstreit»* zitiert); und Reinhard Kühnl (Hg.), *Vergangenheit, die nicht vergeht* (Köln 1987). Die Zahl der innerhalb und außerhalb Deutschlands zum «Historikerstreit» erschienenen Zeitungsartikel, Leserbriefe, Kommentare, Berichte etc. geht in die Hunderte. Bibliographische Angaben zu einem Großteil der wichtigen Literatur finden sich in den Anmerkungen von Hans-Ulrich Wehler, *Entsorgung der deutschen Vergangenheit? Ein polemischer Essay zum «Historikerstreit»* (München 1988), S. 212 ff [dort auch eine kritische Anmer-

ses «Heer» zeigt noch keinerlei Auflösungserscheinungen. Eigenartigerweise steht der enorme Literaturausstoß allerdings in keinem Verhältnis zu den die Nazizeit betreffenden geschichtlichen Interpretationsfragen, die in diesem Zusammenhang aufgeworfen wurden. Wenn der «Historikerstreit» wirklich eine herkömmliche Debatte unter Fachleuten gewesen wäre, wäre er relativ rasch beendet gewesen. Es wurden kaum irgendwelche neuen Belege ins Feld geführt und keine neuen Quellen entdeckt. Die Fragen, die aufgeworfen wurden, waren nicht so neuartig wie sie vielleicht zuerst klangen. In jedem Falle wurden sie bereits in einer frühen Phase des Disputs geklärt. Intellektuell gesehen brachten diese Argumente keinen Durchbruch zu neuen Interpretationsformen. Statt dessen wurden die grundlegenden Schwächen der von Nolte versuchten Relativierung des Nazimords an den Juden, der von Hillgruber vertretenen Identifizierung mit der angeblich rechtschaffenen Verteidigung des Reiches durch deutsche Truppen (die dabei seiner Meinung nach die westliche Zivilisation gegen den Bolschewismus verteidigten) und der von Stürmer aufgestellten unklaren Behauptungen über die schicksalhafte Rolle, die Deutschlands «Mittellage» gespielt habe, rasch und mit Bestimmtheit offengelegt.[2] Die «revisionistischen» Behauptungen trafen innerhalb Westdeutschlands auf weitgehende Ablehnung, und im Ausland waren die Reaktionen fast ausnahmslos negativ.[3] Der «Historikerstreit» hat, so kann

kung zur Veröffentlichungspolitik in der *«Historikerstreit»*-Dokumentation – Anm. d. Übers.] sowie in Geoff Eley, «Nazism, Politics, and Public Memory: Thought on the West German Historikerstreit 1986–87», besonders Anmerkungen 16–17, demnächst in *Past and Present*. Wehlers Analyse der ganzen Kontroverse ist die erste von Buchlänge. Eine weitere, verfaßt von Charles Maier (Harvard University), wird demnächst erscheinen.

2 Siehe vor allem die Artikel von Jäckel, Kocka, Broszat, Hans und Wolfgang Mommsen und Winkler in *«Historikerstreit»*, S. 115–122, 132–142, 156–188, 256–263, 300–321. Wehler, *Entsorgung*, bietet nun die umfassendste und nachhaltigste Kritik.

3 Außerhalb Deutschlands hat sich ein beträchtliches Interesse am «Historikerstreit» gezeigt. Insbesondere in Israel, den USA, Italien, den Niederlanden und Frankreich haben angesehene Zeitungen ausführlich über die Debatte berichtet. Wie kaum überraschen dürfte, waren die Reaktionen in Israel am heftig-

man sagen, keine neuen und nachhaltigen Einsichten gebracht, die zu einem tieferen Verständnis des Dritten Reiches hätten führen können.

Noltes Beitrag bestand letztlich in einer Reihe unlogischer Spekulationen über die defensive Natur des Holocaust, der als eine Art «Präventivmord» aus der Angst vor dem Bolschewismus hervorgegangen sei.[4] Im Rassenmord der Nazis wurde dabei eine Reaktion auf den Klassenmord der Bolschewisten gesehen. Und der nationalsozialistische Völkermord galt hier einzig in seinen Massenmordtechniken als einzigartig. Im übrigen müsse er im

sten. Abgesehen von ein paar unterstützenden Artikeln in der österreichischen konservativen Presse sind die bisher in anderen Ländern erschienenen Berichte in einem negativen Grundton gehalten. Zu den herausragenden von Nichtdeutschen verfaßten Einschätzungen gehören: Saul Friedländer, «West Germany and the Burden of the Past: The Ongoing Debate», *Jerusalem Quarterly* 42 (1987), S. 3–18; Otto Dov Kulka, «Singularity and its Relativization», demnächst in *Yad Vashem Studies* 19 (1988); Charles S. Maier, «Immoral Equivalence: Revising the Nazi Past for the Kohl Era», *The New Republic*, 1. Dezember 1986, S. 36–41; Richard J. Evans, «The New Nationalism and the Old History: Perspectives on the West German Historikerstreit», *Journal of Modern History* 59 (1987), S. 761–797; Geoff Eley, «Nazism, Politics, and Public Memory» (demnächst in *Past and Present*).

4 Ernst Nolte, «Zwischen Geschichtslegende und Revisionismus?» und «Vergangenheit, die nicht vergehen will», in *«Historikerstreit»*, S. 13–35, 39–47. Noltes Verteidigung der eigenen Position in *Das Vergehen der Vergangenheit. Antwort an meine Kritiker im sogenannten Historikerstreit* (Berlin 1987) heizte die Kontroverse weiter auf und brachte ihm den Vorwurf ein, er habe den Inhalt äußerst kritischer Briefe, die er von dem israelischen Historiker Otto Dov Kulka erhalten hatte, bewußt verfälscht wiedergegeben, um so zu tun, als würden sie seine Position in etwa bejahen. Siehe Otto Dov Kulka, «Der Umgang des Historikers Ernst Nolte mit Briefen aus Israel», *Frankfurter Rundschau*, 5. November 1987, und die sich daran anschließenden Leserbriefe an die *Frankfurter Rundschau* von Wolfgang Schieder am 17. Dezember 1987, von Ernst Nolte am 15. Januar 1988 und von Otto Dov Kulka am 19. Februar 1988. In seinem neuesten Buch, *Der europäische Bürgerkrieg 1917–1945. Nationalsozialismus und Bolschewismus* (Berlin 1987), bezeichnet Nolte die Vernichtung der Juden direkt als «Präventivmaßnahme» (S. 502) und als das «radikalste und umfassendste Beispiel einer präventiven [...] Bekämpfung von Feinden» (S. 512–513). Im Februar 1988 wurde Noltes Auto in Brand gesetzt – ein deutliches Zeichen dafür, welche außerordentlich starken Gefühle seine «revidierte» Geschichtsperspektive hervorgerufen hat.

richtigen Zusammenhang gesehen werden: Er sei nur ein Genozid unter einer ganzen Reihe vergleichbarer anderer, die für das 20. Jahrhundert kennzeichnend seien.

Derartigen Argumenten wurde bereits in einem frühen Stadium des «Historikerstreits» vollständig der Boden entzogen. Abgesehen davon, daß Noltes Position von Klaus Hildebrand und Joachim Fest unkritisch unterstützt wurde[5] (und Trost für die extreme Rechte bedeutete), stieß und stößt sie fast überall auf Ablehnung und ist ohne nachhaltigen Einfluß geblieben. Es ist Nolte vorgeworfen worden, daß er historische Fakten in fragwürdiger Weise benutzt habe.[6] Seine gänzlich spekulative Hypothese lief jedenfalls auf eine vereinfachende Reduzierung der Ursachen des Holocaust auf Hitlers eigene psychische Phobien hinaus und setzte sich als solche über den Befund in der neueren Literatur zur Genese der «Endlösung» hinweg.[7] Außerdem gibt es, selbst wenn man sich allein auf Hitlers Motivation konzentriert, keinen Grund, darin einen aus Angst vor bolschewistischem Terror verübten «Präventivmord» zu sehen.[8] Die Zusammensetzung und Entwicklung von Hitlers Gedankenwelt ist recht gut erforscht. Sie war fest in den Traditionen der völkischen Rechten verwurzelt, bei der sich eine potentiell völkermörderische Haltung gegenüber den Juden schon lange vor irgendeiner bolschewistischen Bedrohung zeigte. Hitlers früheste öffentliche Äußerungen über die Juden, in denen sich bereits heftige Gefühle und bösartige Ansichten offenbarten, bezogen sich mit keiner Silbe auf den Bolschewismus und fielen beinah ein Jahr bevor er ein erstes

---

5 Siehe Klaus Hildebrands Rezension in *HZ* 242 (1986), S. 456 ff, von Hans Koch (Hg.), *Aspects of the Third Reich* (London 1985), in der er sich positiv über Ernst Noltes darin enthaltenen Aufsatz «Between Myth and Revisionism? The Third Reich in the Perspective of the 1980s» äußert (deutschsprachige Fassung in *«Historikerstreit»*, S. 13–35); und Hildebrand, «Zeitalter der Tyrannen», in *«Historikerstreit»*, S. 84–92, besonders S. 89 ff. Joachim Fest, «Die geschuldete Erinnerung», in *«Historikerstreit»*, S. 100–112. Siehe Wehler, *Entsorgung*, S. 92–99, 126–137.

6 Siehe Eberhard Jäckel, «Die elende Praxis der Untersteller», in *«Historikerstreit»*, S. 115–122, besonders S. 120–121; Wehler, *Entsorgung*, S. 147–154.

7 Siehe oben Kapitel 5.

8 Siehe Jäckel, *«Historikerstreit»*, S. 121.

Interesse an den nachrevolutionären Zuständen in Rußland zeigte.[9] Im übrigen fehlen in Hitlers Denken jegliche Hinweise darauf, daß ein «Präventivmord» notwendig sei. Von der Zeit der Entstehung von *Mein Kampf* an hielt er die Sowjetunion nicht für stark, sondern für schwach. In seinen Augen herrschte dort ein von Juden beherrschtes Regime, das «reif zum Zusammenbruch» sei.[10] Auch im Sommer 1941 herrschte bei ihm diese Ansicht vor, als die «Endlösung der Judenfrage» auf dem Hintergrund eines angeblich unmittelbar bevorstehenden deutschen Sieges über den Bolschewismus vollzogen wurde, und nicht aus Angst vor bolschewistischem Terror. Auch in den überzeugend vorgetragenen Rekonstruktionen des komplexen Entscheidungsprozesses, der zur «Endlösung» hinführte, finden sich keinerlei Anzeichen dafür, daß die durch die Nolteschen Spekulationen ins Spiel gebrachte Motivation irgendeine Rolle gespielt hätte.[11]

9 Eberhard Jäckel und Axel Kuhn (Hg.), *Hitler. Sämtliche Aufzeichnungen 1905–1924* (Stuttgart 1980). Zum erstenmal scheint die «Judenfrage» von Hitler in einer Rede über den Kapitalismus am 25. August 1919 erwähnt worden zu sein (Dokument 60). Danach häuften sich ätzende Angriffe (zum Beispiel Dok. 61, 65, 66a, 69, 71, 83, 86, 87, 89, 91, 92, 93–95), und zwar hauptsächlich in Zusammenhang mit Attacken auf jüdische Kriegsgewinnler, jüdische Ausbeutung, jüdisches Finanzkapital und wegen der angeblichen Verantwortung der Juden für die gegenwärtige Not in Deutschland. Ein Hinweis auf den Bolschewismus taucht anscheinend zum erstenmal in den Notizen für eine Rede am 9. Februar 1920 auf (Dok. 80), aber weder hier noch in der nächsten Rede (am 29. März 1920), in der der Bolschewismus angesprochen wird (Dok. 90), gibt es ein Anzeichen für eine Erwähnung der Juden. Am 17. April 1920 (Dok. 93) spricht Hitler von Rußlands «asiatischer Eroberungspolitik» und zehn Tage später von «der jüdischen Knute» in Rußland (Dok. 96). Von Juli 1920 an verweist er immer öfter auf die Zustände in Sowjetrußland und in Verbindung damit häufig auch darauf, daß es von Juden regiert werde (Dok. 118, 121, 123, 124, 126, 128, 136). In einer Rede am 21. Juli (Dok. 121) verbindet Hitler anscheinend zum erstenmal ausdrücklich die Bilder vom Bolschewismus, Marxismus und von Sowjetrußland zum Bild von der brutalen Herrschaft der Juden, für die die Sozialdemokratie in Deutschland angeblich den Boden bereite.
10 Adolf Hitler, *Mein Kampf* (München 1930), S. 742–743; Jäckel, «*Historikerstreit*», S. 121; Eberhard Jäckel, *Hitlers Weltanschauung. Entwurf einer Herrschaft* (Tübingen 1969), S. 45–46.
11 Siehe Christopher Browning, *Fateful Months* (New York 1985), S. 8–38;

Noltes Versuch einer «Revision» der Ursachen des nationalsozialistischen Genozids ist daher auf steinigen Grund gefallen. In ähnlicher Weise ist auch die von ihm vorgeschlagene «Relativierung» der Naziverbrechen, die er mit den Völkermorden anderer Regime des 20. Jahrhunderts verglichen sehen will, rasch auf eine fast einstimmig ablehnende Reaktion gestoßen.[12] Wiederum war die Unsensibilität der Nolteschen Formulierungen für die Heftigkeit der Reaktion verantwortlich. Eine vergleichende Völkermordstudie als solche ist an sich legitim und in der Tat notwendig, um die einzigartigen Merkmale eines bestimmten Falles herauszuarbeiten. Eine vergleichende Analyse ist dabei nicht nur denkbar, sondern bereits mit großer Sensibilität von Leo Kuper durchgeführt worden.[13] Noltes Argument ist nicht wegen des in ihm steckenden Vergleichs an sich auf Ablehnung gestoßen, sondern weil dieser Vergleich derart stark apologetische Implikationen enthielt. Außerdem ist zu Recht darauf hingewiesen worden, daß der Wert eines jeden Vergleichs von den verglichenen Fällen, von dem, was der Vergleich zeigen soll, und von der Bedeutung, die den einzelnen Merkmalen beigemessen wird, abhängig ist.[14] Ein grobschlächtiger Vergleich von Völkermord auf der einen und Verbrechen gegen die Menschheit[15] auf der anderen Seite, der in bezug auf Gesellschaften angestellt wird, die ganz unterschiedliche politische und gesellschaftliche Strukturen, Wirtschaftssysteme und kulturelle Entwicklungsstufen haben, kann aufgrund solcher wenig zusammenpassenden Daten nur zu simplistischen und irreführenden Schlußfolgerungen führen. Das

Eberhard Jäckel und Jürgen Rohwer (Hg.), *Der Mord an den Juden im Zweiten Weltkrieg* (Stuttgart 1985).

12 Siehe Jürgen Kocka, «Hitler sollte nicht durch Stalin und Pol Pot verdrängt werden», in *«Historikerstreit»*, S. 132–142; Heinrich August Winkler, «Auf ewig in Hitlers Schatten?», in ebenda, S. 256–263. Siehe auch Wehler, *Entsorgung*, S. 108–110.

13 Leo Kuper, *Genocide* (Harmondsworth 1981).

14 Jürgen Kocka hat diese Punkte in einer ausgezeichneten kurzen Zusammenfassung des «Historikerstreits» noch einmal wiederholt: «The Weight of the Past in Germany's Future», *German Politics and Society* (Center for European Studies, Harvard University), 13 (1988), S. 22–29, hier S. 24.

15 Zur Terminologie «Verbrechen gegen die Menschheit» vs. «Verbrechen

Ergebnis ist bestenfalls eine neuaufpolierte «Totalitarismustheorie», mit deren Schwächen wir uns in Kapitel 2 auseinandergesetzt haben. Schlechtestenfalls führt ein solcher Vergleich dazu, daß die Verantwortung der Nazis für ihre Verbrechen abgeschwächt wird, indem unter Genozid plötzlich implizit die Intoleranz des 20. Jahrhunderts in allen ihren Erscheinungsformen subsumiert wird – die von Nolte angedeutete Richtung.

Die von Andreas Hillgruber betriebene «Revision» geschichtswissenschaftlicher Interpretationen der deutschen Ostfront ist auf eine andere Weise nicht weniger apologetisch und unsensibel.[16] Genau wie Noltes Ansatz ist auch diese Interpretation auf weitgehende – und außerhalb Deutschlands fast allgemeine – Ablehnung gestoßen. Wir haben bereits im vorangegangenen Kapitel auf die fatalen Mängel in Hillgrubers Methode einer empathischen Identifizierung mit den deutschen Truppen hingewiesen. Keine Regeln der Geschichtsforschung oder -methode zeigen die Notwendigkeit einer solchen Identifizierung an. Vielmehr spricht alles dagegen.[17] Darüber hinaus – so ist ihm vorgeworfen worden – sei seine Empathie in der Praxis nicht mit einer sorgfältigen Untersuchung der Perspektive der Truppe verbunden, sondern sei für ihn nur ein Mittel, um seine persönliche Meinung kundzutun, die er nur auf ein paar selektiv ausgewählte Belege stütze.[18] Bei großzügiger Lesart könnte man sagen, im vorliegenden Fall habe bei Hillgruber das Gefühl des gebürtigen Ostpreußen über das kühle, rationale Abwägen des professionellen Historikers gesiegt. Welches Motiv dahintersteckte, läßt sich genauso wie bei Nolte nicht mit Sicherheit ergründen. Das Ergebnis ist – im Gegensatz zu dem im gleichen Band veröffentlich-

gegen die Menschlichkeit» siehe Hannah Arendt, *Eichmann in Jerusalem,* S. 301–329, besonders S. 324 [Anm. d. Übers.].

16 Andreas Hillgruber, «Der Zusammenbruch im Osten 1944–45 als Problem der deutschen Nationalgeschichte und der europäischen Geschichte», in seinem Buch *Zweierlei Untergang. Die Zerschlagung des Deutschen Reiches und das Ende des europäischen Judentums* (Berlin 1986).

17 Siehe Wehler, *Entsorgung,* S. 46ff (besonders S. 53–58) und S. 154ff.

18 Siehe Omer Bartov, «Historians on the Eastern Front. Andreas Hillgruber and Germany's Tragedy», *Tel Aviver Jahrbuch für deutsche Geschichte* 16 (1987), S. 336–337.

ten Aufsatz über die «Endlösung» – ein armseliges und apologetisches Stück Geschichtsschreibung. Hillgrubers Position hat der vernichtenden Kritik, der sie ausgesetzt war, nicht standhalten können.[19] Die unglücklich gewählte empathische Methode gründete ihrerseits auf dem subjektiven Glauben, daß der Kampf, der geführt worden sei, um die östlichen Teile des Reiches und mit ihnen ganz Mitteleuropa davor zu schützen, von der «Roten Armee» überrannt zu werden, ein Opfer wert gewesen sei – und sogar die fortwährende Betreibung von Todeslagern. Die verzerrte Perspektive, die wegen ihrer «durch Dokumente nicht gestützten Spekulationen und erstaunlich vereinfachenden Darstellung der internationalen politischen Situation vor und während des Zweiten Weltkriegs» kritisiert worden ist,[20] führt letztlich dazu, daß die Verantwortung von Deutschland auf die Kriegspläne der Sowjetunion und auch Großbritanniens abgewälzt wird, die darauf abzielten, Deutschlands Vormachtstellung in Mitteleuropa zu zerstören. Daß Hillgruber mit seiner Wortwahl der Sprache der NS-Propaganda nahekommt, ist bereits mehrfach angemerkt worden,[21] genauso wie der starke Unterschied im Ton im Vergleich zu seiner distanzierter und leidenschaftsloser geschriebenen Analyse der «Endlösung».

Es hat viele geschmerzt, Hillgruber – dessen vorher erschienene solide Veröffentlichungen zur Diplomatiegeschichte sehr geschätzt werden – so heftig angegriffen zu sehen. Doch auch wenn die auf ihn gemünzte Bezeichnung «konstitutioneller Nazi»[22] als übermäßiger und unverdienter Angriff eingestuft werden kann, muß gesagt werden, daß der unsensible und apologetische Ton, in dem Hillgrubers Aufsatz geschrieben ist, es voll und ganz rechtfertigt, darin (zusammen mit Noltes Position) ein

19 Wie schwach die Erwiderung Hillgrubers an seine Kritiker war, zeigt Wehler, *Entsorgung*, S. 154 ff.

20 Bartov, «Historians on the Eastern Front», S. 333.

21 Ebenda, S. 327, 331, 336, 338–343.

22 So implizit Rudolf Augstein, «Die neue Auschwitz-Lüge», in *«Historikerstreit»*, S. 196–203, hier S. 198. Siehe auch Wehler, S. 68. [Allerdings ist die entscheidende Stelle bei Augstein zweideutig. Strenggenommen gilt der Vorwurf,

unwillkommenes Wiederauflebenlassen von Interpretationen des Nationalsozialismus zu sehen, durch das er sich Ansichten nähert, die zuvor nur von der extremen Rechten geäußert worden waren, so daß der Aufsatz die vernichtende Kritik, die ihm zuteil wurde, verdient hat.

Der dritte Strang der neokonservativen «Revisions»bestrebungen wird von den Schriften Michael Stürmers gebildet.[23] Sie unterscheiden sich von Noltes und Hillgrubers Veröffentlichungen insofern, als sie mit dem Dritten Reich überhaupt nicht unmittelbar befaßt sind. Aber die Apologie, die immanent in der vagen Behauptung enthalten ist, das Schicksal des Deutschen Reiches sei durch dessen geographische «Mittellage» in Europa determiniert gewesen, erinnert leicht an andere Versuche, die Einstellung zur jüngsten Vergangenheit gründlich zu ändern.[24] Außerdem beharrte Stürmer darauf, daß der Historiker bei der «Sinnstiftung» einer «Gesellschaft ohne Geschichte» eine funktionale Rolle wahrzunehmen habe und die Identität stiften

ein «konstitutioneller Nazi» zu sein, nur dem Verfasser des Klappentextes und wenn, dann erst in zweiter Linie dem Autor, der diesen Werbetext duldete. – Anm. d. Übers.]

23 Unter seinen neueren Veröffentlichungen siehe vor allem Michael Stürmer, *Das ruhelose Reich. Deutschland 1866–1918* (Berlin 1983); «Kein Eigentum der Deutschen: die deutsche Frage», in Werner Weidenfeld (Hg.), *Die Identität der Deutschen* (München und Wien 1983), S. 83–101; *Dissonanzen des Fortschritts. Essays über Geschichte und Politik in Deutschland* (München 1986); «Geschichte in geschichtslosem Land», in *«Historikerstreit»*, S. 36–39; «Was Geschichte wiegt», in ebenda, S. 293–295; «Weder verdrängen noch bewältigen: Geschichte und Gegenwartsbewußtsein der Deutschen», *Schweizer Monatshefte* 66 (1986), S. 689–694; «Suche nach der verlorenen Erinnerung», in *Das Parlament* 36 (1986), Nr. 20/21, 17./24. Juni 1986. Zur Metamorphose Stürmers vom Anhänger der «kritischen Geschichte» zum Publizisten des deutschen Konservativismus siehe Volker R. Berghahn, «Geschichtswissenschaft und Große Politik», *Aus Politik und Zeitgeschehen*, B 11/87, 14. März 1987, S. 25–37; Hans-Jürgen Puhle, «Die neue Ruhelosigkeit: Michael Stürmers nationalpolitischer Revisionismus», *Geschichte und Gesellschaft* 13 (1987), S. 382-399; und Wehler, *Entsorgung*, S. 28–36.

24 Siehe Wehler, *Entsorgung*, S. 69 ff, 138 ff, 174 ff; Kocka, in *«Historikerstreit»*, S. 138–141; Hans Mommsen, in ebenda, S. 156–173; Broszat, in ebenda, S. 193–194.

müsse, ohne die die Bundesrepublik möglicherweise in ihrem Fortbestand gefährdet sei. Das gab ihm die Funktion eines Katalysators, der die Geschichtsrevision mit der Aufgabe der politischen Bildung verknüpfte und im «Historikerstreit» die unterschiedlichen «neokonservativen» Positionen einte.[25] Genau wie bei Nolte und Hillgruber ist in intellektueller Hinsicht allerdings auch die Haltbarkeit von Stürmers Position von deren Kritikern grundlegend erschüttert worden. Er hat kaum auch nur den Versuch unternommen, in einer Erwiderung angemessen auf die grundsätzliche Kritik an der Schwäche seines «Mittellage»-Arguments einzugehen, welches den «geopolitischen» Argumenten der Zwischenkriegszeit weit näherkommt, als er zugeben möchte, und welches aus Deutschlands geographischer Lage in Mitteleuropa einen so entscheidenden Faktor macht, daß andere Faktoren daneben unweigerlich verblassen.[26] Die Einwände gegen Stürmers Argumente führen, wie richtigerweise gesagt worden ist, rasch zu der Erkenntnis, «daß die geopolitische Interpretation bestenfalls eine fatal amputierte Erklärungskraft besitzt. Das ‹Schicksal› ist sie, wenn denn schon eine überirdische Vorsehung bemüht werden muß, allemal nicht. Die Plastizität und Vieldimensionalität der historischen Prozesse, die Handlungsfähigkeit von Individuen und Gruppen, von Politikern und Militärs, von Adelsclans und Parteien wird von dieser blutarmen Lehre grandios unterschätzt»[27]. Von einem kleinen Kreis von Historikern in Westdeutschland – im wesentlichen denen, die auch Hillgruber und bis zu einem gewissen Grade selbst Nolte ihre Unterstützung angedeihen ließen – abgesehen, ist Stürmers «Revision» ohne Einfluß geblieben. Das hat Stürmer und seine Anhänger jedoch nicht daran gehindert, an einflußreiche akade-

---

25 Siehe zum Beispiel Stürmer, «Kein Eigentum der Deutschen», besonders S. 84, 86, 99 und in *«Historikerstreit»*, S. 36, 38, 293, 295; Jürgen Habermas, «Eine Art Schadensabwicklung», in ebenda, S. 62-76, hier besonders S. 62-63, 73, 75; Wolfgang Mommsen, «Weder Leugnen noch Vergessen befreit von der Vergangenheit. Die Harmonisierung des Geschichtsbildes gefährdet die Freiheit», in ebenda, S. 300–321.
26 Siehe Wehler, *Entsorgung*, S. 138, 177–179.
27 Ebenda, S. 183.

misch-politische Posten [etwa in «wissenschaftlichen Beiräten»]
zu gelangen, die in keinem Verhältnis zu dem stehen, was sie
selbst intellektuell gesehen zu einem revidierten Verständnis der
deutschen Geschichte beigetragen haben.[28]
Es war notwendig und wichtig, ihre wenig anziehende alternative Sicht der Nazizeit zu widerlegen – nicht so sehr, weil sie für
die Wissenschaft eine echte Herausforderung dargestellt hätte,
sondern wegen ihrer moralischen und politischen Implikationen.
Die politisch-moralische Ebene war es, die dem «Historikerstreit» eine solche Bedeutung zukommen ließ und erklärt,
warum er so starke Emotionen weckte. Der «Historikerstreit»
stellt bislang im wesentlichen einen – von führenden Historikern
durch einen öffentlichen Meinungsaustausch geführten – politischen Diskurs dar, bei dem es um die Frage geht, wie die Gesellschaft der hochentwickelten, prosperierenden und in sich gefestigten Bundesrepublik heutzutage mit ihrer Nazivergangenheit
leben und zurechtkommen kann. Dies ist eine nicht endende
Debatte, bei der die Fachkenntnisse der Historiker keinen großen Vorteil oder ein besonderes Privileg bedeuten. Vielmehr ist
der Diskurs in beträchtlichem Maße von unterschiedlichen
politischen Neigungen, subjektiven Moralurteilen und tiefen
Emotionen geprägt. Es geht dabei um das gegenwärtige und zukünftige Identitätsgefühl der Gesellschaft der Bundesrepublik
und darum, von welcher Art Geschichtsbewußtsein diese Identität am besten geprägt sein sollte. Da das Dritte Reich und alles, was durch den Namen «Auschwitz» symbolisiert wird, wie
ein großer Schatten über jedem von Westdeutschen unternommenen Versuch liegt, ein «normales» oder «positives» Identitätsgefühl gegenüber der eigenen Vergangenheit zu entwickeln,
war es vielleicht unvermeidlich, daß es irgendwann zu einer
größeren Debatte darüber kommen mußte, welche Formen geschichtlichen Bewußtseins die Bundesrepublik für sich wählen
sollte.
Eine solche Debatte ist für sich genommen nichts Schädliches.
Die Tatsache, daß es möglich ist, eine so schmerzhafte Epoche

28 Siehe ebenda, S. 189ff, besonders S. 194 und S. 244 Anmerkung 97.

der jüngsten Geschichte so gründlich und offen zu diskutieren, kann in einem positiven Licht gesehen werden. Ein solcher Umgang mit der Geschichte schneidet im Vergleich zu Österreich, wo eine echte Auseinandersetzung mit der Nazivergangenheit bislang fehlt, und zur DDR, wo die Zwangsjacke des Marxismus-Leninismus eine offene Debatte bis heute verhindert hat, zweifellos gut ab. Und wir haben bereits im vorhergehenden Kapitel argumentiert, daß mit zunehmendem zeitlichem Abstand Versuche, den Nationalsozialismus unter einem neuen Blickwinkel in die deutsche Geschichte einzuordnen und seine Bedeutung im Rahmen der ihm vorangehenden und auf ihn folgenden langfristigen gesellschaftlichen Entwicklungen neu zu bewerten, gerechtfertigt sind, solange dabei die spezifische Natur des Dritten Reiches nicht unter den Tisch fällt oder ignoriert wird. Wenn man mit der entsprechenden Sensibilität vorgeht, kann diese Art von Ansatz neue Perspektiven eröffnen, die das geschichtliche Bewußtsein vertiefen und bereichern. Das Problem der herausfordernden «neokonservativen» Beiträge zum «Historikerstreit» ist, daß ihnen eine solche Sensibilität völlig abgeht. Sowohl in ihrer Gesamtheit als auch einzeln betrachtet, läßt sich in ihnen nur eine Apologie erkennen.

Auch wenn die neokonservative Herausforderung in intellektueller Hinsicht abgewehrt werden konnte, bleibt doch die Frage bestehen, ob politisch gesehen das Bedürfnis nach einer neuen Form des Geschichts- und Nationalbewußtseins – so, wie es die «Revisionisten» meinen – in Wirklichkeit existiert und welche Rolle der Historiker – falls überhaupt – bei der Schaffung eines solchen Bewußtseins spielen könnte. Diese Fragen sind keine Sache der geschichtlichen Forschung und Interpretation, sondern hängen von der derzeitigen politischen Einschätzung ab. Die Meinungen werden dabei zwangsläufig verschieden sein – je nach ideologischem, moralischem und politischem Standpunkt.

Man mag davon ausgehen, daß für die Lebensfähigkeit und Stabilität eines politischen Systems irgendeine Form von positiver Identifizierung der Bürger mit ihrem Staat grundsätzlich erforderlich ist. Es scheint aber keinen Grund dafür zu geben, daran zu zweifeln, daß die überwiegende Mehrheit der bundesdeutschen Bevölkerung sich durchaus positiv mit dem westdeutschen Staat identifiziert.[29] Bei den verschiedenen Formen der «Subidentität» – etwa in bezug auf die Religion oder die Region–, die es hier genauso wie anderswo gibt, zeigen sich keine Anzeichen dafür, daß sie mit der Loyalität gegenüber dem westdeutschen Staat und seinen Institutionen nicht vereinbar wären. Allem Anschein nach gibt es hier keine Identitätskrise. Auch die tiefgehenden Meinungsverschiedenheiten der letzten Jahre, besonders in Fragen der Atomenergie, haben nicht annähernd zu einer verhängnisvollen Untergrabung der Legitimität des politischen Systems geführt.[30] Die Bundesrepublik vermittelt nicht den Eindruck, ein Staat mit einer leicht zu erschütternden Basis zu sein, die nur dadurch gefestigt werden könne, daß man die Bevölkerung mit einem revidierten Vergangenheitsbewußtsein «impft».

Man kann auf jeden Fall darüber streiten, wie weit ein politisches Identitätsgefühl in einem Geschichtsbewußtsein wurzeln muß. Diese Frage ist von Historikern kaum zu beantworten. Ein Geschichtsbewußtsein, das über banale, primitive und häufig recht törichte Verallgemeinerungen hinausginge, dürfte – außer bei einem kleinen Teil der Intelligenz – selbst in Gesellschaften, deren Stabilität und Identitätsgefühl niemals in Frage gestellt worden ist, kaum zu finden sein. Und selbst wenn ein «positives» oder «konstruktives» Bewußtsein von der Geschichte der eigenen Gesellschaft ein notwendiger Teil der Identität sein sollte, ver-

29 Siehe ebenda, S. 171-174; und Evans, «The New Nationalism and the Old History», S. 796–797.

30 Von einer «schleichenden Legitimitätskrise des parlamentarischen Systems» zu sprechen (so Hans Mommsen, «Aufarbeitung und Verdrängung. Das Dritte Reich im westdeutschen Geschichtsbewußtsein», in Dan Diner, *Ist der Nationalsozialismus Geschichte? Zu Historisierung und Historikerstreit*, Frankfurt am Main 1987, S. 74–88, hier S. 82), erscheint mir übertrieben. Siehe die ausgewogenen Äußerungen zur Stabilität der Bundesrepublik von Kocka, «Weight of the Past», S. 27. Seine abschließende Bemerkung ist eine passende Antwort an Stürmers Adresse: «Diejenigen, die sich durch Zweideutigkeiten, Heterogenität und mangelnde nationale Übereinstimmung im heutigen Deutschland beunruhigt fühlen, haben vielleicht Unrecht; sie sollten ihre Maßstäbe noch einmal überprüfen.»

steht es sich keineswegs von selbst, daß dieses Bewußtsein seine Wurzeln in der Machtpolitik eines Nationalstaates haben müsse. «Deutschland» hat, historisch gesehen, die meiste Zeit über aus vielen verschiedenen politischen Einheiten bestanden. Warum die erstrebte Identität gerade unbedingt mit dem verheerenden, aber glücklicherweise kurzlebigen Deutschen Reich zusammenhängen soll, ist nicht ohne weiteres einsichtig. Auf jeden Fall ist der «staatstragende» Historiker, der es für seine Aufgabe hält, eine solche Identität dort zu schaffen, wo keine existiert, ganz und gar entbehrlich. Eine solche Aufgabe hat nichts mit den kritischen Anforderungen der Geschichtswissenschaft zu tun. In einer pluralistischen Gesellschaft sind pluralistische Formen des Geschichtsbewußtseins nicht nur unvermeidlich, sondern auch politisch förderlich, solange sie historisch legitim bleiben und nicht rein mythologische Interpretationen sind. Es gibt kaum Anzeichen dafür, daß die Bundesrepublik von einer Belastung durch zwanghafte Schuldgefühle wegen der Nazivergangenheit gelähmt ist, und der offene Umgang mit der jüngsten Vergangenheit dürfte, besonders in den letzten fünfzehn oder zwanzig Jahren, wohl eher ein Element der Kraft gewesen sein. Es ist darauf hingewiesen worden, daß das heutige Deutschland vom Dritten Reich keineswegs nur ein negatives Erbe übernommen hat.[31] Ohne idealisierend oder schönfärberisch zu urteilen, könnte man von der Bundesrepublik doch immerhin sagen, daß sie selbst im Vergleich mit anderen europäischen Ländern einige Werte verkörpert, auf die man aus humanistischer Sicht stolz sein könnte und die in nicht geringem Maße aus der im Nationalsozialismus gemachten Erfahrung hervorgegangen sind. Das relative Fehlen eines chauvinistischen Nationalismus ist nur eines dieser Attribute.

Daß es zum «Historikerstreit» gerade zu *diesem* Zeitpunkt kam, läßt sich wohl auf das Zusammentreffen von einer Reihe von Faktoren zurückführen. Die erneute Beschäftigung mit der Nazivergangenheit anläßlich des vierzigsten Jahrestages des Kriegsendes (und des Hitlerregimes), die widerlichen Umstände des

---

31 Evans, «The New Nationalism and the Old History», S. 796.

Treffens von Bitburg,[32] eine Reihe taktloser und provozierender Äußerungen von führenden westdeutschen Politikern, die meinten, man bedürfe nun einer weniger «verschüchterten» Haltung gegenüber der jüngsten Vergangenheit,[33] die häufige Erwähnung des Dritten Reiches in den Medien, auch in Zusammenhang mit Ereignissen, die sich wie die Waldheim-Affäre außerhalb Deutschlands abspielten, und vielleicht sogar die zu der Zeit gerade bevorstehende Bundestagswahl – all das bildete den Rahmen für den Streit. Die prestigeträchtigen Römerberggespräche, die diesmal unter dem Thema möglicher geschichtswissenschaftlicher Antworten auf die Nazivergangenheit standen – und eine tiefe Bitterkeit offenbar werden ließen, die sich bei den Historikern schon lange unterschwellig ausgebreitet hatte – wirkten sich ebenfalls auf die Atmosphäre aus, so daß es dann nur noch des Artikels von Nolte und der wuchtigen Replik von Habermas bedurfte, um die Zündschnur in Brand zu setzen.[34] Das Zusammentreffen dieser Umstände ereignete sich im dreifachen Kontext der sich kumulativ vollziehenden «Tendenzwende» (durch die die während der vorangegangenen zwei Jahrzehnte vorherrschenden geschichtlichen Wertvorstellungen in Frage gestellt wurden), der – auch in der DDR tendenziell sichtbaren – zunehmenden Beschäftigung mit historischen Themen (die etwa in den Ausstellungen über die Staufer, die Preußen und Friedrich den Großen zum Ausdruck kam) sowie des unterschwelligen Irritiertseins im Hinblick auf die Einordnung des Dritten Reiches in diese Geschichtstradition. Der «Historikerstreit» läßt sich zu

32 Siehe Geoffrey Hartman (Hg.), *Bitburg in Moral and Political Perspective* (Bloomington 1986); Hans Mommsen, in *«Historikerstreit»*, S. 163; Winkler, in ebenda, S. 256 ff; und Geoff Eleys demnächst in *Past and Present* erscheinenden Artikel «Nazism, Politics, and Public Memory», der sich ausführlich mit dem politischen Kontext befaßt.

33 Siehe Hans Mommsen, «Aufarbeitung und Verdrängung», S. 83–84, 87; Winkler, in *«Historikerstreit»*, S. 257–259; Robert Leicht, «Nur das Hinsehen macht uns frei», in *«Historikerstreit»*, S. 361–366, hier S. 362. Evans, «The New Nationalism and the Old History», S. 787–788; und demnächst Eley, «Nazism, Politics, and Public Memory».

34 Siehe Hilmar Hoffmann, *Kultur in der Bundesrepublik aus Anlaß der Frankfurter Römerberggespräche 1986* (Frankfurt am Main 1987).

einem großen Teil aus dem Zusammentreffen dieser Umstände erklären. Wahrscheinlich war aber ein derartiger Disput unvermeidlich und längst überfällig.

Von außen betrachtet hat die Art der Auseinandersetzung im «Historikerstreit» oft etwas Inzuchtartiges und Introvertiertes an sich gehabt.[35] Dennoch ist es alles in allem gut, daß es dazu gekommen ist. Der Streit hat bis zu einem gewissen Grade die Atmosphäre gereinigt. Und vor allen Dingen hat sich in ihm politische und geschichtliche Wachsamkeit offenbart, die in der Auseinandersetzung letztlich den Sieg über den neokonservativen Revisionismus davontrug. Doch jetzt ist es an der Zeit, weiterzugehen. Es dürfte kaum produktiv sein, noch weiter Zeit und Energie auf die Themen des «Historikerstreits» zu verwenden. Der Konflikt selbst wird wohl noch eine beträchtliche Zeit weiterbrodeln, dabei aber eher für eine fortgesetzte Erhitzung der Gemüter als für eine Erhellung der betreffenden Themen sorgen. Daß es dabei zu neuen wissenschaftlichen Erkenntnissen kommt, ist eher unwahrscheinlich. Es erscheint wünschenswert, nun die spannungsgeladene Erregung der politischen Polemik hinter sich zu lassen und sich wieder auf die weniger glanzvollen, aber produktiveren Bereiche der Geschichtswissenschaft zu besinnen.

Zumindest ist nun vielleicht der Weg dafür frei, sich die jüngste deutsche Vergangenheit auf eine neue, weniger tendenziöse und lohnenswertere Art und Weise anzuschauen. Das vorhergehende Kapitel deutet an, wie so etwas aussehen könnte. Politische und ideologische Meinungsverschiedenheiten, die beim «Historikerstreit» so erbittert ausgetragen wurden und bei der Untersuchung und Bewertung der geschichtlichen Bedeutung des Dritten Reiches unvermeidlich sind, sorgen – ganz abgesehen von unterschiedlichen Geschichtsphilosophien und -methoden, Quellenproblemen, Definitionsschwierigkeiten und dem jeweiligen wissenschaftlichem Temperament – dafür, daß die Suche nach einer allgemeinen Interpretation auch weiterhin zu hitzigen Kontroversen führen wird. Auf jeden Fall haben die Meinungsunterschiede in bezug auf die «großen» Fragen bei der

35 Evans, «The New Nationalism and the Old Memory», S. 796.

Interpretation des Nationalsozialismus, wie wir gesehen haben, häufig eine lange Geschichte, die bis zu den Veröffentlichungen der frühesten Analytiker des Phänomens in den zwanziger und dreißiger Jahren zurückreicht. Gleichzeitig lassen die vorangegangenen Kapitel dieses Buches darauf schließen, daß eine Synthese zu einem wesentlichen Teil möglich ist und daß die unterschiedlichen Wissenschaftlermeinungen nicht immer gar so weit auseinanderklaffen, wie die Historiker selbst oft behaupten.

Im Vergleich zu den fünfziger Jahren zum Beispiel wird weitgehend (wenn auch längst nicht einstimmig) zugestanden, daß der Totalitarismusbegriff seine Grenzen und Schwächen hat und daß – trotz eventueller Definitions- und Anwendungsprobleme – ein «idealtypischer» generischer Faschismusbegriff erforderlich ist (auch wenn es jetzt im gegenwärtigen politischen Klima Anzeichen für eine Rücknahme dieses Interpretationsfortschritts gibt). Was die nationalsozialistische Wirtschaft betrifft, so wächst auch hier dank einer vertieften Forschungsgrundlage die Erkenntnis darüber, wie primitiv die alte Alternative vom «Primat» der Politik oder Wirtschaft war und wie sehr in der Politik des Naziregimes wirtschaftliche, ideologische und strategisch-machtpolitische Überlegungen fast untrennbar miteinander verschmolzen waren. Auch in der in den letzten Jahren vorherrschenden Kontroverse über die Stellung und Rolle Hitlers und darüber, «wer die Politik des Dritten Reiches bestimmte», scheinen Übereinstimmungen in größeren Bereichen möglich, wenn die beinah künstlich verhärteten extremen Positionen etwas abgebaut werden. Dies trifft nicht zuletzt auf das zentrale und hochsensible Thema der Vernichtung der Juden zu, bei dem, dank tiefgründiger Untersuchungen und der offen geführten wissenschaftlichen Debatte in den letzten zwei Jahrzehnten, weit weniger Fragen strittig sind, als es manchmal den Anschein hat – wie etwa bei den Kontroversen, die von medienwirksam lancierten Veröffentlichungen entfacht werden – wie zum Beispiel im Fall David Irving, bei dem es sich allerdings in Wirklichkeit um das Werk eines «Einzelgängers» handelt.[36] Und schließlich wächst unter

36 Siehe Kapitel 5 Anmerkung 8.

den Historikern die Bereitschaft, im Zusammenhang mit dem Nationalsozialismus den Gedanken an eine «soziale Revolution» zu verwerfen, gleichzeitig aber anzuerkennen, daß das Dritte Reich objektiv gesehen in gewisser Weise die Modernisierung der Gesellschafts- und Wirtschaftsstrukturen förderte und vor allem daß es durch die Umstände seiner totalen Niederlage die Möglichkeit für einen neuen und stärker verankerten demokratischen Staat und eine stabilere demokratische Gesellschaft eröffnete, als das in der Weimarer Republik möglich gewesen war.

Damit ist der Bezug zu einer in der deutschen Geschichtsschreibung geführten Debatte hergestellt, die in den vorangegangenen Buchkapiteln zwar schon implizit angesprochen, aber noch nicht explizit als separates Problem behandelt worden ist: die Einordnung des Nationalsozialismus in die Kontinuität der deutschen Geschichte. Während dieses Thema zur Zeit der Fischerkontroverse Anfang der sechziger Jahre heftig umstritten war, wird die Debatte inzwischen weit weniger hitzig geführt.[37] Nur wenige Historikerinnen und Historiker würden heutzutage bestreiten, daß der Nationalsozialismus aus einer Reihe ausgeprägter struktureller Kontinuitätslinien in der deutschen Gesellschaft und Politik hervorging – und sie in der Tat vorübergehend zu einem Strang vereinte –, die das Bismarck- und Kaiserreich mit dem Hitlerreich verbanden; oder daß diese Strukturen trotz gewisser, über den Bruch von 1945 unverkennbar hinausreichender Kontinuitätslinien mit dem Untergang des Dritten Reiches unwiederruflich zerschlagen wurden.

Der Natur der Dinge entsprechend werden größere, das Dritte

---

37 Uneinigkeit besteht jedoch noch in starkem Maße über Art und Ort der «Kontinuität» im einzelnen und auch darüber, ob man frühere Epochen der deutschen Geschichte als irgendwie «fehlerhaft» ansehen kann – in dem Sinne, daß in ihnen Probleme vorweggenommen wurden und sich auftürmten, die dann im Dritten Reich zur Lösung kamen. Siehe die Literaturhinweise in Kapitel 2 Anmerkung 2 und 60–61, Kapitel 6 Anmerkung 26 und außerdem Thomas Nipperdey, «1933 und Kontinuität der deutschen Geschichte», *HZ* 227 (1978), S. 86–111. In seiner Einleitung zur englischen Ausgabe von Fritz Fischers *Bündnis der Eliten* (Düsseldorf 1979; engl.: *From Kaiserreich to Third Reich. Elements of Continuity in German History, 1871-1945*, London 1986) stellt Roger Fletcher Fischers Werk in einen historiographischen Kontext.

Reich betreffende Forschungsprobleme zu Recht und notwendigerweise weiterhin «offene Fragen» für die Historiker aufwerfen und nützliche und anregende Perspektiv- und Interpretationsunterschiede hervorrufen, aber auch zu den vom «Historikerstreit» her bekannten weniger anziehenden und weniger produktiven Positionen und Polemiken führen.[38] Aber nun scheint das Fundament für Arbeiten gelegt, deren Ziel die umfassende Synthese der von den einzelnen Richtungen erbrachten Forschungsergebnisse ist, welche in einem breiten Untersuchungsrahmen erfaßt werden müßten, ohne sie dabei künstlich zu harmonisieren.[39] *Ein* zentraler Konzentrationspunkt einer solchen Synthese müßte eine systematische, auf Max Webers theoretischen Überlegungen aufbauende Analyse der Entwicklung, des Wesens und der Funktion charismatischen Führertums, der Bedingungen seiner Entstehung sowie der zentralen Rolle dieses Führertums in der Regierung und der Gesellschaft des Dritten Reiches sein – letzteres ein Gedanke, der in den meisten Kapiteln dieses Buches zum Ausdruck kommt.[40] Das Wesen der charismatischen Führung und Herrschaft Hitlers könnte auch mit Gewinn in einen anderen, der Soziologie entlehnten gedanklichen Kontext gestellt werden – den der «Pathologie der modernen Zivilisation» –, um die gesellschaftlichen und politischen Bedingungen zu erfassen zu suchen, unter denen antihumanitäre und

38 Siehe «Podiumsdiskussion: Offene Fragen in der Erforschung des Nationalsozialismus», *Bericht über die 33ste Versammlung Deutscher Historiker in Würzburg, 25.–30. März 1980* (Beiheft zur *GWU* 1982), S. 159–171; und Tim Mason, «Open Questions on Nazism», in Raphael Samuel (Hg.), *People's History and Socialist Theory* (London 1981), S. 205–210.

39 Zwei neue Versuche einer breitgefaßten Synthese liegen vor in: Hans-Ulrich Thamer, *Verführung und Gewalt. Deutschland 1933–1945* (Berlin 1986) und Norbert Frei, *Der Führerstaat. Nationalsozialistische Herrschaft 1933 bis 1945* (München 1987). Die Stärke des erstgenannten Buches liegt allerdings eher in der Untersuchung der politischen und ideologischen als der sozialen Entwicklung, während die zweite Publikation einen guten, prägnanten Überblick gibt, der einen Großteil der in der neueren Forschung zur Gesellschaft im Dritten Reich erzielten Fortschritte berücksichtigt.

40 Eine starke Unterstützung erfahren diese Überlegungen durch Hans-Ulrich Wehler, «30.Januar 1933 – Ein halbes Jahrhundert danach», *APZ* (29.Januar 1983), S. 43 – 54, hier 50.

antiemanzipatorische Impulse, die in vielen Formen und Prozessen der modernen industriellen Klassengesellschaft vorhanden sind, zu einer breiten – und mörderischen – Popularität gelangen können.[41] «Auschwitz» – als Kürzel für die Naziverbrechen – wäre dabei längst nicht die ganze Geschichte, würde aber zwangsläufig in deren Mittelpunkt stehen. Denn jede neue Synthese müßte Wege finden – und daß das meines Erachtens möglich ist, habe ich im vorigen Kapitel angesprochen –, um mit einem besondern Schlüsselproblem fertig zu werden: dem Verhältnis von «Normalität» und Völkermord. Die Methoden einer politischen Strukturgeschichte und der neuen Sozialgeschichte müßten miteinander in Einklang gebracht werden, um für die analytische Erklärung zwei berechtigterweise unterschiedliche Perspektiven zusammenzuführen, die sich auf die in der «Alltagsnormalität» enthaltene «Banalität des Bösen» und die einzigartige Antriebskraft der – als äußerst abnorme «politische Religion» gesehenen – Naziideologie konzentrieren.[42]

Eine Analyse jener antihumanitären Kräfte der modernen Gesellschaft, durch die die Nazibarbarei möglich wurde, sieht diese Kräfte letztlich nur dann in der richtigen Perspektive, wenn sie den mühevollen Weg der vergleichenden Methode nicht scheut. Es ist erstaunlich, wie wenig gründliche, wirklich vergleichende Analysen es bislang zum nationalsozialistischen Deutschland und dem faschistischen Italien gibt.[43] Noch sind detaillierte Vergleiche der charismatischen Herrschaft und des Führerkults in den beiden Systemen sowie der Herrschaftsstrukturen und gesellschaftlichen Bedingungen kaum in Angriff genommen worden. Untersuchungen, die spezifische gesellschaftliche Gruppen,

41 Siehe Peukert, *Volksgenossen* (Kapitel 2 Anmerkung 45), besonders S. 13 bis 17, 289–296, wo er (sich auf Foucault und Habermas stützend) anregende Gedanken formuliert, die in diese Richtung weisen.

42 Siehe zu diesem Punkt den Meinungsaustausch zwischen Friedländer und Broszat in «Briefwechsel», S. 358, 363–365.

43 Wichtige Vergleichsstudien sind allerdings zumindest in Arbeit: Wolfgang Schieder (Trier) beschäftigt sich mit der Regimephase in beiden Ländern, Tim Mason (Rome) mit der Arbeiterklasse. Zu Mussolini und Hitler gibt es inzwischen den in Kapitel 2 Anmerkung 51 erwähnten Aufsatz von Knox.

politische Strukturen und politische Kulturen in Deutschland mit denen in den westlichen Demokratien vergleichen, sind noch immer viel seltener, als man meinen könnte.[44] Doch bei der Analyse politischer und gesellschaftlicher Strukturen kann erst die Vergleichsperspektive – weit ab von simplistischen Vorstellungen von einem auf nationalen Eigenarten beruhenden deutschen Sonderweg – eine mögliche Erklärung dafür liefern, warum von den fortgeschrittenen Industrienationen allein Deutschland zu einer faschistischen Lösung seiner Probleme griff und wie sich die deutsche Variante der charismatischen Diktatur vom Wesen und den Folgen her von ihrem italienischen Gegenstück unterschied.

Bei diesen Problemen und den bereits weiter oben untersuchten Interpretationsunterschieden geht es nicht um irgendeine obskure wissenschaftliche Debatte über längst vergangene Zeiten. Wie der «Historikerstreit» so deutlich gezeigt hat, sind Perspektivänderungen bei der Erforschung der Nazizeit für die politische Wachheit, die moralische Sensibilität und das demokratische Bewußtsein heute von unmittelbarer Relevanz und Bedeutung. Die Vergangenheit prägt wirklich die Gegenwart – und in Deutschland auf sehr offensichtliche Weise, wenn auch keineswegs immer oder nur auf negative Art und Weise. Eine offene, informierte und durchdachte Auseinandersetzung mit der Vergangenheit hilft aus der Geschichte entwickelte Antworten auf heutige Probleme zu finden. Deutschland kann einer solchen ständigen Auseinandersetzung noch weniger aus dem Weg gehen als die meisten anderen Länder. Besser akzeptiert man – als etwas vom Sozialen und Politischen her Positives –, daß der Kampf der Gegenwart mit der Vergangenheit weitergehen muß, als sich der leeren Illusion hinzugeben, daß die Zeit reif dafür sei, einen «Schlußstrich» unter die Nazizeit zu ziehen.

Der Kampf mit der Vergangenheit muß allerdings rational und nicht nur rein emotional geführt werden. Der «Historiker-

---

44 Kocka hat mit *Angestellte* (Kapitel 2 Anmerkung 61) ein Beispiel gegeben, dem aber bislang kaum jemand wirklich gefolgt ist. Siehe jetzt auch Jürgen Kockas kürzlich erschienenen Artikel «German History before Hitler: The Debate about the German *Sonderweg*», *JCH* 23 (1988), S. 3–16.

streit» hat gezeigt, wie wenig man den Nationalsozialismus einfach als «gewöhnliches» Problem einer emotionslosen Geschichtswissenschaft behandeln kann und wie sehr in der anhaltenden Debatte leidenschaftliche Gefühle moralischer Verurteilung zum Tragen kommen. Doch so berechtigt und sogar notwendig solche Gefühle auch sind – auf längere Sicht gesehen genügt die moralische Verurteilung nicht und kann leicht legendenbildend, aber kaum erkenntnisfördernd wirken.[45] In mancher Hinsicht wurzelt der «Historikerstreit» in diesem Punkt, und hierüber herrscht – von radikal unterschiedlichen Perspektiven her – in breitem Maße Einigkeit.

Die moralische Empörung über den Nationalsozialismus, die Abscheu und das entschlossene «Nie wieder!» müssen durch eine wirkliche Geschichtswissenschaft und ein wirkliches Verstehen immer wieder bestärkt werden. Das hängt seinerseits von der Bereitschaft und Fähigkeit der mit der NS-Geschichte befaßten Fachhistoriker ab, ihre Forschungsergebnisse im besten Sinne des Wortes zu popularisieren und dabei deren Komplexität dennoch gerecht zu werden. Der bisherige oder zukünftige Einfluß des Historikers ist natürlich leicht zu überschätzen. (Einige am «Historikerstreit» Beteiligte scheinen einer solchen Überschätzung der eigenen Bedeutung erlegen zu sein.) Die begrenzte demokratische und emanzipatorische Sensibilisierung in der heutigen westlichen Gesellschaft offenbart sich häufig darin, daß ein fehlendes politisches Interesse weitverbreitet ist oder Politik überhaupt ignoriert wird, daß gesellschaftlich und politisch gesehen das Maß an Toleranz recht eng mit dem materiellen Wohlstand verknüpft ist, daß übliche autoritäre Reaktionen und Ver-

45 Siehe Broszats passenden Kommentar («Briefwechsel», S. 365): «Die Gefahr des Verdrängens dieser Zeit besteht meines Erachtens nicht nur in dem üblichen Vergessen, sondern in diesem Fall, fast paradoxerweise, auch darin, daß man sich aus didaktischen Gründen um dieses Geschichtskapitel zu sehr ‹bemüht› und aus dem ursprünglichen, authentischen Kontinuum dieser Geschichte ein Arsenal von Lehrveranstaltungen und Standbildern zusammenstückelt, die sich mehr und mehr verselbständigen, vor allem dann in der zweiten und dritten Generation vor die ursprüngliche Geschichte stellen und schließlich naiverweise als die eigentliche Geschichte mißverstanden werden.» Siehe auch Broszat, *Nach Hitler*, S. 114–120.

haltensformen zutage treten, die auf einer inneren «law and order»-Fixierung beruhen und daß rassistische Intoleranz und Diskriminierung gegenüber ethnischen Minderheiten, Immigranten und «Gastarbeitern» zum Ausdruck kommen – die heutigen Erscheinungsformen der «Pathologie» der modernen Industriegesellschaft. Daß unter entsprechend «günstigen» Umständen die offene politische Mobilisierung dieser antidemokratischen Einstellungen und Gefühle immer noch möglich ist, zeigt sich in jüngster Zeit etwa daran, daß in Frankreich eine faschistische Massenbewegung von beträchtlicher Größe entstanden ist. Selbst im Herzen des zivilisierten Westeuropas können daher, zumindest vorübergehend, faschistische Kräfte in bedeutendem Umfang wiederaufleben. Dennoch ist in der Öffentlichkeit wenig darüber bekannt, wie der Faschismus wirklich war. Umfragen, bei denen junge Deutsche danach gefragt wurden, was sie über Hitler und den Nationalsozialismus wüßten, haben beunruhigende Ergebnisse erbracht; und was an «Wissen» vorhanden ist, ist oftmals personalisiert und sensationalisiert – dank der Medien, die nur zu häufig einer makabren Faszination und einem Geschmack für simplistische und oberflächliche Erklärungen Vorschub leisten.[46] In anderen Ländern (wie zum Beispiel Großbritannien) kommt es durchaus vor, daß Rockgruppen mit nationalsozialistischen Insignien geschmückt auftreten. Und vor ein oder zwei Jahren konnten Urlauber an der Costa Brava T-Shirts kaufen, auf denen Hitler und eine Landkarte seiner «Europatournee» abgebildet waren. So bescheiden der Beitrag des Wissenschaftlers zu einer Bekämpfung der – derartige Obszönitäten ermöglichenden – Herabwürdigung demokratischer und huma-

46 *5 Millionen Deutsche: «Wir sollten wieder einen Führer haben…» Die SINUS-Studie über rechtsextremistische Einstellungen bei den Deutschen* (Reinbek 1981); Peter Meyers, «Didaktische Aspekte zur Behandlung des Nationalsozialismus in Schule und Erwachsenenbildung», in Peter Meyers und Dieter Riesenberger (Hg.), *Der Nationalsozialismus in der historisch-politischen Bildung* (Göttingen 1979), S. 8–34, besonders S. 19; und die ausgewogene Einschätzung von Lutz Niethammer, «Nach dem Dritten Reich ein neuer Faschismus? Zum Wandel der rechtsextremen Szene in der Geschichte der Bundesrepublik», in Paul Lersch (Hg.), *Die verkannte Gefahr. Rechtsradikalismus in der Bundesrepublik* (Reinbek 1981, S. 105–127, besonders S. 121–122.

nitärer Werte auch sein mag, hat der Historiker, der sich mit dem Nationalsozialismus beschäftigt, nicht nur die Aufgabe, sondern auch die Pflicht, mit Hilfe von Veröffentlichungen und Lehre (und deren Multiplikatoreffekt) zu versuchen, die Realität faschistischer Werte, faschistischer Politik und faschistischer Herrschaft so klar und stichhaltig wie möglich und auf ausgewogene und undogmatische Art und Weise zu beschreiben und zu erklären. Diese Aufgabe ist nicht deshalb wichtig, weil in näherer Zukunft ein erneuter Triumph des Faschismus zu befürchten wäre, sondern weil die Hoffnung besteht, auf diesem Wege das Bewußtsein dafür zu schärfen, daß demokratische, humanitäre Werte nicht zwangsläufig oder notwendigerweise auf Dauer zur modernen Industriegesellschaft dazugehören, sondern daß wir ständig und immer wieder um sie kämpfen müssen und sie gegen alle – teilweise in ganz neuer Form erfolgenden – Angriffe von seiten eines modernen Autoritarismus verteidigen müssen.

Namenregister

Weiterführende Literaturhinweise

Kapitel 1

Bernd Faulenbach, Deutsche Geschichtswissenschaft nach 1945, *Tijdschrift voor Geschiednis* 94 (1981), S. 29–57

Georg G. Iggers, *Deutsche Geschichtswissenschaft*, München 1971

Wolfgang J. Mommsen, Gegenwärtige Tendenzen in der Geschichtsschreibung der Bundesrepublik, *Geschichte und Gesellschaft* 7 (1981), S. 149–88

Irmeline Veit-Brause, Zur Kritik an der «kritischen Geschichtswissenschaft»: Tendenzwende oder Paradigmawechsel?, *Geschichte in Wissenschaft und Unterricht* 35 (1984), S. 1–24

Hans Ulrich Wehler, Geschichtswissenschaft heute, in: Jürgen Habermas (Hg.), *Stichworte zur geistigen Situation der Zeit*, Frankfurt/M. 1979, Bd. 2

Kapitel 2

Karl Dietrich Bracher, *Zeitgeschichtliche Kontroversen um Faschismus, Totalitarismus, Demokratie*, München 1976

Jürgen Kocka, Ursachen des Nationalsozialismus, in: *Aus Politik und Zeitgeschichte*, 21.Juni 1980, S. 3–15

Walter Schlangen, *Die Totalitarismus-Theorie. Entwicklung und Probleme*, Stuttgart 1976

Totalitarismus und Faschismus. Eine wissenschaftliche und politische Begriffskontroverse. Kolloquien des Instituts für Zeitgeschichte, München 1980

Wolfgang Wippermann, *Europäischer Faschismus im Vergleich 1922–1982*, Frankfurt/M. 1983

Kapitel 3

Georg W. F. Hallgarten und Joachim Radkau, *Deutsche Industrie und Politik von Bismarck bis in die Gegenwart*, Reinbek bei Hamburg 1981

Timothy W. Mason, Der Primat der Politik – Politik und Wirtschaft im Nationalsozialismus, in: *Das Argument* 8 (1966), S. 473–94

Franz Neumann, *Behemoth. Die Struktur und Praxis des Nationalsozialismus*, Köln 1977

Hans Erich Volkmann, Politik, Wirtschaft und Aufrüstung unter dem Nationalsozialismus, in: Manfred Funke (Hg.), *Hitler, Deutschland und die Mächte*, Düsseldorf 1978

Hans Erich Volkmann, Zum Verhältnis von Großwirtschaft und NS-Regime im Zweiten Weltkrieg, in: Karl Dietrich Bracher u.a. (Hg.), *Nationalsozialistische Diktatur 1933–45. Eine Bilanz*, Bonn 1983, S. 480–508

Kapitel 4

Martin Broszat, *Der Staat Hitlers*, München 1969

Gerhard Hirschfeld und Lothar Kettenacker (Hg.), *Der «Führerstaat»: Mythos und Realität*, Stuttgart 1981

Eberhard Jäckel, *Hitlers Herrschaft*, Stuttgart 1986

Hans Mommsen, *Adolf Hitler als «Führer» der Nation* (Deutsches Institut für Fernstudien an der Universität Tübingen), Tübingen 1984

Gerhard Schreiber, *Hitler-Interpretationen*, Darmstadt 1984

Wolfgang Wippermann, *Kontroversen um Hitler*, Frankfurt/M. 1987

Kapitel 5

Martin Broszat, Hitler und die Genesis der «Endlösung». Aus Anlaß der Thesen von David Irving, Vierteljahreshefte für Zeitgeschichte 25 (1977), S. 737–75

Christopher Browning, Zur Genesis der «Endlösung». Eine Antwort an Martin Broszat, *Vierteljahreshefte für Zeitgeschichte* 29 (1981), S. 97–109

Gerald Fleming, *Hitler und die Endlösung. «Es ist des Führers Wunsch»*, Wiesbaden 1982

Eberhard Jäckel und Jürgen Rohwer (Hg.), *Der Mord an den Juden im Zweiten Weltkrieg*, Stuttgart 1985

Hans Mommsen, Die Realisierung des Utopischen: Die «Endlösung» der «Judenfrage im ‹Dritten Reich»», *Geschichte und Gesellschaft* 9 (1983), S. 381–420

Kapitel 6

Eberhard Fordran u.a. (Hg.), *Innen- und Außenpolitik unter nationalsozialistischer Bedrohung*, Opladen 1977

Manfred Funke (Hg.), *Hitler, Deutschland und die Mächte*, Düsseldorf 1978

Klaus Hildebrand, *Deutsche Außenpolitik 1933–1945. Kalkül oder Dogma?*, 4. Aufl., Stuttgart 1980

Hans-Adolf Jacobsen, *Nationalsozialistische Außenpolitik*, Frankfurt/M. 1968

Wolfgang Mechalka (Hg.), *Nationalsozialistische Außenpolitik*, Darmstadt 1978

Kapitel 7

Werner Abelshauser und Anselm Faust, *Wirtschafts- und Sozialpolitik. Eine nationalsozialistische Revolution?* *Nationalsozialismus im Unterricht* (Studieneinheit 4, Deutsches Institut für Fernstudien an der Universität Tübingen), Tübingen 1983

Rolf Dahrendorf, *Gesellschaft und Demokratie in Deutschland*, München 1965

Horst Matzerath und Heinrich Volkmann, Modernisierungstheorie und Nationalsozialismus, in: Jürgen Kocka (Hg.), *Theorien in der Praxis des Historikers*, Göttingen 1977

Detlev Peukert, *Volksgenossen und Gemeinschaftsfremde*, Köln 1982

David Schoenbaum, *Die braune Revolution. Eine Sozialgeschichte des Dritten Reiches*, Köln 1968

Kapitel 8

Alltagsgeschichte der NS-Zeit. Neue Perspektive oder Trivialisierung? Kolloquien des Instituts für Zeitgeschichte, München 1984

Martin Broszat, *Nach Hitler. Der schwierige Umgang mit unserer Geschichte*, München 1986

Dan Diner (Hg.), *Ist der Nationalsozialismus Geschichte?* Zu Historisierung und Historikerstreit, Frankfurt / M. 1987

Dokumentation. Ein Briefwechsel zwischen Martin Broszat und Saul Friedländer um die Historisierung des Nationalsozialismus, *Vierteljahreshefte für Zeitgeschichte* 36 (1988) S. 339–372

Kapitel 9

‹Historikerstreit›. *Die Dokumentation der Kontroverse um die Einzigartigkeit der nationalsozialistischen Judenvernichtung*, München 1987

Hilmar Hoffmann, *Kultur in der Bundesrepublik aus Anlaß der Frankfurter Römerberggespräche 1986*, Frankfurt / M. 1987

Reinhard Kühnl (Hg.), *Vergangenheit, die nicht vergeht*, Köln 1987.

Ernst Nolte, *Das Vergehen der Vergangenheit. Antwort an meine Kritiker im sogenannten Historikerstreit*, Berlin 1987

Hans-Ulrich Wehler, *Entsorgung der deutschen Vergangenheit?* Ein polemischer Essay zum ‹Historikerstreit›, München 1988